Ursula Kessels
Undoing Gender in der Schule

Ursula Kessels

Undoing Gender in der Schule

Eine empirische Studie über Koedukation
und Geschlechtsidentität im Physikunterricht

Juventa Verlag Weinheim und München 2002

Die Autorin

Ursula Kessels, Jg. 1969, Dipl.-Psych., Dr. phil., ist Wissenschaftliche Mitarbeiterin an der Universität Dortmund.

Ihre Arbeitsschwerpunkte sind Geschlechterforschung, Schulforschung, Identitätsentwicklung, Koedukation, Social Cognition.

Diese Arbeit wurde im Jahr 2001 unter dem Titel „‚Undoing gender' durch Geschlechtertrennung. Auswirkung der Geschlechterkonstellation von Lerngruppen auf situationale Identität, fachspezifisches Selbstkonzept und Motivation" vom Fachbereich Erziehungswissenschaft und Psychologie der Freien Universität Berlin als Dissertation angenommen.

Die Deutsche Bibliothek - CIP-Einheitsaufnahme

Ein Titeldatensatz für diese Publikation ist bei der Deutschen Bibliothek erhältlich.

D 188

© 2002 Juventa Verlag Weinheim und München
Umschlaggestaltung: Atelier Warminski, 63654 Büdingen
Umschlagabbildung: M. C. Escher, Luft und Wasser I, Juni 1938

Printed in Germany

ISBN 3-7799-1439-5

Vorwort und Dank

Die in dieser Arbeit (meiner Dissertation) verwendeten Daten wurden im Rahmen eines von der Deutschen Forschungsgemeinschaft finanzierten Drittmittelprojekts mit dem Titel „Zur Stabilität des physik- und chemiebezogenen Selbstkonzepts - Längsschnittstudie zu den Auswirkungen der Geschlechterkonstellation einer Lerngruppe auf die situational aktivierte Identität und die schulische Entwicklung Jugendlicher" erhoben. Das Forschungsvorhaben wurde gemeinsam von Bettina Hannover von der Universität Dortmund (Psychologie) und Lutz Schön von der Humboldt-Universität zu Berlin (Physikdidaktik) geleitet und lief vom 1.8.1998 bis zum 31.7.2001. Hansjoachim Lechner war in diesem Projekt Wissenschaftlicher Mitarbeiter in der Physikdidaktik, ich selbst war Wissenschaftliche Mitarbeiterin in der Psychologie. Das Berliner Landesinstitut für Schule und Medien (LISUM) unterstützte dieses Projekt, namentlich Helga Ulshoefer und Elke Maes. Alle genannten Personen sind somit am Entstehen dieser Arbeit beteiligt gewesen; ihnen gilt mein besonderer Dank.

Mein größter Dank gilt Bettina Hannover, die diese Arbeit betreute. Ohne ihre Ideen und ohne ihre Unterstützung wäre sie gar nicht denkbar gewesen.

Außerdem danke ich herzlich allen folgenden Personen:

Malte Ecker, Burkhard Gusy, Hanna Janetzke, Dieter Kleiber, Udo Miltner, Heike Nestler, Burkhard Roeder, Martina Roth, Bettina Scheiner, Renate Soellner sowie allen Mitgliedern der Arbeitsgruppe Didaktik der Physik am Institut für Physik der Humboldt-Universität zu Berlin und allen Lehrerinnen und Lehrern und allen Schülerinnen und Schülern, die an dem Schulversuch beteiligt waren.

Inhalt

Zusammenfassung

Die meisten Mädchen interessieren sich wenig für das Schulfach Physik: es zählt bei ihnen zu den unbeliebtesten Fächern und wird außerordentlich selten als Leistungskurs gewählt. Entsprechend wenige junge Frauen beginnen eine Berufsausbildung oder ein Universitätsstudium im mathematisch-naturwissenschaftlichen Bereich. Dabei sind auf dem Arbeitsmarkt gerade Absolvent/innen mathematisch-naturwissenschaftlicher Fächer gefragter denn je: Zahlreiche Stellen im Bereich der Ingenieurswissenschaften und in der IT-Branche können in der BRD wegen des Mangels an qualifizierten Fachkräften derzeit nicht besetzt werden.

Auf welche Weise kann dazu beigetragen werden, dass sich Mädchen nicht von fachlichen Bereichen abwenden, die ihnen außerordentlich gute berufliche Chancen bieten? In der vorliegenden Arbeit wird auf eine mögliche Maßnahme zur Steigerung des Engagements von Mädchen in dem „Jungenfach" Physik genauer eingegangen: reine Mädchenklassen während des Physikanfangsunterrichts.

Meine Annahmen, dass und inwiefern monoedukativer Unterricht für Achtklässlerinnen vorteilhaft sein sollte, beruhen auf Theorien und Befunden aus der Sozialpsychologie. Die Basis bildet dabei ein Identitätsmodell von Hannover (1997a), in dem das Selbst als eine multiple und flexible Struktur aufgefasst wird: Menschen verhalten sich je nach den Gegebenheiten des aktuellen Kontextes, in dem sie sich befinden, ganz unterschiedlich, weil ihnen dann jeweils unterschiedliche Aspekte ihrer selbst besonders präsent sind. Ob sich Menschen nun geschlechtstypisiert verhalten oder nicht, ihnen also geschlechtsbezogenes Selbstwissen besonders präsent ist oder nicht, wird entsprechend ebenfalls als abhängig von den Gegebenheiten des aktuellen Kontextes angesehen. Geschlechtstypisiertes Verhalten bedeutet bei Mädchen u.a., sich von einem maskulin konnotierten Bereich wie Physik zurückzuziehen. Eine Veränderung der Kontextbedingungen sollte also mit einer Veränderung das Ausmaßes von Rückzugstendenzen einhergehen.

Die in verschiedenen Studien gefundenen positiven Auswirkungen monoedukativer Unterrichtung auf das Engagement von Mädchen in naturwissenschaftlichen Fächern würden entsprechend auf folgenden Mechanismus zurückzuführen sein: Den Schülerinnen und Schülern in monoedukativen Gruppen sollte die eigene Geschlechtsidentität weniger bewusst sein als in koedukativen Gruppen und Mädchen sollten sich aus diesem Grunde in reinen Mädchengruppen weniger vom „Jungenfach" Physik distanzieren als in koedukativen Gruppen.

Im empirischen Teil der Arbeit wird zunächst die Annahme überprüft, dass monoedukativer Physikanfangsunterricht bei Mädchen zur Ausbildung eines positiveren physikbezogenen Selbstkonzeptes und zu größerer Motivation führt. Dazu werden Daten aus einem Berliner Schulversuch dargestellt, bei dem an vier verschiedenen Gesamtschulen die Schülerinnen und Schüler in der achten Klasse quasiexperimentell monoedukativen und koedukativen Gruppen zugewiesen waren und zur Mitte und zum Ende des Schuljahres mit Fragebögen befragt wurden (n=270). Erwartungsgemäß zeigte sich, dass Mädchen, die in Mädchengruppen unterrichtet wurden, ein besseres physikbezogenes Selbstkonzept aufwiesen und stärker durch den Physikunterricht motiviert waren.

Anschließend werden die Ergebnisse einer experimentellen Studie dargestellt, in der die Annahme geprüft wurde, dass in monoedukativen Lerngruppen geschlechtsbezogenes Selbstwissen weniger salient ist als in koedukativen Gruppen. Dazu wurden die Schülerinnen und Schüler einer Berliner Gesamtschule (n=134) direkt während des in koedukativen und monoedukativen Lerngruppen stattfindenden Physikunterrichts untersucht. Erwartungsgemäß zeigte sich erstens, dass geschlechtsbezogenes Selbstwissen in den koedukativen Gruppen insgesamt zugänglicher war als in monoedukativen Gruppen. Zweitens zeigte sich, dass in den koedukativen Gruppen Jungen maskulines Selbstwissen zugänglicher war als feminines Selbstwissen und Mädchen feminines Selbstwissen zugänglicher war als maskulines Selbstwissen, und dass diese Polarisierung in monoedukativen Gruppen nicht auftrat. Drittens zeigte sich, dass das physikbezogene Selbstkonzept und die Motivation der Mädchen umso negativer waren, je zugänglicher ihnen während des Unterrichts feminines Selbstwissen relativ zu maskulinem Selbstwissen war.

1 Geschlechtsunterschiede in mathematisch-naturwissenschaftlichen Fächern

Junge Frauen machen derzeit etwas höhere Schulabschlüsse als Männer und erreichen im Abitur die gleichen Durchschnittsnoten wie Männer. Eine Untersuchung der Durchschnittsnoten in der BRD bei Erwerb der Hochschulreife von 1980 bis 1996 belegt, dass während dieses ganzen Zeitraumes nur geringe geschlechtsspezifische Unterschiede in den Abschlussnoten bestanden. Im Jahr 1996 erhielten Männer und Frauen im Gymnasium exakt die gleiche durchschnittliche Abiturnote (2.34), wohingegen in allen anderen Schulformen (Gesamtschule, Abendgymnasium, Kolleg, Fachoberschule und sonstigen beruflichen Schulen) außer dem Fachgymnasium die weiblichen Studienberechtigten etwas bessere Noten hatten als ihre männlichen Kollegen (Schütt & Lewin, 1998). Das Bildungsniveau der jungen Frauen ist insgesamt höher als das der jungen Männer: Mädchen stellten 1996 nur etwas mehr als ein Drittel der Schulentlassenen ohne Hauptschulabschluss (35%), wobei 1986 ihr Anteil noch 40% betrug. Auch unter den Schulabgängern mit Hauptschulabschluss befanden sich 1996 nur 43% Mädchen. Dagegen waren unter denjenigen, die die Schule mit Fachhochschulreife oder allgemeiner Hochschulreife verließen, 54% bzw. 55% junge Frauen (Schütt & Lewin, 1998). Neben den höheren Abschlüssen belegen auch die im Vergleich zu Jungen niedrigeren Raten von Klassenwiederholungen bei Mädchen, dass Mädchen und junge Frauen in dem Bereich Schulleistungen keinesfalls hinter ihren männlichen Kollegen zurückstehen.

Von einer prinzipiellen Benachteiligung von Mädchen innerhalb unseres Schulsystems kann also nicht ausgegangen werden. Und auch in der allgemeinen intellektuellen Leistungsfähigkeit, also in der Fähigkeit zum logischen Denken, zum Problemlösen und zum Lernen aus Erfahrung, lassen sich keine Geschlechtsunterschiede feststellen (Beerman, Heller & Menacher, 1992). Jedoch scheinen sich die Domänen, in denen männliche und weibliche Personen bevorzugt hohe Leistungen erbringen, zu unterscheiden: Im mathematisch-naturwissenschaftlichen Bereich sind Frauen stark unterrepräsentiert, besonders im Bereich der exakten Naturwissenschaften (als welche Physik, Chemie und Astronomie bezeichnet werden). Dies soll im folgenden Kapitel näher ausgeführt werden. Dabei werden auch Befunde berichtet, die sich auf Mathematik beziehen, da Mathematik als ein „Hauptwerkzeug der exakten Naturwissenschaften" (Beerman et al., S.16) gilt.

1.1 Die „harten" Daten: Geschlechtsunterschiede in den Leistungen und Fachwahlen

1.1.1 Leistungen

Die Third International Mathematics and Science Study (TIMSS) ist eine internationale Vergleichsstudie, bei der die Leistungen von Schülerinnen und Schülern im Bereich der Mathematik und der Naturwissenschaften durch standardisierte Tests gemessen wurden.

Diese Studie zeigte u.a., dass in Deutschland Mädchen in den Fächern Mathematik und Physik in allen Schulformen schwächere Leistungen als Jungen erreichen. Dies gilt schon für die siebten und achten Klassen, die in der Teilstudie TIMSS-II untersucht wurden, aber noch in stärkerem Ausmaß für die gymnasiale Oberstufe, der die TIMSS-III-Studie galt. In der Untersuchung in der Sekundarstufe I wurde festgestellt, dass die Leistungsunterschiede in beiden Fächern, vor allem aber in Physik „beträchtlich" seien (Baumert, Bos & Watermann, 1998, http://www.mpib-berlin.mpg.de/-TIMSS_II/III.HTML). In der Oberstufe lassen sich sowohl im Bereich der mathematisch-naturwissenschaftlichen Grundbildung als auch im gymnasialen Mathematik- und Physikunterricht „substantielle Leistungsunterschiede" zwischen Schülerinnen und Schülern nachweisen. „Im Bereich der mathematisch-naturwissenschaftlichen Grundbildung und des Mathematikunterrichts der gymnasialen Oberstufe liegen die Differenzen bei etwa einer drittel Standardabweichung, im Physikunterricht der gymnasialen Oberstufe steigen sie auf eine halbe Standardabweichung (....) Vergleicht man die Leistungsunterschiede von jungen Frauen und Männern im Bereich der mathematisch-naturwissenschaftlichen Grundbildung mit den entsprechenden Befunden zu den mathematisch-naturwissenschaftlichen Fachleistungen von Jungen und Mädchen in der Mittelstufe (TIMSS/II), ergibt sich ein Bild mit zunehmendem Alter wachsender Unterschiede" (Baumert et al., 1998, http://www.mpib-berlin.mpg.de/TIMSS_III/Zusammenfassung.htm). Ein ähnliches Muster ist auch bei den anderen teilnehmenden Ländern zu erkennen; „die deutschen Disparitätswerte liegen nahe am internationalen Mittelwert" (Baumert et al., 1998, http://www.mpib-berlin.mpg.de/-TIMSS_III/Zusammenfassung.htm).

Nicht nur die Vergleichstudien der IEA, sondern auch zahlreiche weitere Studien untersuchten die Frage, ob und inwiefern geschlechtstypische Leistungsdifferenzen im mathematischen Bereich auszumachen sind. In dem bereits 1974 erschienenen Buch von Maccoby und Jacklin „The Psychology of Sex Differences" wurden über 1400 Studien zusammengefasst, die sich generell mit Geschlechterdifferenzen beschäftigten. Dabei zeigte sich, dass sich nur in vier Gebieten recht konsistent Unterschiede zwischen Mädchen und Jungen finden ließen; darunter war die Überlegenheit männlicher Personen in Bereichen des mathematischen und räumlichen Denkens[1]. Auch wenn eine metaanalytische Neuauswertung der von Maccoby und Jacklin verwendeten Daten durch Hyde (1981) zeigte, dass dieser Unterschied kleiner ist als zuvor angenommen, konnten neuere Befunde diese Differenzen zumindest tendenziell bestätigen, allerdings auch ein differenzierteres Bild dieser Unterschiede liefern: Insgesamt sind die geschlechtstypischen Leistungsunterschiede in Mathematik und Naturwissenschaften zugunsten der Jungen nur recht gering (Frost, Hyde & Fennema, 1994); die Verteilungen überlappen sich stark. Interessanterweise tauchen die Leistungsunterschiede zwischen Jungen und Mädchen erst ab einem bestimmten Alter auf: In der Grundschule finden sich im allgemeinen in diesen Bereichen noch keine Unterschiede zwischen Jungen und Mädchen, oder die Mädchen zeigen in diesem Alter bessere Leistungen (Hyde, Fennema & Lamon, 1990). Auffällig werden die Leistungsdifferenzen zugunsten der Jungen erst ab der Pubertät: Halpern (1986) stellte fest, dass Jungen zwischen dem 13. und 16. Lebensjahr beginnen, bessere Leistungen im Bereich des mechanischen Denkens und der räumlichen Beziehungen zu erzielen. In der Meta-Analyse von von Hyde und Mitarbeitern (1990) wurde folgendes festgestellt: Wenn alle mathematischen Fähigkeiten und Altersstufen zusammen betrachtet werden, schneiden weibliche Untersuchungspersonen etwas besser ab als männliche. Diese Ergebnisse lassen sich nach a) Fähigkeitsbereich („cognitive level") und b) Alter weiter spezifizieren: Im Rechnen und im Verstehen mathematischer Konzepte waren weibliche Befragte minimal besser als männliche. Einzig beim Problemlösen wiesen männliche Versuchspersonen etwas bessere Werte auf, ebenso bei Tests mit gemischten kognitivem Niveau oder aber fehlender Spezifizierung des Niveaus. Alterstrends zeigten, dass Mädchen in der Grund- und Mittelschule insgesamt ein wenig besser abschnitten als Jungen. Ab der Highschool hatten die Jungen bessere Testergebnisse. Die Berechnung von Alter x kognitives Niveau - Analysen zeigten, dass sich beim Verstehen mathematischer Konzepte in keiner Altersstufe Unterschiede zwischen den Geschlechtern zeigten und dass im Rechnen die Mädchen in der Grund- und Mittelstufe den Jungen überlegen waren. Beim Problemlösen ergaben sich dagegen große Veränderungen: In der Altersgruppe der bis 14jährigen zeigten sich noch keine Unterschiede, ab der Altersgruppe der 15-18jährigen waren die Jungen darin leistungsstärker. Hyde und Mitarbeiterinnen schlagen als eine mögliche Erklärung für diesen Befund vor, dass Jungen in diesem Alter dadurch, dass sie häufiger als Mädchen naturwissenschaftliche Kurse belegen, mehr Erfahrungen mit Problemlösen sammeln, da dieses auch Bestandteil der naturwissenschaftlichen Kurse ist. Die Differenzen zwischen den Geschlechtern nehmen außerdem mit höherem Fähigkeitsniveau zu: Sie sind innerhalb der Gruppe der mathematisch Hochbegabten am größten, innerhalb der Gesamtbevölkerung dagegen fast nicht vorhanden (Hyde et al.,

---

1 Die anderen beiden Unterschiede waren: die Überlegenheit weiblicher Personen bei verbalen Tests und die höhere Agressivität von Männern.

1990). Von zentraler Bedeutung ist der Befund, dass die Unterschiede in den letzten Jahren kleiner geworden sind: In älteren Studien finden sich mehr und größere Differenzen als in neueren (Feingold, 1988; Hyde et al., 1990; Stumpf & Klieme, 1989, zitiert nach Beerman et al, 1992). In der BRD wurden die Leistungen in den Eingangstests für Medizinische Studiengänge von 1978 und 1988 untersucht (Stumpf & Klieme, 1989; zitiert nach Beerman et al., 1992). Auch bei diesen Tests zeigte sich ein deutlicher epochaler Trend der Abnahmne geschlechtsspezifischer Leistungsunterschiede beim räumlichen Vorstellungsvermögen (die Metaanalyse von Linn & Petersen (1985) hatte in diesem Bereich bessere Leistungen der Jungen gefunden). Die geringsten Geschlechtsunterschiede bestanden bei Aufgaben, die formallogisches und kombinatorisches Denken erforderten. Liben & Golbeck (1984) erklären die größeren Schwierigkeiten junger Frauen bei eher anwendungsorientierten Fragen durch einen Mangel an entsprechenden Erfahrungen.

1.1.2 Schulische Wahlen

In der Oberstufe ist es den Schülerinnen und Schülern möglich, durch Wahlen von Grund- und Leistungskursen ihre weitere schulische Ausbildung in gewissem Maße selbst zu gestalten und so ihren persönlichen Neigungen oder Interessen nachzugehen. Aktuelle Analysen des Wahlverhaltens zeigen, dass dieses eng an traditionelle Geschlechterstereotype angelehnt ist. Schülerinnen wählen die Fächer Mathematik, Chemie und vor allem Physik deutlich seltener als Leistungskurs als Jungen und bevorzugen statt dessen Deutsch und neuere Sprachen (Roeder & Gruehn, 1997). Roeder und Gruehn (1997) untersuchten die Grund- und Leistungskurswahlen aus sechs Bundesländern (Bremen, Hamburg, Niedersachsen, Rheinland-Pfalz, Brandenburg und Berlin) im Schulhalbjahr 1993/94. Die Häufigkeiten der Wahlen von „harten" Naturwissenschaften (=Mathematik, Physik und Chemie) und Sprachen (=Deutsch, Englisch, Französisch) durch Gymnasiastinnen und Gymnasiasten wurden einer vier-Felder-Chi-Quadrat-Analyse unterzogen. In allen Bundesländern wählten die Schülerinnen signifikant häufiger Leistungskurse aus dem sprachlichen Bereich und signifikant seltener Leistungskurse aus dem mathematisch-naturwissenschaftlichen Bereich, wobei die Zusammenhänge von niedriger bis mittlerer Stärke waren. Auch bei den Grundkurswahlen ergaben sich in allen Bundesländern - bis auf Bremen - signifikante, wenn auch sehr schwache, Zusammenhänge zwischen Kurswahl und Geschlecht, die vor allem auf den häufigeren Grundkurswahlen naturwissenschaftlicher Fächer von Schülerinnen basieren (was sich natürlich aus den selteneren Leistungskurswahlen ergibt). Insgesamt seien aber die Fachpräferenzen gar nicht so sehr unterschiedlich, wie ein Vergleich der Rangreihen der Fächer zeigt, die von

Hamburger Schülerinnen und Schülern als Leistungskurse gewählt werden[2]. Auffallende Rangplatzdifferenzen treten nur bei den Leistungsfächern Bildende Kunst, Französisch, Spanisch und vor allem bei Physik auf: 15.7% der Schüler, aber nur 2.0% der Schülerinnen aus dem 12. Jahrgang hatten im Schulhalbjahr 1993/94 Physik als Leistungskurs gewählt. Damit steht Physik bei den Jungen auf Platz 6 der Rangliste der am häufigsten belegten Leistungskurse, bei den Mädchen dagegen auf Platz 13. Neuere Daten des Landesschulamts Berlins (1999) zeigen ganz ähnliche Verhältnisse: Während in Berlin im Schuljahr 1999/ 2000 19.5 % der Jungen der zwölften Jahrgangsstufe Physik als Leistungskurs wählten, taten dies nur 2.6 % der Mädchen. In Mathematik waren die Unterschiede zwar geringer, jedoch trotzdem beachtlich: 27.2% der Jungen und 11.9% der Mädchen wählten dieses Fach als Leistungskurs. Die Leistungskurskombination von Physik und Mathematik wurde von 8.3% der Jungen, aber nur von 1.4% der Mädchen der 12. Klasse belegt. Die beliebteste Leistungsfachkombination für Mädchen war dagegen Deutsch und Englisch (8.4% der Schülerinnen).

Roeder und Gruehn (1997) heben hervor, dass die Jugendlichen angeben, sich bei ihren Kurswahlen vor allem von „persönlichen Interessen" und „Entfaltungsmöglichkeiten der persönlichen Leistungsstärken" haben leiten lassen. Diese Leistungskurswahlen, die rein subjektiv als den eigenen Interessen und Leistungsstärken folgend empfunden werden, sind jedoch für die weitere Bildungs- und Berufslaufbahn von großer Bedeutung, da zwischen den Leistungskurswahlen und den Berufs- bzw. Studienfachwahlen ein enger Zusammenhang besteht und auch der Studienerfolg in dem gewählten Fach bedeutsam von den zuvor belegten Leistungskursen abhängt (z.B. Giesen, Gold, Hummer & Weck, 1992; Heinrichs & Schulz, 1990; Hummer, 1986; Kauermann-Walter, Kreienbaum & Metz-Göckel, 1988; Roeder & Gruehn, 1997; Schnabel, 2000; Zimmermann, 1987). Das heißt, dass sich Mädchen und Jungen durch die Wahl ihrer Leistungskurse schon in einem sehr frühen Alter auf die Richtung ihres späteren Berufes festlegen. Wir nehmen an, dass bei der Entwicklung der subjektiv als ganz persönlich empfundenen Interessen gesellschaftliche Stereotypen eine sehr große Rolle spielen (dies wird in den folgenden Kapiteln noch ausführlich erläutert werden). Betrachtet man nun die schulischen Wahlen mit ihren beruflichen Implikationen, scheinen sich Mädchen und Jungen in der Adoleszenz eng an den wahrgenommenen geschlechtsspezifischen Stereotypen zu orientieren und dadurch ihre berufliche Laufbahn festlegen, ohne dass ihnen dies schon bewusst sein würde (Hannover, 1991). Als schulische „Wahl", die noch vor der Sekundarstufe II erfolgt, kann auch das Nachlassen des Interesses und Engagements in bestimmten Fächern und die gezielte Zuwendung

---

2 Diese hohe Übereinstimmung wird natürlich auch den schulgesetzlichen Vorschriften geschuldet sein, welche Leistungskurskombinationen überhaupt gestattet sind.

zu anderen Fächern während der Sekundarstufe I verstanden werden. Dies wird im folgenden Abschnitt 1.2 näher beschrieben werden.

1.2 Die „weichen" Daten: Geschlechterunterschiede in den Interessen und dem fachspezifischen Selbstkonzept

Befragungen wie die vom Kieler Institut für die Pädagogik der Naturwissenschaften (IPN) durchgeführte Interessenstudie zu Physik (Hoffmann, Häußler & Lehrke, 1998; Hoffmann & Lehrke, 1986) zeigen, dass sich Mädchen deutlich weniger für das Fach Physik und die dort vorrangig behandelten Inhalte interessieren als Jungen. Sie äußern bereits zu Beginn des Physikunterrichts ein geringeres Interesse als Jungen. Zwar fällt bei Jungen *und* Mädchen das Interesse am Fach Physik zwischen dem 7. und 8. Schuljahr ab, aber bei den Jungen steigt es nach der achten Klasse wieder an, so dass es bei ihnen in der zehnten Klasse wieder das Anfangsniveau von der siebten Klasse erreicht. Bei den Mädchen dagegen bleibt es nach dem ersten Abfall in etwa konstant niedrig. Jungen finden außerdem alle naturwissenschaftlichen Fächer und Mathematik ungefähr gleich interessant, wobei ihr Interessenniveau relativ hoch liegt. Mädchen interessieren sich dagegen vor allem für Biologie, gefolgt von Mathematik, Chemie und Physik. Auch wenn das Interesse an den Fächern Deutsch, Kunst und Fremdsprachen zum Vergleich herangezogen wird, zeigen sich deutliche Unterschiede zwischen Jungen und Mädchen: Während für Jungen Physik interessanter als diese drei Fächer ist, ist es für Mädchen mit Abstand das uninteressanteste Fach.

Im Einzelnen stellte sich heraus, dass sich Mädchen zwar für einige Bereiche der Physik ähnlich stark interessieren wie Jungen (z.B. für Klangerzeugung, Lärmschutz) oder für manche Inhalte sich sogar stärker interessieren als Jungen (Naturphänomene, medizinische Geräte), diese jedoch im üblichen Physikunterricht nur am Rande durchgenommen werden. Deutlich geringeres Interesse äußerten Mädchen an Elektrizität und Elektronik sowie an der Bewegung von Fahrzeugen, die dagegen in der Regel ausführlich behandelt werden. Zu vergleichbaren Ergebnissen über das geringere Interesse von Mädchen an Physik kamen beispielsweise auch Gardner (1985), Häußler (1987), Krapp (1998) und Kelly (1978, 1985, 1987).

Es wurde bereits oben angedeutet, dass Schülerinnen und Schülern in retrospektiven Befragungen als Motive für ihre Leistungskurswahlen vor allem ihr persönliches Interesse an den gewählten Fächern angeben (Alt-Stutterheim, 1980; Heubrock, 1979; Roeder & Gruehn, 1997), woraus man schließen könnte, dass die geschlechtsspezifischen schulischen Wahlen logische Konsequenz der geschlechtsspezifischen Interessen sind. Hodapp und Mißler (1996) geben jedoch zu bedenken, dass durch den retrospektiven Charakter der Befragungen die wahren Beweggründe möglicherweise nicht erfasst werden können.

Ein vielfach abgesicherter Befund ist, dass Mädchen ihre eigene Begabung und Leistungsfähigkeit in Mathematik und Physik niedriger einschätzen als Jungen (z.B. Baumert et al. 1998; Beerman & Heller, 1990; Faber, 1992; Marsh, 1989c; Hannover, 1991; Hannover & Bettge, 1993; Hoffmann et al., 1998; Hoffmann, Häußler & Peters-Haft, 1997; Tiedemann & Faber; 1995). Eine Meta-Analyse von Beerman und Heller (1990) über Studien, die das Selbstkonzept der eigenen Mathematikfähigkeit bei Jungen und Mädchen zum Gegenstand hatten, ergab beispielsweise, dass, wenn sich Unterschiede zwischen den Geschlechtern zeigten, sich stets die Jungen für fähiger hielten als Mädchen. Die größten Differenzen zeigten sich in Untersuchungen, die bei Schülern und Schülerinnen ab der siebten Klasse durchgeführt wurden.

Diese Befunde wären nicht weiter erstaunlich, wenn die selbst eingeschätzte Fähigkeit der Jugendlichen schlicht jene Realität abbilden würde, die am Anfang des Kapitels ausführlicher geschildert wurde: Sofern sich ab der Pubertät Geschlechtsunterschiede in den Leistungen in mathematisch-naturwissenschaftlichen Fächern nachweisen lassen, fallen diese zugunsten der Jungen aus.

Jedoch ist ebenfalls vielfach belegt, dass Mädchen und Jungen ihre Fähigkeiten keinesfalls realitätsangemessen beurteilen: Auch wenn sie objektiv gleiche Leistungen erbringen wie Jungen, unterschätzen Mädchen ihre Leistungen und ihre Begabung in diesen Fächern, wohingegen Jungen ihre Leistungen relativ zu den Mädchen überschätzen (z.B. Baumert et al.,1998; Eccles Parsons, 1984; Fox, Brody & Tobin, 1979; Hannover, 1991; Horstkemper, 1987; Fennema & Sherman, 1977, Rustemeyer & Jubel, 1996; Tiedemann & Faber; 1995). Tiedemann und Faber (1995) konnten sogar bereits für das Ende der Grundschulzeit zeigen, dass das mathematikspezifische Selbstkonzept der Mädchen schlechter ist als das der Jungen, obwohl die Mädchen in Mathematik auf eine im Vergleich zu den Jungen erfolgreichere Grundschulzeit zurückblicken (sowohl in Bezug auf ihre Noten als auch in Bezug auf Mathematik-Leistungstests).

Im Folgenden soll der Frage nachgegangen werden, inwiefern die Einschätzung der eigenen Leistung sowie das Interesse mit der erbrachten Leistung und dem Wahlverhalten zusammenhängen.

1.3 Der Zusammenhang der „weichen" und „harten" Daten: Die Bedeutung des fachspezifischen Selbstkonzepts und des Interesses für Leistungen und schulische Wahlen

Inwiefern ist anzunehmen, dass das fähigkeitsbezogene Selbstkonzept Leistungen und schulische Wahlen beeinflusst? Gemäß der Definition des Selbstkonzeptes der eigenen Begabung durch Shavelson, Hubner und Stanton (1976) ist eine *wechselseitige* Beeinflussung des Fähigkeitsselbstbildes und den erbrachten Leistungen anzunehmen. Denn das Selbstkonzept, so nehmen diese Autoren an, bildet sich einerseits aufgrund von Erfahrungen in Leistungskontexten und bestimmt andererseits das nachfolgende Handeln in leistungsbezogenen Situationen. Meta-Analysen und Übersichtsartikel (Bloom, 1976; Byrne, 1984; Hansford & Hattie, 1982) stellten einen durchgängig positiven Zusammenhang zwischen dem fähigkeitsbezogenen Selbstkonzept einerseits und dem Lernverhalten, dem kognitiven Engagement und den erbrachten Leistungen fest, wobei die Korrelationen mit den Leistungen meistens im Bereich zwischen $r=.40$ und $r=.60$ liegen. Bei älteren Schülern und bei einem höheren Fähigkeitsniveau sind die Korrelationen am höchsten. Des weiteren finden sich besonders starke Zusammenhänge, wenn das Fähigkeitsselbstbild bereichspezifisch erhoben wird (also beispielsweise das fachspezifische Selbstkonzept in Mathematik oder Physik) und wenn anstelle von Tests Schulnoten oder Lehrerurteile verwendet werden (Helmke & van Aken, 1995; Marsh, 1992).

Für die Überlegung, dass sich das fähigkeitsbezogene Selbstkonzept aus eigenen Erfahrungen mit entsprechenden Leistungssituationen speist, ist es von zentraler Bedeutung, dass die erbrachte Leistung keine objektive Größe ist, die sich im Selbstkonzept niederschlägt, sondern dass diese zunächst durch die betreffende Person selbst interpretiert wird. Wie hoch eine Person ihre Leistung einschätzt, wird einerseits davon abhängen, für wie gut sie ihre Leistung im Vergleich zu der Leistung anderer Personen hält (soziale Vergleiche) und andererseits auch davon, wie sie diese eine eigene Leistung im Vergleich zu anderen eigenen Leistungen einschätzt (dimensionale Vergleiche) (Köller, Schnabel & Baumert, 2000; Marsh, 1986, 1990; Möller & Köller, 1998).

Weitere wichtige Faktoren bei der Interpretation der eigenen Leistung sind die Ursachen, auf die die Leistung zurückgeführt wird. Nach Weiner (1975) werden Leistungen vor allem auf folgende vier Ursachen zurückgeführt: Entweder auf internale Faktoren wie die eigene Begabung (die als stabil gilt) oder die eigene Anstrengung (die als variabel gilt) oder aber auf externale Faktoren wie die Schwierigkeit der zu bewältigenden Aufgabe (stabil) oder den Zufall/Glück/ Pech (variabel).

Es ließen sich wiederholt geschlechtsspezifische Unterschiede in der Attribution von Leistungsergebnissen feststellen (Deaux, 1984; Rustemeyer; 1988). Dabei erklären sich männliche Personen ihre Leistungen vorwiegend auf selbstwertdienliche Art, die sie für zukünftige Leistungssituationen mit besonders hoher Motivation ausstattet: Sie führen Erfolg auf stabile internale Faktoren wie die eigene Begabung zurück, Mißerfolge dagegen auf externale Faktoren wie Schwierigkeit der Aufgaben und Zufall oder auch auf variable internale Faktoren wie mangelnde Anstrengung. Weibliche Personen verwenden dagegen besonders häufig ein selbstabwertendes Attribuierungsmuster, indem sie Mißerfolge auf den stabilen, internalen Faktor der mangelnden eigenen Begabung, Erfolge dagegen auf externale Faktoren bzw. internale variable Faktoren (Anstrengung) zurückführen (z.B. Beyer, 1990; Burgner & Hewstone, 1993; Dweck & Repucci, 1973; Nicholls, 1975; Rustemeyer & Jubel, 1996; Stipek & Gralinski, 1991; Tiedemann & Faber, 1995; Ziegler & Heller, 1998). Damit ist es also weniger wahrscheinlich, dass sich bei Mädchen gute Leistungen in angemessener Weise in ihrem fähigkeitsbezogenen Selbstkonzept niederschlagen. Hannover (1991) weist darauf hin, dass eine solche Unterschätzung der eigenen Fähigkeiten allerdings keine generelle Bereitschaft weiblicher Personen, sich selbst negativ zu beschreiben, widerspiegelt. Sie konnte in einer eigenen Untersuchung zeigen, dass diese geschlechtsspezifischen Verzerrungen (Unterschätzung bei Mädchen, Überschätzung bei Jungen) zwar im Fach Mathematik, nicht aber beim ebenfalls untersuchten Fach Deutsch auftraten. Sie argumentiert, dass selbstwertdienliche Interpretationen nur dann auftreten, wenn eine entsprechende Motivation vorliegt, und dass die Art der eigenen Mathematikleistungen möglicherweise nur für Jungen, nicht aber für Mädchen selbstwertrelevant sei (womit allerdings die systematische Unterschätzung seitens der Mädchen noch nicht erklärbar sei). Einen Hinweis darauf, dass diese Überlegung richtig sein könnte, liefert eine Studie von Skaalvik und Rankin (1990), bei der sich zeigte, dass bei Mädchen das verbale Selbstkonzept positiv, das mathematische Selbstkonzept jedoch negativ mit ihrem generellen akademischen Selbstkonzept zusammenhängt[3], wohingegen das generelle akademische Selbstkonzept der Jungen nur von ihrem mathematischen, nicht aber von ihrem verbalen Selbstkonzept gespeist wird.

Festzuhalten ist an dieser Stelle, dass das fachspezifische Selbstkonzept einer Person keine bloße Abbildung der zuvor „objektiv" erreichten Leistungen darstellt, und es damit auch wenig wahrscheinlich ist, dass sich das fachspezifische Selbstkonzept eins zu eins aus vorangegangenen Leistungen

---

3 Der direkte Einfluss der *Leistungen* gestaltete sich jedoch anders: Bei Mädchen hatten die Mathematikleistungen einen direkten, positiven Einfluss auf ihr generelles akadmisches Selbstkonzept, die verbalen Leistungen jedoch gar keinen.

vorhersagen lässt. Ebenfalls ist aus guten Gründen anzunehmen, dass das fachspezifische Selbstkonzept nachfolgende Leistungen beeinflussen wird.

Helmke und Weinert (1997) fassen die Annahmen zusammen, auf welche Weise das Selbstbild der eigenen Fähigkeiten die nachfolgende Schulleistung vorhersagen kann. Ein hohes Fähigkeitsselbstbild sei eine wichtige Bedingung für die Aufnahme (Initiierung) eigener Leistungshandlungen und fördere ihre Fortsetzung und Abschirmung gegenüber auftretenden Schwierigkeiten (Persistenz). Das heißt, dass die für eine Lösung einer Aufgabe notwendige Ausdauer und kognitive Leistung nur dann investiert wird, wenn eine Person davon überzeugt ist, diese Aufgabe prinzipiell lösen zu können. Umgekehrt kann ein niedriges Selbstkonzept dazu führen, dass kritische (zu schwierige) Lernsituationen, die das Selbstwertgefühl bedrohen könnten, vermieden werden und sich die Person vor allem darum bemüht, einen Misserfolg zu vermeiden. Das heißt, dass im Falle der Überzeugung, eine Aufgabe nicht lösen zu können, die weitere Auseinandersetzung mit der Aufgabe gemieden wird, wodurch die Wahrscheinlichkeit, etwas zu lernen oder zu verstehen, stark abnimmt.

Helmke und van Aken (1995) stellten im Rahmen der Münchener Grundschulstudie zwar fest, dass im Grundschulalter das Selbstbild eigener Fähigkeiten im wesentlichen eine Folge vorangegangener Erfolge und Misserfolge ist und selbst noch keinen Einfluss auf nachfolgende Leistungen auszuüben vermag, jedoch sind für Schüler und Schülerinnen ab der fünften Klasse ausgewogenere Muster der wechselseitigen Beeinflussung von fähigkeitsbezogenem Selbstkonzept und Schulleistung festzustellen (Helmke, 1992). Dabei wurde zudem belegt, dass das Selbstkonzept auch keinen direkten Einfluss auf die Leistung ausübt, sondern dieser Einfluss durch folgende vermittelnde Mechanismen zustande kommt: Ein höheres Selbstkonzept ist mit einem erhöhten Maß an Anstrengungsintensität (v.a. bei den Hausaufgaben) sowie an Anstrengungsinitiierung und kognitivem Engagement (v.a. während des Unterrichts) verbunden und dient zudem in kritischen, selbstwertrelevanten Unterrichts- und Leistungssituationen als ein Puffer gegen aufgabenirrelevante, leistungsbehindernde Selbstzweifel (Helmke, 1992). Eine leichte Überschätzung der eigenen Fähigkeiten wirkt sich auf die kurz- oder langfristige Leistungsentwicklung in Mathematik am günstigsten aus, eine Unterschätzung dagegen negativ (Helmke, 1992).

Auch für die schulischen Wahlen wurde die wichtige Rolle des fachspezifischen Selbstkonzeptes belegt: In einer Untersuchung australischer High School Schüler und Schülerinnen erwies sich das fachspezifische Fähigkeitsselbstkonzept als bester Prädiktor für die Intention, ein Fach im nächsten Schuljahr zu belegen (Marsh & Yeung, 1997). Auch Köller, Daniels, Schnabel und Baumert (2000) fanden in ihrer Untersuchung von n=943 deutschen Jugendlichen, die in der zehnten und in der zwölften Klasse befragt worden waren, dass das Begabungsselbstkonzept der stärkste

Prädiktor für Leistungskurswahlen im Fach Mathematik war. Die prädiktive Kraft von Noten, Leistungstests und des Geschlechts waren zu einem bedeutsamen Teil durch das Selbstkonzept der Begabung mediiert, d.h. die häufigeren Leistungskurswahlen der Jungen im Fach Mathematik waren zu einem erheblichen Teil über das Begabungsselbstkonzept vermittelt.

Die Erkenntnisse zum Zusammenhang des Interesses der Schülerinnen und Schülern mit ihren Leistungen stellen sich ähnlich dar wie jene zum Zusammenhang von Selbstkonzept und Leistung. Eine Meta-Analyse von Schiefele, Krapp und Schreyer (1993), die sich auf insgesamt 127 voneinander unabhängige Korrelationskoeffizienten bezieht, kommt zu dem Ergebnis, dass in den Fächern Mathematik, Physik und Chemie im Mittel eine Korrelation von r=.30 zwischen Interesse und Leistung besteht. Dabei konnte festgestellt werden, dass in höheren Klassenstufen die Korrelationen höher sind als in niedrigen Klassenstufen. Dieser Unterschied ist allerdings statistisch nicht signifikant. Ebenfalls wurde ein Moderatoreffekt des Geschlechts gefunden, der, sofern in die Meta-Analyse nur die veröffentlichten Studien, nicht aber die Dissertationen einfließen, auch statistisch signifikant wird. Demnach haben die Interessen bei Jungen einen größeren Einfluss auf die Leistung als bei Mädchen, was mit den Befunden übereinstimmt, dass Mädchen, obwohl sie sich erheblich weniger für mathematisch-naturwissenschaftliche Fächer interessieren als Jungen, in diesen (wie in anderen auch) Fächern oft sogar bessere Noten aufweisen als Jungen (Kimball, 1989, zitiert nach Schiefele et al., 1993).

Welcher Art die Beziehungen von Interessen, Fähigkeiten und Leistung sind, kann jedoch auch aus den bisherigen Studien nicht erschlossen werden. Am ehesten ist davon auszugehen, dass, ähnlich wie beim Selbstkonzept, eine reziproke Beziehung besteht (Schiefele et al., 1993). In Übereinstimmung mit den Untersuchungen zum Einfluss des Selbstkonzepts scheint auch für die Interessenentwicklung zu gelten, dass sich die Einflusswirkung im Verlaufe der Schulzeit ändert: In niedrigen Klassen bestimmt die Leistung das Interesse, wohingegen in höheren Klassen eher das Interesse die Leistung bestimmt (Wilson, 1983).

In der IPN-Interessenstudie (Hoffmann et al., 1998) wird zwischen „Fachinteresse" und „Sachinteresse" unterschieden. Fachinteresse meint das Interesse, das dem Physikunterricht (im Vergleich zu anderen Fächern) entgegengebracht wird, Sachinteresse dagegen das Interesse, das einem bestimmten Gegenstand oder Gebiet der Physik gilt. Das geäußerte Fachinteresse konnte interessanterweise vor allem durch das fachspezifische Selbstkonzept vorhergesagt werden (=.32), deutlich besser als durch das Sachinteresse (=.13).

Um Engagement im Unterricht zu sichern, sollte es zunächst reichen, wenn dieser selbst als interessant wahrgenommen wird, auch wenn der Schüler oder die Schülerin nicht bereits ein individuelles Sachinteresse mitbringt.

Und gerade in der ersten Zeit der Auseinandersetzung mit einem Gegenstandsbereich, wenn das Fähigkeitsniveau also noch niedrig ist, ist das individuelle Interesse noch nicht so wichtig für die erbrachte Leistung. Erst ab einem höheren Fähigkeitsniveau sind motivationale Faktoren wie Interesse für die erbrachte Leistung bedeutsam (abstützen (Hany & Nickel, 1992; Steinkamp & Maehr, 1983). Krapp (1998) unterscheidet „situationales Interesse" von „dispositionalem Interesse". Das situationale Interesse sei ein spezieller motivationaler Zustand, der aber bereits über bloße Neugier und situationsspezifische Aktivierung hinausgehe und unter günstigen Bedingungen sich auch zu einem dispositionalen, individuellen Interesse, d.h einer relativ dauerhaften „Person-Gegenstands-Beziehung", entwickeln kann.

Dabei ist m.E. anzunehmen, dass es gerade im Anfangsunterricht Physik besonders wichtig ist, situationales Interesse zu wecken, was auch bei jenen möglich sein sollte, die sich mit den Inhalten des Unterrichts erst wenig auseinandergesetzt haben und noch über kein dispositionales Interesse verfügen. Mädchen haben, so wurde in mehreren Studien belegt (Hannover & Bettge, 1993; Hannover, Scholz & Laabs, 1992; Ziegler, Broome, Dresel & Heller, 1996), weniger Vorerfahrung mit technischen Geräten und Basteleien als Jungen und äußern auch weniger Sachinteresse als Jungen (Hoffmann, et al., 1998), weshalb davon auszugehen ist, dass sie zu Beginn des Physikunterrichts noch kaum über eine entsprechende „Person-Gegenstands-Beziehung" verfügen. Krapp (1998) verweist darauf, dass Lehrkräfte bei ihren Schülerinnen *und* Schülern normalerweise nicht auf ein bereits ausgeprägtes Sachinteresse zurückgreifen können und ihre Aufgabe in der Regel darin besteht, situationales Interesse herzustellen und eine gewisse Zeit ber aufrechtzuerhalten.

1.4 Bedeutung der Befunde für die vorliegende Arbeit

Als Grundlage für die weiteren Überlegungen soll aus diesem Kapitel Folgendes mitgenommen werden: Jungen und Mädchen nutzen das Bildungsangebot der in der Regel koedukativen Schulen auf recht unterschiedliche Art und Weise, so dass es zu einer Auseinanderentwicklung ihrer schulischen Interessen und Wahlen kommt. Diese „Wahlen" lassen sich auch schon vor der Sekundarstufe II beobachten, wenn das Engagement in den verschiedenen Schulfächern nicht gleich stark ist, sondern entsprechend den persönlichen Interessen und wahrgenommenen Stärken dosiert wird. Auch dies scheint in einem hohem Maße entlang der Geschlechterstereotype zu verlaufen, wobei die Leistungskurswahlen schon aus den Vorlieben und wahrgenommenen subjektiven Stärken in der Sekundarstufe I resultieren. Besonders deutlich werden geschlechtsspezifische Unterschiede beim Fach Physik. Um die Optionen der Schülerinnen und Schüler für ihre beruflichen Wahlen möglichst breit zu halten, wäre es wünschenswert, wenn diese offenbar sehr geschlechtstypisierte Spezialisierung während der Schulzeit zurückgehen würde. Gerade bei Mädchen scheint sich durch den frühen Abschied vom technisch-naturwissenschaftlichen Bereich das Spektrum der später zu wählenden betrieblichen Ausbildungen stark einzuschränken respektive sich die Auswahl der erfolgreich studierbaren Fächer tendenziell auf die vergleichsweise „brotlosen" Geisteswissenschaften zu verengen.

Ein wichtiger Ausgangspunkt ist dabei, dass Mädchen in der Mehrzahl in unangemessener Weise davon überzeugt sind, für Physik nicht begabt zu sein und in diesem Fach nur schlechte Leistungen zeigen zu können, was ihr geringeres Engagement in Physik zur Folge hat. Eine mögliche Intervention besteht darin, mit Mädchen „Trainings" durchzuführen, bei denen sie lernen, ihre Leistungen selbstwertdienlich zu attribuieren, was Ziegler und Heller (Heller, 1998; Ziegler & Heller, 1998) bereits erfolgreich bei hochbegabten Mädchen durchführten. Eine selbstwertdienliche Art von Attribuierung könnte aber auch darüber erreicht werden, dass Mädchen ihre Leistungen in Physik als genauso relevant für ihren Selbstwert ansehen wie beispielsweise ihre Leistungen in einem Fach wie Deutsch, denn Hannover (1991) argumentierte, dass selbstwertdienliche Attributionen nur bei einer entsprechenden Motivation vorgenommen werden. Solange Mädchen ihre Leistungen in Physik gleichgültig sind, weil sie das Fach als für sie selbst unwichtig ansehen, besteht für sie auch kein Anlass, gute Leistungen internalen stabilen Faktoren und schlechte Leistungen externalen Faktoren zuzuschreiben. Ziel einer Intervention könnte es also sein, dass Mädchen - stärker als es im „normalen" Physikunterrichts üblich ist - annehmen, dass Physik genauso zu ihnen „passt" wie andere Schulfächer und dass ihnen gute Leistungen in diesem Fach ebenso erstrebenswert erscheinen wie in anderen Fächern.

Ein weiterer wichtiger Punkt für die vorliegende Arbeit stellt die Entwicklung situationalen Interesses sowie die positive Beeinflussung des Fachinteresses in der Unterrichtssituation selbst dar, denn genau dieses scheint durch schulische Interventionen eher beeinflussbar als das „Sachinteresse" an Physik. Ein Ziel von Interventionen, die darauf abzielen, Mädchen die Physik näherzubringen, sollte also zunächst sein, ein situationales Interesse im Sinne Krapps (1998) auf Seiten der Mädchen herzustellen bzw. zu ermöglichen.

Wir gehen davon aus, dass es vom jeweiligen Kontext abhängt, wie sehr sich Mädchen im Fach Physik engagieren: Unter bestimmten Bedingungen erscheint es uns möglich, dass Mädchen ihre physikbezogenen Fähigkeiten höher als gemeinhin üblich einschätzen und mehr Engagement zeigen. Wie diese Bedingungen aussehen und aus welchen theoretischen Annahmen wir diese ableiten, wird in den folgenden Kapiteln ausführlich erläutert werden.

2 Grundlage der vorliegenden Studie: Das dynamische Selbst

Im vorangegangenen Kapitel wurde die unterschiedliche Motivation von Jungen und Mädchen, sich in naturwissenschaftlichen Fächern zu engagieren und zu spezialisieren, dargestellt. Nun soll ein Identitätsmodell eingeführt werden, mit dessen Hilfe diese Unterschiede einerseits verständlich werden, und das andererseits auch mögliche Ansatzpunkte für Interventionen aufzeigt.

Dieses Modell hat seine Wurzeln in den Arbeiten von James (1890, 1892/1984) und Mead (1934), wurde jedoch im Rahmen des „social cognition" Paradigmas genauer spezifiziert. Auf eine kurze Darstellung des social cognition Paradigmas folgt eine ausführlichere Beschreibung des in diesem Kontext entwickelten Modell des „dynamischen Selbst".

2.1 Social cognition

Als social cognition wird ein Ansatz bezeichnet, der das „Paradigma der Informationsverarbeitung" (Strack, 1988) bernahm und entsprechend Konzepte, Theorien und vor allem auch Methoden der experimentellen kognitiven Psychologie auf sozialpsychologische Fragestellungen übertragen hat. Erste zu dieser Richtung zählende Arbeiten entstanden in der zweiten Hälfte der 70er Jahre des 20. Jahrhunderts, sie entwickelten sich an verschiedenen Orten gleichzeitig und unabhängig voneinander (siehe Ostrom, 1984; Wyer & Srull, 1984).

Die Grundüberzeugungen dieses Paradigmas der Informationsverarbeitung können in Anlehnung an Strack (1988, 1997) und Markus und Zajonc (1985) wie folgt umrissen werden: Befriedigende psychologische Erklärungen seien nicht auf der Stimulus-Response-Ebene zu finden. Vielmehr sei ein dazwischen geschalteter „Organismus" die entscheidende und interessante Instanz: die Formel des kognitiven Ansatzes lautet "S-O-R" (Markus & Zajonc, 1985). Dieses „O" umfasst die mentalen Vorgänge, gilt als „acceptable euphemism for mind" (Markus & Zajonc, 1985, S. 138) und ist im Vergleich zu den im Behaviorismus vormals ausschließlich beachteten Responses weniger leicht zu operationalisieren und nicht direkt zu beobachten. Diese mentalen Vorgänge werden als Prozeß der Verarbeitung von Informationen verstanden, der im wesentlichen folgender Standardsequenz entspricht: Eine Information wird abgespeichert („enkodiert") und dabei in einen internen Gedächtniscode übersetzt. Auf der Grundlage dieser enkodierten Information werden kognitive Operationen durchgeführt, die die Art der internen Repräsentation verändern können. Die enkodierten Informationen können schließlich aus dem Gedächtnis wieder aufgerufen werden, allerdings kann wegen der zuvor erfolgten kognitiven Operationen das abgerufene Material von der ursprünglichen Input-Informationen verschieden sein (Strack, 1988).

Mit der Betonung des „O", das zwischen Stimulus und Response eine immer wichtigere Rolle bekam und schließlich zum wichtigsten Bestandteil des behavioralen Prozesses erklärt wurde, veränderte sich auch die Sicht von Sozialpsycholog/inn/en, was denn der Gegenstand ihrer Forschungen sei: „The result ist that one can no longer view today's social psychology as the study of social behavior. It's more accurate to define it as the study of social mind." (Markus & Zajonc, 1985, S.173). Zwar gelten Verhalten und Interaktion weiterhin als interessant und erklärungsbedürftig, können aber nur über das Verständnis der steuernden mentalen Prozesse befriedigend erklärt werden (Strack, 1988).

Als social cognition wird nun der *sozial*psychologische Ansatz bezeichnet, der das gerade dargestellte kognitive Paradigma übernahm. Gemäß Schneider (1991) zeichnet sich dieser Ansatz durch folgende Grundannahmen aus: Da eine grundsätzliche Äquivalenz zwischen sozialen und anderen Arten von Kognitionen angenommen wird, wird auch bei sozialpsychologischen Fragestellungen der zugrundeliegende kognitive Prozess fokussiert. Wesentlich sind dabei Gedächtnisprozesse. Die Enkodierung, die Speicherung und der Abruf von Informationen werden als wesentlich durch bereits bestehende Wissensstrukturen beeinflusst angesehen, d.h. durch Schemata, Prototypen, Skripts und ähnliches. Außerdem gelten Inhalte und Strukturen sozialer Kognitionen als untrennbar mit den zugrundeliegenden Prozessen verknüpft, so dass Annahmen über Strukturen und Inhalte nicht ohne solche über die auf sie bezogenen Prozesse sinnvoll untersucht werden können (Linville & Carlston, 1994).

2.2 Das Selbst in der social cognition-Forschung

Das Selbst wird im Rahmen der social cognition-Forschung als eine Gedächtnisrepräsentation aufgefasst (Carlston & Smith, 1996), als das sogenannte Selbstkonzept (self-concept).

Linville und Carlston (1994) explizieren drei Kernannahmen, die social cognition-Ansätze bezüglich des Selbst aufweisen: Erstens bestehe das Selbst aus multiplen Komponenten. Zweitens basiere die Wahrnehmung des Selbst nicht nur auf deklarativem, sondern ebenfalls auf prozeduralem Wissen, also auf kognitiven Regeln, die auf selbstrelevante Schlussfolgerungen, Bewertungen, Problemlösenverfahren und Entscheidungen angewendet werden. Drittens sei das Selbst einerseits stabil, andererseits auch variabel, wobei die Aktivierung bestimmter Selbstaspekte durch den aktuellen Kontext eine wichtige Rolle spielt. Die erste und die dritte dieser Annahmen sind für die vorliegende Arbeit von großer Bedeutung.

Im Folgenden wird zunächst beschrieben, wie im Modell der Selbstschemata von Markus (1977) Grundannahmen der kognitiven Psychologie auf das Selbst übertragen wurden. Danach werden die Annahmen ausgeführt, dass das Selbst sowohl multipel als auch flexibel ist.

2.2.1 Das Selbst als Gedächtnisstruktur: Selbstschemata

Innerhalb des kognitiven Ansatzes ist der Begriff des Schemas zentral und bezeichnet eine internale kognitive Struktur. Es wurde angenommen, dass Informationen nur dann verarbeitet werden können, wenn der Wahrnehmende irgendeine kognitive Struktur parat hat, um diese Information zu empfangen und zu organisieren; Neisser (1976) nannte diese internalen Mechanismen „Schemata". Er nahm an, dass diese notwendige Komponenten sämtlicher Wahrnehmung und Kognition seien. Für internale kognitive Strukturen wurden auch eine Reihe von anderen, konkurrierenden Bezeichnungen und Konzepten entworfen, so z.B. „hypothesis" (Bruner, 1951), „scripts" (Abelson, 1976), „prototypes" (Cantor & Mischel. 1977). Ihre Gemeinsamkeiten sind in der Definition von Markus und Zajonc (1985), die sich allgemein auf kognitive Strukturen bezieht, aufgehoben. Kognitive Strukturen, und damit auch Schemata, seien Folgendes: „...organizations of conceptually related representations of objects, situations, events, and of sequences of events and actions" (S. 143). Eine kognitive Struktur kann die spezifischen Elemente und Eigenheiten des Objektes, des Ereignisses oder Situation beinhalten, oder sie kann die Regeln für die Beziehungen zwischen diesen Elementen enthalten, oder beides. Kognitive Strukturen entstehen aus Erfahrungen mit den sie repräsentierenden Konzepten (allerdings können auch „on-the-spot" Strukturen erzeugt werden, die noch nie zuvor verwendet wurden). Sie vereinfachen die Verarbeitung der eintreffenden Informationen und machen die komplexe Umwelt dadurch handhabbar, sie vermitteln Kohärenz und dienen als Interpretationsrahmen. Die Person füllt mithilfe ihrer Schemata zu dünne Informationen auf, so dass es ihr möglich ist, „to go beyond the information given" (Markus & Zajonc, 1985, S.143). Ein Schema beinhaltet Wissen mit einem hohen Abstraktionsgrad, weil es aus spezifischen Informationen abstrahiert wurde (Fiske & Taylor, 1993), und erleichtert so die konzeptgesteuerte Informationsverarbeitung. Ein Spezifikum der Schemata besteht darin, dass sie Subschemata enthalten können, die selbst wieder weitere Subschemata enthalten können: Schemata sind also hierarchisch organisiert.

Selbstschemata sind entsprechend „cognitive generalizations about the self" (Markus, 1977, S. 64), die aus vergangenen Erfahrungen entstanden und die

Verarbeitung selbstbezogener Informationen steuern. Ein Selbstschema enthält Informationen über Eigenschaften und Verhaltensweisen, die einer Person besonders wichtig sind. Diese werden wegen ihrer Wichtigkeit permanent und ausführlich elaboriert. Markus nimmt an und hat vielfach belegt (Markus, 1977; Markus, Crane, Bernstein & Siladi, 1982; Markus, Hamill & Sentis, 1987), dass sich Personen darin unterscheiden, in welchen Bereichen sie ein Selbstschema ausgebildet haben. Für einen bestimmten Inhaltsbereich „Schematische" unterscheiden sich von „Aschematischen" in der Effizienz der auf den entsprechenden Bereich bezogenen Informationsverarbeitung. Das heißt, Menschen mit einem Schema für „Unabhängigkeit" verfügen über gut organisiertes und hoch zugängliches Wissen über ihre Unabhängigkeit, sie sind quasi „Experten", was sich in - auf diesen Bereich bezogen - effizienterer Informationsverarbeitung äußert (Markus, 1977). Markus' Ansatz ist für die vorliegende Arbeit wichtig, da er betont, inwiefern die Erfahrungen, die Menschen im Laufe ihres Lebens machen, dazu führen, dass sie für bestimmte Bereiche Schemata ausbilden oder nicht, und dass diese individuelle Konstellation von Selbstwissen das weitere Verhalten und die Informationsverarbeitung von Menschen beeinflusst.

2.2.2 Das Modell des dynamischen Selbst

Im Folgenden wird das Modell des dynamischen Selbst von Hannover (1997a) erläutert. Dabei wird zunächst darauf eingegangen, dass das Selbst aus zahlreichen verschiedenen Komponenten besteht, also eine multiple Struktur aufweist. Danach wird erläutert, wie sich aus dieser Multiplizität auch die Flexibilität des Selbst ergibt: „Strukturell ist das Selbst vielfältig oder multipel, d.h es besteht aus mehreren kontextgebundenen Substrukturen. Prozedural ist es flexibel, d.h., zu einem gegebenen Zeitpunkt wird nur auf eine Teilmenge der Substrukturen zugegriffen" (Hannover, 1997a, S.4).

2.2.2.1 Die multiple Struktur des Selbst

Die Idee, dass das Selbst eine multiple Struktur aufweist, gibt es bereits seit längerer Zeit. Nach einem kurzen Blick in die „Geschichte des Selbst" folgt eine Beschreibung des aktuellen Modells von Hannover (1997a).

2.2.2.1.1 Historische Wurzeln des multiplen Selbst

„Most reviewers begin the modern history of self research with the century-old writings of William James", schreiben Linville und Carlston (1994, S.144), und so soll es auch in der vorliegenden Arbeit geschehen. James (1892) teilte das Selbst zunächst in zwei: Das „self as knower", das „I", steht dem „Self as known", dem „Me", gegenüber. Das self as knower sei die Person als das erkennende Subjekt selbst, das self as known hingegen die Person als das Objekt der eigenen Wahrnehmung, die Summe der Inhalte des Selbst. Via Introspektion habe die Person nur zum self as known, nicht aber zum self as knower Zugang. Das self as known, von James auch

„empirical me" genannt, sei in verschiedene Bereiche aufgeteilt: das materielle Selbst, das unser physisches Sein repräsentiert, das soziale Selbst, das unser Bewußtsein, wie andere uns sehen, beinhaltet und das spirituelle Selbst, das unsere Gedanken und Gefühle widerspiegelt. Während ein Mensch jeweils nur ein physisches und ein spirituelles Selbst hat, sei das soziale Selbst vielfach: „a man has as many social selves as there are distinct groups of persons about whose opinion he cares" (James, 1890, S. 294, zitiert nach Linville & Carlston, 1994, S.149). In ähnlicher Weise wurde das Selbst innerhalb des Symbolischen Interaktionismus konzeptualisiert: So wie Bedeutungen und Wertigkeiten aller Objekte der Umwelt in einem interpersonalen diskursiven Prozess ausgehandelt werden, ist auch das Selbst ein Produkt sozialer Interaktionen. Cooleys „looking-glass-self" (Cooley, 1902) bildet sich darüber, wie andere Personen das Selbst sehen, und Meads „generalsierter Anderer" ist quasi der internalisierte Blick von außen auf die eigenen Person (Mead, 1934). Ebenfalls aus der Soziologie stammt die Sicht, verschiedene soziale Rollen mit einem entsprechenden Repertoire an sozialen Selbsten auszufüllen (Goffman, 1959).

Die Untergliederung des Selbst in unterschiedliche Komponenten (beispielsweise spirituell, sozial, physisch) beschreibe, so Linville und Carlston (1994), eigentlich nur unterschiedliche Funktionen einer als grundsätzlich einheitlich gedachten Konzeption des Selbst. Die Sichtweise, dass je nach sozialer Rolle ein anderes soziales Selbst aktiviert ist, komme jedoch dem social-cognition-Entwurf des multiplen Selbst schon näher. Die Mulitplizität des Selbst impliziert, dass die aktuelle Aufmerksamkeit von einem Selbst auf ein anderes übergehen kann: „Thus the self is dynamic rather than static, changeable as well as stable" (Linville & Carlston, 1994, S.150).

2.2.2.1.2 Das multiple Selbst als assoziatives Netzwerk

Hannover (1997a) stellte fest, dass Markus (1977) in ihrem Modell der Selbstschemata keinerlei Aussagen darüber macht, auf welche Weise die selbstbezogenen Informationen innerhalb eines Schemas organisiert sind, ob also die im allgemeinen für Schemata geltende Annahme der hierarchischen Organisation auch für Selbstschemata zutreffen soll. Wäre dies der Fall, so könnten die Verbindungen zwischen diesen Schemata immer nur in der Vertikalen bestehen. Hannover (1997a) nimmt jedoch an, dass die verschiedenen Aspekte des Selbst vielfältiger, also sowohl vertikal als auch horizontal, miteinander verbunden sind. Diese vielfältigen Verknüpfungen zwischen den verschiedenen Selbstaspekten können berücksichtigt werden, wenn das Selbst als ein assoziatives Netzwerk verstanden wird.

Bei dieser Vorstellung vom Selbst, die auf Modelle von Bower und Gilligan (1979) und Kihlstrom und Cantor (1984) zurückgeht, wird Selbstwissen als ein Set von Propositionen verstanden, die einen „Selbstknoten" (self node) mit bestimmten selbstrelevanten Episoden oder Attributen verbinden. Das

Selbstwissen ist netzwerkartig organisert, d.h., es besteht aus Informationsclustern, die jeweils auf unterschiedliche Bereiche bezogen sind. Diese Informationscluster können insgesamt gesehen auch widersprüchliches Selbstwissen enthalten, ohne dass ein entsprechender Widerspruch von der Person empfunden werden muss, da in einem gegebenen Augenblick immer nur eines dieser Selbstcluster aktiviert ist (Hannover, 1997a).

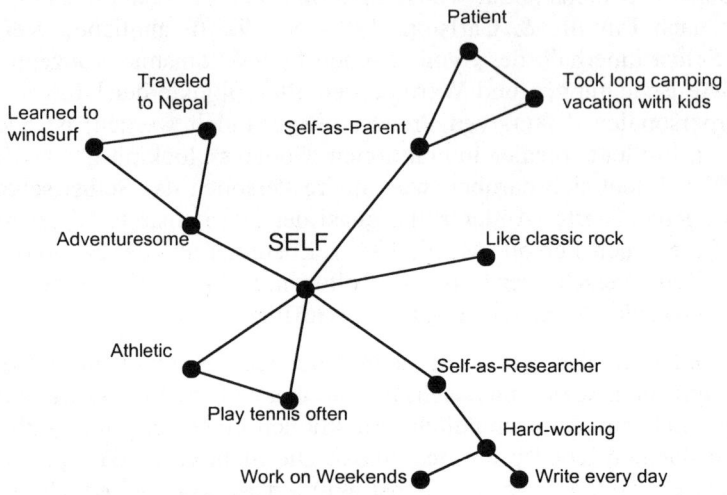

Abbildung 1: Selbstwissen als assoziatives Netzwerk (zitiert nach Linville & Carlston, 1994, S.151)

Ein stark vereinfachtes Netzwerkmodell könnte wie in Abbildung 1 aussehen: Der mittlere Knoten in einem Netzwerk ist mit bestimmten Traits (wie „athletisch" oder „abenteuerlich"), mit behavioralen Konzepten („spielt häufig Tennis", „reiste nach Nepal") und weiterer selbstdefinierender Information („mag Klassik-Rock") verbunden. Dieses Selbstwissen ist häufig um bestimmte Bereiche herum organisiert („Selbst als Wissenschaftler", „Selbst als Vater"[4]). Die Konzeption als Netzwerk ermöglicht assoziative Verbindungen zwischen verschiedenen Bereichen des Selbstwissens: Selbstrelevante Eigenschaften, Verhalten, Domänen sind miteinander verbunden, ebenfalls ist generelles semantisches Wissen (z.B. was Wissenschaftler im allgemeinen tun) mit Selbstwissen verbunden. Schematische Eigenschaften (z.B. „abenteuerlich") gelten als ganz unmittelbar mit dem mittleren Selbstknoten verbunden, weshalb Personen auf sie selbst beschreibende schematische Traits besonders schnell zugreifen können und entsprechende Fragen dazu besonders schnell beantworten können (Kihlstrom & Cantor, 1984). Der Abruf von Selbstwissen würde in diesem

---

4 Bei dem in englischer Sprache zitierten Netzwerk lässt sich nicht eindeutig festlegen, ob es sich bei der zu diesem Selbst gehörenden Person um eine Frau oder einen Mann handelt. Natürlich könnte all dies auch eine Frau beschreiben.

Modell über sich ausbreitende Aktivierung geschehen: Eine Aktivierung kann von jeder einzelnen im Netzwerk enthaltenen Information ausgehen: Sie breitet sich zunächst in dem direkt auf diese Information bezogenen Knoten aus und kann, sofern Verbindungen zu anderen Knoten vorhanden sind, sich auch noch weiter ausbreiten (Hannover, 1997a).

2.2.2.2 Zugänglichkeit verschiedener Aspekte des Selbst

Bei der Darstellung der Selbstschemata von Markus (1977) wurde bereits das Konzept der Zugänglichkeit erwähnt. Dieses soll im Folgenden kurz umrissen werden. Dabei lehne ich mich an die Darstellung von Hannover (1997a; 1997c) an. Zugänglichkeit beschreibt die Leichtigkeit, mit der auf einen bestimmten Gedächtnisinhalt zugegriffen werden kann. Uneindeutige Stimuli, so Bruner (1957), werden gemäß den zum gegebenen Zeitpunkt am besten zugänglichen Kategorien identifiziert und interpretiert. Die Zugänglichkeit einer Information ist zum einen davon abhängig, wie häufig sie bereits gebraucht wurde: Je häufiger sie gebraucht wurde, desto zugänglicher ist sie („frequent contextual priming", Bargh, Lombardi & Higgins, 1988; Higgins, King & Marvin, 1982; Srull & Wyer, 1989). Zum anderen hängt die Zugänglichkeit einer Information davon ab, wann sie das letzte Mal benutzt wurde: Je weniger Zeit seitdem vergangen ist, desto zugänglicher ist sie („recent contextual priming"). Srull und Wyer (1981; 1989) entwickelten das - nicht für das Selbst spezifische - „bin model", in dem die Zugänglichkeit von Gedächtnisinhalten sehr anschaulich gemacht wird: Das „bin model" beinhaltet verschiedene „concept bins", in denen Informationen abgelegt sind und aus denen diese auch wieder abgerufen werden. Gemäß der früheren Fassung dieses Modells (Wyer & Srull, 1981) kann man sich die Vielfältigkeit des Selbst wie folgt vorstellen[5]: Es gibt verschiedene Ablagekörbe, die jeweils eine bestimmte „Beschriftung" aufweisen, in der eine Erfahrung oder ein Kontext genannt wird, in dem das dort abgelegte (Selbst-)wissen zutrifft, beispielsweise „Selbst als Vater" oder „Selbst auf Parties". In jedem Korb finden sich dann die auf diesen Kontext bezogenen Verhaltensweisen und Traits. Welches Selbstwissen in einem gegebenen Moment abgerufen wird, hängt nicht nur von dem aktivierten Korb ab, sondern auch davon, was in diesem „oben liegt". Häufig und/ oder vor kurzer Zeit benutztes Selbstwissen liegt weiter „oben" und ist entsprechend zugänglicher als Selbstwissen, das nur selten und/oder vor langer Zeit aktiviert wurde und entsprechend weit „unten", am Boden des Ablagekorbes liegt. Das heisst, sowohl die vor kurzer Zeit verwendeten Informationen als auch die immer wieder aufs Neue verwendeten Informationen liegen - bleibt man beim Bild des bin models - in den „concept bins" eher im oberen Bereich. Erstere, weil sie gerade erst „zurückgelegt" wurden (situationale Konstrukt-

---

5 Srull und Wyer legten 1989 eine modifizierte und elaborierte Fassung des Modells vor; für das Verständnis der vorliegenden Arbeit ist jedoch die schlichtere Fassung von Wyer und Srull aus dem Jahr 1981 ausreichend.

zugänglichkeit), letztere, weil sie durch die Häufigkeit der Verwendung nie in den unteren Bereich des Ablagekorbes abrutschen können (chronische Konstruktzugänglichkeit).

Je zugänglicher ein Selbstkonstrukt ist, desto wahrscheinlicher ist es, dass es aktiviert wird (Hannover, 1997a). Ein chronisch hoch zugängliches Selbstkonstrukt wäre zum Beispiel ein Selbstschema im Sinne von Markus (1977), denn es enthält gut elaboriertes Selbstwissen über Bereiche, die einer Person besonders wichtig sind und das deshalb häufig aktiviert wird. Die *chronische* Zugänglichkeit von Selbstwissen ist besonders interessant, um interindividuelle Unterschiede zu untersuchen: Menschen unterscheiden sich darin, für welche Bereiche sie ein Selbstschema ausgebildet haben. Für die vorliegende Arbeit ist zudem von besonderem Interesse, dass die *situationale* Zugänglichkeit variiert, und zwar intraindividuell. Das heißt, dass einer Person je nach aktuellen Gegebenheiten des Kontextes jeweils andere Selbstkonstrukte besonders zugänglich sind (Hannover, 1997a). Dieser Punkt wird im nächsten Abschnitt ausgeführt.

2.2.2.3 Das flexible Selbst: Kontextabhängige Aktivierung der Selbstkonstrukte

Es sind nicht alle verfügbaren Aspekte des multipel gedachten Selbst zu jeder Zeit aktiviert. Vielmehr wird angenommen, dass spezifische Aspekte des Selbst nur dann aktiviert sind, wenn sie im aktuellen Kontext relevant sind (Hannover, 1997a). Diejenigen Selbstkonzepte, die zu einem gegebenen Zeitpunkt aktiviert sind, werden als „Arbeitsselbst" (working self) bezeichnet (Cantor, Markus, Niedenthal & Nurius, 1986; Markus & Kunda, 1986).

Hannover (1997a) hat angenommen, dass derjenige Aspekt des Selbst zum Arbeitsselbst wird, der auf den aktuellen Kontext bezogen ist, in dem sich eine Person gerade befindet. Dabei ist der Begriff Kontext „in einem sehr weiten Sinne zu verstehen" (Hannover, 1997a, S.18) und umfasst neben verschiedenen Erfahrungsbereichen und Tätigkeiten (z.B. Selbst als Lehrer, Selbst auf Parties) auch Gruppenzugehörigkeiten (z.B. Selbst als Mann, Selbst als Deutscher), soziale Beziehungen (z.B. Selbst als Tochter) und persönliche Attribute (z.B. Selbst als unabhängig). „In einer konkreten Situation werden nur die an die Repräsentation des jeweiligen Kontextes angebundenen selbstbezogenen Informationen aktiviert" (Hannover, 1997a, S. 18).

Wovon hängt es nun ab, ob sich beispielsweise ein Lehrer aus Hamburg gerade eher „Lehrer", als "Hamburger" oder als „Mann" empfindet? Hannover (1997a) unterscheidet folgende verschiedene Quellen automatischer Selbstkonstruktaktivierungen[6]:

2.2.2.3.1 Salienz oder Distinktkeit

Salienz oder Distinktheit wurden durch Fiske und Taylor (1993) als „the extent to which particular stimuli stand out relative to others in their environment" (S.246) definiert. Ob ein bestimmtes Merkmal des Selbst in einer gegebenen Situation salient ist oder nicht, ist situational variabel; Salienz ist also keine Eigenschaft, die ein Merkmal per se aufweisen kann. Es ist vielmehr immer gerade dasjenige Merkmal des Selbst salient, das in Bezug auf den unmittelbaren Kontext ungewöhnlich, das heißt von der Mehrheit abweichend oder perzeptuell auffallend ist. Die Salienz eines Merkmals sollte zur Aktivierung des damit verbundenen Selbstkonstruktes führen. Entsprechend sollten sich Personen in freien Selbstbeschreibungen mit Eigenschaften beschreiben, bezüglich derer sie im aktuellen Kontext distinkt sind. Bezieht man diese Theorie auf das Beispiel des Hamburger Lehrers, so wäre zu erwarten, dass er sich in einer Gruppe von Münchnern eher als Hamburger definiert, in einer Gruppe von Frauen eher als Mann und in einer Gruppe von Schülern oder auch in einer Gruppe von Ingenieuren oder Psychologen eher als Lehrer[7]. Dass dies tatsächlich zutrifft, konnte in mehreren Untersuchungen nachgewiesen werden (Cota & Dion, 1986; McGuire, McGuire & Winton, 1979; McGuire & Padawer-Singer, 1976).

2.2.2.3.2 Betonung von Interkategorienunterschieden und Intrakategorienähnlichkeiten

Eine weitere Aktivierungsquelle stellt die Betonung von Interkategorienunterschieden und Intrakategorienähnlichkeiten dar: „Es wird dasjenige Selbstkonstrukt aktiviert, durch das die Person als Repräsentant einer sozialen Kategorie beschrieben wird, die in der gegebenen Situation maximale Ähnlichkeit zu Personen derselben Kategorie und maximale Unähnlichkeit zu Personen einer anderen Kategorie bedeutet" (Hannover, 1997a, S. 53). Diese Idee ist nicht grundsätzlich vom vorherigen Punkt verschieden[8], bezieht sich jedoch explizit auf die „self-categorization-theory" von Turner (Turner, 1985, 1987; Turner, Oakes, Haslam & McGarty, 1994). Nach die-

---

6 Es ist zwischen automatischer und kontrollierter (oder bewußter) Selbstkonstruktaktivierung zu unterscheiden. In der Regel erfolgt die Aktivierung automatisch, also ohne dass die Aufmerksamkeit der Person auf diesen Vorgang gerichtet ist (Hannover, 1997a). Für die vorliegende Arbeit ist nur die automatische Selbstkonstruktaktivierung von Interesse.

7 Und wenn außer ihm fünf Hamburger Schülerinnen, sechs Hamburger Psycholgen und sieben Münchner Lehrerinnen anwesend sind? Eine formale Definiton der Distinktheit, nach der sich dieses errechnen ließe, liefern McGuire, McGuire und Winton (1979).

8 Zumindest können im Rahmen der vorliegenden Arbeit diese Ideen als ähnlich angesehen werden. Eine Auseinandersetzung mit der Distinktheitshypothese von einer Vertreterin der self-categorization theory findet sich bei Oakes (1987).

ser besteht das Selbstkonzept einer Person aus der Gesamtheit ihrer Selbstkategorisierungen. Diese Selbstkategorisierungen seien hierarchisch, auf drei verschiedenen Ebenen organisiert und durch Klasseninklusion miteinander verbunden. Die Annahme einer hierarchischen Organisation unterscheidet dieses Modell von der Distinktheitshypothese von McGuire und Mitarbeitern. Auf der obersten Ebene werden Unterscheidungen zwischen menschlichen und nicht menschlichen Lebewesen vorgenommen, auf der mittleren Ingroup-Outgroup-Kategorisierungen und auf der untersten personale Selbstkategorisierungen. Das heißt, die für Gruppenzugehörigkeit wesentlichen sozialen Kategorien wie Geschlecht, Ethnizität, Beruf etc. sind auf einer höheren Ebene angesiedelt als Merkmale, die das einzelne Individuum von anderen Mitgliedern der Ingroup unterscheiden. Welche der verschiedenen Ebenen der Selbstkategorisierung die Wahrnehmung des eigenen Selbst bestimmt, hängt vom aktuellen Referenzrahmen ab: Wenn beispielsweise in einer Gruppe von Personen eine größere Differenz zwischen verschiedenen sozialen Kategorien (mittlere Inter-Kategoriendifferenz) als Unterschiede zwischen den Mitgliedern einer dieser Kategorie (mittlere Intrakategoriendifferenz) wahrgenommen wird, so sollten soziale Selbstkategorisierungen salient werden, d.h. die Person sollte sich als Angehörige einer der anwesenden sozialen Gruppen wahrnehmen. Umgekehrt würden dann, wenn Ingroup-Outgroup-Vergleiche weniger auffällig sind als Differenzen innerhalb der Ingroup, personale Selbstkategorisierungen vorgenommen werden und die Person würde sich eher als Individuum, das sich von anderen Individuen unterscheidet, erleben. „Es besteht eine inverse Beziehung zwischen der Salienz der sozialen und personalen Kategorisierung" (Hannover, 1997a, S.59).

2.2.2.3.3 *Stimmungen und Verhalten*
In den vorherigen Abschnitten wurde beschrieben, wie die aktuelle soziale Situation dazu führt, dass jeweils ein bestimmter Aspekt des Selbst aktiviert wird. Aber auch Stimmungen und Verhalten können dazu führen, dass dasjenige Selbstkonzept aktiviert wird, das mit diesen gerade erlebten Stimmungen oder Verhaltensweisen der Person kongruent ist. Denn bei der Enkodierung persönlicher Erlebnisse wird ebenfalls die bei diesen Erlebnis empfundene Stimmung mit enkodiert. Bei einem erneuten Erleben dieser Stimmung fungiert sie als retrieval-cue und aktiviert entsprechend diejenigen Informationen, die bereits früher im Zusammenhang mit dieser Stimmung abgespeichert wurden (Bower, 1981; Clark & Isen, 1982; Forgas, 1994; Forgas & Bower, 1987). Ein empirischer Beleg dafür, dass Stimmungen ein Selbstkonzept aktivieren können, das mit diesen Stimmungen kongruent ist, stammt aus einem Experiment von Sutton, Teasdale und Broadbent (1988). Nachdem die Untersuchungspersonen in schlechte Stimmung versetzt worden waren, waren ihre Recall-Leistungen denen von chronisch Depressiven sehr ähnlich, woraus sie folgern, dass durch die schlechte Stimmung ein negatives Selbstkonstrukt aktiviert wurde.

Zudem sollte immer dann, wenn ein bestimmtes Verhalten ausgeübt wird, das mit diesem Verhalten konsistente Selbstkonzept aktiviert sein. Denn es werden nicht nur Stimmungen, sondern auch Verhaltensweisen in Verbindung mit persönlichen Erlebnissen enkodiert, das heißt, dass Selbstkonstrukte auch „episodische oder experientielle Repräsentationen eigenen Verhaltens enthalten" (Hannover, 1997a, S.62). Dies konnte beispielsweise für die Aktivierung eines instrumentellen oder expressiven Selbstkonzeptes gezeigt werden: Hannover (1997c) ließ Jugendliche entweder eine typisch „feminine" (Babypuppe wickeln) oder eine typisch „maskuline" Aufgabe (Nägel einschlagen) verrichten. Erwartungsgemäß zeigte sich, dass sich Mädchen und Jungen nach der „femininen" Tätigkeit schneller und häufiger expressive Eigenschaften zuschrieben als eine Kontrollgruppe, die keine der Tätigkeiten verrichtet hatten, nach dem Nägeleinschlagen jedoch schneller und häufiger instrumentelle Eigenschaften als die Kontrollgruppe. Dieser Befund spricht dafür, dass durch Tätigkeiten solche Selbstkonstrukte aktiviert werden, die mit dem aktuellen Verhalten der Person übereinstimmen.

2.2.2.3.4 Selbstbezogene Ziele
Als eine weitere Aktivierungsquelle von Selbstkonstrukten nennt Hannover (1997a) selbstbezogene Ziele. Es sei anzunehmen, dass situational dasjenige Selbstkonstrukt besonders zugänglich ist, das die Repräsentation eines im aktuellen Kontext aktivierten Zieles enthält. Dabei muss sich die Person dieses Zieles selbst nicht bewusst sein, denn Ziele können auch automatisch durch Kontextvariablen aktiviert werden: Chartrand und Bargh (1996) stellten fest, dass „one's intentions can be activated unintentionally" (S. 476). Beispielsweise wurde in einem Experiment von Hannover (1994) durch die Darbietung einer leckeren, aber kalorienreichen Speise bei den Untersuchungspersonen automatisch sowohl das Ziel, schlank zu sein, aktiviert als auch das gewichtsbezogene Selbstkonstrukt zum Arbeitsselbst gemacht.

2.2.2.4 Auswirkungen automatischer Selbstkonstruktaktivierungen
Während bisher vor allem beschrieben wurde, wie es zur Aktivierung bestimmter Selbstkonstrukte durch den aktuellen Kontext kommt, soll in nächsten Abschnitt - wiederum in Anlehnung an Hannover (1997a) - geklärt werden, welche Folgen die Aktivierung eines bestimmten Selbstkonzeptes hat. Was impliziert es, wenn sich ein Mensch in einem gegebenen Augenblick eher als Lehrer, als Mann, als Hamburger o.ä. empfindet?

2.2.2.4.1 Selbstbeschreibung
Wenn ein Mensch sich selbst beschreibt, sollte er solche Attribute nennen, die in dem jeweiligen Augenblick am zugänglichsten sind, also Inhalt seines Arbeitsselbst sind. Streng genommen sind diese Selbstbeschreibungen allerdings eher als eine Äußerung denn als eine Auswirkung des Arbeits-

selbst zu werten, und genau diese Funktion erfüllen sie in vielen Untersuchungen: Aus dem Inhalt der Selbstbeschreibungen wird auf die gerade aktivierten Selbstkonstrukte geschlossen (Cota & Dion, 1986; McGuire & Padawer-Singer, 1976). Sofern jedoch bei den Selbstbeschreibungen nicht bloß inhaltliche Aspekte, sondern auch Latenzzeiten erfasst werden, vermischen sich bereits Annahmen über die Äußerung des Phänomens mit Annahmen über Auswirkungen des Phänomens: Einerseits gilt beispielsweise ein Eigenschaftswort, dessen Beurteilung bei der Untersuchungsperson nur eine kurze Reaktionszeit erfordert, als besonders zugänglich, das heißt also als Indikator dafür, dass das damit korrespondierende Selbstkonstrukt gerade aktiviert ist. Andererseits äußert sich in diesen kurzen Latenzen auch etwas, das man zum einen zwar auch nur als eine begriffliche Implikation der hohen „Zugänglichkeit", zum anderen aber auch durchaus als eine Konsequenz der Aktivierung betrachten kann: eine besonders effiziente Informationsverarbeitung (s.u., Abschnitt 2.2.2.4.2).

Bei der Untersuchung von Selbstbeschreibungen wird je nach Ansatz eher die chronische Zugänglichkeit oder die situationale Zugänglichkeit fokussiert, wobei die chronische Zugänglichkeit im strengen Sinne nicht die Aktivierung eines Selbstkonstruktes durch den gegebenen Kontext widerspiegelt, sondern eher die chronisch vorhandene höhere Aktivierbarkeit. In einer Situation, in der kein bestimmtes Selbstkonstrukt durch den aktuellen Kontext aktiviert bzw. experimentell geprimt wird, sollten am ehesten jene Selbstkonstrukte aktiviert sein, die chronisch hoch zugänglich sind, die sich also in den „concept bins" stets in den oberen Schichten befinden[9]. Die Arbeiten von Markus und Mitarbeitern (Markus, 1977; Markus et al., 1982, 1987) zielen beispielsweise auf diese chronische Zugänglichkeit von Selbstkonstrukten: Chronisch hoch zugängliche und inhaltlich elaborierte Selbstkonstrukte entsprechen in ihrer Terminologie „Selbstschemata". Die Autor/inn/en konzentrieren sich auf einen Vergleich der Selbstbeschreibungen von in Bezug auf einen Bereich, Trait o.ä. „Schematischen" mit „Aschematischen", d.h. sie untersuchen, ob sich Menschen, die für ein bestimmtes Konstrukt (z.B. „Unabhängigkeit") ein Selbstschema ausgebildet haben, schneller und häufiger mit dazu passenden Eigenschaften beschrei-

---

9 Allerdings wäre es seltsam anzunehmen, dass es Situationen geben könnte, die dem Selbst gar keinen Anhaltspunkt dafür geben, welches Selbstkonstrukt gerade passend wäre. *Immer* wird die Umgebung vom Individuum interpretiert und entsprechend würde immer das in der jeweiligen Situation passende Selbstkonstrukt aktiviert. Die Interpretation einer Situation ist jedoch sehr idiosynkratisch und folgt vor allem der chronischen Zugänglichkeit der Selbstkonstrukte, das heißt, dass die chronische Konstruktzugänglichkeit die Interpretation der aktuellen Situation bestimmt. Durch experimentelles Priming oder gezielte Manipulation von Kontexten wird nun versucht, einen von allen Beteiligten möglichst einheitlich zu deutenden Kontext zu schaffen, der bei allen Untersuchungspersonen dasjenige Selbstkonstrukt aktivieren sollte, das - nach Meinung der Untersuchenden bzw. "objektiv" - zur aktuellen Situation besonders gut passt.

ben als jene Menschen, die kein entsprechendes Selbstschema ausgebildet haben (Markus, 1977; Markus et al., 1987) Da Markus und Mitarbeiter Selbstschemata als Traits auffassen, manipulieren sie folglich auch nicht den aktuellen Kontext, um zu überprüfen, wie sich dieses auf die Selbstbeschreibungen auswirkt.

Es liegen einige wenige Studien vor, in denen der Kontext experimentell variiert wurde, um so bestimmte Selbstkonstrukte situational zugänglich zu machen (für einen Überblick siehe Hannover, 1997a; S. 66ff.). Bei diesen Studien wurde erwartet, dass sich die Selbstbeschreibungen dem aktuellen Kontext anpassen, d.h. dass sich also das situational zugänglichste Selbstkonstrukt in den Selbstbeschreibungen widerspiegelt. Wie in den Untersuchungen von McGuire und Mitarbeitern (1979) sowie Cota und Dion (1986) festgestellt, beschreiben sich Menschen mit solchen Eigenschaften, die in der gegebenen Situation salient sind. In einem Experiment von Hogg und Turner (1987) wurden die Selbstbeschreibungen von Probanden in gleichgeschlechtlichen Dyaden mit Selbstbeschreibungen von Probanden in gemischtgeschlechtlichen Kleingruppen verglichen. Bei den Selbstbeschreibungen mit positiven, sozial erwünschten Eigenschaften, die dem Bem Sex Role Inventory (BSRI (Bem, 1974)) entstammten, zeigte sich erwartungsgemäß, dass sich die Probanden in den gemischtgeschlechtlichen Kleingruppen stärker geschlechtsstereotypisiert beschrieben als in den gleichgeschlechtlichen Dyaden. Das heißt, in den Begriffen der Selbstkategorisierungstheorie ausgedrückt, dass sich eine Person dann, wenn ihre soziale Identität salient ist, eher wie ein typisches Mitglied ihrer sozialen Gruppe beschreibt als in einer Situation, in der ihre personale Identität salient ist.

2.2.2.4.2 *Informationsverarbeitung*

Der Inhalt des Arbeitsselbst einer Person wirkt sich nicht nur darauf aus, wie sie sich selbst beschreibt, sondern auch auf die Art und Weise, wie sie im gegebenen Augenblick Informationen verarbeitet. Wie oben in Abschnitt 2.1 beschrieben, wird im Rahmen des social-cogniton Ansatzes angenommen, dass die Enkodierung, die Speicherung und der Abruf von Informationen durch bereits bestehende Wissensstrukturen beeinflusst werden. Schon Bartlett (1932) und Bruner (1957) formulierten die Vermutung, dass ein fundamentaler Prozess der Wahrnehmung darin besteht, dass neu eintreffende Informationen mit bereits bestehenden Kategorien verknüpft werden. Welche der bestehenden zahlreichen Kategorien genutzt wird, ist davon abhängig, welche im gegebenen Moment am zugänglichsten ist. Diese Vermutungen wurden in Primingexperimenten überprüft:

> Since prior activation of a trait category (...) increases its accessibility, exposure to the experimenter's trait term (...) should increase the likelihood that subjects will categorize the stimulus person in terms of the ac-

tivated category. The act of categorization may in turn affect how the stimulus information is processed. (Higgins, Rholes & Jones, 1977)

Im „Donald-Experiment" konnten Higgins und Mitarbeiter (1977) zeigen, dass je nach vorherigem Priming eine Stimulusperson („Donald") unterschiedlich bewertet wurde. Dies funktionierte jedoch ausschließlich unter der Bedingung, dass die zuvor geprimten Kategorien auch auf die zu beurteilende Person anwendbar waren. Allein die vorherige Vorgabe negativer oder positiver Eigenschaften, die aber mit der Stimulusperson nichts zu tun hatten, hatte keinen Einfluss auf die Beurteilung der Stimulusperson. Nur wenn auf die Stimulusperson passende Traits geprimt wurden, fiel die Beurteilung der Person nach den positiven Traits positiver aus als nach negativen Traits, was als Beleg dafür gilt, dass tatsächlich die entsprechenden Kategorien (und nicht bloß negative oder positive Eigenschaften) aktiviert wurden. Die Effekte waren bei einer Wiederholungsmessung zwei Wochen später sogar noch stärker als unmittelbar zum Zeitpunkt des Experimentes, was damit erklärt wurde, dass zum einen die beim Abspeicherungsprozess aktivierte Kategorie ein Bestandteil der Erinnerung wird und zum anderen die abgespeicherten Details der Informationen schneller vergessen werden als die Kategeorisierung. Das heißt, auf die Weiterverarbeitung von Informationen hat es einen sehr großen Einfluss, welche Kategorien zum Zeitpunkt der Wahrnehmung gerade aktiviert sind.

Dieser Mechanismus wurde bisher vor allem für nicht selbstbezogene Konstrukte nachgewiesen. Da jedoch angenommen wird, dass Selbstkonstrukte auf ähnliche Weise funktionieren wie andere hoch zugängliche kognitive Konstrukte (Hannover, 1997a), sollten diese Mechanismen auch für selbstbezogene Konstrukte gelten. Diejenigen Aspekte des Selbst, die in einem gegebenen Augenblick gerade aktiviert sind, sollten also die Verarbeitung von Informationen eher beeinflussen als jene Aspekte, die gerade weniger zugänglich sind. Beispielsweise sollte der Hamburger Lehrer in dem Falle, dass seine Identität als Mann salient ist, Informationen anders verarbeiten und auch sein Verhalten anders gestalten als wenn seine Identität als Lehrer oder Hamburger salient wäre.

Auf Selbstkonstrukte bezogene Untersuchungen haben diese Fragen allerdings wiederum in der Regel auf die chronische Konstruktzugänglichkeit zugeschnitten, wohingegen die Auswirkung situationaler Aktivierung seltener untersucht wurde. Bei diesen Studien zur chronischen Konstruktzugänglichkeit ist ein typischer Befund, dass für einen bestimmten Bereich schematische Personen uneindeutige Stimuli eher in Übereinstimmung mit ihrem darauf bezogenen Selbstkonstrukt interpretieren (z.B. Dodge & Tomlin, 1987; Fong & Markus, 1982; Niemi, 1985; Taylor & Boggiano, 1987). Dass auch die temporäre Zugänglichkeit eines Selbstkonstruktes die Interpretation von neuen Informationen beeinflusst, konnte in der bereits erwähnten Studie von Hogg & Turner (1987) nachgewiesen werden: In den gleichgeschlechtlichen Dyaden - d.h. bei salienter personaler Identität - wurden die weiblichen Gesprächspartner von den weiblichen Probanden für weniger feminin gehalten als von den männlichen Probanden in den gemischtgeschlechtlichen Kleingruppen (in denen die soziale Identität salient sein sollte). Die männlichen Gesprächspartner wurden entsprechend in den gleichgeschlechtlichen Dyaden für weniger maskulin gehalten als in den gemischtgeschlechtlichen Kleingruppen[10].

2.2.2.4.3 Verhalten

Die Aktivierung eines bestimmten Selbstkonstruktes sollte nicht nur die Interpretation neuer Informationen beeinflussen, sondern auch mit diesem Konstrukt konsistentes Verhalten nach sich ziehen (Hannover, 1997a). Dass das Verhalten von der chronischen Zugänglichkeit von Selbstkonstrukten beeinflusst ist, wurde mehrfach in den Untersuchungen von Bem und Mitarbeitern gezeigt. Als sich die Probanden beispielsweise für eine Aktivität entscheiden sollten, bei der sie fotografiert werden würden, wählten geschlechtsrollen-schematische Personen häufiger eine „geschlechtstypische Aufgabe" als die in Bezug auf Geschlechtsrollen aschematischen Personen (Bem & Lenny, 1976). Auch ließen sich männliche Probanden, die angaben, vor allem expressive oder sowohl expressive als auch instrumentelle Eigenschaften aufzuweisen, stärker auf eine „feminine" Tätigkeit (mit einer jungen Katze spielen) ein als Männer, die keine oder nur wenige expressive Traits für selbstbeschreibend hielten (Bem, 1977). Dass das Verhalten einer Person durch die temporäre Aktivierung eines Konstruktes beeinflusst wird, wurde- ähnlich wie bei der Interpretation uneindeutiger Stimuli - vor allem für nicht selbstbezogene Konstrukte nachgewiesen. In Experimenten von Bargh, Chen & Burrows (1996) unterbrachen auf Unhöflichkeit geprimte Untersuchungspersonen den Versuchsleiter fast zweimal so häufig wie die auf Höflichkeit geprimten; und auf auf ein Stereotyp über alte Menschen geprimte Probanden gingen nach Abschluß der Untersuchung langsamer den Gang entlang als Probanden aus der Kontrollbedingung.

2.2.2.4.4 Gedächtnisleistungen

Auch die Gedächtnisleistung wird davon beeinflusst, wie zugänglich die mit den dargebotenen Informationen verknüpften Selbstkonstrukte sind. Zahlreiche Studien belegen für verschiedene Inhaltsbereiche, dass schema-relevante Informationen von Personen mit einem entsprechenden Selbstschema besser erinnert werden als von aschematischen Personen (z.B. Bruch, Kaflowitz & Berger, 1988; Clifford & Hemsley, 1987; Kendzierski, 1990; Markus, 1977; Markus et al., 1982; Smith & Lewis, 1985). Eine mögliche Erklärung dafür ist, dass schematische Personen für den jeweili-

---

10 Jedoch sind in diesem Experiment die Effekte der Bedingungsmanipulation mit denen der gleich- vs gegengeschlechtlichen Beurteilung konfundiert (Hannover, 1997a).

gen Bereich eine differenziertere kognitive Struktur ausgebildet haben und somit neue Informationen auf einer umfangreicheren Grundlage verarbeiten (Hannover, 1997a), was zu einer stärkeren Gedächtnisspur und besseren Behaltensleistung führt (Craik & Tulvig, 1975).

2.2.2.5 Interindividuelle Unterschiede in der Zugänglichkeit und Verfügbarkeit von Selbstkonstrukten

In Abschnitt 2.2.2.3 wurde beschrieben, dass die situationale Zugänglichkeit von Selbstkonstrukten von den Merkmalen des jeweiligen Kontext abhängt, was bedeutet, dass die Zugänglichkeit von Selbstkonstrukten intraindividuell variiert: Je nach Situation ist ein und demselben Individuum ein anderer Aspekt seiner Identität[11] besonders zugänglich.

Aber auch das Entstehen von interindividuellen Differenzen in der Verfügbarkeit und chronischen Zugänglichkeit von Selbstkonstrukten ist im Modell des dynamischen Selbst nachvollziehbar: Hannover (1997a, 1997c, 2000) erklärt solche interindividuellen Differenzen folgendermaßen: Damit ein Selbstkonstrukt überhaupt ausgebildet wird, muss die betreffende Person mit dem jeweiligen Inhaltsbereich konfrontiert werden. Ob dieses Selbstkonstrukt nun eine hohe oder niedrige chronische Zugänglichkeit aufweist, hängt davon ab, wie häufig es aktiviert wird. Jede situationale Aktivierung erhöht die chronische Konstruktzugänglichkeit, wie bereits oben beschrieben wurde: Das auf dieses Selbstkonstrukt bezogene Wissen „rutscht" nie in die unteren Bereiche der „Ablagekörbe" (Srull & Wyer, 1981). Der Inhalt und die Zugänglichkeit von Selbstkonstrukten hängen also davon ab, mit welchen Aktivierungsquellen Menschen wie häufig konfrontiert werden. Wenn sich die stabilen Anforderungen an oder die Stereotypen über verschiedene soziale Gruppen systematisch voneinander unterscheiden, sind diese Gruppen permanent mit unterschiedlichen Aktivierungsquellen konfrontiert. Entsprechend sollte sich die chronische Zugänglichkeit der mit diesen Aktivierungsquellen verbundenen Selbstkonstrukte ebenfalls systematisch unterscheiden (Hannover, 1997a, 2000; Higgins et al., 1982). Damit läßt sich erklären, warum beispielsweise Frauen feminines Selbstwissen chronisch zugänglicher ist als Männern (und als maskulines Selbstwissen) und Männern maskulines Selbstwissen zugänglicher ist als Frauen (und feminines Selbstwissen): Frauen und Männer begegnen im Laufe ihres Lebens jeweils anderen Erwartungen, anderen Tätigkeitsbereichen und anderen Stereotypen und entsprechend werden jeweils andere Selbstkonstrukte aktiviert und damit chronisch hoch zugänglich.

Da in der vorliegenden Arbeit geschlechtsbezogenes Selbstwissen eine wesentliche Rolle spielt, wird dieser Aspekt in den noch folgenden Kapiteln vertieft werden.

---

11 Selbst und Identität werden in der vorliegenden Arbeit synonym verwendet.

2.3 Bedeutung des Modells des dynamischen Selbst für die vorliegende Arbeit

An dieser Stelle sollen einige für die Fragestellung der Arbeit wichtige Punkte festgehalten werden: Das Modell des dynamischen Selbst sieht vor, dass eine Person über zahlreiche verschiedene Selbstkonstrukte verfügt, und dass die Zugänglichkeit dieser Selbstkonstrukte situational variabel ist. Zu einem gegebenen Zeitpunkt ist immer nur ein Selbstkonstrukt aktiviert, und zwar jenes, dass im aktuellen Kontext gerade relevant ist; dieses Selbstkonstrukt wird zum „Arbeitsselbst". Das Arbeitsselbst beeinflusst, wie neu eintreffende Informationen enkodiert und gespeichert werden, wie das Verhalten der Person in dem jeweiligen Augenblick ist, und wie gut Informationen später erinnert werden: jeweils in Kongruenz mit dem Arbeitsselbst.

In Kapitel 1 wurde beschrieben, wie sehr sich Mädchen von naturwissenschaftlichen Fächern, v.a. Physik, distanzieren. Das Modell des dynamischen Selbst bietet nun Ansatzpunkte für schulische Interventionen, die diesem Rückzug der Mädchen entgegenwirken sollen. Es wird angenommen, dass bestimmte Aspekte von Selbstwissen für das Engagement in einem Bereich wie Naturwissenschaften vorteilhaft sind, andere hingegen nachteilig. Nachteilig sollte es sein, wenn Mädchen während des Physikunterrichts geschlechtsbezogenes Selbstwissen besonders zugänglich ist, sie sich also während des Unterrichts vor allem als „Mädchen" erleben, somit die Unterrichtsinhalte entsprechend verarbeiten (z.B. „Jungskram, für mich als Mädchen also unwichtig/ ich kann das alles nicht/ ich finde es soo langweilig") und sich selbst entsprechend verhalten (z.B. nicht interessiert sein/ kein Bemühen um gute Leistungen zeigen/ die eigene Geschlechtsidentität durch Abwenden von „Jungenfach" demonstrieren). Vorteilhaft wäre es, wenn geschlechtsbezogenes Selbstwissen möglichst wenig zugänglich wäre, sondern statt dessen beispielsweise auf die Schule bezogenes Selbstwissen[12].

Im Modell des dynamischen Selbst kommt dem aktuellen Kontext, in dem sich eine Person gerade befindet, eine zentrale Rolle zu: Er beeinflusst, welches der verfügbaren Selbstkonstrukte zum Arbeitsselbst wird. Das heisst, eine schulische Intervention, durch die sich Mädchen stärker als sonst üblich mit Physik beschäftigen sollen und die auf dem Modell des dynamischen Selbst aufbaut, sollte auf die Gestaltung des Kontextes Einfluss nehmen, in dem Physikunterricht abgehalten wird. Dieser Kontext sollte

---

12 Zwar ist es auch möglich, dass das auf den Schulkontext bezogene Selbstwissen bei der einen oder anderen Schülerin nicht nur „ich bin hier um zu lernen" u.ä. beinhaltet, sondern auch Dinge wie „Schule finde ich öde" und deshalb nicht zur begeisterten Teilnahme am Physikunterricht führt. Jedoch würde, wenn die Geschlechtsidentität gerade keine Rolle spielt, die Ablehnung des „Jungenfaches" Physik zumindest nicht systematisch größer sein als die anderer Fächer.

möglichst kein Selbstwissen aktivieren, das einer interessierten Teilnahme am Unterricht entgegensteht, das heisst im Falle der Mädchen, dass durch den Kontext kein geschlechtsbezogenes Selbstwissen aktiviert werden sollte. Wir erwarten, dass sich Mädchen beispielsweise immer dann von einem maskulin konnotierten Bereich wie Physik abwenden, wenn im aktuellen Kontext geschlechtsbezogenes Wissen salient ist und deshalb geschlechtsbezogenes Selbstwissen ins Arbeitsselbst geladen wird.

In den folgenden Kapiteln wird diese Überlegung weiter ausgebaut. Zunächst wird jedoch thematisiert, welche grundsätzlichen Probleme bei der Untersuchung von Unterschieden zwischen den Geschlechtern beachtet werden sollten, welche aktuellen Diskussionen um den Begriff „Geschlecht" geführt werden und welchen Beitrag das Modell des dynamischen Selbst zu diesen Problematisierungen des Geschlechts und der Geschlechtsidentität beisteuern kann.

3 Geschlechtsunterschiede

Im Kapitel 1 wurden zahlreiche Studien beschrieben, die darauf fokussieren, dass sich weibliche und männliche Personen hinsichtlich ihres schulischen und beruflichen Engagements in naturwissenschaftlichen Fächern voneinander unterscheiden. Derartige Differenzen zwischen den Geschlechtern lassen sich nur dann identifizieren, wenn danach gesucht wird, wenn also das biologische Geschlecht als unabhängige Variable in die Untersuchung einfließt. Ein solches Vorgehen kann einerseits dazu beitragen, dass eventuell vorhandene systematische „Benachteiligungen" eines Geschlechts in einem bestimmten Bereich (in unserem Falle: Physik) überhaupt identifiziert werden können, womit eine gezielte Förderung der jeweils Benachteiligten erst machbar zu sein scheint. Andererseits trägt diese Vorgehensweise aber auch dazu bei, dass die Differenz der Geschlechter betont wird und sich damit weiter verfestigen kann. „It is a paradox of feminist politics that politically women must act as a group in order to defuse gender as a discriminative factor" (Lorber, 1991, S.355, zitiert nach Gildemeister & Wetterer, 1992). Diesen Widerspruch sollte jede Untersuchung, die mit Unterschieden zwischen den Geschlechtern hantiert - und sei es auch in bester Absicht - im Blick behalten.

3.1 Die Untersuchung von Geschlechtsunterschieden

Eine Variante psychologischer Forschung über Geschlecht besteht darin, das biologische Geschlecht als ein Personenmerkmal („subject variable", Deaux, 1984) aufzufassen und nach psychischen Unterschieden zwischen den (biologisch) als männlich oder weiblich angesehenen Personen zu suchen. Die bereits zitierte Untersuchung von Maccoby und Jacklin (1974) gilt als ein typisches Beispiel dafür.

Im Folgenden wird zunächst beschrieben, dass diese Vorgehensweise nicht so selbstverständlich ist, wie es heutzutage vielleicht erscheint. Im Anschluss daran werden unterschiedliche theoretische Positionen vorgestellt, wie eine Festschreibung von Unterschieden zwischen den Geschlechtern abgemildert werden könnte. Dabei werden sowohl die Debatte der Differenzierung des „sozialen" vom „biologischen" Geschlecht wie auch die Diskussion der Dekonstruktion der Zweigeschlechtlichkeit als solcher thematisiert. Eine Zuspitzung der Debatten auf die Fragestellung der vorliegenden Arbeit führt zu Überlegungen, wie die Relevanz der Kategorie Geschlecht so weit abnehmen könnte, dass Menschen nicht in erster Linie geschlechtliche Wesen sind, die sich entsprechend der ihren zugeschriebenen

Rollen verhalten müssen, sondern sich unabhängig vom Geschlecht entfalten können. Dabei wird das bereits dargestellte Modell des flexiblen Selbst als eine Möglichkeit diskutiert, Identität als zumindest zeitweise „geschlechtslos" zu begreifen.

3.1.1 Historischer Blick: Entstehung der Geschlechtscharaktere

Eng gekoppelt an den Ansatz, Unterschiede zwischen den Geschlechtern zu (unter-) suchen, ist die Unterstellung, dass welche zu finden seien, dass also männliche und weibliche Personen bezüglich einer Reihe von Merkmalen unterschiedlich seien. Von geschichtswissenschaftlicher Seite wird das Auftauchen dieser Annahme als die „Erfindung der Geschlechtscharaktere" bezeichnet.

Hausen (1988) arbeitete heraus, dass die sogenannten „Geschlechtscharaktere" als allgemeine Eigenschaften der Person erst im letzten Drittel des 18. Jh. „erfunden", im Laufe des 19. Jh. erfolgreich popularisiert und durch Medizin, Anthropologie, Psychologie und Psychoanalyse „wissenschaftlich" fundiert wurden. Zuvor waren die Aussagen über „Mann" und „Frau" Standesdefinitionen, die sich auf die unterschiedlichen Rechte und Pflichten von Hausmutter und Hausvater und nicht auf das Wesen der Personen bezogen. Bestimmte Eigenschaften wurden ihnen nicht zugewiesen, diese wurden als je nach einzelner Person ganz unterschiedlich angesehen (Zedler, 1735, zitiert nach Hausen, 1988).

Das moderne Leitbild der bürgerlichen Familie beruhte auf einer neuen Form geschlechtsspezifischer Arbeitsteilung, die Frauen und Männern klar getrennte Wirkungssphären zuwies: Während drinnen die „tüchtige Hausfrau" waltete, musste der Mann bekanntermaßen hinaus ins „feindliche Leben", wie es Schiller 1799 in seinem Lied von der Glocke formulierte (vgl. Frevert, 1990; Heintz & Honnegger, 1984). Neu waren dabei vor allem die Begründungen solcher Differenzierungen: Sie wurden nicht mehr ständisch-religiös legitimiert, sondern aus der Natur abgeleitet und auf innere, wesensgemäße Merkmale zurückgeführt (Frevert, 1990; Hausen, 1988). Unterstellt wurde dabei, dass sich das Wesen der Frau durch Emotionalität und Passivität auszeichne, was sie für personenbezogene Dienstleitungen in der Familie prädestiniere, wohingegen die naturgegebene Rationalität und Aktivität des Mannes ihn zu sachbezogenen, produktiven Tätigkeiten in Wirtschaft, Politik, Kultur und Wissenschaft befähigen. Diese Festschreibung der gänzlich unterschiedlichen Qualitäten von Männern und Frauen diente sowohl der Legitimation der untergeordneten Position der Frau (ohne dabei den Idealen der Aufklärung zu widersprechen, die die Gleichberechtigung aller Menschen postulierten [Maihofer, 1994; Steinbrügge, 1987]), als auch - durch die Betonung der Komplementarität der Geschlechter, die in Liebe zueinander finden - der Stabilisierung von Ehe und Familie, die ihre vormalige Funktion als Wirtschaftsgemeinschaft verloren hatte (vgl. auch Beck & Beck-Gernsheim, 1990)[13].

Wesentlich mit der Einführung der Geschlechtscharaktere ist die Unterstellung verbunden, dass die *Natur* der Frau und die *Natur* des Mannes so unterschiedlich seien, dass sich daraus eine bestimmte Art der Arbeitsteilung geradezu zwingend ableitet.

3.1.2 Sex und gender

Der Inhalt dieser Geschlechtscharaktere sind die Geschlechterstereotype, das heißt die Merkmale, die Männern und Frauen üblicherweise zugeschrieben werden (Gloger-Tippelt, 1996). Ein Stereotyp ist ein kognitives Schema, das sich darauf bezieht, welche persönlichen Attribute die Mitglieder einer sozialen Gruppe gemeinsam haben (Ashmore & Del Boca, 1981; Frey, 1997). Das Stereotyp bezieht sich auf persönliche Merkmale, aber auch auf Tätigkeiten und Verhaltensweisen, die üblicherweise von den Angehörigen der sozialen Gruppe ausgeführt werden, es bezieht sich also auf psychische Merkmale und Rollen der Personen. Die Geschlechtsrollen sind entsprechend normative Erwartungen über die Macht- und Arbeitsverteilung sowie über die soziale Interaktion zwischen den Geschlechtern in einem bestimmten kulturell-historischen Kontext (Spence, Deaux und Helmreich, 1985). Die Einsicht, dass diese Zuschreibungen je nach historisch-kulturellem Kontext ganz verschieden sein können, geht auf Studien zurück, die den Nachweis erbrachten, dass Unterschiede zwischen Männern und Frauen nicht mit ihrer unterschiedlichen „Natur" zu begründen seien; als Forschungsfelder dienten dabei vorrangig die geschlechtsspezifische Sozialisation und die geschlechtsspezifische Arbeitsteilung (Gildemeister & Wetterer, 1992). Die von Stoller 1968 eingeführte Differenzierung von „sex" und „gender" schien geeignet, beispielsweise die geschlechtsspezifische Arbeitsteilung auf ihre historische Veränderlichkeit hin zu untersuchen, und wurde innerhalb der Frauenforschung von Rubin (1975) aufgegriffen. Sex bezeichnet in Rubins Unterscheidung den biologischen Part, der durch Anatomie, Morphologie, Physiologie und Hormone determiniert sei. Gender hingegen sei der im Verlauf von Sozialisationsprozessen erworbene Status, der aus sozial und kulturell geprägten „Geschlechtscharakteren" bestehe, die mit der geschlechtsspezifischen Arbeitsteilung kor-

---

13 Die wirtschaftlichen und politischen Entwicklungen, die dieses Phänomen begleiteten, seien an dieser Stelle lediglich angerissen: Die Auflösung des „ganzen Hauses" als Wirtschaftseinheit mit Subsistenzwirtschaft, die Säkularisierung der sozialen Ordnung, der Aufstieg des Bürgertums, das Aufkommen der Erwerbsarbeit und des ökonomischen Liberalismus, die zunehmende Trennung von privatem und öffentlichen Raum bildeten den Rahmen, innerhalb dessen die „Geschlechtscharaktere" entstanden (ausführlichere Darstellungen bei Brunner, 1980; Frevert, 1990; Nipperdey, 1991; Hausen, 1988).

respondieren und auf deren Erfordernisse hin sie strukturiert wurden. Die Kontingenz der Inhalte der Geschlechtscharaktere wurde beispielhaft an dem „Geschlechtswechsel von Berufen" (z.B. vom Sekretär zur Sekretärin oder von heilkundiger Frau zum Arzt) nachgewiesen, der verdeutlicht, dass die vorgebliche Eignung eines Geschlechts für einen bestimmten Beruf nicht von den jeweiligen Arbeitsinhalten abhängt, sondern nur von der Bewertung und Positionierung der Tätigkeit in der beruflichen Hierarchie (zusammenfassend Gildemeister & Wetter, 1992). „Ein hoher Frauenanteil [...] korreliert mit einem geringen Sozialstatus. Dies gilt weitgehend unabhängig von den Arbeitsinhalten eines Berufs." (Teubner, 1989, S.34). Dies bedeutet, dass beispielsweise Pflegeberufe nicht deshalb Frauenberufe sind, weil Frauen für die dort zu leistenden Tätigkeiten geeignetere Eigenschaften aufweisen als Männer, sondern weil diese Tätigkeiten schlechter bezahlt werden. Begründet wird die geschlechtsspezifische Segregation des Arbeitsmarktes jedoch mit den Geschlechterstereotypen (z.B. „Frauen sind emotionaler und beziehungsorientierter als Männer, deshalb besser für pflegende Tätigkeiten geeignet als Männer"), obwohl diese Begründungen der realen Trennung erst nachgeliefert wurden (zusammenfassend Gildemeister & Wetterer, 1992).

Die sex-gender- Unterscheidung ermöglichte zunächst folgende Vorstellungen: Erstens seien die Inhalte der Geschlechtsrollen veränderlich und zweitens könne sich das psychologische Geschlecht einer Person von ihrem biologischen unterscheiden. Die Aneignung von gender durch das Individuum schlägt sich in ihrem sogenannten psychologischen Geschlecht, ihrer Geschlechtsrollenidentität oder -orientierung nieder. Wie diese innerhalb der Psychologie operationalisiert und gemessen werden und was sie mit anderen psychologischen Merkmalen wie beispielsweise dem Interesse für Physik zu tun haben, wird in Kapitel 3.2 und 3.3 beschrieben werden.

Zuvor sollen jedoch einige wesentliche Kritikpunkte an der sex-gender-Unterscheidung genannt werden. Die dabei vorgestellten theoretischen Ansätze werden schließlich in das Modell des dynamischen Selbst (Kapitel 2) integriert.

3.1.3 Die poststrukturalistische Dekonstruktion des Geschlechts: Geschlecht als diskursive Konstruktion

Während in der sex-gender-Unterscheidung die vorgebliche „Natürlichkeit" der unterschiedlichen Wesensarten „der Frau" und „des Mannes" als bloß konstruierte galt, wurde von Judith Butler schließlich die Natur der Zweigeschlechtlichkeit selbst in Zweifel gezogen. Solange dieser radikalere Schritt gedanklich nicht vollzogen werde, bleibe ein fundamentalistischer Feminismus in dem inneren Paradoxon gefangen, „daß er gerade ‚jene' Subjekte' [nämlich die Frauen] voraussetzt, fixiert und einschränkt, die er zu repräsentieren und zu befreien wünscht" (Butler, 1991, S.218). Am Anfang des

Kapitels wurde dieser Gedanke bereits als grundsätzliches Problem aller frauen- oder mädchenfördernden Maßnahmen thematisiert.

Butler (1991) bezieht sich dabei in ihrer „Genealogie der Geschlechter-Ontologie" (S.60) auf die Arbeiten von Foucault, Lacan, Kristeva und Wittig [14]. Ihre vor allem in Deutschland heftig umstrittene These, nicht nur gender, sondern auch das anatomische Geschlecht (sex) sei eine Konstruktion, leitet sie u.a. aus folgenden Überlegungen ab:

Treiben wir die Unterscheidung anatomisches Geschlecht/Geschlechtsidentität bis an ihre logische Grenze, so deutet sie vielmehr auf eine grundlegende Diskontinuität zwischen den sexuell bestimmten Körpern und den kulturell bedingten Geschlechtsidentitäten hin. Setzen wir für einen Augenblick die Stabilität der sexuellen Binarität (binary sex) vor-

14 Butlers theoretischer Ort ist der Poststrukturalismus. Für eine sehr kurze, an dieser Stelle auch notwendigerweise verkürzende, Beschreibung dieser Sichtweise beziehe ich mich auf Weedon (1991). Unter "Poststrukturalismus" werden verschiedene theoretische Positionen gefasst, die sich aus den Werken von Derrida, Lacan, Kristeva, Althusser und Foucault entwickelten, die wiederum auf der "Zeichentheorie" de Saussures aufbauen. Der Linguist de Saussure fasst Sprache als ein abstraktes, aus Zeichenketten bestehendes System, wobei jedes Zeichen aus einem (laut- oder schriftbildlichen) Signifikanten ("signifiant"), also einem Bezeichnendem, und einem Bedeutung verleihenden Signifikat ("signifié"), also dem Bezeichneten, besteht. Die Zuordnung der beiden Komponenten zueinander, so der zentrale Gedanke, der für die Theorien zur Konstruktion von sex und gender von Bedeutung ist, ist nicht naturgegeben oder der Sache innewohnend, sondern relational, in gewisser Weise willkürlich. Die Sprache spiegele nicht eine vorgegebene gesellschaftliche Realität wider, sondern konstruiere die Wirklichkeit, die Bedeutung werde innerhalb der Sprache konstituiert. Diesen Gedanken griffen die Poststrukturalisten auf: Sprache sei der Ort, an dem tatsächliche und mögliche Formen gesellschaftlicher Organisation definiert und auch in Frage gestellt werden. Es gebe keine den Dingen innewohnende Bedeutung. Sprache sei auch der Ort, an dem die Eigenwahrnehmung und Subjektivität konstruiert werde. Subjektivität werde in diesem Sinne immer wieder neu hergestellt. Ein Selbst oder ein Subjekt "vor" aller Sprache und Gesellschaft sei dementsprechend nicht vorstellbar. Die poststrukturalistische Vorstellung des Individuums unterscheidet sich darin fundamental von der der Moderne, "des humanistischen Diskurses", bei dem das Subjekt als ein einmaliges, festgelegtes, kohärentes galt. Die Subjektivität des Poststrukturalismus ist dagegen schwankend und widersprüchlich konzipiert, prozesshaft, sie bildet sich jedes Mal, wenn wir denken oder sprechen, neu. Als Produkt von Kultur und Gesellschaft ist die Subjektivität veränderlich. Das Individuum wird entsprechend als Schauplatz einander widerstreitender Formen der Subjektivität verstanden, ist nicht einheitlich, sondern "dezentriert". Die Subjektposition, von der aus Sprache (Gesprochenes, Gedanken etc.) geäußert wird, ist Bestandteil der Struktur der Sprache und darüber hinaus der von ihr konstruierten Struktur der bewußten Subjektivität. Die Sprache existiert dabei in historisch spezifischen Organisationsformen, "Diskursen". Gesellschaftstrukturen und -prozesse werden durch Institutionen und "Praktiken" organisiert, die alle in einem bestimmten "Diskursfeld" lokalisiert sind und von ihm strukturiert werden. Diskursfelder bestehen aus einander widersprechenden Arten, der Welt eine Bedeutung zu geben. So stellen sie dem Individuum eine Reihe Subjekivtitätsmodi zur Verfügung.

aus, so folgt daraus weder, dass das Konstrukt „Männer" ausschließlich dem männlichen Körper zukommt, noch daß die Kategorie „Frauen" nur weibliche Körper meint. Ferner: Selbst wenn die anatomischen Geschlechter (sexes) in ihrer Morphologie und biologischen Konstitution unproblematisch als binär erscheinen (was noch die Frage sein wird), gibt es keinen Grund für die Annahme, daß es ebenfalls bei zwei Geschlechtsidentitäten bleiben muß. Die Annahme einer Binärität der Geschlechtsidentitäten wird implizit darüber hinaus von dem Glauben an ein mimetisches Verhältnis zwischen Geschlechtsidentität und Geschlecht geprägt, wobei jene dieses widerspiegelt oder anderweitig von ihm eingeschränkt wird. Wenn wir jedoch den kulturell bedingten Status der Geschlechtsidentität als radikal unabhängig vom anatomischen Geschlecht denken, wird die Geschlechtsidentität selbst zu einem freischwebenden Artefakt. Die Begriffe Mann und männlich können dann ebenso einfach einen männlichen und einen weiblichen Körper bezeichnen wie umgekehrt die Kategorien Frau und weiblich. (Butler, 1991, S.23)

Butler postuliert, dass auch die biologische Bestimmung von Körpern, die Einteilung in „männliche" und „weibliche", bereits intelligiblen Formen unserer Bezugsweise auf Geschlecht und damit auch historischen Deutungen unterliege. Die „vergeschlechtlichten" Körper seien selbst soziale Konstruktionen und keinesfalls die „natürliche" Grundlage sozialer Interpretationen und Bedeutungen, die ihnen folgen. Es sei nicht möglich, Natur auf eine solche Weise von Kultur zu trennen. Auch das biologische Geschlecht werde durch regulierende soziale Normen hervorgebracht, sei selbst soziale Konstruktion und werde durch individuelle und institutionelle Praktiken permanent umgearbeitet und stets neu angeeignet. Sex sei keine vordiskursive, anatomische Gegebenheit; die Dopplung in sex und gender sei entsprechend fraglich. Alles Seiende werde in einem Gefüge gesellschaftlicher Hierarchien und kultureller Zuschreibungen diskursiv hergestellt, so auch das Subjekt, dessen Identität und Körper, die „durch das epistemische Regime der (...) Heterosexualität hervorgebracht und verdinglicht werden" (Butler, 1991, S.8). Ihre Genealogie der Geschlechter betrachtet die Identitätskategorien nicht „als Ursprung und Ursache", als die sie gemeinhin bezeichnet werden, sondern als „*Effekte* von Institutionen, Verfahrensweisen und Diskursen mit vielfältigen und diffusen Ursprungsorten", was sie nämlich „in Wirklichkeit" seien (Butler, 1991, S.9). Allerdings sei es so, stellt Butler fest, „daß bestimmte kulturelle Konfigurationen der Geschlechtsidentität die Stelle des ‚Wirklichen' eingenommen haben und durch diese geglückte Selbst-Naturalisierung ihre Hegemonie festigen und ausdehnen" (Butler, 1991, S.60). Jede Behauptung einer vorgängigen[15] Materie oder körperlichen Struktur sei bereits eine fundierende Geste, die den Konstruk-

---

15 im Sinne von "dem Diskurs über die Körper vorausgehend"

tionscharakter von Geschlechtskörpern unterschlägt. Die Rede von der Geschlechteridentität verdingliche immer zugleich auch die binär gefassten Geschlechterverhältnisse[16].

Gildemeister und Wetterer (1992) weisen darauf hin, dass mit dieser Naturalisierung sozialer Konstruktionen auch ihre „Verinnerlichung" zusammenhänge. Wie in Abschnitt 3.1.1 ausgeführt, etablierten sich im Laufe des 19. Jahrhunderts Ansichten, die den beiden Geschlechtern jeweils unterschiedliche, komplementäre Eigenschaften zuschrieben und diese als in ihrem Wesen verankert ansahen. Damit, so Gildemeister und Wetterer, werde der „Anfang" der Vergeschlechtlichung unzulässigerweise in die Subjekte verlagert, das Geschlecht erscheine als etwas, das jede Person schon „hat" und das in der sozialen Praxis nur noch seinen Ausdruck finde (Gildemeister & Wetterer, 1992, S.221), statt dass es selbst als Resultat dieser sozialen Praxis begriffen werde.

Andrea Maihofer (1995) kritisiert an den - von mir verkürzt dargestellten - Thesen Butlers, dass diese erstens in gewisser Weise über das Ziel hinausschießen und zweitens zudem etwas Wichtiges aus dem Blick verloren haben: Erstens seien Butlers Vorstellungen sehr einer „traditionellen Ideologiekritik verhaftet" (Maihofer, 1995, S.52), was bedeutet, dass ein Gegensatz zwischen der *Ideologie* im Sinne von bloßer Vorstellung oder Fiktion, vor allem im Sinne von falschem Bewußtsein/ Verblendung einerseits und *Wissenschaft und Wahrheit* andererseits aufgebaut wird. Butler laufe damit Gefahr, einem „semiologischen Idealismus zu verfallen" (S.48), indem sie die Einsicht, dass der Körper eine diskursiv hergestellte Illusion sei und wir folglich nicht wissen können, was er „eigentlich" ist, ontologisiert: „ihr zufolge ist der Körper nichts als eine ‚Oberfläche' oder eine ‚Fiktion'" (S.51). Butlers Thesen suggerierten, dass sie die „Enthüllung der Wahrheit über

---

16 Auch die Anthropologin Douglas (zitiert nach Gildemeister & Wetterer, 1992) vertritt die Ansicht, dass die vorgebliche Gründung in der Natur dazu diene, die sich aus sozialen Klassifikationen ergebenden Konventionen zu legitimieren und den sozialen Konstruktionen Stabilität zu verleihen. Sie werden sozusagen Bestandteil der natürlichen Weltordnung. Diese Naturalisierung geschehe über eine Analogiebildung, „dank derer die formale Struktur eines wichtigen Komplexes sozialer Beziehungen in der natürlichen Welt, in der übernatürlichen Welt, im Himmel oder sonstwo wiederzufinden ist, wobei es allein darauf ankommt, daß dieses 'sonstwo' nicht als gesellschaftlich erzeugtes Konstrukt erkennbar ist" (Douglas, 1991, S. 84, zitiert nach Gildemeister & Wetterer, 1992). Dass etwas als analog, als übereinstimmend wahrgenommen wird, sei immer eine kognitive Konstruktion, Ergebnis geistiger Tätigkeit und keinesfalls natürlich oder selbstverständlich. „Nicht die Natur sorgt für die Übereinstimmung, sondern die Gesellschaft" (Douglas, 1991, S. 147, zitiert nach Gildemeister & Wetterer, 1992). Um Dinge als gleich zu klassifizieren, müsse ein entsprechendes Schema angewendet, disparate Dinge zu Klassen zusammengeschlossen werden. Auch dies ist keineswegs die Leistung der Natur, sondern des denkenden Menschen. Soziale Ordnungen als natürlich zu bezeichnen, stelle sich als ein besonders gewiefter Akt dar, der zur Absicherung dieser eingeführt wurde.

das Geschlecht und den Körper" (S.53) seien. Zweitens sei zwar nichts dagegen einzuwenden, Geschlecht und Geschlechtskörper als diskursive Konstruktionen aufzufassen, aber dieses Vorgehen Butlers sei „*für sich* genommen eine *Reduktion*" (S.52): Maihofer vermisst die Reflektion der „Seinsweise" eines Körpers, die „zwar historisch entstandene, aber doch gelebte ,existentielle bzw. materielle Realität' des Geschlechts sowie der Geschlechtskörper [werde] gleichsam idealistisch verschluckt" (S.52). Auf diesen letzten Punkt wird im Abschnitt 3.1.5 näher eingegangen.

An diese Überlegungen schließen sich drei Fragen an: Wenn Geschlecht hergestellt wird, wie hat man sich dies im alltäglichen Leben vorzustellen? Wenn es denn bereits hergestellt ist, wie hat man sich die „vergeschlechtlichten" Menschen zu denken? Und (da anzunehmen ist, dass diese Vergeschlechtlichung eine Einschränkung bedeutet) welche Möglichkeiten sind denkbar, nicht so sehr oder nicht so eindeutig vergeschlechtlicht zu sein?

Zunächst wird beschrieben, wie man es sich vorstellen kann, dass Geschlecht in der Interaktion hergestellt wird.

3.1.4 Die soziale Konstruktion von Geschlecht in der Interaktion: „Doing gender"

Hirschauer (1989) kritisiert, wie Butler, dass in der üblichen sex-gender-Differenzierung gender auf „die ,Ausschmückung' einer natürlich gegebenen Basis reduziert" werde (Hirschauer, 1989, S. 100). Auch er geht wie Butler über die Beschreibung des Konstruktionsprozesses von gender hinaus. Dabei knüpft er in seiner Theorie der „Geschlechtszuständigkeit" an die ethnomethodologischen[17] Arbeiten von Garfinkel sowie Kessler und McKenna an, die anhand von Transsexuellenforschung die interaktive Herstellung von Weiblichkeit rekonstruierten.

Studien zur Herstellung von Geschlecht beschäftigen sich häufig mit Transsexuellen. Gerade Transsexuelle ermöglichen nach Hirschauer „einen innergesellschaftlichen Zugang zur Kontingenz unserer Geschlechterwirklichkeit" und können „als Experten in der sozialen Konstruktion von Geschlechtszugehörigkeit" gelten (Hirschauer, 1993, S.24). Dabei fokussiert diese Forschungsrichtung mehr oder minder ausschließlich die Frage, wie in alltäglichen Situationen durch darstellende und wahrnehmende Personen Geschlecht hergestellt wird, und reflektiert den gesellschaftlichen Rahmen, in dem diese Interaktionen stattfinden, recht wenig (Maihofer [1995, S.61] spricht deshalb bei Hirschauer von „interaktionistischer Verengung").

---

17 Garfinkel begründete in den 60er Jahren die Ethnomethodologie, die auf den Arbeiten des Symbolischen Interaktionismus aufbaut und Alltagswissen und Alltagshandeln in kleinsten Sequenzen (wie z.B. Begrüßungsritualen o.ä.) "unter die Lupe" nimmt. Heritage (1984) formulierte, Garfinkel habe mit der Ethnomethodologie das soziologische Äquivalent zum Mikroskop gefunden.

Garfinkel (1967) beschreibt in seiner Fallstudie „Agnes" eine „intersexed person", die mit männlichen Genitalien geboren wurde, als Junge aufwuchs und während der Pubertät Brüste und eine insgesamt sehr weibliche Figur entwickelte[18]. Mit 19 Jahren unterzieht sie sich einer Operation, um auch äußerlich das zu werden, als was sie sich empfindet: „a normal, natural female" (S. 181). „Agnes" muss die angestrebte Kategorisierung als „weiblich" permanent und sehr viel bewusster, als es Nicht-Transexuelle tun, durch ihr Verhalten bestätigen und aufrechterhalten. Dafür reicht es nicht, dass sie sich hinsichtlich ihrer äußeren Erscheinung auf weibliche Attribute verlässt, also wie eine Frau „aussieht", sondern sie muss eine Frau „sein": Ihr Erleben und Verhalten muss das einer Frau werden. Nötig sei dafür eine „beständige Enaktierung des Musters ‚Weiblichkeit' in jeweils situationsadäquater Weise" (Gildemeister & Wetterer, 1992, S. 232), das eben je nach den situativen Bedingungen auch modifiziert werden kann. Dafür wird Agnes quasi Spezialistin der alltäglichen Verhaltensweisen und Gesprächsinhalte, in denen Geschlecht hergestellt wird: „Agnes was (...) equipped to teach normals how normals make sexuality happen in commonplace settings as an obvious, familiar, recognizable, natural, and serious matter of fact" (Garfinkel, 1967, S. 180). Daraus sei zu lernen, dass „members' [einer Gesellschaft, U.K.] practices alone produce the oberservable-tellable normal sexuality of persons, and do so only, entirely, exclusively in actual, singular, particular occasions through actual witnessed displays of common talk and conduct" (Garfinkel, 1867, S. 181); „normally sexed persons are cultural events" (Garfinkel, 1967, S. 181). Garfinkel vertritt die Ansicht, dass die Kategorisierung nach Geschlecht „omnirelevant" für alle Bereiche des täglichen Lebens sei, gender kontinuierlich, in jeder Interaktion realisiert und bestätigt werde, „as an invariant but unnoticed background" (Garfinkel, 1967, S.118). Gildemeister und Wetterer (1992) gebrauchten als Bild für die Vergeschlechtlichung sämtlicher Tätigkeitsbereiche, dass alles schon immer „rosa" oder „hellblau" eingefärbt sei (S.227), alles sei binär kodiert, es gebe „nichts dazwischen" (S.228). Kessler und McKenna (1978) bezogen sich in ihrer Untersuchung, die als erste feministisch-ethnomethodologische gilt, explizit auf die Studie von Garfinkel. Sie betonen jedoch weit mehr als er die Dimension der Interaktion. Garfinkel hatte vor allem beschrieben, wie die Transsexuelle „Agnes" zum Gelingen der Herstellung von Geschlecht beitrug, und hatte diejenigen, mit denen Agnes umging und die sie wahrnahmen, weniger beachtet. Kessler und McKenna fokussieren dagegen die Arbeit derer, die die Transsexuelle wahrnehmen und die durch die Präsentation der Transsexuellen angestoßene Kategorisierung aufrechterhalten.

---

18 Garfinkel (1967, S. 163) betont, dass es unklar blieb, ob Agnes weibliche Hormone zu sich genommen habe, um diese weibliche Figur zu entwickeln, oder sich diese ohne ihr Zutun entwickelte. .

Hirschauer versucht in seiner auf diesen Studien aufbauenden Arbeit letztlich „die These einer sozialen Konstruktion des Geschlechts plausibel zu machen, die den Körper nicht als Basis, sondern als Effekt sozialer Prozesse sieht" (Hirschauer, 1989, S. 101). Er behauptet nicht, wie Butler (1991), dass es keinen vorgängigen Körper gebe, sondern dass dieser für sich genommen bedeutungslos sei. Körperliche Phänomene und Verhaltensweisen haben seiner Meinung nach nicht einfach natürlicherweise eine geschlechtliche Bedeutung, sondern sind für sich genommen erst einmal bedeutungslos. Der Geschlechtskörper wird bei ihm als eine „kulturell konstituierte Zeichenrealität"[19] betrachtet. Die Beziehung zwischen den körperlichen Phänomenen und Verhaltensweisen und ihrer geschlechtlichen Bedeutung sei kontingent.

Die Geschlechtszugehörigkeit ist nach Hirschauer als „Effekt interaktiver Leistungen" (1989, S.102) anzusehen, während derer die Zuschreibung eines Geschlechts durch andere („Geschlechtsattribution") wie auch die Darstellung des eigenen Geschlechts durch ein Individuum („Geschlechtsdarstellung") in einem „reflexiven Zirkel" ineinander greifen. Jede Person werde sofort und unmittelbar als Mann oder Frau wahrgenommen, ohne dass dabei einzelne Geschlechtsinsignien addiert werden müssen; „Geschlechtsattributionen" sind „Wahrnehmungen einer Gestalt", in der die einzelnen Zeichen wechselseitig aufeinander verweisen und damit „gegenseitig ihr ‚Geschlecht' erzeugen" (Hirschauer, 1993, S.37).

> Geschlechtsdarstellungen zeigen sich selbst als identifizierbare Gestalt, die Geschlechtszugehörigkeit des Darstellers und seine ‚Männlichkeit'/'Weiblichkeit' bzw. den besonderen ‚Typ'. Sie demonstrieren aber auch die ‚Eigenarten' der Geschlechter ‚im allgemeinen', die kulturell normalen Geschlechterbeziehungen mit ihrer erotischen und hierarchischen Dimension und die Zweigeschlechtlichkeit als selbstverständliche Tatsache. (Hirschauer, 1993, S. 40)

Der Geschlechtskörper sei eine Art „fleischliches Gedächtnis von Darstellungen", ein „wissender Körper" (Hirschauer, 1993, S. 48), der routiniert und selbstverständlich die Geschlechtsdarstellung vollbringt. Voraussetzung für die Glaubwürdigkeit einer Geschlechtsdarstellung sei die Unkenntlichmachung des Darstellungsprozesses (Hirschauer, 1993, S. 40). Diese Darstellungen dienten letztlich der Konstituierung wie Reproduzierung der Normalität der Geschlechter. Beide Aspekte, „Geschlechtsattributionen" und „Geschlechtsdarstellungen", sind Teile der „Geschlechtszuständigkeit" von Individuen, die sich durch Kompetenz und Verantwortung auszeichnet: Darsteller und Betrachter müssen hinsichtlich der Darstellung und der Wahrnehmung einer Geschlechtszugehörigkeit sowohl kompetent als auch verantwortlich sein. Diese Kompetenz und Verantwortung müssen

---

19 Vgl. Fußnote 14

beide an der Interaktion Beteiligten voneinander erwarten können, denn beide sind in der Anerkennung ihres Geschlechts voneinander abhängig. Dies führe zu einer „dichten Kollaboration in der Unkenntlichmachung eines Konstruktionsprozesses" (Hirschauer, 1993, S. 55), also in etwa zu dem, was Butler (1991, S.60) als „geglückte Selbstnaturalisierung" bezeichnet. Diese „Geschlechtszuständigkeit" muss erlernt werden.

Auch West und Zimmerman (1991) verbinden in ihrem Aufsatz „Doing gender" die Konstruktion von Geschlecht mit der Interaktion. Sie gehen davon aus, dass die soziale Wirklichkeit interaktiv hergestellt werde. Dabei entwickeln sie eine Neufassung der sex-gender-Unterscheidung, die aus drei unterschiedlichen, voneinander unabhängigen Faktoren besteht: „Sex" („birth classification") bezeichnet in diesem Modell das körperliche Geschlecht, das durch die Anwendung sozial vereinbarter biologischer Kriterien festgelegt werde. Die „sex category" bezeichnet die soziale Zuordnung zu einem Geschlecht („social membership"), die sich an der sozial akzeptablen Darstellung der Geschlechtszugehörigkeit orientiert, ohne dass dabei das biologische Geschlecht vorgezeigt werde müsste. Sex und sex category können sich, wie beispielsweise die Transsexuellenforschung zeigte, voneinander unterscheiden. „Gender" ist gemäß der Nomenklatur von West und Zimmerman das soziale Geschlecht, das in Interaktionsprozessen intersubjektiv bestätigt und validiert wird („processual validation of that membership"). Es sei ein Handeln: „Gender, in contrast, is the activity of managing situated conduct in light of normative conceptions of attitudes and activities appropriate for one's sex category. Gender activities emerge from and bolster claims to membership in a sex catagory" (West & Zimmerman, 1991, S.14f). Wesentlich für die vorliegende Arbeit ist die situative und interaktive Verortung von Geschlecht, die dieses nicht mehr bloß als ein den Personen innewohnendes Merkmal begreift:

> Doing gender involves a complex of socially guided perceptual, interactional, and micropolitical activities that cast particular pursuits as expressions of masculine and feminine „natures". When we view gender as an accomplishment, an achieved property of situated conduct, our attention shifts from matters internal to the individual and focuses on interactional, and ultimately, institutional arenas. In one sense, of course, it is individuals who „do" gender. *But it is a situated doing, carried out in the virtual or real presence of others,* who are presumed to be oriented to its production. *Rather than as a property of individuals, we conceive of gender as an emergent feature of social situations*: as both an outcome and a rationale for various social arrangements and as a means of legitimating one of the most fundamental divisions of society (West & Zimmerman, 1991, S.14, Hervorhebungen U. Kessels)

Zwar gebe es zahlreiche Situationen, die „not clearly sex categorized" seien bzw. in denen nichts passiere, das „obviously gender relevant" sei. „Yet any social encounter can be pressed into services in the interests of doing gender" (West & Zimmerman, 1991, S.25). Während an dieser Stelle die Möglichkeit zumindest denkbar wird, dass es auch Situationen geben könnte, in denen das Geschlecht *keine* Rolle spielt, verneinen die Autor/inn/en diese Möglichkeit ein paar Zeilen weiter.

> Individuals have many social identities that may be donned or shed, muted, or made more salient, depending on the situation. One may be a friend, professional, citizen, and many other things to many different people or to the same person at different times. But we are always women or men - unless we shift into another sex category. (West & Zimmerman, 1991, S. 25f)

Festzuhalten ist an dieser Stelle, dass von verschiedenen Autor/inn/en betont wird, dass Geschlecht eine soziale Konstruktion ist, wobei es in der Regel als unumgänglich und durchgängig präsent gilt, dass eine Person von sich selbst und anderen als entweder männlich oder weiblich angesehen wird, genau wie angenommen wird, dass sämtliche Tätigkeitsbereiche entlang der Achse männlich und weiblich klassifizierbar sind. Nichts gebe es in unserer Gesellschaft, dass nicht hellblau oder rosafarben getüncht sei, um das Bild von Gildemeister und Wetterer (1992) aufzugreifen. In der vorliegenden Arbeit wird dagegen behauptet, dass diese soziale Konstruktion von Geschlecht in alltäglichen Interaktionen je nach den aktuell gegebenen Situationsmerkmalen unterschiedlich wahrscheinlich ist und entsprechend auch Situationen denkbar sind, in denen eine Person von sich selbst und von anderen zumindest nicht „in erster Linie" als entweder männlich oder weiblich wahrgenommen wird.

Im Folgenden wird zunächst der Blick von der Herstellung, also der sozialen Konstruktion des Geschlechts, zu einem der dabei abfallenden Produkte, nämlich dem vergeschlechtlichen Individuum, gewendet[20]. Danach kommen Ideen zur Sprache, wie gender zumindest „außen vor" gelassen werden kann.

3.1.5 „Geschlecht als Existenzweise": Being gendered

Maihofer (1994, 1995) kritisiert, wie schon in Abschnitt 3.1.3 angedeutet, an den oben genannten Ansätzen, die auf die soziale Konstruktion von Geschlecht abheben, dass dabei etwas wesentliches auf der Strecke bleibe, nicht mitgedacht werden könne: Wie „Individuen nicht nur zu Geschlechtern gemacht werden, sondern auch als solche leben" (Maihofer, 1994, S.256), wie sie „als gewordene/werdende *sind*" (S.236, Hervorhebung im Original). Diese Frage sei wegen der Betonung der sozialen Konstruktion,

---

20 Die Vergeschlechtlichung bezieht sich schließlich nicht nur auf Personen, sondern ebenfalls auf Tätigkeiten, Organisationen etc.

die es ermöglichte, „eine Ontologisierung und (Re)Naturalisierung des Geschlechts wie der Geschlechterdifferenz zu vermeiden" und damit auch die „Möglichkeit der Widerständigkeit von Frauen gegenüber den herrschenden Geschlechterstereotypen" (Maihofer, 1994, S.255) eröffnete, in den Hintergrund geraten, sogar tabuisiert worden.

Diese Intentionen führen zum einen zur theoretischen Priorität der Frage nach der sozialen Konstruktion des Geschlechts und zum anderen zur Tabuisierung der Rekonstruktion der Realität des Geschlechts als einer spezifischen Existenzweise, der Frage also, wie Individuen nicht nur zu Geschlechtern gemacht werden, sondern auch als solche leben. Erfaßt wird weder der Geschlechtskörper als gelebte Realität noch die Möglichkeit der geschlechtlichen Konstitution von Subjektivität und Identität. (Maihofer, 1994, S. 255f)

Um diese Lücke zu füllen, greift Maihofer auf den Begriff der „Existenzweise" von Louis Althusser und den Foucaultschen Diskursbegriff[21] zurück. Der weibliche oder männliche Körper wird auch von ihr nicht als „einfache, natürliche geschlechtliche Gegebenheit", sondern als „Effekt einer historisch spezifischen Denk-, Gefühls- und Körperpraxis" begriffen (Maihofer, 1994, S.257).

Geschlecht im gegenwärtigen Sinne ist folglich insgesamt - also sowohl das soziale Geschlecht als auch der scheinbar natürliche Geschlechtskörper sowie die derzeitige Trennung beider - eine sehr komplexe gesellschaftlich-kulturelle Praxis mit verschiedenen Denk-, Gefühls- und Existenzweisen sowie verschiedenem intellektuellem und körperlichem Habitus. Eines der zentralen Strukturelemente des herrschenden Geschlechterdiskurses ist nun, dass alle diese verschiedenen Praxen wie Existenzweisen binär in ‚männlich' oder ‚weiblich' codiert sind und dass diese binäre Codierung zweitens zugleich patriarchal hierarchisch strukturiert ist. Auch die Geschlechterdifferenz ist folglich keine natürliche Gegebenheit, sondern vielmehr ein konstitutives Strukturelement des herrschenden heterosexuellen Geschlechterdiskurses und von diesem selbst hervorgebracht. Sie ist eine ‚Erfindung' der bürgerlichen Moderne. (Maihofer, 1994, S. 257)

Allerdings, so Maihofer unter Rückgriff auf Foucault, werde in diesem Diskurs auch etwas produziert, etwas, das durchaus benannt werden könne, ohne dass damit die Zweigeschlechtlichkeit als solche naturalisiert werden müsse. Dafür greift sie auf den von Althusser geprägten Begriff der „Existenzweise" zurück. „Der moderne Geschlechterdiskurs konstituiert die *Norm(alität) der Geschlechter* als eine historisch spezifische *gesellschaftlich-kulturelle Existenzweise*, und zwar für *beide* Geschlechter. Der Begriff der ‚Existenzweise' erlaubt, Geschlecht und Geschlechterdifferenz *sowohl*

---

21 Siehe Fußnote 14.

als kulturelles, psychisches und Bewußtseinsphänomen zu begreifen *als auch* als eine Weise, ‚materiell' körperlich zu existieren." (Maihofer, 1994, S.256, Hervorhebung im Original). Diese Existenzweise müsse und könne beschrieben werden, ohne dass damit eine Verdinglichung und Festschreibung der Subjekte verbunden sei. Interessant für die vorliegende Arbeit ist, dass Maihofer den Subjekten dabei zubilligt, über ganz unterschiedliche und auch widersprüchliche Identitätsaspekte zu verfügen. Zwar seien Individuen „immer (und meist sogar vor allem anderen) Individuen ‚weiblichen' und/oder ‚männlichen' Geschlechts, in jeder Faser ihres Körpers, ihrer Seele, ihres Denkens, Fühlens und Handelns", sie gehen allerdings „in ihrer Existenz als ‚männliche' oder ‚weibliche' Individuen nicht auf" (Maihofer, 1995, S.105). Schließlich seien sie „immer auch und zugleich ‚Menschen an sich' sowie Angehörige einer spezifischen Klasse, Kultur oder ‚Rasse' (...). Und nicht zuletzt sind sie immer unverwechselbare konkrete einzelne" (Maihofer, 1995, S.105).

> Ein historisch konkretes Individuum ist daher eine jeweils sehr komplexe und aufgrund seiner je eigenen Biographie für sich genommen unverwechselbare einzigartige Verbindung unterschiedlichster ‚weiblicher' wie ‚männlicher' Denk-, Gefühls- und Körperpraxen - auch verschiedener Klassen, Kulturen oder ‚Rassen'. Die Unterschiede zwischen den einzelnen Individuen bzw. zwischen den Geschlechtern könne daher - je nach Kombination - sehr variieren (...). Auch innerhalb eines Individuums können die Kombinationen mehr oder weniger heterogen bzw. einheitlich sein. (Maihofer, 1995, S.105f)

Die Individuen werden aufgrund des sozialen Zwanges in der Regel eine mit ihrem „sogenannten ‚realen' biologischen Körper" übereinstimmende eindeutige „weibliche" oder „männliche" heterosexuelle Geschlechtsidentität entwickeln, aber diese Eindeutigkeit hat ihre Lücken: „Diese Vereindeutigung ist allerdings weder je total noch endgültig. Es existieren immer Inkonsistenzen, Widersprüche, Ambivalenzen bzw. Möglichkeiten der Aktualisierung und Verstärkung anderer Aspekte der eigenen Person" (Maihofer, 1995, S.106).

Es ist zu berücksichtigen, dass sich Maihofers Ansatz auch stark darauf bezieht, wie der Geschlechts*körper* als etwas Reales gefasst werden könne, statt stets nur auf der Ebene des Psychischen und Symbolischen zu verharren. Diese Frage nach dem Körperlichen spielt in der vorliegenden Arbeit keine ausgemachte Rolle. Maihofers Thesen werden von mir - in verkürzender Art und Weise - genutzt, um Folgendes deutlich zu machen: Rekonstruktion und Dekonstruktion von Geschlecht sind zwar die Voraussetzung dafür, dass einem naiven Gebrauch der Kategorie Geschlecht sowie einer naiven Untersuchung von Differenzen zwischen den Geschlechtern vorgebeugt werden kann, aber sie reichen nicht aus, wenn man sich - trotz des Versuches, diese theoretischen Entwicklungen wenigstens im Ansatz zu reflektieren - doch noch mit der Frage der (Geschlechts-) Identität der „realen" Menschen auseinander setzen möchte[22]. Maihofer scheint genau diese Auseinandersetzung in den aktuellen Diskussionen zu vermissen, auch wenn sie sich dabei nicht auf die Frage der Identität beschränkt, sondern sich explizit mit den Geschlechtskörpern beschäftigt. In der vorliegenden Studie wird mit einem Identitätsmodell gearbeitet, in dem eine Person einerseits über eine männliche und/ oder weibliche Identität verfügen kann, aber andererseits eben nicht „darin aufgeht", sondern auch über zahlreiche andere Identitäten verfügt, die gegenüber ihrer Geschlechtsidentität zeitweise stärker hervorgehoben sein können. Das Modell des dynamischen Selbst von Hannover (1997a, vgl. Kapitel 2) stellt m.E. eine Möglichkeit dar, Geschlechtsidentität eben nicht als etwas Starres oder Geronnenes, sondern im Gegenteil als etwas intraindividuell Flexibles zu begreifen und so im Rahmen einer psychologischen Arbeit auf ganz unterschiedlichen Ebenen mit der Kategorie und Variable Geschlecht zu hantieren.

Im folgenden Abschnitt sollen Überlegungen vorgestellt werden, wie die Vergeschlechtlichung von Menschen „vermindert" werden kann.

3.1.6 Die Suche nach der Lücke: „Undoing gender"

Wie schon erwähnt, betrachteten Garfinkel (1967) und ebenso West und Zimmerman (1991) die Frage der Geschlechtszugehörigkeit als „omnirelevant": in jeder Interaktion werde Geschlecht hergestellt und bestätigt. Dieser Annahme zu folgen, würde bedeuten, dass keine Situation denkbar wäre, in der Geschlecht gerade keine Rolle spielt und der sich ein Individuum nicht als geschlechtliches Wesen empfindet bzw. von anderen nicht als solches angesehen wird.

Diese Omnirelevanz-Annahme hält Hirschauer (1994) für einen Bias, der aus der ausschließlichen Untersuchung von Transsexuellen resultiert, da diese eine „thematische Obsession mit Geschlecht" (Hirschauer, 1994, S.676) haben und die Geschlechtszugehörigkeit bei ihnen tatsächlich ein Dauerthema sei. Er vertritt dagegen die Ansicht, dass Geschlecht nicht ununterbrochen aktiviert und hergestellt wird, sondern dass die Konstruktion von Geschlecht diskontinuierlich, in Episoden stattfindet, dass „Geschlecht in sozialen Situationen auftaucht und verschwindet" (Hirschauer, 1994, S. 677). Die Interaktionsteilnehmer können die initiale Geschlechtsunterscheidung im weiteren Verlauf der Interaktion „aktualisieren (...) oder in den Hintergrund treten lassen (....) sie können Interaktionen geschlechtlich signifizieren oder neutralisieren, und sie können sich (...) geschlechtlich polarisieren oder assoziieren" (S.677). Eine Frau werde z.B. „zur Existenz gebracht, sobald eine Äußerung, eine Geste oder ein Blick eines der Ste-

---

22 Mir ist klar, dass so etwas niemand möchte, der sich ganz dem poststrukturalistischen Ansatz verschrieben hat.

reotypen aktualisiert, die eine anwesende Person in die Position einer ‚Frau'
versetzt und als Exemplar dieser Kategorie kenntlich macht" (S.678).

> Ohne eine solche Aktualisierung der Geschlechterdifferenz, die aus Ge-
> legenheiten situative Wirklichkeiten macht, ereignet sich eher ein prakti-
> ziertes Absehen von ihr, eine Art *soziales* Vergessen, durch die sich die
> Charakterisierung von Geschlecht als ‚seen but unnoticed feature' von
> Situationen verschiebt: nicht von etwas Notiz zu nehmen, ist selbst eine
> konstruktive Leistung. Ich schlage vor, sie *‚undoing gender'* zu nennen.
> (Hirschauer, 1994, S.678, Hervorhebung im Original)

Dabei ist mit der Aktualisierung oder Neutralisierung der Geschlechterdifferenz „das Aufgreifen oder ‚Ruhenlassen' von (routinemäßigen) Geschlechterunterscheidungen" (S.678) gemeint, wohingegen die „soziale
Konstruktion von [expliziter, U.K.] Unmännlichkeit/ Unweiblichkeit" (z.B.
als „Mannsweib" oder „Emanze") als das „exakte Gegenteil zur Nicht-
Konstruktion von Männlichkeit/ Weiblichkeit" (S.678) bezeichnet wird.

Seine Überlegungen führen Hirschauer dazu, die Omnirelevanz-Annahme
folgendermaßen zu modifizieren: Es sei zwar anzunehmen, dass Geschlecht
„in einem elementaren Sinn" (S.679) in allen Interaktionen produziert werde, zudem sei es aber nötig, „ein Kontinuum der ‚salience' (...) anzunehmen, das durch interaktive Strategien, durch Arrangements sozialer Situationen und auch (...) durch historische Konjunkturen bestimmt wird" (S.678).

3.1.7 Bedeutung der dargestellten Theorien für die vorliegende Arbeit

In Kapitel 1 wurden Studien vorgestellt, die das unterschiedlich starke Engagement von Jungen und Mädchen im naturwissenschaftlichen Bereich
untersuchten. Im darauffolgenden Kapitel 2 wurde ein Identitätsmodell eingeführt, das das Selbst als ein Netzwerk multipler Selbstkonstrukte auffasst,
von denen jeweils immer nur eines in einem gegebenen Augenblick aktiviert ist. Als besonders wichtig wurde dabei die Rolle des Kontextes hervorgehoben: Welches der zahlreichen verfügbaren Selbstkonstrukte einer
Person jeweils aktiviert ist, also zum Arbeitsselbst dieser Person wird,
hängt von dem jeweiligen Kontext ab. Es wurde angenommen, dass für
Mädchen das Engagement in einem maskulin stereotypisierten Bereich immer dann besonders gering sein sollte, wenn ihre Identität als Mädchen Inhalt ihres Arbeitsselbstes ist: Dies sollte in einer Intervention, die die Förderung von Mädchen im naturwissenschaftlichen Bereich zu Ziel hat, entsprechend berücksichtigt werden.

Die auf den gerade vorangegangenen Seiten vorgestellten Überlegungen
sollten die Perspektive auf den Gegenstand der vorliegenden Arbeit in folgender Hinsicht erweitern: In einer Untersuchung, in der das Geschlecht der
Untersuchungspersonen als unabhängige Variable mit einfließt, sollte die

Einsicht, dass durch diese Vorgehensweise Differenzen zwischen den Geschlechtern überhaupt erst hergestellt und verfestigt werden können, zumindest mit bedacht werden. In dem Versuch, Geschlecht als ein Personenmerkmal zu betrachten und trotzdem die Bedeutsamkeit der Geschlechtszugehörigkeit für die Entwicklung und die Identität von Personen nicht zu verabsolutieren, kann das Modell des dynamischen Selbst einige Lücken füllen, die von den in diesem Kapitel dargestellten aktuelleren soziologischen und philosophischen Ansätzen thematisiert wurden. Um in einer psychologischen Arbeit - trotz der Anerkennung der Annahme, dass Geschlecht sozial/ diskursiv hergestellt wird und keineswegs ein „natürliches", im Inneren der Person verankertes Merkmal ist - nicht nur den Vorgang der Konstruktion, sondern auch das Produkt, das dabei abfällt, beschreiben und untersuchen zu können, ist die Annahme eines Identitätsmodells notwendig: Die Psychologie möchte gerne - wie auch Maihofer - damit hantieren, wie Individuen als „Gewordene/Werdende *sind*". Die Geschlechtszugehörigkeit einer Person wird in der vorliegenden Arbeit - obwohl sie als konstruiert, nicht als „natürlich" und nicht als von innen kommend betrachtet wird - trotzdem als eine vom Individuum erlebte Eigenschaft oder Facette der Identität angesehen. An diesem Punkt wird in der Theorie Geschlecht durchaus „verinnerlicht", also als (auch) dem Subjekt innewohnend postuliert. Eine solche „Verinnerlichung" muss aber m.E. nicht bedeuten, dass es sich bei der Geschlechtsidentität um etwas Starres, um eine „geronnene Größe" (Kersten, 1999) handelt und dass das Selbst damit als einheitlich und unveränderlich gilt. Und auch wenn angenommen wird, dass Geschlecht situativ und interaktiv hergestellt wird, hat dies ja nicht zu bedeuten, dass dieses Herstellen nicht erinnert wird und keinen Niederschlag im Selbstkonzept der an der Interaktion Beteiligten findet. Gemäß dem social cognition Paradigma wird schließlich Identität explizit als eine Gedächtnisstruktur aufgefasst, die sämtliches Wissen beinhaltet, das eine Person im Laufe ihres Lebens über sich selbst erlangt hat. Wenn nun in den Interaktionen, an denen eine Person beteiligt war, Geschlecht sehr häufig im Vordergrund stand, wird die Geschlechtsidentität der betreffenden Person chronisch hoch zugänglich und entsprechend leicht aktivierbar sein. Wenn jedoch andere Aspekte des Selbst, die mit der Geschlechtszugehörigkeit nichts zu tun haben, in einer Interaktion im Vordergrund stehen, ist das Arbeitsselbst der Person situational nicht von ihrer Geschlechtsidentität tangiert[23]; und wenn sich solche Interaktionen häufig abspielen, würde sich die chronische Zugänglichkeit der Geschlechtsidentität zugunsten anderer Selbstkonstrukte vermindern.

---

23 Dabei ist die durchgängig geschlechtsindikative deutsche Sprache sicherlich ein Faktor, der bei Frauen, sofern ihre Selbstkonstrukte Substantive enthalten, dazu führen könnte, dass sich die Geschlechtszugehörigkeit in gewissem Maße doch über sämtliche Selbstkonzepte legt. Dieser Gedanke kann in der vorliegenden Arbeit nicht mit untersucht und deshalb auch nicht weiter vertieft werden.

Dass die Konstruktion von Geschlecht nicht ganz so unausweichlich ist wie in den Arbeiten von Garfinkel sowie von West und Zimmerman angenommen, formulierte auch Hirschauer, indem er annahm, dass Geschlecht nicht kontinuierlich, sondern in Episoden hergestellt werde. Der Gedanke, dass es möglich sei, Geschlechterunterscheidungen in einer konkreten Situation nicht aufzugreifen, sondern von ihnen abzusehen, sie ruhen zu lassen, lässt sich m.E. gut mit dem Modell des dynamischen Selbst vereinbaren: Da darin angenommen wird, dass der aktuelle Kontext den Inhalt des Arbeitsselbstes der beteiligten Personen bestimmt, würde ich das „Bereitstellen" und „Gestalten" einer Situation, in der die Geschlechtsidentität der Beteiligten nicht aktiviert wird, als eine Art „undoing gender" bezeichnen. Welche Situationen dazu besonders geeignet erscheinen, wird in den Kapiteln 3.4.1 und 3.4.2 genauer ausgeführt[24].

3.2 Geschlechtsrollenorientierung

Im Folgenden wird zunächst beschrieben, wie die Geschlechtsrollenorientierung einer Person innerhalb der Psychologie operationalisiert und gemessen wird. Danach wird auf schematheoretische Ansätze eingegangen, die sich auf die Geschlechtsrollenorientierung beziehen. Dieses Kapitel soll verdeutlichen, inwiefern die psychologische „Femininität" und/ oder „Maskulinität" einer Person ihre Informationverarbeitung und ihr Verhalten beeinflusst. Gemäß der Unterscheidung von Hannover (1997a) zwischen situationaler und chronischer Zugänglichkeit von Selbstkonstrukten beziehen sich diese Überlegungen auf die interindividuell variierende *chronische* Zugänglichkeit geschlechtsbezogenen Selbstwissens.

3.2.1 Erfassung der Geschlechtsrollenorientierung

Die Annahme, dass es neben dem biologischen Geschlecht auch noch ein psychologisches Geschlecht gibt, impliziert die Möglichkeit, dass letzteres eben nicht hinreichend durch ersteres beschrieben werden kann. Die ersten psychologischen Messinstrumente, die gender zu erfassen suchten, waren bipolar konstruierte Skalen, die von hoher Maskulinität zu hoher Femininität reichten (Terman & Miles, 1936). Die Zustimmung auf einem männlichen Item führte dabei nicht nur zu einem höheren Maskulinitätswert, sondern parallel dazu auch zu einem niedrigeren Femininitätswert und umgekehrt. Nach einer einflussreichen Kritik von Constantinople (1973) an dieser Vorgehensweise wurden in den 70er Jahren Messinstrumente entwickelt, die Maskulinität und Femininität als zwei voneinander unabhängige Dimensionen konzipierten, die beide gleichzeitig der Selbstbeschreibung

---

24 Dabei komme ich bezüglich der Situationen, die sich für ein undoing gender eignen, zu ganz anderen Schlussfolgerungen als Hirschauer.

einer Person dienen können. Die seitdem am häufigsten verwandten Skalen zur Erfassung der Geschlechtsidentität sind das Bem Sex Role Inventory (BSRI) (Bem, 1974) und der Personal Attribute Questionnaire (PAQ) von Spence, Helmreich und Stapp (1975). Da diese Skalen so häufig verwendet werden und auch in der vorliegenden Untersuchung den Ausgangspunkt für eine Skala zur Erfassung der Geschlechtsrollenorientierung bildeten, soll zunächst beschrieben werden, wie sie konstruiert und ausgewertet wurden. Die Geschlechterschematheorie von Bem wird danach detaillierter dargestellt.

Der BSRI besteht aus 60 Items, die sich einer Femininitätsskala, einer Maskulinitätskala und einer zur Messung der nicht geschlechtsspezifischen sozialen Erwünschtheit zuordnen lassen. Zu seiner Konstruktion waren etwa 200 Persönlichkeitsmerkmale, die ausschließlich für eines der beiden Geschlechter als sozial erwünscht gelten sollten, sowie 200 weitere Merkmale, die geschlechtsunspezifisch als sozial erwünscht galten, 100 studentischen Ratern vorgelegt worden. Auf einer siebenstufigen Skala sollten die Rater beispielsweise folgende Fragen beantworten: „In American society, how desirable is it for a man to be truthful?" (Bem, 1974, S.157). Für die Maskulinitätsskala wurden 20 Adjektive ausgewählt, die sowohl von Frauen wie auch von Männern als signifikant erwünschter für einen Mann als für eine Frau gehalten wurde. Entsprechend entstand die Femininitätsskala. Mit dem BSRI sollte gemessen werden, ob eine Person feminin sex-typed (wenn sie sich mit deutlich mehr femininem als maskulinen Traits beschreibt), maskulin sex-typed (wenn sie sich mit deutlich mehr maskulinen als femininen Traits beschreibt) oder aber androgyn (wenn sie sich mit in etwa gleich vielen maskulinen und femininen Traits beschreibt) ist. Bem (1974) postulierte, dass androgyne Personen ein größeres Verhaltensrepertoire aufweisen würden und sich entsprechend flexibler den Erfordernissen einer Situation anpassen könnten - sich eben je nach Situation eher maskulin oder eher feminin verhalten können. Letztlich sollte dieser androgyne Mensch „define a more human standard of psychological health" (Bem, 1974, S.162). Androgynität wurde von Bem zunächst als eine Ausgewogenheit von maskulinen und femininen Attributen angesehen, ohne dass dabei die Stärke der Maskulinität und Femininität eine Rolle spielte (Taylor und Hall [1982] nannten dies die „balance androgyny hypothesis"). Das heißt, auch wenn eine Person weder maskuline noch feminine Adjektive für selbstbeschreibend hält (oder dies nur in sehr geringem Ausmaß), gilt sie als androgyn. Ausschlaggebend ist allein die Differenz zwischen den Mittelwerten auf beiden Skalen, der mittels t-Test auf Signifikanz geprüft wird. Ist dieser t-Wert signifikant, gilt die Person als geschlechtsrollenorientiert (sex-typed oder auch cross-sex-typed [letzteres heißt, die Person beschreibt sich vor allem mit Begriffen, die mit der eigenen Geschlechtszugehörigkeit inkonsistent sind]), liegt er zwischen - 1 und +1, so gilt sie als androgyn. Personen mit t-Werten zwischen diesen Marken weisen eine maskuline respektive feminine Tendenz auf. Dies bedeutet, dass durch dieses Vorgehen letztlich eine bipolare Skala gebildet wird, deren einer Endpunkt in mehr Femininität als Maskulinität und deren anderer Endpunkt in mehr Maskulinität als Femininität besteht. Die Androgynen liegen dabei in der Mitte der Skala. Cramer und Westergren (1999) konnten zeigen, dass der BSRI heutzutage noch immer in gleicher Weise zwischen den männlichen und weiblichen Befragten differenziert wie in den 70er Jahren.

Der PAQ von Spence und Mitarbeitern (1975) wurde auf der Grundlage des Sex Role Stereotype Questionnaire von Rosenkrantz, Vogel, Bee, Brovermann und Brovermann (1968) entwickelt. Studentische Rater hatten dabei entweder den typischen Mann oder die typische Frau oder aber den idealen Mann oder die ideale Frau mit den vorgegebenen bipolaren Charaktistika zu beschreiben. Jene 55 Items, die signifikant unterschiedlich bei der Beschreibung der *typischen* Repräsentanten beider Geschlechter verwendet wurden, und dies konsistent von mehreren Beurteilergruppen, wurden für die Bildung des PAQ verwendet. 18 Items, über die sowohl der *ideale* Mann als auch die *ideale* Frau verfügen sollten, die aber als typisch für Männer galten, bildeten die M-Skala, 18 Items, über die sowohl die ideale Frau wie auch der ideale Mann verfügen sollten, die aber als typisch für eine Frau gelten, bildeten die F-Skala. Es handelt sich dabei also um Eigenschaften, die für beide Geschlechter als sozial erwünscht, aber nur für jeweils ein Geschlecht als typisch gelten. Eine weitere Unterskala besteht aus 13 geschlechtsspezifischen Items, über die nur jeweils das Geschlecht idealerweise verfügen sollte, für die es auch als typisch bezeichnet wurde. Als Erfasssungsinstrumente für die separaten Dimensionen Maskulinität und Femininität dienen die M- und die F-Skala. Dabei steht Maskulinität für instrumentelle Eigenschaften und Femininität für expressive Eigenschaften[25].

Im Gegensatz zum BSRI (Bem, 1974) waren die M- und die F-Skala des PAQ nicht voneinander unabhängig, sondern korrelierten signifikant und positiv miteinander. Bei Männern betrug die Stärke des Zusammenhangs r=. 47 und bei Frauen bei r=. 14. Aus diesen Ergebnissen sowie aus den hohen Korrelationen beider Subskalen mit dem Selbstwert einer Person schlossen Spence und Mitarbeiter, dass die beiden Faktoren Maskulinität und Femininität additiv zusammenwirken und eine hohe Ausprägung auf beiden Skalen besonders funktional sei - und auch erst bei dieser Konstellation eine Person als androgyn zu bezeichnen sei, da sie nur dann über die Eigenschaften beider Geschlechter verfüge. Entsprechend bilden sie auch nicht mehr nur drei Gruppen wie Bem, sondern vier: Personen, die auf der M-Skala des PAQ hohe Werte (d.h. über dem Median) aufweisen und nied-

---

25 Die Bezeichnungen Instrumentalität und Expressivität gehen auf Parsons (1964) Untersuchung der Arbeitsteilung in der amerikanischen Kleinfamilie zurück, wobei der Begriffe „instrumentell" die aufgabenbezogenen Funktionen des Mannes und „expressiv" die sozialemotional unterstützenden der Frau beschrieben.

rige auf der F-Skala (d.h. unter dem Median), werden als maskulin klassifiziert, Personen mit hohen Werten auf der F- Skala und niedrigen auf der M-Skala als feminin, Personen mit hohen Werten auf beiden Skalen als androgyn und solche mit niedrigen Werten auf beiden als undifferenziert. Die Androgynen, so wird auch von Spence und Mitarbeitern angenommen, sollten über eine bessere psychische Gesundheit verfügen als die Geschlechtsrollenorientierten.

Die Klassifizierung gemäß Spence und Mitarbeitern setzte sich in der Androgynieforschung besser durch als die ursprüngliche von Bem (1974). Auch Bem selbst (1977; 1982) übernahm diese Einteilung in vier Gruppen (zur größeren empirischen Angemessenheit des „additiven" 4-Gruppen-Modells vgl. auch Strauss, Köller und Möller (1996) und Strauss & Möller (1999).

Taylor und Hall (1982) kritisierten die übliche Verwendung des additiven 4-Gruppen-Modells und plädierten beim weiteren Umgang mit diesen Skalen für die separate Betrachtung der M- und F-Skalen.Nur so könne der unterschiedliche Anteil festgestellt werden, den Maskulinität und Femininität in qualitativer wie quantitativer Hinsicht an Merkmalen wie z.B. psychischer Gesundheit haben. Auch Signorella und Jamison (1986) sehen bei dieser Vorgehensweise den Vorteil, dass Klarheit darüber gewonnen werden könne, ob es sich bei den beispielsweise von Nash (1979) vermuteten Zusammenhängen eines eher maskulinen Selbstkonzeptes mit hohen Leistungen bei maskulin stereotypisierten Tätigkeiten vor allem um die Akzeptanz männlicher Aspekte oder um die Ablehnung weiblicher Aspekte handele. Statt der Gruppenbildung schlagen Kelly und Worell (1977) und Kelly, Furman und Young (1978) vor, die Scores der beiden Skalen zu benutzen, um so den mit der Kategorienbildung verbundenen Informationsverlust zu vermeiden. Außerdem ist der Einwand von Worell (1978) zu berücksichtigen, dass Geschlechterrollen unterschiedlich auf Männer und Frauen wirken könnten und deshalb die Überprüfung von Zusammenhängen zwischen den M- /F-Skalen und anderen Variablen nach Geschlechtern getrennt vorzunehmen sei.

3.2.2   Funktion und Entwicklung von Geschlechterschemata

Im Folgenden werden Theorien vorgestellt, die die Verwendung von auf Geschlechterrollen bezogenen Schemata zum Gegenstand haben und Aussagen darüber machen, welche Rolle das psychologische Geschlecht einer Person bei der Präferierung bzw. Ablehnung geschlechtstypisierter Tätigkeiten oder Interessengebiete spielt. Diese Ansätze thematisieren gemäß der Einteilung von Hannover (1997a) die Auswirkungen der *chronischen* Zugänglichkeit geschlechtsbezogenen Selbstwissens auf die Informationsverarbeitung und das Verhalten.

3.2.2.1 Geschlechterschematheorien

Welche Konsequenzen hat es, wenn sich Personen- chronisch oder situational - selbst als eher maskulin, feminin oder androgyn ansehen? Bem (1981a, 1981b, 1985) und Markus (Markus et al., 1982) entwickelten Theorien, wie Geschlechterschemata die Informationsverarbeitung und das Verhalten von Personen beeinflussen. Sie fokussieren ausschließlich auf die chronische Zugänglichkeit dieser Geschlechterkategorien und beschäftigen sich nicht mit situationalen Faktoren, die die Zugänglichkeit variieren könnten (Hannover, 1997a). Wichtig ist jedoch, welche Konsequenzen aus einer chronisch erhöhten Zugänglichkeit des Geschlechterschemas erwachsen, denn diese sollten bei einer situational erhöhten Zugänglichkeit geschlechtsbezogenen Selbstwissens in gleicher Weise zu erwarten sein.

Die zentrale These von Bem (1981a, 1981b, 1985) lautet, dass sich Personen darin unterscheiden, wie sehr sie neue Informationen geschlechterschematisch verarbeiten. In ihrer Terminologie bedeutet geschlechterschematisch (*sextyped*), dass Personen vor allem die Kategorien von Maskulinität und Femininität bei der Informationsverarbeitung heranziehen, und andere, ebenfalls existierende Kategorien vernachlässigen, obwohl diese in zahlreichen Situationen angemessener sein könnten als die Geschlechterkategorie. Als geschlechterschematische Informationsverarbeitung bezeichnet Bem eine „generalized readiness to process information on the basis of the sex-linked associations that constitute the gender schema" (1981a, S.355), die in geschlechtstypisierter Verarbeitung neuer Information und geschlechtstypisiertem Verhalten münde. Bem betont (1981a), dass ihre Theorie auf den *Prozeß* der Informationsverarbeitung und nicht auf den - kulturell und historisch bedingten - *Inhalt* von Geschlechterschemata ausgerichtet sei; eine sextyped Selbstbeschreibung auf dem BSRI sei als ein *Produkt* geschlechterschematischer Informationsverarbeitung anzusehen (Bem, 1981b, S.371). Die über die Selbstbeschreibung als sextyped (und crosssextyped) identifizierten Personen seien für Geschlecht bzw. Geschlechterrollen („gender") insgesamt schematisch. Diejenigen, die gemäß der Selbstbeschreibung auf dem BSRI als nicht sex-typed (also als androgyn oder undifferenziert) gelten, werden als für Geschlechterrollen aschematisch angesehen, d.h. sie sollten neu eintreffende Informationen nicht automatisch auf der Grundlage von Geschlechterrollen verarbeiten, sondern auf andere Kategorien zurückgreifen, wobei angenommen wird, dass diese vielfältiger und flexibler den Erfordernissen der jeweiligen Situation angepasst seien[26].

---

26 Dass die nicht geschlechterschematischen Personen grundsätzlich flexibler seien als die schematischen, ist m.E. nicht zwingend. Denkbar wäre schließlich auch, dass sie statt an der Kategorie Geschlecht chronisch an anderen Kategorien festhalten, z.B. alle neu eintreffenden Informationen in Bezug auf sozialen Status verarbeiten. Die Annahme der grundsätzlich größeren kognitiven Flexibilität passt aber gut zu der von Bem geäußerten Ansicht, dass die androgynen Menschen psychisch gesünder seien als andere und Androgynität insgesamt eine "liberated and more human alternative"

Es konnte mehrfach gezeigt werden, dass dieser durch den BSRI gemessene inhaltliche Aspekt (das Ausmaß an und das Mischungsverhältnis von individueller Maskulinität und/ oder Femininität) durchaus mit *geschlechtstypisierenden Informationsverarbeitungsprozessen* korreliert. Beispielsweise gruppierten Personen, die gemäß ihrer Selbstbeschreibung im BSRI als sextyped galten, in einem Recall-Experiment die zu erinnernden Begriffe stärker in geschlechtsbezogene Kategorien als die anderen Probanden (Bem, 1981a). In einer anderen Studie machten zuvor mit Hilfe des BSRI als sextyped identifizierte Personen nach der Beobachtung einer Gruppendiskussionen mehr „*within-sex*"-Erinnerungsfehler als „*cross-sex*"- Erinnerungsfehler, d.h. sie verwechselten die Wortbeiträge von Frauen häufiger mit den Beiträgen anderer Frauen und die Wortbeiträge von Männern häufiger mit denen anderer Männer, wohingegen bei androgynen und undifferenzierten Personen beide Arten von Fehlern (*within-* und *cross-sex*) gleich häufig vorkamen (Taylor & Falcone, 1982). Außerdem differenzierten sextyped Personen stärker als androgyne Personen zwischen männlichen und weiblichen Stimuluspersonen, als sie Videoaufnahmen dieser Stimuluspersonen in sinnvolle Segmente unterteilen sollten (Deaux & Major, 1977). Auch sich selbst und das von ihnen gezeigte Verhalten stereotypisierten via BSRI als sextyped eingestufte Personen in gleicher Weise: So spielten maskuline Männer in unstrukturierten Situationen weniger mit einer jungen Katze als androgyne oder feminine Männer, maskuline Personen waren - unabhängig von ihrem Geschlecht - gegenüber einem Baby weniger responsiv als feminine oder androgyne, und sie waren im Gespräch mit einem vorgeblich „einsamen Studierenden" weniger einfühlsam (Bem, 1985). Diese Äußerungen von Verhalten sagen aber m.E. noch nichts über die Schematizität dieser Personen aus, sondern können im strengen Sinne eher als eine Validierung der M-Skala gelten: sich vorrangig als maskulin beschreibende Personen verhalten sich ihrer Selbstbeschreibung entsprechend wenig feminin; im konkreten Fall beschreiben sie sich als nicht einfühlsam und verhalten sich auch nicht einfühlsam. Eine Bestätigung dafür, dass sextyped Personen auch das eigene Selbst betreffende Informationen vor allem geschlechterschematisch verarbeiten, sieht Bem darin, dass sie bei einer dichotomen „me/not-me"-Abfrage der BSRI-Items schemakonsistente Urteile signifikant schneller abgeben konnten als alle anderen Probanden, aber für schemainkonsistente Urteile signifikant mehr Zeit als die anderen brauchten (Bem, 1981a).

Auch die Theorien und Befunde von Markus und Mitarbeitern (1982) sind zentral für die Frage, welche Rolle das psychologische Geschlecht für das Verhalten und die Informationsverarbeitung einer Person hat. Sie bauen auf

---

(Bem, 1981a, S. 362) darstelle. Es ist natürlich durchaus sinnvoll anzunehmen, dass dann, wenn sowohl feminin stereotypisiertes als auch maskulin stereotypisiertes Verhalten gefragt ist, androgyne Personen über ein größeres Repertoire verfügen als die einseitig sextyped Personen und entsprechend erfolgreicher sind.

einem anderen theoretischen Hintergrund als Bem auf, obwohl sie eine ähnliche Art von Experimenten durchführen und der Begriff „Schema" dabei ebenfalls zentral ist. Während Bem (1981a) davon ausging, dass Personen, die gemäß dem BSRI als sextyped einzuordnen sind, generell schematisch in Bezug auf Geschlecht seien, d.h. in der Bemschen Verwendung des Begriffes, dass die Welt und das eigene Selbst geschlechtstypisiert wahrgenommen werden, fokussieren Markus und Mitarbeiter darauf, ob das Selbstkonzept einer Person ein Schema für Maskulinität und/ oder Weiblichkeit enthält. Sie gehen davon aus, dass zwar alle Personen über strukturiertes Wissen über Maskulinität und Femininität verfügen, aber nicht alle dieses Wissen mit ihrem Selbstkonzept verbinden und ein entsprechendes Selbstschema entwickeln. Ein Selbstschema entsteht nur in Bezug auf Bereiche, die für die betreffende Person relevant sind. Beispielsweise werden nur Personen, die sich intensiv mit ihrer eigenen Maskulinität oder Kreativität auseinandersetzen, ein entsprechendes Selbstschema entwickeln. Wenn diese Bereiche jedoch als für die eigene Person irrelevant wahrgenommen werden, wird auch kein darauf bezogenes Selbstschema entwickelt. In der Terminologie von Markus und Kollegen (1982) werden Personen, die ein Selbstschema für einen bestimmten Bereich aufweisen, schematisch für diesen Bereich genannt, und jene, die kein solches Selbstschema haben, aschematisch. Es wird angenommen, dass eine Person, die z.B. über ein Selbstschema „Femininität" verfügt, differenzierteres, leichter zugängliches Wissen über Femininität besitzt als eine für diese Bereich aschematische Person. Sie sei ein „expert about femininity" (Markus et al., 1982, S.40) und sollte mit Feminintät verbundenes Wissen besonders effektiv verarbeiten können. Das gleiche gelte für jemanden mit einem Selbstschema „Maskulinität": diese Person verfüge über elaboriertes, hoch zugängliches Wissen über Maskulinität. Eine Person, die sowohl elaboriertes Selbstwissen über Maskulinität als auch über Femininität besitze, habe für beide Bereiche ein Selbstschema entwickelt und sei entsprechend als schematisch für Maskulinität und Femininität zu bezeichnen. Nur wer weder über feminines noch maskulines Selbstwissen verfüge, sei in Bezug auf die Dimensionen maskulin und feminin aschematisch zu nennen. Sofern Personen aufgrund ihrer Angaben auf dem BSRI kategorisiert werden, sind also diejenigen, die deutlich mehr maskulinen als femininen Adjektiven zustimmen, schematisch in Bezug auf Maskulinität, diejenigen, die mehr femininen als maskulinen Begriffen zustimmten, schematisch in Bezug auf Femininität. Eine Person, die maskulinen *und* femininen Begriffen häufig zugestimmt hat, gilt als „hoch androgyn" und damit als schematisch für Maskulinität und Femininität; und nur die „niedrig Androgynen", die weder maskuline noch feminine Adjektive für selbstbeschreibend halten, gelten als aschematisch in Bezug auf Geschlecht. Sie folgern aus eigenen Untersuchungen (Markus et al., 1982) „if there is any group that should be considered gender schematic it is the high androgynous one" (Crane & Markus, 1982, S. 1196). Die niedrig Androgynen scheinen dagegen „impoverished knowledge structures" bezüglich Maskulinität und Femininität aufzuweisen, was die Bezeichnung „aschematic with respect to gender" (Markus et al., 1982, S.50) rechtfertige.

Die Verwendung des Begriffes „schematisch" ist bei Bem und Markus deutlich unterschiedlich: Bei Bem ist es eher eine „Voreingenommenheit, die mit der schematischen Verarbeitung geschlechtsrollenrelevanter Informationen einhergeht" (Hannover, 1994, S180), bei Markus stellt es eine elaborierte selbstbezogene Wissenstruktur dar, die eine vereinfachte Informationsverarbeitung nach sich zieht. Allerdings wird in beiden Ansätzen plausibel, dass diejenigen, denen feminines und maskulines Selbstwissen in gleicher Weise zugänglich ist, sich weniger geschlechtsrollenkonform verhalten, da sie über ein größeres Repertoire an Attributen und Verhaltensweisen verfügen, die sie situationsangemessen einsetzen können.

The high androgynous individual (...) has knowledge about both masculine and feminine behavior. Presumably both of these knowledge structures are equally available für processing of information. Whether one, the other, or both will drive processing is dependent on the circumstances and the nature of the situation. (Markus et al., 1982, S.49)

3.2.2.2 Entwicklungstheorien über Geschlechterschemata

Im folgenden Abschnitt wird dargestellt, wie gemäß den Arbeiten von Kohlberg (1966) und Martin und Halverson (1987) die Entwicklung einer elaborierten Geschlechtsidentität mit ihren spezifischen Inhalten verläuft. Dabei ist für die vorliegende Arbeit besonders wichtig, dass Kinder die sie umgebenden Dinge oder auch die Verhaltensweisen, die sie an anderen Menschen beobachten, danach einteilen, zu welchem Geschlecht diese typischerweise gehören und ob sie ihnen deshalb für ihr *eigenes* Geschlecht angemessen erscheinen oder nicht. Das heißt, dass Menschen ihre Umgebung danach einteilen, welche Aspekte davon zu ihnen selbst passen oder nicht und darüber ihre eigene Identität aufbauen, festigen und bestätigen können. Diese „Abgleichung" neu eintreffender Informationen mit dem eigenen Selbst scheint u.E. auch für die geschlechterstereotype schulische Spezialisierung, die in Kapitel 1 beschrieben wurde, von großer Bedeutung zu sein (Hannover, 2000).

Kohlberg (1966) fasste die Geschlechtstypisierung des Kindes im wesentlichen als Ergebnis seiner kognitiven Entwicklung auf. Die Geschlechtstypisierung vollzieht sich seiner Meinung nach in drei Schritten: Der erste Schritt - im Alter von zwei bis drei Jahren - besteht im Erkennen der eigenen Geschlechtszugehörigkeit oder Geschlechtsidentität, also der Einsicht, ein Junge oder ein Mädchen zu sein. Diese Selbstkategorisierung erfolgt aufgrund der wahrgenommenen Ähnlichkeit eigener Merkmale mit geschlechtstypischen Merkmalen anderer Personen (dabei spielt die Beschaffenheit der Genitalien noch keine Rolle, vielmehr werden in diesem Anfangsstadium Merkmale der äußeren Erscheinung wie Kleidung oder Haartracht für die Kategorisierung herangezogen). In dem Maße, wie sich die Geschlechtsidentität mehr und mehr stabilisiert und das biologische Geschlecht als stabil begriffen wird (Geschlechtskonstanz), bilden sich - im darauffolgenden zweiten Schritt - geschlechtsbezogene Bewertungssysteme aus. Dabei wird in der Regel die eigene Geschlechtsgruppe positiver bewertet als die andere („same-sex bias"). Wichtig für die vorliegende Arbeit ist Kohlbergs Annahme, dass die Geschlechtsidentität motivationale Auswirkungen hat: Das Kind wende sich nun vor allem solchen Dingen zu, die mit dem eigenen Geschlecht übereinstimmen, da darüber kognitive Konsistenz erreicht werden kann. So werden Kinder aktiv weitere Informationen über geschlechtsbezogene Merkmale suchen und sich in ihrem Verhalten davon leiten lassen, was als angemessen für das eigene Geschlecht wahrgenommen wird. Dies resultiere schließlich in einer stärkeren Identifizierung mit dem gleichgeschlechtlichen Elternteil sowie anderen gleichgeschlechtlichen Personen, deren Verhalten dann bevorzugt nachgeahmt werde.

Zwar können nicht alle Annahmen Kohlbergs als empirisch bestätigt gelten[27], jedoch formulierte er den - vielfältige Untersuchungen anregenden - neuen Gedanken, dass Kinder gleichgeschlechtliche Modelle nicht etwa deshalb imitieren, weil sie dafür belohnt werden, sondern weil sie dadurch aktiv ihre eigene Identität entwickeln und bestätigen können (Hannover, 2000).

Eine entwicklungspsychologische Schema-Theorie, die das Entstehen und die Aufrechterhaltung von Geschlechterschemata beschreibt, legten Martin und Halverson (1981; 1987) vor. Im Zentrum steht dabei die Frage, inwiefern Konzepte der Geschlechterdifferenzierung bzw. die kulturabhängigen Geschlechtsrollen-Stereotypen als Schemata fungieren und somit schemakonsistentes Denken und Verhalten fördern. Martin und Halverson (1981) nehmen an, dass zwei verschiedene Ebenen von geschlechtsbezogenen Schemata bei der Geschlechtstypisierung eine Rolle spielen: Ein allgemeines Schema von männlich und weiblich (overall ingroup-outgroup schema), in dem die eigene Geschlechtsgruppe von der jeweils anderen Geschlechtsgruppe abgegrenzt wird, und ein detaillierteres Schema des eigenen Geschlechts (own-sex schema). Im allgemeinen Ingroup-Outgroup Schema sind alle Informationen enthalten, die die Kategorisierung von Gegenständen, Eigenschaften und Aktivitäten in weibliche (für Mädchen/ Frauen) und männliche (für Jungen/ Männer) betreffen. Sobald das Kind lernt, sich selbst als männlich oder weiblich zu kategorisieren, und das Kriterium der Geschlechtsangemessenheit auch auf die eigene Person anwendet, beschäftigt es sich vornehmlich mit Informationen, die die eigene Geschlechtsgruppe betreffen. Infolgedessen bildet es ein elaboriertes Schema des eige-

---

27 Vgl die Übersicht von Ruble und Martin (1998) sowie Trautner (1997).

nen Geschlechts aus. Dieses own-sex schema kann nun wiederum geschlechtstypisiertes Verhalten nach sich ziehen, da das Kind sein eigenes Verhalten mit seinem Wissen über typisches Verhalten der eigenen Geschlechtsgruppe in Einklang bringen möchte (Martin & Halverson, 1987). Das bedeutet, die Tradierung von Geschlechterstereotypen liegt auch in dem Umstand begründet, dass ein Kind - schon bevor es sich selbst als Junge oder Mädchen kategorisiert - Schemata über Männlichkeit und Weiblichkeit ausbildet, die zahlreiche Stereotypen enthalten, an die es - nach erfolgter Selbstkategorisierung - sein eigenes Verhalten anpasst. So wurde in einem Experiment gezeigt, dass Spielzeug, das eigentlich nicht als geschlechtstypisch galt und zudem sehr attraktiv war, für Mädchen uninteressant wurde, wenn es ihnen gegenüber als „Jungenspielzeug" bezeichnet worden war, und entsprechend Jungen das Interesse daran verloren, wenn es „Mädchenspielzeug" genannt worden war (Martin, Eisenbud & Rose, 1995). Durch die Bezeichnungen wurde, so wird angenommen (Hannover, 2000), das Geschlechterschema der Kinder angesprochen. Stimmte das eigene Geschlecht nicht mit der Kategorisierung des Spielzeuges überein, so war es für einen selbst nicht interessant.

3.2.2.3 Bedeutung der Theorien für die vorliegende Arbeit

Hannover (1997a) hatte die Unterscheidung von chronischer und situationaler Zugänglichkeit der verschiedenen Selbstkonstrukte einer Person vorgeschlagen. Die Ergebnisse der Untersuchungen von Bem und Markus konnten zeigen, dass die chronische Zugänglichkeit von maskulinem und femininen Selbstwissen die Informationsverarbeitung und das Verhalten beeinflusst. Kohlberg sowie Martin und Halverson explizierten, inwiefern das Selbstwissen bereits in der Kindheit um die Kategorien von männlich und weiblich herum arrangiert wird und welche Auswirkungen dies auf die Ausbildung persönlicher Präferenzen und Schemata hat.

An dieser Stelle kann festgehalten werden, dass zum Selbst passende Gegenstände, Verhaltensweisen usw. bevorzugt werden. Folglich sollte eine Person, der feminines Selbstwissen deutlich zugänglicher ist als maskulines, sich eher in als feminin stereotypisierten Tätigkeiten engagieren, wohingegen eine Person, der maskulines Selbstwissen chronisch zugänglicher ist als feminines, in maskulinen Tätigkeitsbereichen größeres Interesse und Engagement zeigen sollte.

Wenn schulische Interventionen entwickelt werden sollen, um das Interesse von Mädchen an naturwissenschaftlichen Fächern zu erhöhen, scheint die *chronische* Zugänglichkeit geschlechtsbezogenen Selbstwissens kein geeigneter Ansatzpunkt zu sein. Es ist nicht anzunehmen, dass die über die gesamte Lebensspanne gewachsene Struktur des Selbstwissens der Schülerinnen und Schüler durch punktuelle Maßnahmen so weit verändert werden kann, dass ihnen maskulines und feminines Selbstwissen chronisch in gleichem Maße zugänglich wird, sie sich also zu androgynen Personen entwickeln[28] und entsprechend in maskulinen und femininen Aufgaben in gleicher Weise engagieren[29].

Dagegen sollte es durchaus möglich sein, durch eine gezielte Variation der Rahmenbedingungen, also des schulischen Kontextes, die *situationale* Zugänglichkeit geschlechtsbezogenen Selbstwissens zu beeinflussen. Wünschenswert wäre es, wenn für Mädchen während des Physikunterrichts das geschlechtseigene, feminine Selbstwissen nicht zugänglicher wäre als das in dieser Situation passendere maskuline Selbstwissen, bzw. geschlechtsbezogenes Selbstwissen insgesamt wenig zugänglich ist.

Im Folgenden sollen zunächst weitere Studien dargestellt werden, die die Passung zwischen chronisch zugänglichen geschlechtsbezogenen Selbstschemata und dem Engagement in geschlechtstypisierten Domänen untersuchen, um so die Annahme, dass selbstkonsistente Aktivitäten erfolgreicher ausgeführt werden, mit bereits vorliegenden empirischen Untersuchungen abzugleichen. Im Anschluss daran werden Untersuchungen beschrieben, in denen durch die Variation des situationalen Kontextes die Zugänglichkeit geschlechtsbezogenen Wissens verändert werden konnte. Die Selbstkonsistenz einer geschlechtstypisierten Aktivität wäre somit ebenfalls situational variabel: Immer dann, wenn situational ein Selbstaspekt aktiviert ist, der mit der auszuführenden geschlechtstypisierten Aktivität nicht übereinstimmt, sollte es zu einer Abwendung oder wenig engagierten und/oder wenig erfolgreichen Ausführung der Aktivität kommen, wohingegen die Aktivierung eines Selbstaspektes, der mit der Aktivität durchaus vereinbar ist, zu größerem Engagement führen sollte.

3.3 Chronische Geschlechtsrollenorientierung und Engagement im mathemat.-naturwissenschaftlichen Bereich: Forschungsergebnisse

In Übereinstimmung mit den oben beschriebenen Annahmen von Bem, Kohlberg und Martin und Halverson postulierte Nash (1979), dass Menschen bessere Leistungen erbringen, wenn die Geschlechtsstereotypisierung der zu bearbeitenden Aufgabe mit dem Selbstkonzept der eigenen Maskulinität und Femininität übereinstimmt. Somit sollten Menschen, die sich selbst für stärker maskulin als feminin halten, gute Leistungen bei der Bewältigung maskuliner Aufgaben zeigen und Menschen mit einem stärker

---

28 In den siebziger Jahren wurden allerdings beispielsweise "androgyne Therapien" und "androgyne Curricula für Schulkinder" ausprobiert, die an Bems Standpunkt anküpften, Androgynität sei ein Synonym für eine eglitäre, "gender-free" Gesellschaft (Deaux, 1984).

29 Wenn alle androgyn wären, würde natürlich auch die Einteilung von Tätigkeiten in maskuline und feminine obsolet, da diese Kategorien ihre Bedeutung verloren hätten.

femininen Selbstkonzept bei femininen Aufgaben besonders gut abschneiden.

Physik gilt als ein maskuliner Bereich. Huston (1983) zeigte in einem Überblick über den Forschungsstand, dass Jugendliche räumliche, mechanische und mathematische Fähigkeiten als maskulin stereotypisieren, wohingegen verbale Fähigkeiten als feminin wahrgenommen werden (entsprechende Einstellungen bei Collegestudenten fanden McMahan, 1976; Ruble, 1983; Signorella & Vegega, 1984). In einer aktuellen Studie aus der Schweiz (Herzog, Labudde, Neuenschwander, Violi & Gerber,1997; zitiert nach Labudde, 1999) konnte mithilfe Semantischer Differentiale nachgewiesen werden, dass Jugendliche am Ende der Sekundarstufe I (n=581; 16-17 Jahre alt) Physik als etwas Männliches wahrnehmen. Die Schülerinnen und Schüler wurden nach den Konnotationen der vier Begriffe „Physik", „französische Sprache", „Mann" und „Frau" befragt, indem sie auf einer siebenstufigen Skala angeben sollten, wo der jeweilige Begriff bezüglich 25 verschiedener Adjektivpaare (z.B. weich - hart) am ehesten einzuordnen sei. Die semantischen Differentiale von „Mann" und „Physik" korrelierten signifikant miteinander, ebenso die von „Frau" und „Französisch". Hannover und Kessels (2002) stellten fest, dass einzig das Fach Sport noch häufiger als ein „Jungenfach" bezeichnet wird als Physik: 46% der 623 befragten Neuntklässler/innen gaben an, Physik sei ein „Jungenfach". Dagegen wurden die als eigentlich als feminin geltenden sprachlichen Fächer nicht im gleichen Ausmaß stereotypisiert: Deutsch hielten 16% für ein „Mädchenfach" (und 81% für weder ein Jungen- noch ein Mädchenfach), Fremdsprachen wurden immerhin von 26% der Schülerinnen und Schüler für Mädchenfächer gehalten.

Die mehrheitliche Abwendung von Mädchen von den mathematisch-naturwissenschaftlichen Fächern (vgl. Kapitel 1) lässt sich u.a. auf folgende Weise erklären: Da weibliche Personen in der Regel ein stärker feminines Selbstkonzept, männliche Personen ein stärker maskulines Selbstkonzept entwickeln (vgl. Hannover, 1997a), passen diese Fächer nicht zum Selbstkonzept der Mädchen. Die nicht zum eigenen Selbstkonzept passenden Bereiche lehnen sie ab und legen ihre Interessenschwerpunkte stattdessen in Fächer, die dem femininen Selbstkonzept eher entsprechen, von denen sie also eher den Eindruck haben, dass sie zu ihnen „passen". Wenn jedoch ein Mädchen zusätzlich zu ihrem femininen Selbstkonzept über ein ebenfalls deutlich ausgeprägtes maskulines Selbstkonzept verfügt, oder sich sogar für stärker maskulin als feminin hält, würden maskuline Tätigkeiten als ebenfalls passend empfunden werden - Engagement, Interesse und gute Leistungen in diesen Bereichen wären entsprechend selbstkonsistent.

3.3.1 Zusammenhang der Geschlechtsrollenorientierung von Mädchen und Frauen und dem Engagement im mathematisch-naturwissenschaftlichen Bereich

Bei Mädchen und Frauen konnte ein solcher Zusammenhang zwischen dem Engagement im maskulin stereotypisierten mathematisch-naturwissenschaftlichen Bereich und maskuliner Geschlechtsrollenorientierung mehrfach belegt werden:

Eine Meta-Analyse von Signorella und Jamison (1986) berücksichtigte alle zum damaligen Zeitpunkt vorhandenen Studien, die sich mit dem Zusammenhang von Femininität, Maskulinität sowie Androgynität mit kognitiven Leistungen im Bereich des räumlichen oder mathematischen Denken sowie im sprachlichen Bereich beschäftigten. Die Autor/innen bezogen insgesamt 73 Untersuchungen in ihre Analysen mit ein. In den Untersuchungen waren zum Teil bipolare M-F-Skalen, zum Teil aber auch die in der Androgynieforschung seit Bem (1974) üblichen separaten M- und F- Skalen eingesetzt worden. Im Bereich der räumlichen Wahrnehmung ließ sich bei Mädchen und Frauen ein positiver Zusammenhang zwischen psychologischer Maskulinität (eindimensional gemessen mit bipolaren M-F-Skalen) und guten Leistungen feststellen. Besonders große Effektstärken ergaben sich in Stichproben adoleszenter Mädchen. Ein kleinerer, weniger robuster Zusammenhang ergab sich bei den Studien, die die aus separaten M- und F-Skalen bestehenden Androgyniemaße verwendet hatten: Je niedriger der F-Wert war, desto besser konnten Mädchen und Frauen Aufgaben aus dem Bereich der räumlichen Wahrnehmung lösen. Für mathematische Leistungen ergaben sich ähnliche Zusammenhänge: Diejenigen Frauen und Mädchen, die maskulinere Werte auf den bipolaren M-F-Skalen oder höhere Werte auf den M-Skalen oder niedrigere Werte auf den F-Skalen aufwiesen, zeigten bessere Leistungen bei Mathematikaufgaben. Auch bei Aufgaben, die mentale Rotation prüften, waren diejenigen der Frauen und Mädchen besser, die maskulinere Werte auf den M-F- Skalen und höhere Werte auf den M-Skalen hatten. Gleichermaßen bestand auch im Bereich der räumlichen Vorstellungsvermögen bei Mädchen und Frauen ein signifikanter positiver Zusammenhang zwischen maskulineren M-F-Werten, höheren M-Werten und niedrigeren F-Werten.

In neueren Studien, die bei der Analyse von Signorella und Jamison (1986) nicht berücksichtigt wurden, werden vergleichbare Ergebnisse berichtet. Dabei wurde vor allem der Bereich des räumlichen Denkens untersucht. Jamison und Signorella (1987) zeigten, dass maskuline adoleszente Mädchen darin besser sind als feminine Mädchen gleichen Alters. In einer Längsschnittstudie mit 61 Mädchen fanden Newcombe und Dubas (1992), dass die Fähigkeiten im räumlichen Denken im Alter von 16 Jahren durch folgende, im Alter von 11 Jahren erhobenen Variablen vorhergesagt werden konnten: durch die Maskulinität des idealen Selbst, den Wunsch, ein Junge zu sein und - mit negativem Vorzeichen - durch das Ausmaß femininer Expressivität. Pubertäres Timing hingegen spielte keine Rolle. Auch in einer Stichprobe von Student/innen stellten Signorella, Jamison und Krupa (1989) erwartungsgemäß fest, dass sowohl das Geschlecht, das geschlechtsbezogene Selbstkonzept und die Ausübung von Aktivitäten, die räumliches Denken erfordern, einen signifikanten Einfluss auf die Leistung in Aufgaben des räumlichen Denkens hatten. Je mehr maskuline Eigenschaften als selbstbeschreibend angesehen wurden, desto besser konnten die Aufgaben zum räumlichen Denken gelöst werden. Hamilton (1995) zeigte anhand einer Stichprobe von 122 weiblichen und 54 männlichen Schülern und Studenten, dass bei einer Aufgabe des räumlich-visuellen Denkens, in der ein substantieller Geschlechtsunterschied in den Leistungen festgestellt wurde, geschlechtstypische Eigenschaften der Untersuchungspersonen signifikant zur Erklärung der Gesamtvarianz beitrugen, wobei die wichtige Variable das Ausmaß an Androgynität war. In dem „Group-Embedded-Figures-Test" bestimmten beispielsweise ausschließlich die geschlechtstypischen Eigenschaften, nicht aber das biologische Geschlecht, die Leistung, wobei diejenigen besser abschnitten, die über ein höheres Maß an Maskulinität verfügten. In einer weiteren Studie wurde die zeichnerische Fähigkeit der Untersuchungspersonen (66 männliche und 138 weibliche Studierende) als der Indiaktor für die Fähigkeit im räumlichen Denken verwendet (Sappington, Martin, Smith & Marshall, 1996). Es zeigte sich, dass Männer insgesamt besser zeichnen konnten als Frauen und ein höheres Maß an Maskulinität bei beiden Geschlechtern mit einer größeren Fähigkeit im Zeichnen zusammenhing. Antill und Cunnigham (1982) fanden zudem, dass maskuline Personen beiderlei Geschlechts im handwerklichen Denken am besten abschnitten, feminine am schlechtesten. Die Leistungen von Androgynen und Undifferenzierten lagen dazwischen. Und die sensumotorische Fähigkeit (gemessen über eine „pursuit rotor tracking"-Aufgabe) variierte bei jungen Frauen (n=60) mit ihrer Geschlechtsrollenorientierung, wobei feminine Frauen die schlechtesten Leistungen zeigten (Friedman, Catalano & Lombardo, 1985).

Anhand der Daten einer Zwillingsstudie (n=839 Zwillingspaare) untersuchte Lippa (1998) den Zusammenhang zwischen Geschlechtstypikalität und kognitiven Leistungen in der Adoleszenz. Mädchen, die über mehr maskuline und über weniger feminine Eigenschaften verfügten, erreichten in einem verschiedene Bereiche testenden Leistungstest insgesamt höhere Werte, wobei diese besseren Leistungen generell und nicht bloß bei den als maskulin geltenden mathematisch-naturwissenschaftlichen Fächern auftraten.

In einer Follow-Up-Studie von Kelly (1998) mit n=1335 britischen Schülerinnen und Schülern, die im Alter von elf und dreizehn Jahren befragt wurden, erbrachten Mädchen mit einem maskulineren Selbstbild etwas bessere Leistungen in Naturwissenschaften als andere Mädchen. Kinder, die als sex-typed eingestuft wurden, d.h. feminine Mädchen und maskuline Jungen, waren insgesamt weniger an Naturwissenschaften interessiert und hatten ein weniger positives Bild von den Naturwissenschaften und von Naturwissenschaftlern als andere Kinder.

Der Zusammenhang zwischen der Geschlechtsrollenorientierung und schulischen Wahlen wurde ebenfalls untersucht. In der bereits zitierten umfangreichen Studie von Kelly (1998) wurde festgestellt, dass Mädchen, die sich selbst mit 11 Jahren als eher maskulin beschrieben, zwei Jahre später überzufällig häufig Physik als naturwissenschaftliches Fach wählten, während jene, die sich als überwiegend feminin beschrieben hatten, eher Biologie wählten. In einer australischen Untersuchung mit n=177 Studentinnen zeigte sich ebenfalls, dass Frauen, die einen naturwissenschaftlichen Beruf anvisierten, sich signifikant häufiger als eher maskulin beschrieben. Dagegen wiesen Frauen, die einen traditionellen Frauenberuf ansteuerten, eher feminine Eigenschaften auf (Baker, 1987). Bei einem Vergleich von 234 Schülerinnen, die einen A-Level-Kurs in Mathematik belegt hatten, mit 265 Schülerinnen, die einen A-Level-Kurs Französisch absolvierten, zeigte sich, dass die „Mathematikschülerinnen" im Vergleich zu den „Französischschülerinnen" weniger feminin waren (gemessen über die Femininitätsskala des California Personality Inventory) (Stamp, 1979).

Beschränkt man die Sicht jedoch nicht bloß auf eine Engagement im mathematisch-naturwissenschaftlichen Bereich, so lassen sich eine Vielzahl an Studien finden, die belegen, dass androgyne oder maskuline Frauen insgesamt eher einen männertypischen Beruf ergreifen und sich ihre Lebensplanung und -führung weniger von der von Männern unterscheidet als es bei femininen Frauen der Fall ist (vgl. für einen Überblick z.B Bierhoff-Alfermann, 1989).

3.3.2 Zusammenhang der Geschlechtsrollenorientierung von Jungen und Männern und dem Engagement im mathematisch-naturwissenschaftlichen Bereich

Kogan und Marcuse (1981) merkten an, dass aus der vorliegenden Empirie nicht geschlossen werden könne, dass Individuen immer dann bessere Leistungen erbringen, wenn die Geschlechtsstereotypisierung der zu bearbeitenden Aufgabe mit ihrer eigenen Geschlechtsrollenorientierung konsistent ist: Bei Jungen und Männern, vor allem bei adoleszenten Jungen, ließen sich nämlich solche positiven Beziehungen zwischen Maskulinität und guten Leistungen in maskulin stereotypisierten Bereichen wie dem räumlichen Denken nicht durchgängig feststellen, im Gegenteil seien eher femininere Jungen/ Männer darin erfolgreicher. Dieser Einwand wird zum Teil auch durch die Befunde der Meta-Analyse von Signorella & Jamison (1986) gestützt. In den von ihnen analysierten Studien zur räumlichen Wahrnehmung ließen sich nur bei erwachsenen Männern positive Zusammenhänge zwischen besseren Leistungen und maskulineren Werten auf der M-F-Skala feststellen, nicht jedoch bei adoleszenten Jungen. Diese erbrachten zum Teil bessere Leistungen, wenn sie femininere Werte auf der M-F-Skala aufwiesen. Bei Studien, die die zweidimensionalen separaten M- und F-Skalen verwendeten, zeigte sich ähnliches: Bei adoleszenten Jungen bestand eine positive Korrelation zwischen Femininität und besseren Leistungen. Die Werte auf der Maskulinitätsskala waren dagegen nicht mit den Leistungen assoziiert. Bei Studien, die mathematische Fähigkeiten erfassten, ließ sich zwar bei denjenigen der Untersuchungen, die die Geschlechtsrollenorientierung mittels einer M-F-Skala erhoben, ein Zusammenhang zwischen besserer Leistung und maskulineren Werte feststellen, nicht jedoch bei den Studien, die die zweidimensionalen Androgynitätsmaße (M- und F-Skalen) verwendeten. Bei den Studien zur Mathematikleistung fiel zudem ein Effekt des Datums der Studie auf: In jüngeren Studien war ein höherer Maskulinitätswert mit besserer Leistung männlicher Untersuchungspersonen assoziiert, bei älteren Studien war dagegen ein niedrigerer Maskulinitätswert mit guten Mathematikleistungen verbunden. Da die älteren Studien hauptsächlich mit Adoleszenten durchgeführt wurden, interpretieren Signorella und Jamison (1986) dies als Hinweis darauf, dass bei mathematischen Leistungen etwas ähnliches zu beobachten sei wie bei denen zur räumlichen Wahrnehmung: *Adoleszente* Jungen erbringen bessere Leistungen, wenn sie wenig maskulin sind. Die Untersuchungen zur mentalen Rotation zeigten jedoch, ganz in Übereinstimmung mit der Annahme von Nash, bei männlichen Untersuchungspersonen das gleiche Bild wie bei den weiblichen: maskulinere Werte auf den M-F-Skalen waren mit besseren Leistungen assoziiert. Sofern das räumliche Vorstellungsvermögen untersucht wurde, stand nur in den älteren Studien ein maskulinerer Wert auf den M-F-Skalen mit besseren Leistungen der männlichen Untersuchungspersonen in Zusammenhang.

In der bereits zitierten Studie von Friedman und Mitarbeitern (1985) hatte die Geschlechtsrollenorientierung nur auf die Leistungen der weiblichen Untersuchungspersonen einen Einfluss. Während diesen beim „pursuit rotor tracking" (einer Aufgabe, die die sensumotorische Koordination misst) eine ausgeprägte Femininität „schadete", war etwaige Femininität der beteiligten Männer für deren Leistungen irrelevant. In einer Untersuchung zum Zusammenhang von Geschlechtsrollenidentität und Kreativität konnte eine entsprechende Beziehung nur bei den befragten Frauen festgestellt werden (androgyne Frauen waren kreativer als feminine), für die Kreativität der Männer spielte die Art ihrer Geschlechtsrollenorientierung keine Rolle (Kriegel, 1996). In der Studie von Kelly (1998) bestand nur bei den Mädchen, nicht aber bei den Jungen ein Zusammenhang zwischen dem geschlechtsbezogenen Selbstkonzept und den Kurswahlen. Und im Gegensatz zu den maskulinen Mädchen, die besonders gute Leistungen in naturwissenschaftlichen Fächern zeigten, waren die maskulinen Jungen etwas schlechter in Naturwissenschaften als andere Jungen (bei Kontrolle der Leistungen insgesamt). Bereits oben wurde erwähnt, dass diese maskulineren Jungen an Naturwissenschaften auch weniger interessiert waren und ein weniger gutes Bild davon hatten als andere Kinder.

Woran könnte es liegen, dass der bei Mädchen und Frauen oftmals bestätigte Zusammenhang zwischen hoher Maskulinität/niedriger Femininität und guten Leistungen in maskulin stereotypisierten Domänen gerade bei Jungen und Männern, vor allem im Jugendalter, weniger eindeutig zu beobachten ist und manchmal sogar in erwartungswidriger Richtung besteht? Huston (1983) stellte fest, dass einige Studien mit Grundschulkindern gezeigt hatten, dass in diesem Alter Schulfächer insgesamt eher als feminin angesehen werden, wenngleich andere Studien darauf hinweisen, dass bestimmte Fertigkeiten durchaus schon als maskulin stereotypisiert werden. Newcombe (1982) vermutete, dass Jungen während der Adoleszenz möglicherweise das Glänzen durch intellektuelle Leistungen nicht als wirklich maskulin ansehen. Es ist somit plausibel, dass bei Jungen in diesem Alter ein Konflikt zwischen ihrer Sicht auf gute Schulleistungen im allgemeinen und auf spezifische, eigentlich maskulin stereotypiserte Fähigkeiten besteht (Signorella & Jamison, 1986), und sich folglich die maskulineren Jungen weniger um gute Leistungen bemühen als die femineren.

3.3.3 Auswirkungen des Labelings von Aufgaben als maskulin oder feminin

Im Folgenden wird der Frage nachgegangen, wie sehr der Abbau einer Stereotypisierung des naturwissenschaftlichen Bereiches als maskulin zu einem größeren Engagement von Mädchen und Frauen führen könnte. Untersuchungen zum Labeling von Aufgaben als entweder kongruent oder inkongruent mit dem Geschlecht der Untersuchungspersonen geben nämlich Hinweise darauf, dass Aufgaben besser bewältigt werden, wenn die - experimentell manipulierte - Stereotypisierung der Aufgaben mit dem eigenen Selbstkonzept übereinstimmt. Sofern in diesen Untersuchungen nicht die Geschlechtsrollenorientierung der Untersuchten erhoben wurde, ist dieser Rückschluss nur möglich, wenn angenommen wird, dass die Mehrzahl der weiblichen Untersuchungspersonen ein ausgeprägteres feminines Selbstkonzept und die Mehrzahl der männlichen Untersuchungspersonen ein ausgeprägteres maskulines Selbstkonzept aufweisen.

Montemayor (1974) ließ 60 Mädchen und 60 Jungen erster und zweiter Klassen ein Spiel spielen, das zuvor entweder als angemessen für Jungen bzw. Mädchen oder als unangemessen für Jungen bzw. Mädchen bezeichnet worden war oder dem gar kein auf Geschlecht bezogenes Label gegeben worden war. Erwartungsgemäß zeigte sich, dass die Leistungen der Kinder am höchsten waren, wenn das eigene Geschlecht der Kinder mit dem Geschlechtslabel des Spiels übereinstimmte, und am schlechtesten, wenn das

Label ihrem eigenen Geschlecht nicht entsprach. War das Spiel zuvor nicht als Jungen- oder Mädchenspiel bezeichnet worden, lagen die Leistungen der Kinder dazwischen. In einem anderen Experiment wurde die gleiche motorische Aufgabe entweder als Nadelarbeiten oder aber als Elektro-Tätigkeit bezeichnet (Davies, 1986). Mädchen und Jungen schnitten je nach femininer oder maskuliner Konnotation der Bezeichnung unterschiedlich gut ab. Mädchen waren beim Nadelarbeiten besser als beim elektronischen Basteln, bei Jungen war es andersherum (vgl. auch Davies, 1989). Hargreaves, Bates und Foot (1985) variierten Instruktionen für eine Aufgabe aus dem Bereich Feinmotorik. In der Instruktion wurden entweder weibliche oder männliche Bezeichnungen gewählt. Die zwischen 10 und 21 Jahren alten Versuchspersonen machten signifikant weniger Irrtümer bei der Ausführung der Aufgabe, wenn die Formulierungen der Instruktion auf ihr eigenes Geschlecht abgestimmt waren. Andere Autoren konnten jedoch keine Belege für die von Montemayor (1974) formulierte Hypothese finden, dass geschlechtstypisches Labeling die Leistung verändere (Herzog, Enright, Luria & Rubin, 1982; Robert, 1990).

Die Untersuchung der Schweizer TIMSS-Daten durch Keller (1998) zeigt ebenfalls, dass die Stereotypisierung des Faches Mathematik als eine männliche Domäne einen negativen Einfluss auf die Leistungen der Schülerinnen hat. Dabei wurden die Daten von insgesamt 6602 Schülerinnen und Schüler aus 338 Schulklassen (6.-8. Jahrgang) einer Mehrebenenanalyse unterzogen. Auch in der Schweiz waren bei der TIMS-Studie Leistungsunterschiede zwischen den Geschlechtern zuungunsten der Mädchen festgestellt worden, weshalb zahlreiche weitere Variablen erhoben wurden, die diese Geschlechterdifferenzen aufklären sollten. Unter anderem wurde die Geschlechter-Stereotypisierung verschiedener Schulfächer erfasst, wobei die befragten Jugendlichen und Lehrkräfte auf einer fünfstufigen Skala angeben sollten, ob sie gute Leistungen, Interesse am Fach, natürliche Begabung dafür sowie Relevanz des Faches für die berufliche Zukunft (eher) Mädchen oder (eher) Jungen zuschreiben. Schülerinnen und Schüler betrachteten Mathematik und noch stärker Physik als männliche Domäne. Mädchen schrieben Mathematik und Physik signifikant weniger dem eigenen Geschlecht zu als Jungen, und diese Unterschiede waren außerordentlich groß. Insgesamt verstärkte sich von der sechsten zur achten Klasse diese Geschlechter-Stereotypisierung der Schulfächer. Auch die Lehrpersonen betrachten Mathematik und vor allem Physik als männliche Domäne und stereotypisieren die Schulfächer sogar noch stärker als die Schülerinnen und Schüler.

Dabei zeigte sich, dass die Zuschreibung zum eigenen Geschlecht das wichtigste Erklärungsmerkmal für das Selbstvertrauen in die eigene Mathematikleistungsfähigkeit und das Interesse an Mathematik darstellte. Das fachspezifische Selbstvertrauen erwies sich wiederum als wichtigstes Merkmal zur Erklärung der Geschlechterdifferenzen in der Mathematikleistung. Auch die Stereotypisierungen des Faches Mathematik als männliche Domäne durch die Lehrpersonen wirkte sich sowohl auf die Stereotypisierungen der Schülerinnen und Schüler als auch direkt auf das fachbezogene Selbstvertrauen der Mädchen aus. Demgegenüber stellte die ebenfalls - über das BSRI - gemessene Geschlechtsrollenorientierung den unbedeutendsten Erklärungsansatz für die Geschlechterdifferenzen dar. Zwar hatten die androgynen und maskulinen Jungen und Mädchen ein höheres Selbstvertrauen in die eigene Mathematikleistung, jedoch schlug sich dieses höhere Selbstvertrauen bei ihnen nicht in höheren Leistungen nieder. Keller sieht eine Erklärung darin, dass die androgynen und maskulin orientierten Mädchen und Jungen stärker zur Überschätzung ihrer eigenen Leistungsfähigkeit neigen. Keller empfiehlt als schulpraktische Konsequenz, nicht auf die Ausbildung einer androgynen oder maskulinen Geschlechtsrollenorientierung bei Mädchen hinzuarbeiten, die zur Folge hätte, dass die Mädchen sich besser mit einer maskulinen Domäne wie Mathematik identifizieren können, sondern den Abbau eben dieser Stereotypisierung.

3.3.4 Bedeutung der Befunde für die vorliegende Arbeit

Die Studie von Keller (1998) weist darauf hin, dass die Stereotypisierung des Faches Mathematik als maskulin ein ernstes Hindernis für Mädchen darstellt, sich für dieses Fach zu interessieren. Ohne dieses Stereotyp würde Mathematik nicht nur zum Selbstkonzept der Jungen, sondern auch zu dem der Mädchen passen. Viel wichtiger als der Besitz maskuliner oder femininer Eigenschaften war in ihrer Studie, ob einerseits die Lehrkräfte die Ansicht vertraten, dass Mathematik für Mädchen ebenso geeignet sei wie für Jungen und ob andererseits von den Schülerinnen selbst Mathematik als zum eigenen Geschlecht passend empfunden wurde. Die kausale Richtung bleibt dabei jedoch unklar: Es ist auch denkbar, dass jene Mädchen, die - aus welchen Gründen auch immer - ein gutes Selbstvertrauen in die eigenen Mathematikfähigkeiten haben, Mathematik weniger wahrscheinlich als eine maskuline Domäne auffassen als diejenigen Mädchen, die - aufgrund welcher Erfahrungen auch immer - der Meinung sind, dass sie für Mathematik keinerlei Begabung aufweisen. Schließlich machen Mädchen mit guten Leistungen in Mathematik täglich die Erfahrung, dass diese Domäne doch offenbar gut zu ihnen passt, also nicht rein maskulin sein kann, wohingegen Mädchen mit schlechten Leistungen aus ihrem mangelnden Verständnis des Gegenstandes möglicherweise schließen könnten, dass dieser für Mädchen allgemein ungeeignet sei, oder sie könnten ihre Schwierigkeiten auch damit erklären, dass sie in einem für sie nicht geeigneten Bereich gar nicht erfolgreich sein können.

Trotzdem ist es wichtig zu bedenken, dass die maskuline Stereotypisierung eines Faches wie Physik - um das es ja in der vorliegenden Arbeit geht - Mädchen davor abschreckt, sich dort intensiv zu engagieren. Maskuline

Aufgaben werden zudem auch, wie verschiedene Studien zeigten (Beyer, 1990; Beyer & Bowden, 1997; Bridges, 1988; Hannover, 1991; Lippa & Beauvais, 1983), von weiblichen Untersuchungspersonen für besonders schwierig gehalten, was einen weiteren abschreckenden Faktor darstellt. Feminine Aufgaben werden dagegen von männlichen Untersuchungspersonen nicht für besonders schwierig gehalten, so dass die Geschlechtsstereotypisierung nur die Mädchen nachteilig beeinflusst.

Ein Abbau der maskulinen Stereotypisierung von Physik könnte beispielsweise über Unterrichtskonzeptionen beschleunigt werden, die sich methodisch und inhaltlich auch an den Interessen und Vorlieben von Mädchen orientieren (z.B. Hoffmann et al., 1997). Wenn die im Unterricht verwendeten Aufgaben Alltagserfahrungen einbeziehen, über die nicht bloß Jungen, sondern auch Mädchen verfügen, können Mädchen diese besser lösen als wenn nur jungentypische Gegenstände verwendet werden (Bettge, 1992). Die Erinnerungsleistung ist ebenfalls bei Aufgaben, deren Stereotypisierung mit der eigenen Geschlechtszugehörigkeit übereinstimmt, besser als bei Aufgaben, die als eher passend für das andere Geschlecht angesehen werden (Herrmann, Crawford & Holdsworth, 1992). Wenn auf diese Weise Mädchen der Zugang zum Fach Physik erleichtert würde, sollten ihre in der Folge zu erwartenden größeren Erfolge in Physik dazu beitragen, dass Physik weniger als bisher als maskuline Domäne gilt. Schließlich wird die Stereotypisierung auch dadurch genährt, dass Schülerinnen und Schüler und auch die Lehrkräfte im Klassenzimmer tatsächlich beobachten können, dass Jungen Physik interessanter finden und dort erfolgreicher sind als Mädchen (vgl. Kapitel 1).

Die Rolle, die die individuelle chronische Geschlechtsrollenorientierung von Schülerinnen und Schülern bei ihrer Vorliebe für und Leistungsfähigkeit in naturwissenschaftlich-mathematischen Fächern spielt, ist nicht eindeutig klar. Sofern sich jedoch Zusammenhänge feststellen lassen, scheint es so zu sein, dass chronisch maskulinere Mädchen in diesen Fächern mehr Interesse und Erfolg zeigen als femininere Mädchen, ihnen also - solange dieser Bereich als maskulin wahrgenommen wird - eine maskulinere Geschlechtsrollenorientierung von Vorteil sein sollte. Aber auch dabei ist die kausale Richtung nicht eindeutig zu bestimmen: Einerseits ist anzunehmen, dass Mädchen, die sich auch mit maskulinen oder sogar vorrangig mit maskulinen Attributen beschreiben - wie auch immer es zu diesem Zustand kam - der Zugang zu maskulin stereotypisierten Domänen leichter fällt und die Beschäftigung mit diesen Bereichen für sie befriedigender ist, da sie konsistent mit dem eigenen Selbstkonzept ist. Andererseits ist es ebenfalls plausibel, dass für Mädchen - und für sie relevante andere Personen in ihrer Umgebung - das Interesse an Technik ein Indiz dafür sein könnte, dass sie kein ganz typisches Mädchen sind, sondern teilweise auch „jungenhaft", so dass daraus auch die maskulinere Selbstbeschreibung resultieren könnte. Auch wenn keine Längsschnittstudien zu diesem Bereich vorliegen, existieren Hinweise darauf, dass die Einnahme einer bestimmten Rolle dazu führt, dass die dazu passenden Eigenschaften übernommen werden. Damit erklärt beispielsweise Jagcinski (1987), warum jüngere Ingenieurinnen expressiver sind als ältere.

Die vorliegenden Studien zeigen, dass während der Pubertät die Beziehung zwischen Geschlechtsrollenorientierung und Schulleistungen in „Jungenfächern" bei Mädchen und Jungen nicht die gleiche ist. Die Geschlechtsrollenorientierung von Jungen scheint für ihr Engagement in einem maskulin stereotypisierten Fach wie Physik eine deutlich geringere Rolle als bei den Mädchen zu spielen, und möglicherweise steht ein ausgeprägt maskulines Selbstkonzept guten Leistungen zumindest in diesem Alter sogar eher im Wege. Es erscheint somit sinnvoll, die Analysen für Jungen und Mädchen und auch für den Beitrag maskulinen Selbstwissens und femininen Selbstwissens getrennt durchzuführen, wie auch schon Worell (1978, vgl. Abschnitt 3.2.1) anregte.

Für direkte Interventionsmaßnahmen in der Schule bietet sich der Ansatz der individuellen Geschlechtsrollenorientierung nicht an: Eine Unterweisung in „Maskulinität" für die Mädchen, damit sich diese mehr mit maskulinen Domänen identifizieren können, dürfte auf wenig Akzeptanz stoßen und mutet zudem etwas „von hinten aufgezäumt" an. Es wäre u. E. sinnvoller, während des Unterrichts Bedingungen zu schaffen, unter denen sich Mädchen wie Jungen gleichermaßen, d.h. ungeachtet ihres Geschlechtes, mit dem Unterrichtsstoff beschäftigen können. Eine Möglichkeit, dies zu erreichen, wurde bereits angesprochen: die Identifizierungsmöglichkeiten der Mädchen zu erhöhen, indem ihre Interessen bei der Curriculumsentwicklung ebenfalls berücksichtigt werden.

Ein anderer Ansatz wäre, den Unterricht auf eine Art zu gestalten, in der die Geschlechtsidentität der Jugendlichen gar nicht aktiviert wird. Für Mädchen sollte dies im Physikunterricht nur Vorteile haben: Wenn ihnen in der Unterrichtssituation maskulines, d.h. zum Gegenstand passendes, Selbstwissen mindestens genauso zugänglich wäre wie feminines, d.h. nicht zum Gegenstand passendes, Selbstwissen, müßten sie sich von Physik nicht mehr abwenden, bloß weil es als maskulin empfundenes Fach nicht zu ihrem situational aktivierten Selbstwissen passt. Für Jungen sollte eine solche Art von Unterricht zumindest nicht nachteilig sein, wie die uneinheitlichen Ergebnisse zur Beziehung zwischen Maskulinität und guten Schulleistungen nahelegen. Gleichberechtigung der Geschlechter im Unterricht wäre zu erwarten, wenn das gerade aktivierte Selbstwissen (das Arbeitsselbst) der Jugendlichen nicht ihre Geschlechtsidentität, sondern andere Aspekte ihres Selbst beinhalten würde. Denn wenn sie sich situational nicht vor allem als „Mädchen" oder „Jungen" empfinden und entsprechend auch nicht auf die-

ser Grundlage neue Informationen verarbeiten, wäre weniger geschlechtstypisiertes Verhalten zu erwarten (vgl. Kapitel 2.2.2.4)[30].

Im folgenden Kapitel wird dargestellt, wie sehr die Salienz von Geschlecht
situational variabel ist und inwiefern dies Auswirkungen auf die Wahrnehmung oder das Verhalten hat. Daraus wird anschließend Kapitel 4 eine
schulische Intervention abgeleitet.

3.4 Situationale Aktivierung der Geschlechtsidentität: Forschungsergebnisse

Der in Kapitel 3.1 rezipierte Soziologe Hirschauer (1994) beklagte, es fehle
„sowohl an theoretischen wie an empirischen Untersuchungen, die aufklären könnten, welche sozialen Arrangements wie und wo Geschlecht signifikant machen oder neutralisieren" (S.669). Diese Klage ist unberechtigt,
denn es liegen zahlreiche Studien aus dem Bereich der Sozialpsychologie
vor, die die je nach Situation variierende Zentralität der Geschlechtszugehörigkeit von Personen untersuchten und wichtige Hinweise darauf geben
können, in welchen Kontexten Geschlecht „signifikant" oder „neutralisiert"
wird.

Innerhalb der Sozialpsychologie ist es schon längst nicht mehr üblich, Geschlecht ausschließlich als ein bloßes Personenmerkmal zu betrachten und
auf der Suche nach Unterschieden zwischen Männern und Frauen als unabhängige Variable in die Untersuchungen einfließen zu lassen. Nachdem
auch das psychologische oder soziale Geschlecht konzipiert, operationalisiert und untersucht worden war (vgl. Kapitel 3.2.1), wurde die Kategorie
Geschlecht schließlich als eine soziale Kategorie aufgefasst (Deaux, 1984).
Diese theoretisch und empirisch voneinander verschiedenen Konzepte von
Geschlecht gehen innerhalb der Psychologie eine Art „friedliche Koexis-
tenz" ein: Es gibt derzeit sowohl Untersuchungen, in denen Geschlecht als
Personenmerkmal aufgefasst wird, als auch Studien, die das vom biologischen Geschlecht abweichende gender untersuchen als auch jene, die Ge-
schlecht als eine sozial konstruierte Kategorie betrachten (Deaux, 1984).

Vor allem beschäftigen sich Untersuchungen zunehmend mit der Frage,
wann und wie Geschlecht salient wird. Deaux und LaFrance (1998) nennen
diese Herangehensweise „putting gender into context" (S. 789). Sie nähern
sich der Konzeptionalisierung von Geschlecht mit einem „gender- in- context model", das auf einem interaktionsbasierten Modell von Deaux und

---

30 Natürlich ist dies allein nicht ausreichend, um die Gleichberechtigung von Jungen
und Mädchen in der Schule zu erreichen. Andere Interventionsmaßnahmen, die beispielsweise auf Unterrichtsinhalte oder das Verhalten der Lehrkräfte abzielen, sind
ebenfalls nötig. In der vorliegenden Arbeit soll aber nur dieser eine Aspekt der situationalen Aktivierung von geschlechtsbezogenem Selbstwissen fokussiert werden.

Major (1987) basiert, aber noch stärker als dieses die situationalen Faktoren betont, durch die Geschlecht in einer Interaktion mehr oder weniger salient wird. Wenn nun einerseits die interagierenden Personen mitsamt ihren individuellen Erfahrungen, ihrer Geschlechtsidentität und ihren durch Geschlechterstereotype gespeisten Erwartungen, andererseits aber auch die Merkmale des Kontextes, in dem eine Interaktion stattfindet, berücksichtigt werden, ergibt sich eine Vielzahl von Faktoren, die miteinander interagieren. „It's a ‚messy' model, filled with concepts operating at different levels, bidirectional causal paths, and as-yet unspecified relationships among concepts", beschreiben Deaux und LaFrance diese Herangehensweise, allerdings sei es auch „the only reasonable way to understand gender" (Deaux & LaFrance, 1998, S. 818), auch wenn einzelne Untersuchungen sich aus diesem Bedingungsgefüge jeweils nur einige wenige Komponenten und Beziehungen ansehen können.

In den folgenden Abschnitten werden Untersuchungen vorgestellt, in denen jeweils einige der Faktoren untersucht wurden, die die Salienz oder Zentralität der Geschlechtszugehörigkeit von Personen beeinflussen. Dabei sind zwei Arten von Studien zu unterscheiden: Erstens jene, die dokumentieren, dass es situational variabel ist, ob Geschlecht als Kategorie bei der Selbstbeschreibung benutzt wird (Abschnitt 3.4.1). Zweitens existieren Studien, die belegen, dass Unterschiede zwischen den Geschlechtern auf bestimmten abhängigen Variablen nicht durchgängig in allen Kontexten auftreten (Abschnitt 3.4.2).

3.4.1 Variabilität der Salienz von Geschlecht

Je nach aktuellem Kontext ist, dem Modell des dynamischen Selbst von Hannover (1997a; vgl. Kapitel 2) folgend, nur eine bestimmte Konfiguration aller insgesamt verfügbaren Selbstkonzepte zugänglich. Geschlechtsbezogene Informationen sind nur dann im Arbeitsselbst enthalten, wenn sie durch den aktuellen Kontext aktiviert werden. Dabei lassen sich nach Hannover (1997a, 2000) folgende Aktivierungsquellen des geschlechtsbezogenen Selbstkonzeptes unterscheiden: die in einer Interaktionssituation gegebene Geschlechterkonstellation, die Betonung von Interkategorienunterschieden und Intrakategorienähnlichkeiten sowie geschlechtstypisierte Aktivitäten.

3.4.1.1 Betonung von Interkategorienunterschieden und Intrakategorienähnlichkeiten

Dass die Betonung von Interkategorienunterschieden eine Aktivierungsquelle für die auf diese Kategorien bezogenen Selbstkonstrukte darstellt, wurde bereits in Kapitel 2.2.2.3.2 beschrieben. Aus der Perspektive der Selbstkategorisierungstheorie gemäß Turner (1985, 1987) und Oakes (1987) ist anzunehmen, dass die Kategorie Geschlecht besonders salient wird und dementsprechend wahrscheinlicher die Basis für Selbstbeschreibungen bildet, wenn dies die Kategorie ist, die in einer bestimmten Situation maximal zwischen anwesenden Personen unterscheidet. Gemäß der Annahme, dass die Selbstkategorisierungen hierarchisch organisiert sind, übertönt die Salienz einer sozialen Kategorie wie Geschlecht die der auf der unteren Ebene angesiedelten personalen Kategorisierungen. Diese Betonung oder Hervorhebung der Kategorie Geschlecht ist variabel, denn schließlich ist die Salienz eines Merkmals qua definitionem situationsabhängig und keine Eigenschaft, die ein Merkmal per se und unabänderlich aufweisen kann. Dies bedeutet, dass nur jeweils dann, wenn durch bestimmte aktuelle Kontextmerkmale die Kategorie Geschlecht betont wird, das Arbeitsselbst einer Person geschlechtsbezogenes Wissen enthalten sollte und die Informationsverarbeitung und das Verhalten entsprechend geschlechtstypisiert sein sollten.

Die Studien von Oakes (1987) und Hogg & Turner (1987) konnten zeigen, dass die Betonung oder Hervorhebung der Kategorie Geschlecht in einer bestimmten Situation die Salienz von Geschlecht erhöht. So war in einer Untersuchung von Oakes (1987) Geschlecht dann besonders salient, wenn den Versuchspersonen eine Gruppe von Personen gezeigt wurde, die aus drei Frauen und drei Männern bestand und in der die drei Frauen geschlossen eine Meinung vertraten und die drei Männer geschlossen eine andere Meinung äußerten (die anderen Bedingungen waren: ein Mann, der in einer Runde von fünf Frauen als einziger eine andere Meinung vertrat; ein Mann, der in einer Gruppe von zwei weiteren Männern und drei Frauen als einziger eine andere Meinung vertrat; eine Gruppe von fünf Frauen und einem Mann, in der jeweils drei Personen der gleichen Meinung sind). Die Versuchspersonen hatten eine der gezeigten männlichen Personen zu beschreiben und zudem die von ihm geäußerte Meinung entweder auf situationale, persönlichkeitsbezogene oder geschlechtsgruppenbezogene Ursachen zu attribuieren. In der oben beschriebenen Bedingung waren die Beschreibungen besonders maskulin stereotypisiert und die von der Zielperson geäußerte Meinung wurde am stärksten auf seine Geschlechtszugehörigkeit attribuiert[31]. Es ist aber nochmals zu betonen (vgl. Fußnote[8]), dass Turner und Oakes in ihrer Selbstkategorisierungstheorie für bestimmte Gruppenzusammensetzungen andere Vorhersagen über die Salienz von Geschlecht machen als die Vertreter der Distinktheitshypothese (McGuire und Mitarbeiter, siehe im nächsten Abschnitt 3.4.1.2). Jedoch kann an dieser Stelle festgehalten werden, dass gemäß der Selbstkategorisierungstheorie a) die Salienz von Geschlecht als situational variabel angesehen werden kann und

---

31 Dass in der Bedingung, in der ein Mann in einer Gruppe von fünf Frauen als einziger eine andere Meinung vertrat, der Mann als besonders wenig maskulin beschrieben wurde, erklärt Oakes (1987) damit, dass er dort - inhaltlich - eine Meinung vertrat, die typischerweise von Frauen vertreten wird.

b) zu erwarten ist, dass in einer geschlechtshomogenen Gruppe Geschlecht weniger salient ist als in einer gemischten Gruppe.

3.4.1.2 Geschlechterkonstellation von Gruppen

Wie schon in Kapitel 2.2.2.3.1 angedeutet, gehen die Arbeiten von McGuire und Mitarbeitern davon aus, dass jene Aspekte des Selbst, bezüglich derer eine Person in einer konkreten Situation „distinkt" ist, bestimmen, wie sie sich in dieser Situation selbst beschreibt. Distinkt seien solche Merkmale, die in einer gegebenen Situation zur Unterscheidung von möglichst vielen der anderen anwesenden Personen führen: „... we notice any aspect (or dimension) of ourselves to the extent that our characteristic on that dimension is peculiar in our social milieu" (McGuire & Padawer-Singer, 1976, S.744). McGuire und Mitarbeiter konnten belegen, dass die situationale Salienz eines persönlichen Merkmals Einfluss darauf hat, wie sich eine Person in einem gegebenen Augenblick selbst beschreibt („spontanes Selbstkonzept"[32], McGuire et al., 1979). Dieser Nachweis gelang ihnen ber die Selbstbeschreibungen von 252 Sechstklässlern, die innerhalb ihres Klassenverbandes aufgefordert worden waren, sich in kleinen Aufsätzen selbst zu beschreiben (McGuire und Padawer-Singer, 1976). Erwartungsgemäß erwähnten Kinder ihre Geschlechtszugehörigkeit in den Selbstbeschreibungen häufiger, wenn in ihrer Klasse das eigene Geschlecht unterrepräsentiert war, und seltener, wenn ihre Geschlechtsgruppe die Mehrheit stellte. Ein weiterer Befund war zunächst erwartungswidrig: Die Geschlechterkonstellation der Herkunftsfamilien der Kinder hatte auf ihre in der Schule geschriebenen Selbstbeschreibungen keinerlei Einfluss. Dies interpretierten McGuire und Padawer-Singer ex post dahingehend, dass das spontane Selbstkonzept tatsächlich situational determiniert sei und eher die Gegebenheiten des aktuellen Kontextes widerspiegelt als ein überdauerndes Muster. Ob die Geschlechterkonstellation der Herkunftsfamilie einen Einfluss auf die Selbstbeschreibungen von Kindern hat, wenn diese einzeln, außerhalb ihres Klassenverbandes, befragt werden, untersuchten McGuire und Mitarbeiter (1979) in einer weiteren Studie. Unter diesen Umständen wurde das eigene Geschlecht sowohl von Jungen wie auch von Mädchen tatsächlich dann häufiger erwähnt, wenn die eigene Geschlechtsgruppe in der Familie in der Unterzahl war.

Cota und Dion (1986) konnten zeigen, dass auch die Zusammensetzung von Ad-hoc-Gruppen die Salienz der eigenen Geschlechtszugehörigkeit beeinflusst. Sie bildeten aus jeweils drei Versuchspersonen Gruppen, die entweder rein weiblich, rein männlich, mehrheitlich weiblich oder mehrheitlich männlich besetzt waren. Bei der Aufforderung „Tell me what you are" erwähnten 34 Prozent der Personen, die als einzige Frau oder einziger Mann mit zwei Angehörigen des anderen Geschlechts eine Gruppe bildeten, ihr

---

32 Das spontane Selbstkonzept entspricht dem Arbeitsselbst (Hannover, 1997a).

Geschlecht. Dies taten hingegen nur 16 Prozent derjenigen, deren Geschlecht in der Überzahl war, und nur 17 Prozent derjenigen, die sich in einer geschlechtshomogenen Gruppen befanden. Diese Befunde erklären wir damit, dass in geschlechtshomogenen Gruppen das Geschlecht der anwesenden Personen kein salientes Merkmal darstellt und deshalb auch nicht im „spontanen Selbstkonzept" (nach McGuire et al., 1979) bzw. „Arbeitsselbst" (Cantor et al., 1986) der betreffenden Personen enthalten ist und entsprechend wenig zugänglich ist (Hannover 1997a).

Einen weiteren Beleg für den Einfluss der Gruppenzusammensetzung auf die Salienz der Geschlechtskategorie erbrachten Pichevin und Hurtig (1996). Sie ließen in einem Experiment studentische Versuchspersonen mehrere auf Fotos abgebildete Personen charakterisieren. Das Geschlecht der jeweils zu beurteilenden Person war erwartungsgemäß dann salienter, wenn Fotos derjenigen Geschlechtsgruppe, der die zu beurteilende Person angehörte, unterrepräsentiert waren, als wenn die Anteile gleich waren oder wenn die Geschlechtsgruppe bei den Fotos überrepräsentiert war. Swan und Wyer (1997) untersuchten den Einfluss der Geschlechterkonstellation von Gruppen auf die Selbstbeschreibung: Wenn eine Geschlechtsgruppe in der Minderzahl war (also eine Frau und mehrere Männer bzw. ein Mann und mehrere Frauen), fiel deren Selbstbeschreibung anders aus als wenn die Anzahl von Frauen und Männern ausgewogen war. Männer beschrieben sich besonders stereotyp maskulin, wenn sie der einzige Mann unter mehreren Frauen waren, und Frauen beschrieben sich besonders wenig stereotyp feminin, wenn sie die einzige Frau unter mehreren Männern waren. Die Autor/innen erklären sowohl die Ergebnisse der Männer als auch der Frauen mit der durch die Gruppenkonstellation erhöhten Salienz der eigenen Geschlechtszugehörigkeit. Allerdings führe dies nur bei Männern zu einer stereotyp maskulinen Beschreibung, da diesen mit der eigenen Geschlechtszugehörigkeit auch bewußt wird, der statushöheren Gruppe anzugehören. Frauen dagegen wird durch die Salienz der eigenen Geschelchtsgehörigkeit bewußt, Teil der statusniedrigeren Gruppe zu sein, weshalb sie dann bestrebt sind, sich in ihrer Selbstbeschreibung möglichst stark von dieser Gruppe zu distanzieren.

Auch Ruble und Higgins (1976) variierten Gruppen, in denen Undergraduates Selbstbeschreibungen („tell us about yourself") niederschrieben, hinsichtlich der Geschlechterkonstellation (rein männlich, rein weiblich, zwei Frauen und zwei Männer, eine Frau und zwei oder drei Männer, ein Mann und zwei oder drei Frauen). Insgesamt unterschieden sich die jungen Männer und Frauen kaum darin, wie viele feminine und wie viele maskuline Eigenschaften sie nannten, was die Autoren als Hinweis auf eine insgesamt androgyne Stichprobe werten. Jedoch hatte die Gruppenzusammensetzung eine deutliche Auswirkung auf den Inhalt der Selbstbeschreibungen. Wenn die Männer oder Frauen in der Minderheit (das heißt in diesem Fall: einzige(r) Vertreter(in) des eigenen Geschlechts) waren, beschrieben sie sich mit mehr Eigenschaften, die typischerweise dem anderen Geschlecht zugeordnet sind. Zum Beispiel beschrieben sich Frauen am ehesten als kompetetiv und Männer am ehesten als introvertiert, wenn sie das einzige Mitglied ihres Geschlechts waren. Ruble und Higgins interpretieren diese Befunde folgendermaßen: Die Minoritätsbedingung habe bei den Untersuchungspersonen zu einem erhöhten Geschlechtsrollenbewußtsein geführt. Da das Sample aus Collegestudenten bestand, wurde angenommen, dass sie eher „liberal" und den vorherrschenden Stereotypen entgegengesetzt eingestellt seien und Androgynität ihnen als ein erstrebenswertes Ziel erscheine. Entsprechend sei es plausibel, wenn bei erhöhtem Bewußtsein der Geschlechtsrollen von diesen Personen eher Eigenschaften des anderen Geschlechts genannt wurden. Sie vermuten also, in gewisser Ähnlichkeit zu Swan und Wyer (1997, s.o.), dass in offenen Selbstbeschreibungen bei Salienz der Kategorie Geschlecht vor allem solche Eigenschaftskombinationen genannt werden, die die Personen besonders schätzen. Indirekte Unterstützung für diese Hypothese erhielten sie aus zwei weiteren Studien, in denen die Wirkung der unterschiedlichen Gruppenzusammensetzungen auf Selbstbeschreibungen sowie geschlechtstypisiertes Verhalten und geschlechtstypisierte Vorlieben von Kindergartenkindern und Fünftklässlern untersucht wurde. Im Gegensatz zu den Collegestudenten unterschieden sich Jungen und Mädchen im Kindergartenalter und in der fünften Klasse hinsichtlich der Anzahl stereotyp maskuliner und femininer Eigenschaften, die in den Selbstbeschreibungen genannt wurden. Mädchen nannten mehr feminine, Jungen mehr maskuline Traits. Auch unterschieden sich Jungen und Mädchen beider Altersstufen in ihrem (Spiel-)Verhalten und (Spielzeug-) Präferenzen voneinander, wobei sich Jungen zudem als stärker geschlechtsrollenkonform erwiesen als Mädchen. Die Effekte der Gruppenzusammensetzung auf die Kindergartenkinder waren nicht ganz eindeutig. So war die größere Anzahl maskuliner Eigenschaften in den Selbstbeschreibungen von Jungen im Vergleich zu Mädchen vor allem in der Minoritäts- und in der Majoritätsbedingung besonders deutlich. In den Minoritätsgruppen wurde außerdem eine leichte Erhöhung des geschlechtstypisierten Spielverhaltens beobachtet. Bei Fünftklässlern fanden sich jedoch deutliche Effekte der Gruppenzusammensetzung. Die Mädchen dieser Klassenstufe beschrieben sich mit den meisten maskulinen Eigenschaften, wenn sie alleine in einer Gruppe mit zwei oder drei Jungen waren. Außerdem gaben sowohl Mädchen wie auch Jungen in der Majoritäts- und in der Minoritätsbedingung die wenigsten femininen Eigenschaften an. Ähnliches wurde für geschlechtstypisiertes Verhalten beobachtet. Aus diesen Ergebnissen schließen Ruble und Higgins, dass in der fünften Klasse Femininität abgewertet und Maskulinität aufgewertet ist, so dass bei einer Erhöhung des Geschlechtsrollenbewußtseins durch die Gruppenkonstellation weniger feminine und mehr maskuline Eigenschaften genannt werden. Viele Mädchen hatten in ihren Selbstbeschreibungen erwähnt, ein „tomboy" (also ein „wildes" Mädchen) sein zu wollen. Somit wurde auch aus diesen Experimenten gefolgert, dass die Salienz der Geschlechterrollen durch bestimmte Gruppenkonstellationen erhöht wird und dies zu Selbstbeschreibungen führt, die mehr Attribute des höher bewerteten Geschlechts beinhaltet als die Selbstbeschreibungen in Gruppen, in denen Geschlecht weniger salient ist. Es ist zu erwarten, dass bei Personen einer Altersgruppe, in der die dem anderen Geschlecht zugeschriebenen Attribute eher abgewertet werden, bei erhöhter Salienz des Geschlechts die Inhalte der Selbstbeschreibungen stärker mit den Stereotypen über das eigene Geschlecht übereinstimmen würden. Um die Salienz geschlechtsbezogenen Selbstwissens zu messen, stellt jedoch m.E. die direkte Erfassung der Zugänglichkeit dieses Wissens über die Latenzzeiten ein deutlich genaueres und vor allem weniger reaktives Maß dar als die Inhalte von Selbstbeschreibungen. Dieses Vorgehen wird in der vorliegenden Arbeit verfolgt.

3.4.1.3 Geschlechtstypisierte Aktivitäten

Geschlechtsbezogene Identitätsaspekte können auch durch die Ausübung geschlechtstypisierter Tätigkeiten aktiviert werden. Hannover (1997c) konnte in einem Experiment zeigen, dass die Selbstbeschreibungen von Jugendlichen davon beeinflusst waren, ob diese zuvor eine typisch feminine oder typisch maskuline Tätigkeit verrichtet hatten (eine detailliertere Beschreibung findet sich in Kapitel 2.2.2.3.3): Jene Selbstkonzepte, die zu der gerade verrichteten Tätigkeit passen, sind aktiviert und entsprechend zugänglicher als andere Selbstkonzepte (Hannover, 1997a). Dies bedeutet, dass die Salienz von Geschlecht auch davon abhängt, ob sich die betreffenden Personen gerade mit Dingen beschäftigen, die geschlechtstypisiert sind.

3.4.2 Variabilität von Geschlechtsunterschieden

Unterschiede zwischen männlichen und weiblichen Personen lassen sich immer dann finden, wenn das Geschlecht der Untersuchungspersonen als unabhängige Variable in ein Untersuchungsdesign einfließt. Wird auf diese Weise nach Unterschieden gesucht, so besteht die Gefahr, sie damit auch zu betonen und/ oder festzuschreiben (vgl. Kapitel 3.1.). „Man kann froh sein, wenn eine empirische Untersuchung keinen ‚eigenständigen Geschlechtseffekt' findet", bemerkt Hirschauer (1994, S.668). Als ein klassisches Beispiel dieser Vorgehensweise wurde bereits die Zusammenstellung von Maccoby und Jacklin aus dem Jahr 1974 genannt.

Im Gegensatz dazu wurden jedoch auch zahlreiche Studien durchgeführt, die untersuchten, inwiefern solche Differenzen zwischen den Geschlechtern variabel sind. An dieser Stelle soll nicht auf die in Abschnitt 3.1.2 angesprochenen Untersuchungen zur historischen Variabilität der Geschlechterrollen rekurriert werden, sondern es sollen Analysen vorgestellt werden, die die situationale Variabilität von Geschlechtsunterschieden untersuchen.

Eine Strategie, diese Variabilität zu untersuchen, besteht in der Berechnung von Meta-Analysen über Studien, in denen Geschlechtsunterschiede festgestellt wurden. Meta-Analysen ermöglichen - neben der Untersuchung der Effektstärken - Erkenntnisse darüber, ob die festgestellten Unterschiede durchgängig zu beobachten sind oder aber Variablen existieren, die das Auftreten von Geschlechtsunterschieden moderieren. Eine weitere Strategie, die Variabilität von Geschlechtsunterschieden zu untersuchen, besteht in der Durchführung experimenteller Studien, in denen die Untersuchungsbedingungen so variiert werden, dass Unterschiede zwischen den Geschlechtern - oder Unterschiede darin, wie Männer und Frauen von anderen wahrgenommen werden - auftreten oder nicht.

Im Folgenden werden Befunde zur Variabilität von Geschlechtsunterschieden vorgestellt. Dabei wird zuerst darauf eingegangen, inwiefern die soziale Rolle oder der soziale Status von Personen das Auftreten von Geschlechtsunterschieden moderieren, danach wird der Einfluss der Geschlechterkonstellation einer Gruppe dargestellt und schließlich folgen Befunde, die die Wirkung von verschiedenen Aufgabenmerkmalen untersuchten.

3.4.2.1 Variation der sozialen Rolle oder des sozialen Status

Ein erwiesenermaßen wichtiger Faktor, der das Auftreten von Geschlechtsunterschieden moderiert, ist die soziale Rolle bzw. der soziale Status, den eine Person einnimmt. Eaglys Theorie der sozialen Rolle (Eagly, 1987) erklärt die Entstehung der vorherrschenden Geschlechtsrollenstereotype mit der geschlechtsspezifischen Arbeitsteilung, in der Männern und Frauen unterschiedliche Sphären und Aufgaben zugewiesen werden. Diese Arbeitsteilung erzeuge die unterschiedlichen Erwartungen, die Menschen an das Verhalten und die Fähigkeiten von Männern und Frauen haben. Entsprechend stereotyp seien sowohl die Erwartungen an andere Personen als auch die Erwartungen an die eigenen Fähigkeiten und Kompetenzen. Eaglys Annahme, dass sich Menschen in erster Linie gemäß ihrer sozialen Rolle verhalten und auch in erster Linie in dieser Rolle wahrgenommen und beurteilt werden, impliziert, dass Informationen über den sozialen Status und die Rolle einer Person zu spezifischen rollenkongruenten Erwartungen und Beurteilungen führen sollten. Sie impliziert weiter, dass das Einnehmen einer nicht geschlechtsrollenkonformen Rolle (beispielsweise „Frau in Führungsposition") zu nicht geschlechtsrollenkonformen Verhaltensweisen und Erwartungen führt. Auf „bloß" geschlechtsrollenstereotype Erwartungen sollte vor allem dann zurückgegriffen werden, wenn weiterführende Informationen über den sozialen Status und die soziale Rolle der Interagierenden nicht vorhanden sind. Denn in dieser Situation kann ausschließlich das Geschlecht der beteiligten Personen als Hinweis darauf genutzt werden, wie sie sich vermutlich verhalten werden und welche Position ihnen in der Interaktion „zusteht".

Moskowitz, Sush und Desaulniers (1994) untersuchten Eaglys Rollentheorie, mit einer „event-sampling analysis": Sie ließen ihre Untersuchungspersonen über einen Zeitraum von 20 Tagen aufzeichnen, welchen Status (einzuteilen in supervidierende Person, mitarbeitende Person oder supervidierte Person) und welches Geschlecht ihre jeweiligen Interaktionspartner hatten und welche Verhaltensweisen sie selbst in diesen Interaktionen gezeigt hatten. Je nachdem, mit wem sie interagiert hatten, veränderten sie ihr Verhalten: Sowohl Männer als auch Frauen verhielten sich in der Rolle des Supervisors dominanter und in der Rolle des Supervidierten untertäniger. Das heißt, das entweder eher dem männlichen oder dem weiblichen Stereotyp entsprechende Verhalten variierte bei den untersuchten Personen mit den Erfordernissen des aktuellen Kontextes: Sie füllten die ihnen in der konkreten Situation zugewiesene Rolle aus.

In ähnlicher Weise ließen sich Faktoren identifizieren, die das Auftreten einer als feminin geltenden Kompetenz moderieren: Die Fähigkeit, nonverbales Verhalten zu entschlüsseln, ist im allgemeinen bei Frauen stärker ausgeprägt als bei Männern (Hall, 1984). Jedoch ließen sich Faktoren identifizieren, die das Auftreten dieser Fähigkeit bei Männern und Frauen moderieren. Wenn männlichen und weiblichen Untersuchungspersonen experimentell unterschiedlich machtvolle Rollen zugewiesen werden, können diejenigen, die die weniger mächtige Rolle erhalten, besser nonverbales Verhalten der anderen Partner entschlüsseln - unabhängig vom Geschlecht (Snodgrass, 1985; 1992). Auch können - unabhängig vom Geschlecht - diejenigen Personen, die eine serviceorientierte Arbeit verrichten, Emotionen anderer besser lesen als Personen, deren Arbeit weniger persönlichen Kontakt erfordert (Morgado, Cangemi, Miller & O'Connor, 1993). Das heißt, das Auftreten geschlechtstypisierter Verhaltensweisen wird durch Statusfaktoren moderiert und ergibt sich nicht einfach zwingend aus dem biologischen oder psychologischen Geschlecht der Personen. Sobald es die Rolle einer Person erlaubt oder erfordert, werden auch Verhaltensweisen gezeigt, die für die eigene Geschlechtsgruppe eigentlich nicht typisch sind. Zudem - dies konnten die experimentellen Studien zeigen - kann ein solches der eigenen Geschlechterrolle zuwiderlaufendes Verhalten bereits dann gezeigt werden, wenn die Rolle kurzfristig zugewiesen wird (in der oben zitierten Studie von Margado und Mitarbeitern (1993) können schließlich auch Persönlichkeitsmerkmale - wie das „psychologische Geschlecht" - dazu *geführt* haben, dass eine der eigenen Geschlechterrolle widersprechende Tätigkeit ausgeübt wird).

Auch in Untersuchungen zu Unterschieden im Führungsstil von Frauen und Männern zeigte sich die Wichtigkeit der jeweils übernommenen Rollen. Zwar wurde festgestellt, dass sich der Führungsstil von Männern und Frauen insgesamt dahingehend unterscheidet, dass Frauen stärker personenorientiert und Männer stärker sachorientiert führen (Forsyth, Schlenker, Leary & McCown, 1985), aber Eagly und Johnson (1990) konnten in einer Meta-

Analyse zeigen, dass diese Unterschiede von situationalen Faktoren moderiert werden. Sollte der eigene Führungsstil selbst einschätzt werden, so gaben Frauen eine stärkere interpersonelle Orientierung als Männer an - ohne dabei weniger sachorientiert zu sein. Die gleichen Verhältnisse wurden in Laborstudien beobachtet. In Feldstudien in Unternehmen konnten dagegen keine Unterschiede im Führungsstil von Männern und Frauen beobachtet werden, was mit der Komplexität der Situation in der Organisation zusammenhängen soll, in der bereits Strukturen und Rollen vorgegeben sind und entsprechend ausgefüllt werden. Bei Selbsteinschätzungen hingegen würden eher Geschlechtsrollenerwartungen aktiviert und die Antworten an diesen ausgerichtet. Forsyth und Mitarbeiter (1985) fanden heraus, dass bei direkter Einschätzung der eigenen Führungsqualitäten die Untersuchungspersonen geschlechtsrollenkonform antworteten. Wenn jedoch, wie in einer Studie von Eagly, Karau, Miner und Johnsson (1994), die Einschätzung des eigenen Führungsstils eher indirekt gemessen wurde, waren die Angaben von Männern und Frauen vergleichbar. Aus diesen Studien kann wiederum geschlossen werden, dass Unterschiede zwischen den Geschlechtern nur dann bestehen, wenn die Rollen, in denen sie sich befinden, eine solche Verschiedenheit überhaupt zulassen. Außerdem scheint für das Auftreten von Geschlechtsunterschieden auch der Umstand verantwortlich zu sein, dass die Reflektion über die eigene Person und die Selbstdarstellung entlang der Geschlechterstereotypen (und Vorstellungen über soziale Erwünschtheit) verläuft.

Andere Studien fokussierten darauf, dass die Beurteilung von anderen Personen von diagnostischen Informationen abhängt, die den Status, die Rolle oder übliche Verhaltensweisen der zu beurteilenden Person betreffen. Werden solche zusätzlichen Informationen zur Verfügung gestellt, werden diese zur Beurteilung der betreffenden Person herangezogen, und die Geschlechtszugehörigkeit der zu beurteilenden Person hat entsprechend weniger Gewicht. Locksley, Borgida, Brekke & Hepburn (1980) führten ein Experiment dazu durch. Sie gaben ihren Untersuchungspersonen folgende Informationen über eine Person: ihr Geschlecht und drei spezifische Verhaltensbeispiele, die entweder assertives oder passives Verhalten beinhalteten. Dann sollten die Untersuchungspersonen beschreiben, wie sich diese imaginäre Person in anderen Situationen verhalten würde, die denen aus den Verhaltensbeispielen ähnlich waren. Auf diese Prognosen hatte die zusätzliche Information über das Verhalten tatsächlich mehr Einfluss als das Geschlecht dieser imaginierten Person. Deaux und Lewis (1984) werten diesen Befund jedoch als wenig aussagekräftig und machten folgenden berechtigten Einwand: „It is quite probable that a person who is told that a man fixes his child's lunch on Monday, Tuesday, and Wednesday would subsequently predict that the man woud fix the lunch on Thursday as well, even though fixing lunches may normally be believed to be more characteristic of women" (Deaux & Lewis, 1984, S.993). Aber auch Eagly und Steffen (1984) konnten nachweisen, dass Urteile über andere Personen weniger geschlechtsrollenstereotyp ausfallen, wenn weitere, spezifische Informationen über die Personen zur Verfügung stehen. Sie stellten fest, dass Frauen nicht generell für stärker „communial" als Männer und Männer nicht generell für stärker „agentic" als Frauen gehalten wurden, sondern dass diese Zuschreibungen mit der sozialen Rolle, die die Personen innehaben, verknüpft waren. Diejenigen weiblichen und männlichen Personen, die als einer bezahlten Arbeit nachgehend beschrieben wurden, wurden für stärker „agentic" gehalten, während Hausfrauen und Hausmänner als stärker „communial" eingeschätzt wurden. Bless, Bohner, Kittel, Kohlhoff, Nathusius, Schüssler und Schwarz (1992) wiesen ebenfalls nach, dass Frauen mehr instrumentelle und Männern mehr expressive Tätigkeiten zugeschrieben wurden, wenn diese vorgeblich einer „geschlechtsrollendiskrepanten Tätigkeit" (Abteilungsleiterin und Hausmann) nachgingen, als wenn sie „geschlechtsrollentypische Tätigkeiten" (Hausfrau und Abteilungsleiter) ausübten.

Wenn jedoch außer dem Geschlecht einer Person keine weiteren Informationen über sie zur Verfügung stehen, wird sie von anderen für überzeugender gehalten, wenn sie männlichen Geschlechts ist. Dies ändert sich, sobald weitere Informationen vorhanden sind, die den Status der interagierenden Personen betreffen. Beispielsweise wurden den Versuchspersonen in einer Studie von Eagly und Wood (1982) verschiedene fiktive Situationen vorgegeben, in denen ein Mann oder eine Frau eine Person des anderen Geschlechts zu beeinflussen suchte. Solange nur die Information über das Geschlecht der fiktiven Personen verfügbar war, wurde angenommen, dass der Mann die Frau überzeugen würde, aber nicht andersherum. Wurden weitergehende Hinweise über den Status der miteinander verhandelnden Personen gegeben (Vizepräsident(in) einer Bank/ Kassierer(in)), nutzten die Versuchspersonen diese Statusinformationen, um den Ausgang des Gesprächs vorherzusagen und kamen entsprechend zu dem Ergebnis, dass die statushöhere Person die statusniedrigere überzeugen würde - unabhängig vom Geschlecht der Personen.

Auch Wood und Karten (1986) variierten in einer Studie die Menge der Informationen, die über die zu beurteilenden Personen gegeben wurden. Wenn den Mitgliedern einer Experimentalgruppe nur der Name und das Geschlecht der anderen Mitglieder bekannt waren, wurden die männlichen Gruppenmitglieder für kompetenter gehalten als die weiblichen Gruppenmitglieder. Entsprechend war dann auch das Verhalten der Untersuchungspersonen: Männer sprachen mehr als Frauen, wobei sie vor allem mehr Sachinformationen und mehr eigene Meinungen äußerten, Frauen äußerten sich häufiger zustimmend und verhielten sich freundlicher als Männer. Wenn jedoch zusätzliche Informationen über den Status der Gruppenmitglieder vorhanden waren, verschwanden die unterschiedlichen Beurteilungen der Geschlechter zugunsten unterschiedlicher Beurteilungen der Statusgruppen: Jene Personen, die über einen höheren sozialen Status verfügten, äußerten öfter ihre Meinung und die Personen mit niedrigerem sozialen Status unterstützten diese Äußerungen eher. Das heißt, wenn einzig das Geschlecht als Statusinformation vorhanden ist, werden Männer als die statushöheren, Frauen hingegen als die statusniedrigeren Personen angesehen und verhalten sich demgemäß[33]. Werden weitere statusrelevante Informationen wahrgenommen, ist das Geschlecht einer Person für ihr Verhalten und die Wahrnehmung ihrer Person weniger relevant und gestaltet sich entsprechend weniger geschlechtsrollenkonform. Auch Conway, Pizzamiglio und Mount (1996, Studie 1) fanden, dass Stimuluspersonen unabhängig von ihrem Geschlecht mehr expressive und weniger instrumentelle Eigenschaften zugeschrieben wurden, wenn ihr vorgeblicher Beruf einen niedrigen Status aufwies („nurse") als wenn sie einen statushöheren Beruf („surgeon") ausübten.

3.4.2.2 Geschlechterkonstellation von Gruppen

In Abschnitt 3.4.1.2 wurde dargestellt, dass die Zusammensetzung einer Gruppe Auswirkungen auf die Salienz der eigenen Geschlechtszugehörigkeit hat (was über die Erfassung von Selbstbeschreibungen gemessen wurde). Im Folgenden wird darüber berichtet, dass in Abhängigkeit der Geschlechterkonstellation einer Gruppe das Verhalten und die Erwartungen der Gruppenmitglieder variieren. Dabei können wir annehmen, dass das Verhalten in gemischtgeschlechtlichen Gruppen aufgrund der Salienz der eigenen Geschlechtszugehörigkeit stärker geschlechtstypisiert ist als in geschlechtshomogenen Gruppen, dass heißt also, dass sich die Geschlechter in gemischten Gruppen stärker voneinander unterscheiden sollten als in gleichgeschlechtlichen Gruppen.

Empirische Evidenz für diese Vermutung stammt aus folgenden Studien: Skrypnek und Snyder (1982) ließen weibliche und männliche Versuchspersonen von zwei separaten Räumen aus über die Verteilung von geschlechtstypischen Aufgaben verhandeln. Die Kommunikation lief über ein Signalsystem. Wenn Männer annahmen, mit einer Frau über die Aufgabenverteilung zu verhandeln, schoben sie ihr mehr feminine Aufgaben zu und gingen weniger auf ihre Vorschläge ein als wenn sie glaubten, mit einem Mann zu verhandeln. Frauen, deren Verhandlungspartner wußten, dass sie mit einer Frau zu tun hatten, übernahmen mehr feminine Aufgaben als Frauen, deren Partner annahmen, mit einem Mann zu verhandeln. Ähnliches ergab sich in einer Studie von Johnson und Schulman (1989): In gemischten Gruppen, in denen Entscheidungen gefällt werden sollten, wurden mehr geschlechtsrollenkongruente Reaktionen beobachtet als in ge-

---

33 Dass der Status einer Person mit ihrem Geschlecht zusammenhängt, wurde beispielsweise von Cejka und Eagly (1999) nachgewiesen: Prestige und Einkommen von Berufen waren um so höher, je mehr maskuline Eigenschaften und Fähigkeiten diese nach Ansicht der Versuchspersonen erforderten (vgl. auch Ledwith & Colgan, 1996; Lips, 1991 und Rhoodie, 1989).

schlechtshomogenen Gruppen. Dies verstärkte sich noch durch ungleiche Anteile von Männern und Frauen: Das Verhalten derjenigen, deren eigene Geschlechtsgruppe die Minderheit darstellte, war besonders stark geschlechtstypisiert, so dass beispielsweise die einzelnen Frauen in einer Gruppe von Männern viel weniger aufgabenbezogene Aktivitäten zeigten als der Durchschnitt der Frauen in dieser Untersuchung. Dies lässt sich, wie in Kapitel 2.2.2.4 schon erläutert, innerhalb unseres theoretischen Rahmens dadurch erklären, dass die situationale Hervorgehobenheit eines Merkmales dazu führt, dass das auf dieses Merkmal bezogene Selbstkonzept aktiviert wird.

Es existieren jedoch auch Befunde, die dafür sprechen, dass zwar in Gruppen, in denen Männer und Frauen zu gleichen Anteilen vertreten sind, Männer mehr sprechen als Frauen, sich dies aber umkehrt, wenn Frauen in der Mehrzahl sind oder die Experten in gemischtgeschlechtlichen Gruppen darstellen. (Bilous& Krauss, 1988; Leet-Pellegrini, 1980; Yamada, Tjosvold & Draguns; 1983). Gemäß den gerade dargestellten Ergebnissen von Johnson und Schulman (1989) wäre eigentlich zu erwarten, dass sich die in der Unterzahl befindenden Männer durch besonders maskulines Verhalten hervortun würden, in diesem Falle also mehr sprechen würden. Die Befunde, dass Männer weniger sprechen als Frauen, wenn sie in der Unterzahl sind, wurden jedoch damit erklärt, dass das in der Mehrheit vertretene Geschlecht als mächtiger wahrgenommen wird und somit mehr Raum erhält.

Die Beobachtung, dass in gemischtgeschlechtlichen Gruppen das Verhalten stärker geschlechtstypisiert ausfällt als in geschlechtshomogenen Gruppen, läßt sich auch auf dyadische Situationen übertragen. So hat Carli (1990) nachgewiesen, dass Frauen in einer Situation, in der sie mit ihrem Gesprächspartner nicht übereinstimmen, einen unsicheren Kommunikationsstil nur dann anwenden, wenn dieser Partner männlich ist, dieses aber nicht tun, wenn sie mit einer Frau sprechen. Männer hingegen unterbrechen Frauen häufiger als Männer (Smith-Lovin & Brody, 1989). Megargee (1969) paarte Versuchspersonen danach, ob sie sich bei einer vorher erfolgten Messung als sehr dominant oder wenig dominant beschrieben hatten. Es wurde vorhergesagt, dass die dominantere Person die Führungsposition übernehmen werde. Dies traf jedoch nur bei geschlechtshomogenen Paaren zu. In gemischten Paaren obsiegten dagegen geschlechtstypisierte Erwartungen: Männer bekamen selbst dann häufiger die Führungsposition, wenn sie als wenig dominante Person mit einer dominanteren Frau das Paar bildeten (vgl. auch Nyquist & Spence, 1986)[34].

---

34 Möglicherweise ist aber der Referenzrahmen, innerhalb dessen sich Frauen und Männer als mehr oder weniger dominant einschätzen, unterschiedlich: Vielleicht erleben sich Frauen relativ zu anderen *Frauen* als mehr oder weniger dominant, und Männer relativ zu anderen *Männern*, so dass die Messungen nicht wirklich vergleichbar sind.

Einige weitere Befunde sollen dargestellt werden, die zwar nicht auf die *Geschlechter*konstellation von Gruppen abheben, aber das Auftreten oder Verschwinden von Geschlechtsunterschieden mit der Art der aktuellen Umgebung in Zusammenhang bringen. So haben zum Beispiel verschiedene Meta-Analysen gezeigt, dass Frauen insgesamt leichter zu überzeugen sind als Männer (Becker, 1986; Eagly, 1987; Eagly & Carli, 1981). Allerdings wurde auch festgestellt, dass dies nicht in allen Situationen so ist: Vor allem die Gegenwart anderer Personen stellte sich als eine wichtige Moderatorvariable heraus. Frauen sind dann leichter zu überzeugen, wenn sie sich in face-to-face-Situationen oder in Situationen mit Gruppendruck befinden oder wenn ihr Verhalten in Laboruntersuchungen gemessen wird (Cooper, 1979; Eagly, 1973). Wenn jedoch die Untersuchungspersonen nicht beobachtet werden, kein Gruppendruck erzeugt wird oder das behandelte Thema keine männliche Konnotation aufweist, sind Frauen und Männer gleich leicht zu beeinflussen (Becker, 1986; Eagly & Chrvala, 1986). Geschlechtsunterschiede im Hilfeverhalten wurden von Eagly & Crowley (1986) in einer Meta-Analyse untersucht. Dabei zeigte sich, dass Männer insgesamt etwas hilfsbereiter sind als Frauen. Allerdings sind Männer ausschließlich in öffentlichen und gefährlichen Situationen eher als Frauen bereit helfend einzugreifen. Dagegen unterscheiden sich Männer und Frauen im privaten Rahmen nicht in ihrer Hilfsbereitschaft.

3.4.2.3 Variation der Aufgabenmerkmale
Im folgenden Abschnitt werden Untersuchungen vorgestellt, in denen durch die Variation von Aufgabenmerkmalen Geschlechtsunterschiede verstärkt oder vermindert wurden.

In einer Meta-Analyse durch Eagly, Makhijani und Klonsky (1992) ist gezeigt worden, dass zwar die von Frauen erbrachten Leistungen insgesamt etwas weniger gewürdigt werden als die von Männern, dieser Unterschied aber je nach Bereich der Aufgaben, in denen Leistungen erbracht werden, unterschiedlich groß ist: Wenn die Bereiche als eher männlich stereotypisiert gelten, werden die Leistungen von Frauen relativ zu denen von Männern besonders herabgesetzt. Sind die Bereiche dagegen eher mit Frauen assoziiert, so verschwinden diese Unterschiede, und die Leistungen beider Geschlechter werden gleich bewertet (und nicht die der Frauen besser) (Eagly et al., 1992; Olian, Schwab & Haberfeld 1988; Swim, Borgida, Maruyama & Myers, 1989). Das heißt, auch Aufgabenmerkmale können als ein Kontext betrachtet werden, durch den Geschlechtsunterschiede zum Vorschein oder Verschwinden gebracht werden können. Swim und Sanna (1996) identifizierten in ihrer Meta-Analyse zur Kausalattribuierung von Leistungen ebenfalls die geschlechtsbezogenen Merkmale der Aufgaben als wichtige Moderatoren. Wenn die Aufgabe als maskulin gilt und Männer darin erfolgreich sind, wird dies häufiger auf ihre Fähigkeiten zurückgeführt als dies bei erfolgreichen Frauen geschieht. Mit Anstrengung wird dagegen häufiger der Erfolg von Frauen als der von Männern begründet. Bei geschlechtsneutralen oder auch femininen Aufgaben werden hingegen die Leistungen von Männern und Frauen nicht unterschiedlich attribuiert.

Bettge (1992) untersuchte, wie sich die unterschiedliche Formulierung von Mathematikaufgaben auf die Erfolgserwartung von Mädchen und Jungen auswirkt. Generell trauen sich Mädchen die Lösung von Mathematikaufgaben weniger zu als Jungen (vgl. Kapitel 1.2). Es zeigte sich, dass Mädchen Mathematikaufgaben eher meinten lösen zu können, wenn diese in einen Text eingebettet waren, der auf den Alltag von Mädchen bezogen war, als wenn der Alltag von Jungen den Rahmen für die Aufgaben bildete. Der Geschlechtsunterschied in den Erfolgserwartungen war bei den Aufgaben mit Alltagsbezug für Mädchen oder für beide Geschlechter deutlich kleiner als bei der Aufgabe ohne Alltagsbezug und v.a. als bei der Aufgabe mit dem auf Jungen ausgerichteten Alltagsbezug. Wird also in einer insgesamt eher maskulin stereotypisierten Domäne eine Aufgabe auch noch explizit männlich formuliert, wird sie von weiblichen Personen als besonders „geschlechtsrolleninadäquat" angesehen und der in der Regel ohnehin bestehende Geschlechtsunterschied in den Erfolgserwartungen noch verstärkt.

Spencer, Steele und Quinn (1999) stellten fest, dass Geschlechtsunterschiede in Mathematikleistungen je nachdem variierten, ob den Untersuchungspersonen vor einem Mathematiktest mitgeteilt wurde, dass es in der Vergangenheit bei speziell diesem Test Geschlechtsunterschiede gegeben habe, oder aber, dass solche Unterschiede niemals vorgekommen seien. Unter der ersten Bedingung schnitten weibliche Teilnehmerinnen schlechter ab als die männlichen. Wurde der gleiche Test in dem Bewußtsein, dass es niemals Geschlechtsunterschiede gegeben habe, bearbeitet, verschwand dieser Geschlechtsunterschied, da die Studentinnen nun deutlich bessere Leistungen zeigten als die Studentinnen der ersten Gruppe, in der vormalige Unterschiede betont worden waren. Das heißt, dass bei der Bearbeitung vorgeblich geschlechtsneutraler Aufgaben keine Geschlechtsunterschiede auftraten, diese Unterschiede aber durch die bloße Äußerung, das solche zu erwarten seien, bereits erzeugt werden konnten. Spencer und Mitarbeiter (1999) erklären dieses Phänomen im Rahmen der Theorie der Stereotypenbedrohung von Steele (1997), der annahm, dass beispielsweise Mädchen, die sich in einer eher maskulin konnotierten fachlichen Domäne (wie Mathematik) spezialisiert haben, durch die maskuline Stereotypisierung des Bereiches folgenden zwei Schwierigkeiten begegnen: Sie müssen erstens befürchten, dass von ihnen weniger gute Leistungen erwartet werden, weil sie als Repräsentanten der Gruppe der Mädchen negativ stereotypisiert werden, und sie müssen außerdem befürchten, durch ihr eigenes Verhalten möglicherweise das negative Stereotyp über mathematisch nicht begabte Mädchen zu bestätigen - wenn sie nämlich schlechte Leistungen zeigen würden. Das Erleben der Stereotypen-Bedrohung führe in Leistungssituationen - vermittelt über eine negative emotionale Reaktion - zu reduzierter Leistungsfähigkeit.

Auch die in Abschnitt 3.4.2.1 bereits geschilderten Befunde zur Variation der sozialen Rolle sind in gewisser Hinsicht Hinweise darauf, dass Aufgabenmerkmale Geschlechtsunterschiede moderieren können; schließlich beinhalten die Rollen von Hausfrauen und Abteilungsleiterinnen ganz unterschiedliche Aufgaben. Außerdem sind sämtliche in Abschnitt 3.3.3 vorgestellten Studien zu den Auswirkungen, die das Labeling von Aufgaben als maskulin oder feminin hat, ebenfalls Beispiele für die durch Aufgabenmerkmale erzeugte Variabilität von Geschlechtsunterschieden.

3.4.3 Bedeutung der Befunde für die vorliegende Arbeit

Die hier vorgestellten Befunde können zusammengefasst als Belege dafür gelten, dass Geschlecht nicht in allen Situationen gleichermaßen hervorgehoben ist, sondern auch „in den Hintergrund" treten kann. Sie illustrieren, dass sich Menschen je nach den Gegebenheiten des Kontextes mehr oder weniger geschlechtstypisiert verhalten, dass sich ihre Wahrnehmung mehr oder weniger an den Geschlechterstereotypen orientiert und ihnen ihre eigene Geschlechtszugehörigkeit mehr oder weniger präsent ist. Daraus kann geschlossen werden, dass Geschlecht also nicht immer und überall eine wichtige oder sogar die wichtigste Kategorie ist, sondern durch andere soziale Kategorien oder persönliche Merkmale überlagert werden kann. Das heißt, je nach der Beschaffenheit des aktuellen Kontextes ist Geschlecht mehr oder weniger salient und dominiert entsprechend mehr oder weniger die Informationsverarbeitung und das Verhalten der Personen.

Unterschiede zwischen den Geschlechtern sind offenbar vor allem dann zu beobachten, wenn die Personen sich selbst oder andere in erster Linie als Männer oder Frauen wahrnehmen und sich entsprechend geschlechtstypisiert verhalten. Thema der vorliegenden Arbeit sind die Unterschiede zwischen den Geschlechtern im naturwissenschaftlichen Bereich: Mädchen engagieren sich im Fach Physik deutlich weniger als Jungen, wie in Kapitel 1 ausführlich beschreiben wurde. Dies erklären wir uns im Rahmen dieser Arbeit damit, dass die wahrgenommene Maskulinität des Faches Mädchen von einer intensiveren Beschäftigung damit abhält. In Kapitel 3.3 wurde dargestellt, dass Menschen Dinge bevorzugen und in Bereichen bessere Leistungen zeigen, die mit ihrem Selbstkonzept konsistent sind. Mädchen, die sich selbst als auch maskulin wahrnehmen, sind in maskulinen Bereichen erfolgreicher als ausschließlich feminin orientierte Mädchen. In der Terminologie von Hannover (1997a) würde dies heißen, dass den maskulinen Mädchen maskulines Selbstwissen chronisch zugänglicher ist als den femininen Mädchen. Entsprechend enthält ihr Arbeitsselbst häufiger maskulines Selbstwissen. Als eine schulische Interventionsmaßnahme schien uns jedoch die Erhöhung der chronischen Maskulinität von Mädchen ungeeignet zu sein. Nun wurde in den Abschnitten 3.4.1 und 3.4.2 gezeigt, dass die Variation von Kontextmerkmalen dazu führen kann, dass „im allgemeinen" auftretende Unterschiede zwischen den Geschlechtern verschwinden oder sich zumindest verringern, was wir damit erklären, dass durch die Variation der Kontextmerkmale die situationale Zugänglichkeit geschlechtsbezogenen Selbstwissens verändert wurde. Geschlecht*un*typische Verhaltensweisen treten wahrscheinlicher auf, wenn geschlechtsbezogenes Selbstwissen *nicht* im Arbeitsselbst enthalten ist.

Diese Befunde zur Variabilität der Salienz von Geschlecht und Geschlechtsunterschieden sind wegweisend bei der Überlegungen, wie eine schulischen Interventionsmaßnahme aussehen kann, durch die Mädchen für den Physikunterricht gewonnen werden können: Der Unterricht sollte in einem Kontext stattfinden, in dem geschlechtsbezogenes Selbstwissen möglichst wenig zugänglich ist.

Im folgenden Kapitel wird beschrieben, weshalb eine solche schulische Intervention, die die Salienz von Geschlecht zu vermindern sucht, vor allem während der Phase der Pubertät besonders sinnvoll wäre.

3.5 Intensivierung von Geschlechtsunterschieden in der Pubertät: die Gender-Intensification Hypothesis

Im vorherigen Abschnitt wurde beschrieben, durch welche situationalen Gegebenheiten Geschlecht salient wird und welche Auswirkungen die Salienz von Geschlecht auf das Verhalten, die Wahrnehmung und die Selbstbeschreibung der Person hat. Dabei zeigte sich, dass geschlechtstypisiertes Verhalten immer dann besonders wahrscheinlich ist, wenn das Geschlecht der Person im aktuellen Kontext besonders betont ist.

Im nun folgenden Kapitel wird es um unsere Annahme gehen, dass die Geschlechtskategorie während einer ganzen Lebensphase - der Pubertät - dauerhaft in besonderem Maße salient ist. In der Folge sollten sich Jugendliche besonders geschlechtstypisiert verhalten und großen Wert darauf legen, sich vom anderen Geschlecht abzugrenzen. Wir nehmen an, dass die erhöhte Salienz der Geschlechtskategorie in der Pubertät darauf zurückzuführen ist, dass sich die Jugendlichen mit der Veränderung ihres Körpers auseinander setzen müssen, dass sie zudem das Bedürfnis haben, die eigene, noch neue und wenig gefestigte Identität als Frau oder Mann zu erproben, zu demonstrieren und auszubauen, und dass auch die Erwartungen, die von außen an sie gerichtet werden, in stärkerem Maße geschlechtstypisiert sind als während der Kindheit. Durch diese Faktoren wird die eigene Geschlechtszugehörigkeit permanent betont und sollte entsprechend chronisch hoch zugänglich sein. Durch diese chronisch hohe Zugänglichkeit sollte geschlechtsbezogenes Selbstwissen auch situational besonders leicht aktivierbar sein.

Die Behauptung, dass sich gerade Jugendliche besonders geschlechtstypisiert verhalten, scheint auf den ersten Blick im Widerspruch zu neueren entwicklungspsychologischen Untersuchungen zu stehen, die zu dem Schluss kommen, dass Jugendliche - im Gegensatz zu Kindern - keine besonders rigiden Vorstellungen über die Unterschiede zwischen den Geschlechtern haben. So entwickelten Trautner und Mitarbeiter (Trautner,1996; Trautner, 1997; Trautner, Helbing, Sahm & Lohaus, 1988) auf der Grundlage einer umfangreichen deutschen Längsschnittstudie folgendes Stufenmodell der Geschlechtstypisierung im Wissen über stereotype Geschlechterrollen und in der Präferenz geschlechtstypischer Aktivitäten: Die erste Phase, die bis zum Beginn des vierten Lebensjahres dauert, beinhaltet eine relative *Unkenntnis/ Unsicherheit* der Geschlechterstereotype. Ab vier Jahren beginnt dann eine Phase der *Rigidität*, in der Spielaktivitäten und Partner entsprechend der eigenen Geschlechtsidentität päferiert werden. Danach kommt es zu einer Flexibilisierung bei der Zuordnung von Verhalten und Persönlichkeitsmerkmalen, während derer es vorstellbar wird, dass es auch Gemeinsamkeiten beider Geschlechter gibt, dass es Ausnahmen gibt und die Rollendifferenzierung sozialen Konventionen folgt und während derer auch gegengeschlechtliche Merkmale in das eigene Selbstbild integriert werden können. Dies ist auch eine Konsequenz der kognitiven Entwicklung: Im Jugendalter ist zwar das Wissen über Stereotype größer als in der Kindheit, aber die Anwendung formaler, hypothetischer Denkprozesse ermöglicht zumindest prinzipiell eine Distanzierung von traditionellen Modellen der Geschlechterrollen (Eccles, 1987; Eisenberg, Martin & Fabes, 1996; Gloger-Tippelt, 1996; Huston, 1983; Ruble & Ruble, 1982). Lässt sich nun aus der größeren kognitiven Flexibilität von Jugendlichen folgern, dass sie sich auch entsprechend flexibler verhalten und die Geschlechterrollenstereotype im Jugendalter eine geringere Bedeutung haben als in der Kindheit?

Wir gehen davon aus, dass genau das Gegenteil zutrifft. Dabei beziehen wir uns auf eine Theorie, die als „gender-intensification hypothesis" bezeichnet wird. Hill und Lynch (1983) nehmen darin an[35], dass sich mit dem Beginn der Pubertät die geschlechtsspezifische Sozialisation verstärkt und sich die Jugendlichen infolgedessen stärker geschlechtstypisiert verhalten als zuvor. Dabei gehen die Autorinnen davon aus, dass die sichtbaren pubertären Veränderungen der Jugendlichen dazu führen, dass sich die Erwartungen der sozialisierenden anderen, d.h. der Eltern, Lehrer sowie der gleich- wie gegengeschlechtlichen Peers, stärker an den Geschlechterstereotypen orientieren. Das heißt, Hill und Lynch postulieren vor allem einen gesteigerten sozialen Druck, die traditionellen maskulinen und femininen Geschlechterrollen zu übernehmen, der dafür verantwortlich zu machen ist, dass sich die

---

35 Hill und Lynch bauen ihre Überlegungen auf Arbeiten von Bardwick und Douvan (1971), Brooks-Gunn und Matthews (1979), Coleman (1961) und Stein (1976) auf.

Unterschiede zwischen Jungen und Mädchen verstärken. Ergänzend zu dieser Sichtweise, die den Druck von außen betont, soll in der vorliegenden Arbeit angenommen werden, dass für die Jugendlichen selbst die pubertären Veränderungen des eigenen Körpers eine Aktivierungsquelle geschlechtsbezogenen Selbstwissens darstellen. Es ist also anzunehmen, dass während der Pubertät geschlechtsbezogenes Selbstwissen sowohl durch die Konfrontation mit Erwartungen, sich rollenkonform zu verhalten, als auch durch das Erleben körperlicher Veränderungen chronisch zugänglicher wird als in anderen Lebensphasen.

Dass sich die Unterscheide im Verhalten, in den Einstellungen und der psychischen Befindlichkeit von Jungen und Mädchen in der Adoleszenz verstärken oder auch erstmals auftauchen, konnte in mehreren Studien belegt werden. Zunächst werden Befunde dargestellt, die sich mit der Abgrenzung der Jugendlichen vom anderen Geschlecht und dem Umgang mit Geschlechterstereotypen befassen. Danach wird beschrieben, in welchen Bereichen sich während der Pubertät die Unterschiede zwischen Jungen und Mädchen verstärken, wobei vor allem auf den Leistungsbereich sowie die Wichtigkeit der Beliebtheit und des Aussehens fokussiert wird.

3.5.1 Abgrenzung vom anderen Geschlecht und Umgang mit Geschlechterstereotypen

Ein zentraler Befund, der dafür spricht, dass Jugendliche in der Phase der Pubertät die eigene Geschlechtsidentität u.a. über eine Abgrenzung vom anderen Geschlecht aufbauen, wurde von Simmons und Blyth (1987) beigebracht. Sie fragten eine Stichprobe von 161 Jungen und 149 Mädchen, die sie von der sechsten bis zur zehnten Klasse längsschnittlich untersuchten, wie wichtig es für sie war, sich nicht wie das andere Geschlecht zu verhalten und wie häufig sie sich wie das andere Geschlecht verhalten. Sie konnten zeigen, dass es für Jungen und Mädchen ab der siebten Klasse wichtiger wird, sich nicht wie das andere Geschlecht zu verhalten. Jungen hatten den Höhepunkt ihrer Abgrenzung in der siebten Klasse, Mädchen in der neunten. In der zehnten Klasse war der Trend wieder rückläufig. Ebenfalls konnte als Bestätigung der gender-intensification Hypothese gewertet werden, dass Mädchen in der siebten, neunten und zehnten Klasse seltener angaben, sich wie Jungen zu verhalten, als sie es in der sechsten Klasse taten. Ein solches Muster konnte bei Jungen nicht festgestellt werden, da diese auch schon in der sechsten Klasse angaben, sich niemals wie Mädchen zu verhalten und entsprechend wenig Möglichkeit der Veränderung gegeben war. In Abschnitt 3.4.1.2 wurde berichtet, dass Ruble und Higgins (1976) aus den Ergebnissen ihrer jüngeren Stichproben gefolgert hatten, dass die Selbstbeschreibungen immer solche Merkmalskombinationen enthielten, die von der befragten Altersgruppe für besonders wertvoll gehalten wurden. Somit kann angenommen werden, dass, wenn während der Pubertät die Abgrenzung vom anderen Geschlecht sehr stark ist, die Selbstbeschreibungen in diesem Alter besonders geschlechtstypisiert ausfallen müssten. Dass sich Jugendliche mit Beginn der Pubertät stärker geschlechtstypisiert beschreiben, konnten Galambos, Almeida und Petersen (1990) nachweisen. Sie befragten 200 Jugendliche, denen sie von der sechsten bis zur achten Klasse zweimal jährlich eine Kurzform des BSRI sowie eine Skala zur Erfassung der Einstellung zu Geschlechterrollen vorlegten. Sie stellten fest, dass sich Jungen zwar insgesamt über alle Messzeitpunkte hinweg als maskuliner beschrieben als Mädchen, dieser Unterschied in der achten Klasse jedoch am ausgeprägtesten war. Die Selbstbeschreibungen der Mädchen wurden dagegen über die drei Klassenstufen hinweg nicht maskuliner. Die erfasste Femininität variierte nur in Abhängigkeit von Geschlecht (Mädchen waren femininer als Jungen) und Klassenstufe (die Femininität nahm insgesamt zu), ohne dass sich - wie bei der Maskulinität - eine Interaktion zwischen Geschlecht und Klassenstufe zeigte. Maskuline Traits trennen in der achten Klasse besser zwischen den Geschlechtern als feminine. Offenbar haben Jungen in diesem Alter weniger Scheu, sich auch feminine Eigenschaften zuzuschreiben[36], als Mädchen, sich mit maskulinen Attributen zu beschreiben. Jungen und Mädchen zeigten zudem je nach Klassenstufe unterschiedliche Einstellungen gegenüber den traditionellen Geschlechterrollen: Die Mädchen, die insgesamt egalitärer eingestellt waren als Jungen, waren von Klasse 6 bis Klasse 8 immer stärker von der Idee der Gleichberechtigung der Geschlechter überzeugt, bei den Jungen dagegen verlief die Entwicklung genau andersherum. Diese Befunde zeigen zwar einerseits, dass sich die Einstellungen von Jungen und Mädchen ab Beginn der Pubertät stärker unterscheiden und ebenfalls ihre Selbstbeschreibungen zunehmend geschlechtsrollenkonform werden, aber andererseits belegen sie auch, dass die traditionelle Frauenrolle von adoleszenten Mädchen keineswegs unkritisch und begeistert übernommen wird. In einer Längsschnittstudie mit 335 Jugendlichen, denen in der sechsten, der siebten, der achten, der zwölften Klasse sowie vier Jahre nach der zwölften Klasse der BSRI vorgelegt wurde, stellten Petersen, Leffert und Graham (1995) ergänzend fest, dass die Unterschiede in der selbstberichteten Maskulinität bei Mädchen und Jungen in der achten Klasse am größten sind, ihre größte Verschiedenheit hinsichtlich femininer Attribute dagegen erst in der zwölften Klasse auftritt. Insgesamt steigen aber sowohl Maskuli-

---

36 Andererseits ergab ja die Studie von Simmons & Blyth (1987), dass Jungen in der Regel angaben, sich niemals wie Mädchen zu verhalten- m.E. ein Befund, der damit zu erklären ist, dass Jungen sehr früh klar ist, dass Mädchen weniger wert zu sein scheinen als Jungen. Vielleicht war den Jungen in der Studie von Galambos et al. auch die Femininität der BSRI-Traits nicht so klar ersichtlich, so dass sie nicht realisierten, über die Zustimmung zu diesen einen weiblichen Eindruck zu machen und dies deshalb nicht regulierten - schließlich enthält das BSRI ja nur Eigenschaften, die für *beide* Geschlechter sozial erwünscht, aber jeweils für ein Geschlecht typischer sind.

nität wie auch Femininität bei beiden Geschlechtern im Verlauf der Adoleszenz an, obwohl Jungen sich immer als maskuliner beschreiben als Mädchen und Mädchen sich immer femininer beschreiben als Jungen.

Husemeyer (1988, zitiert bei Trautner, 1996) ließ 256 Schülerinnen und 259 Schüler aus 5. bis 10. Klassen anhand einer Liste von Adjektiven nacheinander a) andere gleichaltrige Jungen und Mädchen, b) sich selbst und c) Jungen und Mädchen im allgemeinen beschreiben. Während bei der Beschreibung der „Jungen und Mädchen im allgemeinen" unterschiedliche Eigenschaften gewählt wurden, waren die Selbstbeschreibungen der Jungen und Mädchen sowie die Beschreibung einzelner Jungen und Mädchen insgesamt recht ähnlich. In Übereinstimmung mit den Annahmen von Hill und Lynch (1983) waren dabei jedoch die Selbstbeschreibungen der 13- und 14jährigen stärker an den Geschlechterstereotypen orientiert als die der 11-12jährigen und der 15-17jährigen. Dies ist ein Hinweis darauf, dass sich Jugendliche gerade zu Beginn der Pubertät in besonderem Maße über die Geschlechterstereotypen definieren und sich dies mit zunehmendem Alter wieder verliert.

Galambos und Mitarbeiter (1990) erfassten in ihrer Studie auch das pubertäre Timing der Untersuchungspersonen, wobei sie ihrer Einteilung in früh, spät und „on-time" Reifende den Zeitpunkt des Wachstumsschubes zugrunde legten. Hill und Lynch (1983) waren ja davon ausgegangen, dass die Übernahme der Geschlechterrollen zu Beginn der *individuellen* körperlichen Reifung am intensivsten sein sollte, d.h. dass beispielsweise Eltern von Mädchen ab der Menarche für einen gewissen Zeitraum sehr geschlechtstypisches Verhalten erwarten und fördern sollten. Entsprechend überprüften Galambos und Kollegen (1990), ob sich frühgereifte Jugendliche früher in ihren Selbstbeschreibungen an die Geschlechterstereotypen anpassen als spätgereifte. In ihren Daten finden sich keinerlei Hinweise darauf, dass das individuelle pubertäre Timing einen Einfluss auf die Übernahme der Geschlechterrollen hat. Die Autoren schließen sich deshalb der Sichtweise von Petersen an (Petersen, 1985), dass sich die Erwartungen an das Verhalten von Jugendlichen sehr stark an der Klassenstufe orientieren und dass die Erfahrung der Pubertät von schulklassenspezifischen Erfahrungen beeinflusst wird, weniger von ihrem individuellen Entwicklungsstand. „In fact, the most salient aspect of pubertal change for gender intensification may be, not that an individual per se enters puberty, but that a cohort becomes pubertal" (Galambos et al., 1990, S. 1912).

3.5.2 Geschlechterrollenkonformes Verhalten und Selbstwertrelevanz

Dass sich Mädchen mit Beginn der Pubertät relativ zu den Jungen als besonders wenig maskulin beschreiben, und dass sie es im gleichen Alter für besonders wichtig halten, sich durch ihr Verhalten von den Jungen abzugrenzen, sollte sich auf ihr Engagement in typischerweise als maskulin stereotypisierten Bereichen nachteilig auswirken. Schließlich können sie durch einen Rückzug aus maskulinen Bereichen zeigen, dass sie sich von den Jungen distanzieren und die weibliche Geschlechtsrolle übernehmen. Ungünstigerweise sind die maskulinen Bereiche auch jene, die mit Leistung und Karriere assoziiert sind (vgl. Abschnitt 3.1.1 und 3.2.1), weshalb Mädchen im Zuge der Aneignung der traditionellen Frauenrolle insgesamt weniger leistungsorientiert werden sollten, also vor allem, aber nicht ausschließlich in maskulinen Domänen. Für einen solchen Rückzug der Mädchen während der Pubertät existieren verschiedene Belege, die jedoch zum Teil älteren Datums sind. Sie können aber widerspiegeln, dass noch vor wenigen Jahren an Jungen und Mädchen im Bereich der Karriere und Berufstätigkeit stark unterschiedliche Erwartungen gerichtet wurden. Allerdings sind auch die in Kapitel 1.3 dargestellten Befunde zu berücksichtigen, nach denen Mädchen heutzutage und hierzulande zwar keine schlechteren Leitungen in der Schule zeigen als Jungen, aber dass sie aus den erbrachten Leistungen offenbar weniger Selbstwert beziehen können und die Leistungen entsprechend als weniger wichtig für den Wert ihrer eigenen Person einschätzen als Jungen. In Kapitel 1.3 wurde bereits beschrieben, dass Mädchen eigene Leistungen weniger selbstwertdienlich attribuieren als Jungen und entsprechend auch ein weniger gutes Selbstkonzept ihrer Fähigkeiten ausbilden als Jungen. Verschiedene Studien zeigten aber darüber hinausgehend, dass diese Geschlechtsunterschiede im Entwicklungsverlauf von der Kindheit zur Jugend noch größer werden, so dass Mädchen vor allem ab Beginn der Pubertät aus guten Leistungen weniger Selbstwert ziehen können als Jungen: Beispielsweise wurden in der mittleren und späten Kindheit schwache positive Korrelationen zwischen Selbstkonzept und Leistung bei Jungen *und* Mädchen gefunden (Cleveland & Bosworth, 1967; Kifer, 1975; Mintz & Muller, 1977; Piers & Harris, 1964; Rubin, Dorle & Sadidge, 1977), in zwei Studien sogar nur bei Mädchen positive Zusammenhänge, für Jungen aber keine (Primavera, Simon & Primavera, 1974; Rubin, 1978). Dagegen zeigten Studien mit Jugendlichen ein anderes Muster: Entweder wurden während der Adoleszenz nur bei Jungen, nicht aber bei Mädchen positive Korrelationen zwischen Schulleistungen und Selbstkonzept festgestellt (Chadwick, Bahr & Strauss, 1977; Fink, 1962), oder es fanden sich in früher und mittlerer Adoleszenz bei insgesamt positiven Zusammenhängen bei Jungen die höheren Korrelationen als bei Mädchen (Locksley & Douvan, 1979). Roberts, Sarigiani, Petersen und Newman (1990) untersuchten in einem längsschnittlichen Design, ob sich der Zusammenhang von Schulleistungen und positivem Selbstbild bei Jungen und Mädchen während der frühen Adoleszenz unterscheidet. Es zeigte sich, dass bei Jungen der Zusammenhang zwischen guten Leistungen und positivem Selbstbild von der sechsten zur siebten Klasse stärker wurde, für Mädchen dagegen abnahm. Dass Mädchen in der Phase der frühen Adoleszenz gute Schulleistungen nicht als Indikator für ihren Selbstwert heranziehen, liegt m.E. darin begründet, dass intellektuelle Exzellenz von ihnen als nicht feminin, und deshalb als für sie selbst unwichtig, angesehen wird. Simmons und Blyth (1987) stellten fest, dass Mädchen zwar schon in der sechsten Klasse Beliebtheit relativ zu Kompetenz oder Unabhängigkeit für wichtiger hielten als Jungen, dass sich diese Differenz in der siebten Klasse jedoch deutlich vergrößerte. Ab der neunten Klasse verringerte sich die Unterschiedlichkeit der Einschätzungen wieder. Während der frühen Adoleszenz lässt sich bei Mädchen auch eine Verengung ihrer beruflichen Aspirationen feststellen (Best, 1983). Insgesamt kommen verschiedene empirische Studien zu dem Ergebnis, dass Mädchen mit der Pubertät von instrumentellen Tätigkeiten und leistungsorientierten Einstellungen eher Abstand nehmen (Eccles [Parsons], 1983; Hill & Lynch, 1983; Richards & Larson, 1989).

Diese Befunde zur geringeren Leistungsorientierung von Mädchen bzw. zur geringeren Selbstwertrelevanz von Leistungen ab der Pubertät sind dadurch zu relativieren, dass in der BRD derzeit Mädchen die gleichen Noten im Abitur erreichen wie Jungen, sogar insgesamt bessere Schluabschlüsse erzielen als Jungen und entsprechend von einem dauerhaften allgemeinen Leistungsabfall der Mädchen ab Einsetzen der Pubertät nicht die Rede sein kann (vgl.Kapitel 1) - auch wenn sie möglicherweise aus guten Schulleistungen weniger Selbstwert schöpfen. Auffällig ist aber nach wie vor, dass ihr Engagement und ihre Leistungen in maskulin stereotypisierten Fächern hinter denen der Jungen zurückbleiben (wie in Kapitel 1 ausführlich beschrieben wurde). Im Zusammenhang mit der gender-intensification hypothesis ist dabei von besonderem Interesse, dass dieser Rückzug offenbar mit dem Beginn der Pubertät zusammenfällt: Die Überlegenheit der männlichen Untersuchungspersonen in mathematischen Tests wird erst ab der Pubertät sichtbar (siehe Kapitel 1.1.1). Auch sämtliche Befunde zur geschlechtsspezifischen schulischen Interessenentwicklung, die in Abschnitt 1.1.2 und 1.2 berichtet wurden, belegen, dass sich gerade im Jugendalter die schulischen Interessen von Jungen und Mädchen auseinander entwickeln und sich Mädchen von maskulin konnotierten Schulfächer abwenden.

Mädchen wenden sich ab der Pubertät verstärkt Tätigkeiten und Bereichen zu, die mit der weiblichen Rolle besser vereinbar sind und aus denen sie entsprechend auch Selbstwert beziehen können: Sie sorgen sich um ihr Aussehen und ihre Beliebtheit in der Peergroup.

Zahlreiche Befunde zeigen, dass Mädchen in der Pubertät verstärkt Tätigkeiten nachgehen, die als solche eher sozial sind oder einen Bezug zu ihrer Beliebtheit bei anderen aufweisen, und dass dieser soziale Bereich derjenige ist, den sie als Indikator für den Wert ihrer eigenen Person ansehen. Ältere Mädchen verbringen mehr Zeit mit Schönheitspflege, obwohl ihnen dies nicht mehr Spaß bereitet als in jüngeren Jahren (Duckett, Raffaelli & Richards, 1989). Aber sie lernen in diesem Alter, dass ihre körperliche Attraktivität mit ihrer Beliebtheit bei anderen verknüpft ist (Striegel-Moore,

Silberstein & Rodin, 1986, zitiert bei Richards & Larson, 1989) und dass sie ihre äußere Erscheinung zu pflegen und zu verbessern haben (Costanzo, 1992). Harter (1993) stellte fest, dass die Korrelation zwischen Selbstwertgefühl und Zufriedenheit mit dem eigenen Körper während der Pubertät höher ist als in anderen Altersstufen. Die äußere Erscheinung erwies sich in mehreren Untersuchungen als der wichtigste Prädiktor für den Selbstwert von Jugendlichen (Cairns, McWhiter, Duffy & Barry, 1990; Harter, 1993; Wichstrom, 1999). Dabei sorgen sich Mädchen mehr über ihr Gewicht und ihren Körperbau als Jungen (Simmons & Blyth, 1987), und sind zudem ab der siebten Klasse weniger mit ihrem Gewicht und Körperbau zufrieden als Jungen, wobei diese Differenzen zwischen Jungen und Mädchen in der neunten Klasse am größten waren (Alsaker, 1992; Simmons & Blyth, 1987). Vor allem die mit der Pubertät normalerweise eintretende Gewichtszunahme führt bei Mädchen zu größerer Unzufriedenheit mit dem eigenen Körper und vermittelt darüber zu geringem Selbstwert (Nolen-Hoeksema, 1994).

Die zunehmende Wichtigkeit der äußeren Erscheinung ist mit der ebenfalls zunehmenden Wichtigkeit der Beliebtheit bei anderen in Zusammenhang zu sehen. Interpersonale Beziehungen werden in der frühen Adoleszenz für Mädchen wichtiger als für Jungen, sie reden mehr mit ihren Freundinnen (die Redezeit verdoppelt sich von der fünften und sechsten Klasse bis zur neunten Klasse) und behandeln dabei auch öfter Themen, die mit anderen Menschen zu tun haben, wohingegen Jungen sich nur wenig mehr unterhalten und der Inhalt ihrer Gespräche auch nicht persönlicher wird als in den unteren Klassenstufen (Raffaelli & Duckett, 1989).

Die Akzeptanz in der Gleichaltrigengruppe wurde, nach der äußeren Erscheinung, als zweitwichtigster Prädiktor für den Selbstwert von Jugendlichen identifiziert (Harter, 1993). Dass gute Schulleistungen bei Mädchen diese Akzeptanz der männlichen Peers nicht sichern, sondern vielmehr gefährden, wurde in einer Studie älteren Datums festgestellt: Elftklässlerinnen, die gute Noten hatten, waren bei gleichaltrigen Jungen weniger beliebt als Mädchen mit schlechten Noten, wohingegen sich bei Jungen kein Zusammenhang zwischen Noten und Beliebtheit bei Mädchen zeigte (Keisler, 1955; zitiert nach Nolen-Hoeksema, 1994). In diesem Zusammenhang ist auch der Befund von Block, Gjerde und Block (1991) von Interesse, dass zwar intelligentere Mädchen häufiger depressiv waren als weniger intelligente, bei Jungen hingegen eine schwache negative Korrelation zwischen Intelligenz und Depresssivität bestand[37].

---

37 Vielfach belegt ist die unterschiedlich häufige Entwicklung depressiver Symptomatiken bei Jungen und Mädchen während der Adoleszenz: Während vor dem Einsetzen der Pubertät Jungen häufiger als Mädchen zu depressiven Symptomatiken neigen (Finch, Saylor & Edwards, 1985; Kashani, Cantwell, Shekim & Reid, 1982; Nolen-Hoeksema, Girgus & Seligman, 1992), werden ab der Pubertät (12 bis 15 Jahre)

Dass der Selbstwert von jugendlichen Mädchen weniger mit ihren Leistungen korreliert als der von Jungen und sie ihren Selbstwert stattdessen aus ihren Beziehungen zu anderen Menschen und ihrer Beliebtheit bei anderen ziehen, kann als ein Ergebnis der Übernahme der weiblichen Rolle angesehen werden. Diese Sicht ist konform mit den experimentellen Studien von Josephs, Markus und Tafarodi (1992), in denen gezeigt wurde, dass der Selbstwert von Männern andere Quellen hat als der von Frauen. Josephs und Mitarbeiter stellten fest, dass sich Männer mit hohem Selbstwert stärker als einzigartig und hervorragend ansahen als sich Männer mit niedrigem Selbstwert einschätzten. Diese Differenz gab es zwischen Frauen mit hohem und niedrigem Selbstwert nicht, woraus geschlossen werden kann, dass nur der Selbstwert der männlichen, nicht aber der der weiblichen Untersuchungsteilnehmer auf ihrer Einschätzung beruht, einzigartig und besser als die meisten anderen zu sein (Studie 1). Frauen mit hohem Selbstwert konnten dagegen Wörter, die sie zusammen mit Informationen über den besten Freund(in) oder einer Gruppe, der sie sich zugehörig fühlen, enkodierten, besser erinnern als Frauen mit einem niedrigem Selbstwert. Männer mit hohem Selbstwert hingegen konnten solche interdependent enkodierten Informationen nicht besser abrufen als Männer mit niedrigem Selbstwert. Dieses Ergebnis führte die Autoren zu dem Schluss, dass für Frauen offenbar ihre Verbundenheit mit anderen selbstwertrelevant ist, für Männer dagegen nicht (Studie 2). Diese Annahmen überprüften sie in einer weiteren Studie, in der den Untersuchungspersonen nach dem Ausfüllllen eines Tests ein falsches Feedback über ihre Fähigkeiten, independent und interdependent zu denken, gegeben wurde (Studie 3). Bei der Interpretation der Ergebnisse wurde die Vermutung zugrundegelegt, dass Menschen mit hohem Selbstwert negative Informationen abwerten und für nicht gültig erklären, sie also eine kompensatorische Reaktion zeigen (wohingegen negatives Feedback für Menschen mit niedrigem Selbstwert kongruent mit ihrem Selbstbild ist). Diese kompensatorische Reaktion von Menschen mit hohem Selbstwert ist aber nur in Bereichen zu erwarten, die sie als selbstwertrelevant ansehen. Erwartungsgemäß zeigte sich im Experiment, dass die Frauen mit hohen Selbstwert nach einer Rückmeldung, dass sie im interdependen-

---

Mädchen häufiger depressiv als Jungen (Ge, Lorenz, Conger, Elder & Simons, 1994; Kessler, McGonagle, Zhao, 1994; Nolen-Hoeksema, 1990; Petersen, Sarigiani & Kennedy, 1991). Diese Befunde wurden auch im Zusammenhang mit der Gender-Intensification-Hypothesis diskutiert (Nolen-Hoeksema, 1994; Petersen et al., 1991; Wichstrom, 1999). Die Bedeutung geschlechtsspezifischer Rollenerwartungen für die Entwicklung depressiver Erkrankungen wurde nicht nur in Hinblick auf die Entstehung der Geschlechterdifferenz während der Adoleszenz betont, sondern auch wegen Befunden, nach denen verheiratete Frauen wahrscheinlicher depresssiv erkranken als unverheiratete (Gove, 1972; McGrath, Keita, Strickland & Russo, 1990) und solchen, nach denen Mädchen, die sich selbst als eher maskulin und die Ehe ihrer Eltern als gleichberechtigt beschreiben, seltener an Depressionen erkranken als weniger maskuline Mädchen aus traditionellen Familien (Obeidallah, McHale & Silbereisen, 1996). Eine Diskussion dieser Ergebnisse findet sich bei Culbertson (1997).

ten Denken deutlich schlechter abgeschnitten hatten als im independenten, erwarteten, in einem erneuten Test beim interpendenten Denken deutlich höhere Punktzahlen zu erreichen als dies alle andere Teilnehmenden erwarteten, die genau das gleiche Feedback erhalten hatten. Von denjenigen Versuchspersonen, die das Feedback erhielten, im independenten Denken sehr viel schlechter als im interdependenten abgeschnitten zu haben, machten Männer mit einem hohen Selbstwert eine viel bessere Prognose über ihre zukünftigen Leistungen in einem ähnlichen Test als Männer mit einem niedrigen Selbstwert und Frauen mit niedrigem oder hohem Selbstwert. Insgesamt schließen Josephs und Kollegen, dass die Quellen des Selbstwertes bei Männern und Frauen verschiedene sind und den geschlechtsspezifischen Stereotypen entsprechen.

Zusammenfassend kann an dieser Stelle festgehalten werden, dass sich mit Beginn der Pubertät Jungen und Mädchen stärker voneinander abgrenzen und sich die Bereiche, in denen sie sich vorrangig engagieren, stärker voneinander unterscheiden als zuvor. Die Untersuchungen der Selbstbeschreibungen (Galambos et al., 1990; Petersen et al., 1995) zeigten, dass in dieser Altersstufe vor allem das Ausmaß selbstberichteter Maskulinität zwischen den Geschlechtern trennt. In dieser Phase sollte es für Mädchen besonders funktional sein, sich von einem Jungenfach wie Physik zu distanzieren, da sie durch das Ablehnen maskuliner Domänen ihre weibliche Identität ausbauen und zeigen können. Gute Leistungen in einem Jungenfach würden sie möglicherweise nicht als besonders erstrebenswert ansehen, da diese ihre Weiblichkeit eher in Zweifel ziehen würden und sie aus den Leistungen auch keinen hohen Selbstwert ableiten würden.

3.5.3 Beeinflussung der gender intensification durch den Kontext

Es soll nun ein letzter Befund aus dem Bereich der Gender- Intensification-Forschung vorgestellt werden, der einen Bogen zu den im vorherigen Kapitel referierten Untersuchungen spannt, bei denen es um die Aktivierung der Geschlechtskategorie sowie die Betonung und/ oder Entstehung von Geschlechterdifferenzen durch den aktuellen Kontext ging: Crouter, Manke & McHale (1995) untersuchten nämlich, welche Rolle der familiale Kontext bei der Intensivierung der Geschlechterdifferenzen in der Adoleszenz spielt. Als ein Indikator für diese Intensivierung galten dyadische Aktivitäten mit dem gleichgeschlechtlichen Elternteil. Eine Zunahme dieser dyadischen Aktivitäten war zwar insgesamt bei allen untersuchten Jugendlichen zu beobachten, in besonderem Maße jedoch bei jenen, die ein jüngeres gegengeschlechtliches Geschwister hatten. Jungen, die eine jüngere Schwester hatten, verbrachten mit 11,5 Jahren deutlich mehr Zeit allein mit ihrem Vater als mit 10,5 Jahren. Entsprechendes galt für Mädchen, die einen jüngeren Bruder hatten: sie verbrachten mehr Zeit mit der Mutter und außerdem verringerte sich bei ihnen auch die Zeit, die sie allein mit ihrem Vater verbrachten. Dagegen hatte es auf diese dyadischen Aktivitäten keinen Einfluss, ob die Arbeitsteilung in den Familien, in denen die Jugendlichen lebten, traditionell oder egalitär war. Ein zweiter Indikator für die Übernahme der jeweiligen Geschlechterrolle war in dieser Studie die Häufigkeit, mit der geschlechtypisierte Hilfstätigkeiten im Haushalt ausgeübt wurden. Die Art der familialen Arbeitsteilung hatte Auswirkungen darauf, wie häufig Mädchen selbst typisch weibliche Hausarbeiten verrichteten, allerdings trat dieser Zusammenhang auch nur bei jenen Mädchen auf, die einen jüngeren Bruder hatten. Mädchen, die einen jüngeren Bruder hatten und zudem aus Familien mit traditioneller Arbeitsteilung zwischen den Eltern stammten, hatten zum zweiten Messzeitpunkt mehr feminine Aufgaben im Haushalt übernommen als alle anderen untersuchten Jugendlichen. Vor dem Hintergrund der in Abschnitt 3.4.1.2 referierten Befunde könnte man diese Ergebnisse als Hinweis darauf sehen, dass das Geschlecht eines Kindes besonders hervorgehoben ist, wenn andersgeschlechtliche Geschwister vorhanden sind, wenn also die Kinder einer Familie insgesamt eine gemischtgeschlechtliche Gruppe bilden. In der Folge scheint bei diesen Kindern der Druck, sich ab der Pubertät besonders geschlechtstypisiert zu verhalten, größer zu sein als bei Kindern in anderen Familienkonstellationen.

3.5.4 Bedeutung der Befunde für die vorliegende Arbeit

Für die vorliegende Arbeit ist festzuhalten, dass es während der Pubertät sehr wahrscheinlich zu besonders geschlechtstypischem Verhalten kommt, und dass die Jugendlichen Wert darauf legen, sich von dem anderen Geschlecht abzugrenzen.

Geschlechtstypisiertes Verhalten ist während der Pubertät aus verschiedenen Gründen zu erwarten. Um sie in den theoretischen Rahmen der vorliegenden Arbeit einzubetten, sollen nun zwei Ebenen von Gründen unterschieden werden, denen m.E. ein unterschiedliches Ausmaß an Bewußtheit zukommt.

Die Reaktionen auf folgende Auslöser scheinen - wenigstens bis zu einem bestimmten Punkt - auch bewußt lenkbar zu sein: Jugendliche verhalten sich besonders geschlechtstypisiert, weil dies notwendig erscheint oder ist, um den Erwartungen anderer Personen zu entsprechen und um die eigene neue Identität als Mann oder Frau aktiv aufzubauen, auszuprobieren und auszugestalten. Zudem führen die eigenen körperlichen Veränderungen wie auch das „Pubertieren der ganzen Kohorte" dazu, dass sich die Jugendlichen häufiger als zuvor mit ihrer Geschlechtsidentität auseinandersetzen. Aus diesen Gründen verhalten sie sich - eventuell auch ganz bewusst - besonders geschlechtstypisiert. Aus diesen Gründen aktivieren sie aber auch häufig dasjenige Selbstkonstrukt, das die eigene Geschlechtszugehörigkeit enthält und verhalten sich allein deshalb entsprechend geschlechtstypisiert, denn das gezeigte Verhalten sollte - der Theorie des dynamischen Selbst von Hannover (1997a) folgend - mit dem Inhalt des Arbeitsselbst kongruent sein. Aus diesem häufig erfolgenden Zugriff resultiert zudem eine chronisch hohe Zugänglichkeit des geschlechtsbezogenen Selbstkonstruktes. Diese chronisch hohe Zugänglichkeit impliziert nun, dass die eigene Geschlechtsidentität besonders leicht aktivierbar ist, das heisst, dass sie in zahlreichen Situationen das Arbeitsselbst der Jugendlichen ausmachen wird. Die vollständig unbewußte Ebene, die geschlechtsrollenkonformes Verhalten erzeugt, ist genau diese: Aus der chronisch hohen Zugänglichkeit der Geschlechtsidentität resultiert, dass geschlechtsbezogenes Selbstwissen - zusätzlich zu den im ersten Punkt beschriebenen Anlässen - in allen möglichen Situationen zum Arbeitsselbst wird und in diesen Situationen ebenfalls die Informationsverarbeitung und das Verhalten bestimmt, das entsprechend geschlechtstypisiert ausfällt.

Aufgrund dieser Überlegungen und der in diesem Kapitel vorgestellten Befunde kann also nicht angenommen werden, dass die größere geistige Flexibilität ab dem Jugendalter auch zu flexiblerem Verhalten führt. Im Gegenteil scheint ein lockerer Umgang mit Normen, die das eigene Verhalten betreffen, erst dann möglich zu sein, wenn diese auf diese Normen bezogene Identität weitgehend gefestigt ist und nicht mehr nur - gerade über die Befolgung der Normen - aufgebaut wird.

Für das Thema der Arbeit sind diese Überlegungen von großer Bedeutung, denn geschlechtsrollenkonformes Verhalten bedeutet für Mädchen auch, sich von maskulin konnotierten Bereichen wie z.B. dem Schulfach Physik zu distanzieren. Dabei ist es eine bedauerliche Koinzidenz, dass sie den Anfangsunterricht in diesem Fach in der Regel gerade dann haben, wenn eine entschiedene Ablehnung maskuliner Domänen zu erwarten ist - in Berlin wird beispielsweise in der achten Klasse zum ersten Mal Physikunterricht erteilt.

Um so wichtiger sollte es sein, den Physikunterricht in dieser Phase so abzuhalten, dass Geschlecht nicht noch explizit betont wird. Der aktuelle Kontext sollte möglichst nicht die ohnehin schon chronisch hoch zugängliche Geschlechtsidentität aktivieren und ins Arbeitsselbst der Mädchen befördern. Wenn ihnen in der Unterrichtssituation die eigene Geschlechtszugehörigkeit nicht besonders zugänglich ist, sie also gerade gar nicht daran „denken“, dass sie Mädchen sind, sollten sie sich entsprechend wenig geschlechtstypisiert verhalten und sich deshalb weniger vom „Jungenfach“ Physik distanzieren als in einem Kontext, in dem Geschlecht ein salientes Merkmal darstellt.

4 Getrenntgeschlechtliche Unterrichtung

Wie in Kapitel 1 beschrieben, nutzen Jungen und Mädchen in der BRD die Angebote der - seit den 60er Jahren koedukativ geführten - Schulen nicht in gleicher Weise, sondern spezialisieren sich gemäß den gängigen Geschlechterstereotypen: Mädchen distanzieren sich von den naturwissenschaftlichen Fächern: Sie sind in Physik leistungsschwächer als Jungen, haben an naturwissenschaftlichen Fächern insgesamt deutlich weniger Interesse, das zudem im Laufe der Pubertät noch stärker abnimmt als das von Jungen, und sie haben auch dann in Mathematik und Physik ein schlechteres fachspezifisches Selbstkonzept als Jungen, wenn sie vergleichbare Leistungen erbringen. Das Kurswahlverhalten von Schülerinnen und Schülern entspricht ebenfalls den gängigen Geschlechterstereotypen (vgl. Kapitel 1).

4.1 Vergleich von koedukativen und monoedukativen Schulen

Diese geschlechtsstereotype Spezialisierung in schulischen Interessen, Leistungen und Schwerpunktsetzungen ist, so zeigten verschiedene Studien internationaler und deutscher Herkunft, in getrenntgeschlechtlichen Schulen weniger stark ausgeprägt.

Es wurde mehrfach festgestellt, dass die Schülerinnen aus Mädchenschulen im Vergleich zu Schülerinnen aus koedukativen Schulen in maskulin stereotypisierten Fächern wie Naturwissenschaften oder Mathematik bessere Leistungen zeigen, dass sie entsprechende Kurse häufiger wählen und auch ein besseres fachspezifisches Selbstkonzept sowie höheres Interesse an diesen Fächern bekunden[38]:

Ormerod ging schon 1975 gezielt der Hypothese nach, dass die geschlechtsspezifische Polarisierung in koedukativen Schulen stärker ausgeprägt ist als in monoedukativen; in einer Stichprobe von n=1204 Schülerinnen und Schüler aus 19 englischen Schulen bestätigte sich diese Vermutung (Ormerod, 1975). Foon (1988) stellte bei einem Vergleich von n=1675 australischen Schülerinnen und Schülern zehnter Klassen ebenfalls fest, dass in koedukativen Schulen die Fachpräferenzen und Leistungseinschätzungen stärker an den gängigen Stereotypen ausgerichtet waren als in monoeduka-

---

38 Gute Überblicke zum Thema bieten Baumert (1992) und Mael (1998).

tiven Schulen. Eine weitere australische Studie ergab in gleicher Weise, dass Schülerinnen monoedukativer Schulen bessere Leistungen in naturwissenschaftlichen („science-") Kursen zeigten und solche häufiger wählten als Schülerinnen aus gemischten Schulen, obwohl die vergleichbaren koedukativen Schulen besser für naturwissenschaftlichen Unterricht ausgerüstet waren (Branson & Miller, 1979, zitiert nach Mael, 1998). Ein Vergleich von n=1039 Mädchen zwölfter Klassen in zwei australischen Staaten wies in die gleiche Richtung: Bei dieser Untersuchung von Carpenter und Hayden (1987) wurden der sozioökonomische Status der Schülerinnen, die Ermutigung durch Lehrkräfte und Eltern, die Peereinflüsse sowie die Anzahl naturwissenschaftlicher Unterrichtsstunden kontrolliert. Der Besuch einer Mädchenschule erwies sich in einem der beiden Staaten als signifikanter Prädiktor für die Belegung naturwissenschaftlicher Kurse und für gute Leistungen insgesamt.

Lee und Mitarbeiter (Lee & Bryk, 1986, Lee & Marks, 1990) analysierten einen Datensatz (n=1807 aus 75 katholischen Schulen) der nordamerikanischen „High School and Beyond"-Studie. Dabei zeigte sich für beide Geschlechter, dass der Besuch einer monoedukativen Schule mit besseren Leistungen, höheren Bildungsaspirationen und positiveren Einstellungen gegenüber akademischen Leistungen verbunden war, und die Vorteile für Mädchen noch größer waren als die für Jungen. Mädchen belegten in Mädchenschulen beispielsweise mehr Mathematikkurse und äußerten größeres Interesse an Mathematik als in koedukativen Schulen. Zudem war der Leistungszuwachs in Science in den Mädchenschulen binnen zweier Jahren signifikant größer als in koedukativen Schulen, obwohl die Schülerinnen in Mädchenschulen in diesem Fach nicht mehr Kurse belegt hatten (Lee & Bryk, 1986).

In einer Untersuchung von n=2777 englischen Schülerinnen und Schülern waren Mädchen aus koedukativen Schulen in naturwissenschaftlichen Fächern schlechter als ihre männlichen Klassenkameraden, wohingegen die Schülerinnen aus Mädchenschulen den Schülern aus Jungenschulen in naturwissenschaftlichen Fächern sogar überlegen waren (Finn, 1980). Ebenfalls in England wurde die Studie von Harvey und Stables (1986) durchgeführt, in der die Einstellungen gegenüber naturwissenschaftlichen Fächern bei n=2311 Schülerinnen und Schülern untersucht wurden. Dabei zeigte sich erstens, dass Jungen naturwissenschaftlichen Fächern gegenüber positiver eingestellt waren als Mädchen und zweitens, dass Mädchen aus reinen Mädchenschulen diesbezüglich positivere Einstellungen als Mädchen aus koedukativen Schulen aufwiesen. Zu vergleichbaren Ergebnissen kam Stables (1990) in einer Studie mit den Schülern des siebten Jahrgangsaus sieben gemischten und sechs getrenntgeschlechtlichen englischen Schulen: Die Fachpräferenzen in koedukativen Schulen waren stärker geschlechtstypisiert als in monoedukativen, dies galt in besonderem Maße für das Fach Physik. In dieser Studie wurden die durch standardisierte Tests erhobenen akademischen Leistungen vor Eintritt in die Schulen kontrolliert. Gwizdala und Steinbeck (1990) stellten fest, dass Mädchen in monoedukativen Schulen positivere Einstellungen dem Fach Mathematik gegenüber äußerten als in koedukativen Schulen. Bone (1983, zitiert nach Baumert, 1992) berichtet, dass Schülerinnen in den Mädchenschulen Großbritanniens häufiger mathematisch-naturwissenschaftliche Prüfungsfächer wählen als Mädchen in koedukativen Schulen. Bei einem Vergleich von n=213 Neuntklässlerinnen (Cipriani-Sklar, 1997), von denen etwa eine Hälfte koedukative und die andere Hälfte monoedukative Schulen besuchten, zeigte sich, dass sich zwar das globale akademische Selbstkonzept der beiden Schülerinnengruppen nicht signifikant unterschied, es aber erwartungskonforme Differenzen auf fachspezifischen Variablen gab: Mädchen aus Mädchenschulen hatten sowohl ein besseres mathematikbezogenes Selbstkonzept als auch ein besseres auf Naturwissenschaften bezogenes Selbstkonzept als die Schülerinnen aus gemischten Schulen. Außerdem berichteten die Mädchen gemischter Schulen über eine höhere auf Naturwissenschaften bezogene Trait-Angst und tendenziell auch über eine höhere entsprechende State-Angst als Mädchen aus Mädchenschulen. In der Tendenz ähnliche Ergebnisse liegen beispielsweise auch aus Thailand (Jiminez & Lockheed, 1989) und Nigeria (Ato & Wilkinson, 1983; Banu, 1986; Erinosho, 1997) vor.

Im deutschsprachigen Raum wurde die Diskussion über Koedukation durch eine Studie von Roloff, Metz-Göckel, Koch und Holzrichter (1987) angestoßen, die bei einer Untersuchung des Studienverlaufs und der Berufseinstiegsprobleme Dortmunder Chemie- und Informatikstudentinnen zufällig darauf stießen, dass 36% der Studentinnen der Diplom-Studiengänge Chemie und Informatik Mädchenschulen besucht hatten, obwohl im gesamten Jahrgang 1983 nur 14% aller Schülerinnen in Nordrhein-Westfalen ihr Abitur an einer Mädchenschule gemacht hatten. In einer Anschlussuntersuchung, die gezielt diesem Phänomen nachging (Kauermann-Walter et al., 1988), konnten diese Befunde bestätigt werden: 36% der Chemie-Studentinnen und sogar 47% der Informatikstudentinnen hatten ihre Hochschulreife an einer Mädchenschule erworben. Diese Studie ist methodisch mehrfach stark kritisiert worden: Es handelte sich bloß um eine retrospektive postalische Befragung; die Vergleichsgröße der Mädchschulabsolventinnen im Jahre 1983 stelle vermutlich eine Unterschätzung dar, weil die allmähliche Überführung von Mädchengymnasien in koedukative Schulen nicht berücksichtigt wurde, in deren höheren Jahrgängen sich trotzdem so gut wie ausschließlich Mädchen befanden; die hohe Eingangsselektivität von Mädchenschulen fand keine Beachtung; eine männliche Vergleichsgruppe fehlt, wodurch nicht belegt werden kann, dass die positiven Auswirkungen getrennter Unterrichtung spezifisch für Mädchen sind (Giesen et al., 1992). Allerdings fungierte diese Studie als eine Art Initialzündung, Spezifika getrennt- und gemischtgeschlechtlicher Unterrichtung in Deutschland zu untersuchen.

Ein Vergleich der Leistungskurswahlen in koedukativen und monoedukativen Schulen in Rheinland-Pfalz aus dem Schuljahr 1985/86 zeigte, dass die Schwerpunktsetzung von Jungen und Mädchen in monoedukativen Schulen weniger geschlechtsstereotypisiert war als in koedukativen Schulen: 38% der Mädchen an Mädchenschulen hatten Mathematik, 6% Physik und 40% Deutsch als Leistungsfach gewählt. Von den Mädchen aus koedukativen Schulen des gleichen Bundeslandes entschieden sich 24% für Mathematik, 4% für Physik und 49% für Deutsch (zitiert nach von Martial, 1998). Die Bedeutung der Koedukation für die Leistungskurs- und Studienfachwahl wurde in einer umfangreichen Längsschnittuntersuchung von Giesen und Mitarbeitern (1992) untersucht. Dabei umfasste die Ausgangsstichprobe insgesamt n=3500 Schülerinnen und Schüler der 11. Gymnasialklassen in den alten Bundesländern, die aus Kohorten der Jahrgänge 1972, 1973, 1974 und 1976 bestand, wobei jeweils nach Bundesländern geschichtete Zufallsstichproben gezogen worden waren. Zunächst überprüften die Autoren die oben zitierten Ergebnisse von Kauermann und Mitarbeiterinnen, indem sie in ihrer Analyse die Studierenden der Fächer Informatik und Chemie den Studierenden aller anderen Fächer gegenüber stellten. Dabei stellte sich heraus, dass Studentinnen unabhängig von der Organisationsform der zuvor besuchten Schule seltener als Studenten die Studienfächer Chemie/ Informatik belegten. Wurde jedoch als Kernannahme zugrunde gelegt, dass Absolventinnen von monoedukativen Schulen überzufällig häufig „harte" Naturwissenschaften (Mathematik, Physik, Chemie, Informatik und Ingenieurwissenschaften) studieren, ohne ausschließlich auf die Fächer Chemie und Informatik zu fokussieren, zeigte sich das erwartete Muster: Schülerinnen aus Mädchenschulen nahmen häufiger als Schülerinnen aus koedukativen Gymnasien ein Studium in der genannten Fächergruppe auf. Ein analoges Bild ergab sich auch bei der Untersuchung von Leistungskurswahlen: Schülerinnen in Mädchenschulen belegten häufiger ein oder zwei naturwissenschaftliche Fächer als Leistungskurse als Schülerinnen in koedukativen Schulen. Bei Jungen war die Tendenz dagegen genau umgekehrt: In reinen Jungenschulen wählten sie häufiger als in koedukativen Schulen zwei sprachlich-literarische Fächer als Leistungskurse bzw. kombinierten eines davon mit einem gesellschaftswissenschaftlichen Fach. Auch das Interesse an naturwissenschaftlichen und technischen Tätigkeiten klaffte zwischen den Geschlechtern unter koedukativen Bedingungen stärker auseinander als unter monoedukativen, und dies lag vor allem daran, dass sich die Interessen der Mädchen aus Mädchenschulen an die Interessenprofile der Jungen annäherten. Die Abiturnoten unterschieden sich ebenfalls in Abhängigkeit von Geschlecht und Schulform: In koedukativen Schulen erhielten Schülerinnen in den sprachlichen Fächern und in Biologie bessere Noten als die Schüler, wohingegen sich die Noten in monoedukativen Schulen anglichen. Giesen und Mitarbeiter meinen, bei der Notenvergabe in Sprachen und Biologie in koedukativen Schulen einen „Mädchen-Bonus" und „Jungen-Malus" zu erkennen, wodurch Schülerinnen ermutigt würden, Sprachen oder Biologie zu studieren. Dagegen kommen für Abiturientinnen aus Mädchenschulen, wenn sie ihren Notenspiegel betrachten, natur- und geisteswissenschaftliche Studienfächer gleichermaßen in Frage.

Holz-Ebeling und Hansel (1993) konnten in einer schultypvergleichenden Studie mit jeweils zwei privaten koedukativen und zwei privaten Mädchengymnasien zeigen, dass die Schülerinnen aus den Mädchenschulen im mathematisch-naturwissenschaftlichen Bereich stärkere Interessen zeigten, mehr entsprechende Leistungskurse wählten und auch ihre diesbezügliche Begabung höher einschätzten. Auswirkungen auf die Studienfachwünsche und die Physikkenntnisse ließen sich jedoch nicht feststellen. Bei einem Vergleich von jeweils zwei monoedukativen und koedukativen katholischen Privatgymnasien fanden Rohr und Rollet (1992), dass die Mädchen aus den Mädchenschulen zwar bessere Noten in Physik und Chemie vorwiesen als ihre Altersgenossinnen aus den koedukativen Schulen, jedoch keine andersgearteten Studienwünsche äußerten.

Neben den oben zitierten Studien existieren auch Untersuchungen, die keine Unterschiede zwischen den Schülerinnen monoedukativer und koedukativer Schulen feststellten (Conway, 1997; Hughes, Lauder & Strathdee, 1996; LePore & Warren, 1997; Marsh, 1989a; Marsh, Smith, Marsh & Owens, 1988; McEwen, Knipe & Gallagher, 1997; Rost & Pruisken, 2000). Demnach ist zusammenfassend festzustellen, dass der Forschungsstand zu den Auswirkungen monoedukativer oder koedukativer Schulen nicht eindeutig ist: Entweder erwiesen sich monoedukative Schulen als vorteilhaft für das Engagement von Mädchen in mathematisch-naturwissenschaftlichen Fächern oder es gab keine Unterschiede zwischen den Schülerinnen beider Schulformen. Immerhin zeigte sich nie, dass die Schülerinnen aus koedukativen Schulen denen aus Mädchenschulen im mathematisch-naturwissenschaftlichen Bereich überlegen gewesen wären, so dass Unterricht in geschlechtshomogenen Lerngruppen Mädchen ganz sicher nicht zu schaden, sondern mit gewisser Wahrscheinlichkeit zu nützen scheint. Allerdings weisen Studien, die die Populationen monoedukativer und koedukativer Schulen miteinander vergleichen, eine Reihe methodischer Probleme auf, die die Interpretation der Ergebnisse erschweren. Im folgenden Abschnitt wird beschrieben, welche Probleme bestehen und auf welche Weise ihnen bisher begegnet wurde.

4.2 Methodische Probleme beim Vergleich koedukativer und monoedukativer Schulen

Ein zentrales Problem beim Vergleich der Schüler und Schülerinnen koedukativer und monoedukativer Schulen besteht darin, dass sich die Schülerpopulationen dieser Schulformen von vornherein bezüglich wesentlicher Merkmale voneinander unterscheiden. Es wurde mehrfach belegt, dass monoedukative Schulen hochselektiv rekrutieren: So schnitten die Schülerinnen und Schüler aus den reinen Mädchen- oder Jungenschulen schon im Alter von 11 Jahren - bevor sie diese Schulform besuchten - in Leistungstests besser ab als diejenigen, die weiterhin eine koedukative Schule besuchen würden, und von ihnen kamen überproportional viele aus Mittelklassen-Familien (Steedman, 1985). In der Untersuchung von Giesen und Kollegen (1992) zeigte sich, dass Kinder aus der Oberschicht überzufällig häufig monoedukative Schulen besuchten, und Lee & Marks (1992) fanden, dass Schülerinnen und Schüler monoedukativer Schulen eine besonders religiöse Einstellung hatten. Diese Befunde sind außerordentlich wichtig, signalisieren sie doch, dass die Schülerschaften beider Schulformen nicht miteinander vergleichbar sind und Unterschiede im Leistungs- und Interessenprofil zwischen ihnen nicht ausschließlich auf die verschiedenen Schulformen zurückzuführen sind.

Untersuchungen zum spezifischen Klima in monoedukativen und koedukativen Schulen weisen zudem darauf hin, in den getrenntgeschlechtlichen Schulen eine bestimmte Art von Lerntradition verfolgt wird, die sich systematisch von der der gemischten Schulen unterscheidet: Schulen mit Geschlechtertrennung zeichnen sich in der Regel durch eine im Vergleich mit gemischten Schulen stärkere Leistungsorientierung, durch stärkeren Wettbewerb, bessere Disziplin und stärkere soziale Kontrolle aus, wohingegen in koedukativen Schulen mehr Wert auf soziale Kontakte und nicht akademische Tätigkeiten legen (Schneider & Coutts, 1982; Trickett, Trickett, Castro & Schaffner, 1982). Das heißt, dass vor allem Jugendliche, die besonders leistungsmotiviert sind und/oder deren Eltern besonders hohe Ansprüche an die Leistungen ihrer Kinder haben, monoedukative Schulen bevorzugen würden. Auch vor dem Hintergrund dieser Befunde ist es unklar, ob Unterschiede zwischen den Absolventen beider Schulformen auf die getrennte Unterrichtung „an sich" zurückzuführen sind.

Ein weiteres Problem von Feldstudien, die Schüler und Schülerinnen verschiedener Schulen vergleichen, liegt in der Konfundierung der Schultypvariablen mit der der Lehrkraft, da diese nicht konstant gehalten werden kann. Kauermann et al. (1988) vermuteten beispielsweise, dass die größere Anzahl weiblicher Lehrkräfte, wie sie in Mädchenschulen relativ zu koedukativen Schulen in den mathematisch-naturwissenschaftlichen Fächern anzutreffen ist, die Studienfachwahl im Sinne einer Vorbildwirkung indirekt beeinflusst haben könnte (vgl. auch Miller-Bernal, 1993)[39]. Auch wäre denk-

---

39 Dass dieser Einflussfaktor tatsächlich wichtig ist, ergab eine Analyse der Realschulabschlussprüfung in Mathematik aus sämtlichen Realschulen Baden-Württembergs im Jahr 1998, bei der die Daten von rund 900 Klassen und von 21000 Schüler und Schülerinnen vorlagen: Schülerinnen profitierten in fast allen Bereichen deutlich von Lehrerinnen, bei männlichen Schülern spielte dagegen das Geschlecht der Lehrkraft keine Rolle. Bei der Prüfung erreichten Schülerinnen bei Lehrerinnen 7% mehr Punkte als bei männlichen Lehrern; und bei männlichen Lehrern lagen Schülerinnen

bar, dass sich die Lehrkräfte beider Schulformen bezüglich ihrer Einstellungen und Unterrichtspraxen systematisch voneinander unterscheiden, so dass möglicherweise weniger die Trennung als solche, als vielmehr die Unterrichtung durch beispielsweise besonders engagierte, „mädchenfreundliche" Lehrerinnen und Lehrer zum guten Abschneiden der Schülerinnen monoedukativer Schulen führt.

Im folgenden Abschnitt wird berichtet, auf welche Weise versucht wurde, diese methodischen Probleme zu kontrollieren und somit die Aussagekraft der Studien zu erhöhen.

4.3 Lösungen für die methodischen Probleme schultypvergleichender Studien

In der bereits vorgestellten Studie von Giesen und Mitarbeitern (1992) wurde die soziale Schichtzugehörigkeit erfasst und floss als Prädiktor in die log-linearen Modelle ein, durch die die Leistungskurs- und Studienfachwahlen vorhergesagt wurden. Dadurch konnte untersucht werden, ob die nachweisbare Eingangsselektivität der monoedukativen Schulen einen Einfluss darauf hat, dass Absolventinnen von Mädchenschulen überzufällig häufig ein Studium aus dem mathematisch-naturwissenschaftlichen Bereich aufnehmen. Es zeigte sich zwar, dass Studentinnen eher aus der sozialen Oberschicht kommen als Studenten und dass Kinder aus der Oberschicht besonders häufig monoedukative Schulen besuchten, aber die Schichtzugehörigkeit spielte bei der Interaktion von Geschlecht, Schulform und Leistungskurs- oder Studienfachwahl keine Rolle. Dieses Ergebnis ist ein Hinweis darauf, dass die soziale Schichtzugehörigkeit bei der untersuchten Fragestellung nur eine untergeordnete Rolle spielt.

Häufig wurde die Eingangsselektivität der Stichproben durch die statistische Kontrolle potentieller Störvariablen korrigiert (Carpenter & Hayden, 1987; Lee & Bryk, 1986; Marsh, 1989a; Stables, 1990; Steedman, 1985). Die einzelnen Untersuchungen, die dieses Vorgehen anwandten, unterscheiden sich darin, wie viele bzw. welche Variablen kontrolliert wurden. Die Analysen des Datensatzes der „High-School-and-Beyond"-Studie durch zwei verschiedene Forschergruppen kamen aufgrund der Verwendung unterschiedlicher Kontrollvariablen zu ganz unterschiedlichen Ergebnissen: Lee und Bryk (1986), in deren Analyse sich der Besuch einer monoedukativen Schule als vorteilhaft erwies (vgl. Abschnitt 4.1), hatten soziale Hinter-

---

im Prüfungserfolg 0.28 Noten hinter Schülern zurück, bei Lehrerinnen lediglich 0,08 Noten. (Lörcher & Maier, 2000, http://www.freidok.uni-freiburg.de/volltexte/120). Der Anteil weiblicher Lehrkräfte ist gerade im Fach Physik gering: Beispielsweise sind in Westteil von Berlin im Schuljahr 1999/2000 nur 23% der Physiklehrkräfte Frauen (im Ostteil Berlins jedoch 53%) (Landesschulamt Berlin, persönliche Mitteilung, 7.4.2000).

grundmerkmale der Schülerinnen und Schüler kontrolliert. Marsh (1989a) reanalysierte den Datensatz und kontrollierte dabei außer den sozialen Hintergrundmerkmale auch noch eine Vielzahl weiterer Leistungsmerkmale, um die von ihm unterstellte selektive Rekrutierung besonders begabter und/ oder ehrgeiziger Schülerinnen und Schüler zu berücksichtigen. Seine Berechnungen zeigen so gut wie keine Unterschiede zwischen Jugendlichen aus getrennten und gemischten Schulen.

Die intensive Diskussion um diese Ergebnisse (Lee & Bryk, 1989; Marsh, 1989a; Marsh, 1989b) verdeutlichte, wie schwer die Eingangsselektivität zu kontrollieren ist. Werden ausschließlich soziale Hintergrundmerkmale kontrolliert, wie bei Lee und Bryk (1986), kann der Einfluss weiterer wichtiger Unterschiede zwischen der Schülerschaft von gemischten und getrennten Schulen, die bereits vor Eintritt in diese Schulen bestanden, übersehen werden. Wird dagegen eine ganze Batterie von Leistungsmerkmalen berücksichtigt, wie in der Studie von Marsh (1989a), werden womöglich auch Effekte der Organisationsform herauspartialisiert, da mit der Zahl der berücksichtigten Kovariaten auch die Chance sinkt, noch Effekte zu identifizieren (Baumert, 1992) .

Um Unterschiede im Leistungs- und Interessenprofil der beiden Schülerpopulationen auf die unterschiedliche Schulform zurückführen zu können, wurden noch andere Strategien als die statistische Kontrolle von potentiellen Störvariablen verfolgt: Die ausschließliche Untersuchung privater und/oder konfessionell gebundener Schulen sollte eine weitgehende Äquivalenz der Stichproben sichern (z.B. Holz-Ebeling & Hansel, 1993; Lee & Bryk, 1986; Marsh, 1989a; Rohr & Rollett, 1992; Rost & Pruisken, 2000), wodurch aber eine Generalisierung der Befunde auf öffentliche Schulen fraglich ist. Andere Autoren haben die Phase des Übergangs genutzt, um ein und dieselben Schulen vor und nach der Einführung von Koedukation zu untersuchen (z.B. Baumert,1992; Canada & Pringle, 1995; Marsh et al., 1988; Marsh, Owens, Myers & Smith, 1989; Signorella, Frieze & Hershey, 1996). Problematisch an diesem Vorgehen ist jedoch, dass Effekte der historischen Entwicklung, die z.B. zur Überführung der monoedukativen Schulen in koedukative geführt haben, mit den Effekten der Geschlechterkonstellation der Lerngruppen konfundiert sind.

Der Einfluss der Lehrkraft ist bei einem Vergleich der Schülerinnen und Schüler verschiedener Schulen nicht wirklich zu kontrollieren, da nie die gleichen Lehrer an zwei verschiedenen Schulen tätig sind. Jedoch wären theoretisch auch die Einstellungen der Lehrkräfte, ihr Geschlecht und beliebige andere Variablen erfassbar und statistisch kontrollierbar.

Die Konfundierungsprobleme, die sich beim Vergleich von Schülerinnen und Schüler monoedukativer und koedukativer Schulen ergeben, können dadurch umgangen werden, dass Schülerinnen und Schüler einer Schule zufällig koedukativen und monoedukativen Lerngruppen zugewiesen werden.

Mit einem solchen Design kann angemessen überprüft werden, ob die getrennte Unterrichtung als solche einen Einfluss auf das Engagement von Mädchen in mathematisch-naturwissenschaftlichen Fächern hat. Ein solches Vorgehen empfiehlt sich auch deshalb, weil die Auswirkungen einer vollständigen institutionellen Trennung möglicherweise auch nicht mit denen einer bloß zeitweiligen, auf das Fach Physik beschränkten Trennung gleichgesetzt werden können. Und da schulpolitisch derzeit nicht die Einführung von Jungen- und Mädchenschulen, sondern die zeitweilige Trennung in Naturwissenschaften diskutiert wird, sind Untersuchungen zur Trennung innerhalb koedukativer Schulen besonders wichtig. Wenn nun auch in geschlechtsgetrennten Lerngruppen innerhalb gemischter Schulen positive Auswirkungen zu beobachten sind, kann dies als ein Hinweis darauf gewertet werden, dass sowohl bei der vollständigen institutionellen wie auch der nur zeitweiligen und fachbezogenen Trennung der diesen Resultaten zugrundeliegende Mechanismus gleiche ist. Das heißt, durch die quasiexperimentelle Überprüfung der bislang vorliegenden Ergebnisse aus der Mono- und Koedukationsforschung werden auch diese weniger eindeutigen Ergebnisse aus Jungen- und Mädchenschulen aufgewertet.

Es wurden bereits einige Studien zu monoedukativen Kursen an koedukativen Schulen durchgeführt, deren Aussagekraft jedoch stark durch die Freiwilligkeit der Belegung eines monoedukativen Kurses eingeschränkt ist (Gillibrand, Robinson, Brawn & Osborn, 1999; Fox, Brody & Tobin, 1985; Harvey, 1985; Harvey & Wareham, 1984; Kravitz, 1988; Rowe, 1988). In der Regel bestätigte sich dabei die Erwartung, dass die getrennte Unterrichtung für Mädchen vorteilhaft sei: Wurden Mädchen in Mathematik oder beim Experimentieren getrennt unterrichtet, so waren ihre Leistungen sowie ihr Vertrauen in ihre fachbezogenen Fähigkeiten denen der koedukativ unterrichteten Mädchen überlegen. Gillibrand und Mitarbeiter (1999) konnten beispielsweise in einer dreijährigen Längsschnittstudie an einer sehr begrenzten Stichprobe zeigen, dass diejenigen Mädchen, die in einer gemischten englischen Schule den Physikunterricht zwei Jahre lang in reinen Mädchengruppen erhalten hatten (n=51), einen größeren Zuwachs im fachspezifischen Selbstvertrauen aufwiesen und nach dem Ende dieser zwei Jahre häufiger Physikkurse auf dem „A-level" belegten als die koedukative Kontrollgruppe (n=7). Obwohl die Aussagekraft dieser Studie aufgrund der geringen Zahl von Teilnehmerinnen, die zudem die Kurseinteilung auch selbst wählten, sehr eingeschränkt ist, geben die Autoren einen interessanten Hinweis darauf, weshalb die Mädchengruppen von so vielen bevorzugt wurden: Neben anderen Gründen erwarteten die Schülerinnen, in diesen Kursen besser abzuschneiden, weil sie bereits wußten, dass Schülerinnen in Mädchenschulen bessere Leistungen in Naturwissenschaften zeigen. Jedoch konnte in der Studie von Harvey (1985) keine positive Wirkung getrennten Anfangsunterrichts auf die Science-Kenntnissse der beteiligten Mädchen festgestellt werden.Auch in der Beobachtungsstudie von Harvey und Wareham (1984) zeigten sich keinerlei Differenzen im Experimentierverhalten von Mädchen in monoedukativen und koedukativen Lerngruppen.

Einige vorwiegend qualitativ ausgerichtete Untersuchungen aus dem deutschsprachigen Raum über Modellversuche mit getrenntgeschlechtlicher Unterrichtung konnten Hinweise auf eine positive Entwicklung von Mädchen in getrenntgeschlechtlichem Technik- oder Informatikunterricht geben (z.B. Nyssen, 1996; Volmerg, Creutz, Reinhardt & Eiselen, 1996). Allerdings weisen sie z.T. ein Untersuchungsdesign auf, in dem die Effekte der getrennten Unterrichtung mit anderen Einflüssen konfundiert sind: In der Untersuchung von Nyssen (1996) wurden beispielsweise im Technikunterricht die Mädchengruppen ausschließlich von weiblichen, die gemischten sowie die Jungengruppen von männlichen Lehrkräften unterrichtet. Im Mathematikunterricht der beteiligten Gesamtschule wurden nur die leistungsstarken Schüler und Schülerinnen aus den sog. „E-Kursen" geschlechtsgetrennt unterrichtet, wohingegen die auf niedrigerem Niveau angesiedelten „G-Kurse" gemischt abgehalten wurden.

Eindeutig interpretierbare Ergebnisse können letztlich nur solche Studien liefern, in denen experimentelle Gruppen beziehungsweise innerhalb einer Schule quasiexperimentelle Gruppen, die entweder monoedukativ oder aber koedukativ unterrichtet wurden, miteinander verglichen werden. Dabei sollte auch die Lehrervariable möglichst konstant gehalten werden. In Deutschland sind Studien, die eine quasiexperimentelle Zuweisung realisieren, zumindest formal gut realisierbar, da inzwischen in den Schulgesetzen mehrerer Bundesländer die Möglichkeit verankert ist, Jungen und Mädchen in einigen (v.a. naturwissenschaftlichen) Fächern zeitweilig oder auch unbefristet getrennt zu unterrichten (Schleswig-Holstein, Baden-Württemberg, Berlin, Nordrhein-Westfalen) (Faulstich-Wieland, 1993; Berliner Morgenpost, 25.2.1998). Ein Schulversuch, in dem der Einfluss der Monoedukation im naturwissenschaftlichen Unterricht in einem quasiexperimentellen Design untersucht wurde, ist der in den Jahren 1991 bis 1994 in Kiel von Hoffmann et al. (1997) durchgeführte BLK-Modellversuch. Dabei wurden die Auswirkungen der zeitweilig getrennten Unterrichtung im Physik- und Chemieanfangsunterricht sowie einer an den Interessen der Mädchen und Jungen orientierten Unterrichtskonzeption untersucht. In sechs Gymnasien wurde jeweils in derselben Schule der Physik- und Chemieanfangsunterricht entweder a) durchgängig in koedukativen Ganzklassen, b) wöchentlich wechselnd in koedukativen Halb- und Ganzklassen oder c) wöchentlich wechselnd in monoedukativen Halb- und in koedukativen Ganzklassen abgehalten. Die beteiligten Lehrkräfte der sechs Gymnasien unterrichteten jeweils unter zwei der drei möglichen Bedingungen. Alle diese sechs Modellschulen nahmen mit allen Lerngruppen auch an der Erprobung der neuen, an den Interessen von Jungen *und* Mädchen aufbauenden Unterrichtskonzeption teil. Wenn die Mädchen sowohl zeitweise getrenntgeschlechtlich als auch für die Dauer des ganzen Jahres nach dem in den sechs Modellschulen verwendeten Unterrichtskonzept unterrichtet worden waren, war ihr fachbezogenes Selbstkonzept besser als das der Mädchen in den koedukativen, konventionell unterrichteten Kontrollschulen. Die zeitweilige Unterrichtung in Mädchengruppen hatte allein keine Auswirkung auf das Selbstkonzept. Die zeitweise getrenntgeschlechtlich unterrichteten Mädchen verfügten nach der einjährigen Interventionsdauer über ein signifikant größeres Physikwissen als alle anderen Mädchen- und Jungengruppen. Diese positiven Veränderungen können eindeutig auf die experimentelle Manipulation der Gruppenkonstellation zurückgeführt werden, weil aufgrund des quasiexperimentellen Designs eine Konfundierung mit dem Schultyp und der Lehrervariablen ausgeschlossen werden kann.

4.4 Mögliche Gründe für die positiven Auswirkungen monoedukativer Unterrichtung in naturwissenschaftlichen Fächern

Was könnten die Gründe für das bessere Abschneiden von Mädchen in monoedukativer Lernumgebung sein? Die bisherigen Erklärungen dafür beziehen sich meistens auf Merkmale des koedukativen mathematisch-naturwissenschaftlichen Unterrichts, der Mädchen systematisch benachteilige. Er gehe vor allem auf die Vorerfahrungen und Interessen der Jungen ein und berücksichtige nicht, dass Mädchen im Durchschnitt vor Beginn des Physikunterrichts deutlich weniger technische Vorerfahrungen gesammelt haben als Jungen (Hannover et al., 1992; Hoffmann & Lehrke, 1986; Nyssen, 1996) und auch weniger durch technische Apparaturen als vielmehr durch die Erklärung von Naturphänomenen oder die Betrachtung des gesellschaftlichen Kontextes physikalischer Erkenntnisse für das Fach zu gewinnen seien (Hoffmann et al., 1997). Diese einseitige Ausrichtung des Unterrichts scheint auch eine langfristige Auswirkung der mangelnden pädagogischen Reflexion bei der Einführung koedukativer Schulen zu sein: In erster Linie handelte es sich dabei um die Öffnung der Jungenschulen für Mädchen, die ausschließlich pragmatischen Erwägungen folgte, ohne dass dabei das Curriculum an die Interessen der neuen Zielgruppe angepasst worden wäre (Kraul & Wirrer, 1993; Zinnecker, 1973).

Aber es wurde nicht nur festgestellt, dass die spezifischen Interessen und Vorerfahrungen von Mädchen im koedukativen naturwissenschaftlichen Unterricht nicht ausreichend berücksichtigt werden. Insgesamt werden Mädchen im koedukativen Unterricht weniger beachtet, seltener aufgerufen, weniger intellektuell gefördert als Jungen (Enders-Dragässer & Fuchs, 1989; Frasch & Wagner, 1982; Spender, 1985) und oft schon für geringe Leistungen gelobt (Dweck, 1989), wodurch sie und auch die anwesenden Jungen lernen, dass Mädchen für Naturwissenschaften wenig begabt seien Metz-Göckel (1987) formulierte, die Koedukation stelle den Jungen eine

„Bühne" zur Verfügung, „auf der sie ihre Männlichkeit gezähmt zur Schau stellen können" (S.467). Ähnliche Befunde werden aus den USA berichtet, und zwar aus allen Altersstufen von der Grundschule bis zur Universität: Männliche Schüler dürfen häufiger und länger sprechen, sie erhalten differenzierteres Feedback als die Mädchen, sie werden eher ermutigt, in die Klasse hinein zu fragen usw. Besonders unterschiedlich sei die Behandlung von Jungen und Mädchen in den maskulin stereotypisierten Disziplinen wie Mathematik, Physik, Technik (für einen Überblick vgl. Mael, 1998).

Ziegler, Broome und Heller (1998) betonen, dass die Argumente, die auf den Nutzen getrenntgeschlechtlicher Unterrichtung abzielen, meist „negativer Art" sind, da sie nur um die Frage kreisen, inwiefern der koedukative Unterricht versage und stillschweigend voraussetzen, dass die Probleme des koedukativen Unterrichts im monoedukativen gelöst seien. In einer eigenen Studie (Ziegler et al, 1998) stellten sie fest, dass die positiven Auswirkungen, die nach einem halben Jahr geschlechtshomogenen Physikunterrichts festgestellt wurden, vor allem auf die hohen anfänglichen Erwartungen zurückzuführen waren, die die beteiligten Mädchen an den getrenntgeschlechtlichen Unterricht hatten. Allerdings untersuchten sie nur eine sehr kleine Stichprobe (18 Mädchen mit monoedukativem Unterricht und 30 Mädchen mit koedukativem Unterricht), bei der die Mädchengruppe außer der Geschlechtshomogenität noch ein weiteres Merkmal aufwies: Sie war durch die Teilung einer Klasse entstanden, und damit nur circa halb so groß wie die Kontrollgruppe. Auch oder eventuell vor allem dieser Umstand könnte besonders positive Erwartungen an den Unterricht geweckt haben[40].

In der vorliegenden Arbeit sollen die vorliegenden Befunde, nach denen Mädchen im koedukativen naturwissenschaftlichen Unterricht häufig systematisch benachteiligt werden, so dass sich ihre Leistungen, ihr Interesse und ihr fachbezogenes Selbstkonzept entsprechend ungünstiger entwickeln als bei Jungen, nicht angezweifelt werden. Jedoch soll hier ein anderer Erklärungsansatz für die positiven Auswirkungen, die monoedukativer Unterricht auf das Engagement von Mädchen in naturwissenschaftlichen Fächern hat, verfolgt werden: Hannover (1997b) fand bereits, dass Jugendliche in koedukativen Klassen Freunde und Freundinnen danach auswählten, wie ähnlich sie ihnen in bezug auf einen Aspekt ihrer geschlechtsrollenbezoge-

---

40 Aktuelle repräsentative Umfragen belegen, dass in der BRD eine zeitweilige, fachspezifische Trennung im Unterricht mehrheitlich abgelehnt wird (Forsa-Insitut, 1998; Institut für Demoskopie Allensbach, 1998). Mael (1998) vermutet für den nordamerikanischen Raum, dass die starke Befürwortung der Koedukation durch Jugendliche vor allem aus Antworttendenzen der sozialen Erwünschtheit resultiert, da die Jugendlichen befürchten, im Falle der Präferenz getrennter Schulen für prüde, ängstlich im Kontakt mit dem anderen Geschlecht oder homosexuell gehalten zu werden. Er zitiert außerdem Hawley (1993), der die Ansicht vertritt, die Bevorzugung koedukativer Schulen durch Jugendliche sei ähnlich zu bewerten wie die Bevorzugung leichter Unterrichtsinhalte und weniger Hausaufgaben.

nen Identität waren. In monoedukativen Klassen hingegen waren die Freundschaftswahlen von diesem Identitätsaspekt vollkommen unabhängig. Dies ist ein Hinweis darauf, dass geschlechtsbezogenes Wissen in koedukativen Gruppen eine größere Rolle spielt als in monoedukativen. Dieser Erklärungsansatz wird im folgenden Abschnitt detaillierter dargestellt.

4.5 Folgerungen für die vorliegende Arbeit

Der Forschungsstand zu den Auswirkungen getrenntgeschlechtlicher Unterrichtung in naturwissenschaftlichen Fächern zeigt sich uneinheitlich: Entweder zeigten sich positive Auswirkungen für Mädchen oder nicht. Die einzelnen Studien sind dabei nicht vollständig vergleichbar, da die Kontrolle von Störvariablen sehr uneinheitlich gehandhabt wurde. Um so höher sind die Ergebnisse der quasiexperimentellen Studie von Hoffmann und Kollegen (1997) zu bewerten, in der die Mädchen von getrennter Unterrichtung in Physik profitierten. Es wäre sogar möglich, dass durch den wöchentlichen Wechsel von gemischten zu getrennten Gruppen, der in ihrer Studie praktiziert wurde, der Einfluss getrennter Unterrichtung unterschätzt wurde und bei einer durchgängigen monoedukativen Unterricht noch größere Effekte zu erwarten wären.

In der vorliegenden Arbeit wird vermutet, dass sich die positiven Effekte von Mädchengruppen in naturwissenschaftlichen Fächern auf folgende Weise erklären lassen: In Kapitel 3.2 und 3.3 wurden Theorien und Belege dafür angeführt, dass sich Menschen eher solchen Dingen zuwenden, die mit ihrem Selbstkonzept konsistent sind. Beispielsweise sind Menschen, die sich insgesamt mit mehr maskulinen Traits beschreiben, in maskulin stereotypisierten Domänen erfolgreicher und engagieren sich dort lieber als Personen, die sich vor allem mit femininen Traits beschreiben. Wir nehmen nun an, wie in Kapitel 2 unter Rückgriff auf das Modell des dynamischen Selbst von Hannover (1997a) beschrieben, dass das Selbstkonzept einer Person kein starres, monolithisches Gebilde darstellt, sondern sich aus vielen unterschiedlichen Selbstkonstrukten zusammensetzt, von denen in einem gegebenen Augenblick immer nur eines aktiviert ist. Das würde die Vorhersage erlauben, dass sich Menschen vorzugsweise solchen Dingen zuwenden sollten, die mit ihrem gerade aktivierten Selbstkonzept, also mit ihrem Arbeitsselbst konsistent sind. Damit wäre es für das Engagement in einem maskulin stereotypisierten Bereich wie Physik weniger von Bedeutung, für wie maskulin oder feminin sich eine Person im allgemeinen hält, sondern ob das in der aktuellen Situation, in der sie mit Physik konfrontiert ist, aktivierte Arbeitsselbst mit einem maskulinen Bereich kompatibel ist oder nicht.

Das heißt, wir fokussieren - dem Vokabular von Hannover (1997a) folgend - in dieser Arbeit weniger auf die chronische, sondern die situationale Zugänglichkeit maskulinen oder femininen Selbstwissens. In Abschnitt 3.4

sind zahlreiche Befunde dargestellt worden, die dafür sprechen, dass die Merkmale des Kontextes eine große Rolle dabei spielen, ob Geschlecht in einem bestimmten Augenblick eine saliente Kategorie ist und ob entsprechend das Arbeitsselbst der Beteiligten und damit deren Informationsverarbeitung und Verhalten geschlechtstypisiert sind oder nicht.

Diese Erkenntnisse zur Variabilität der Salienz von Geschlecht und von Geschlechtsunterschieden im Verhalten bieten eine Erklärungsmöglichkeit dafür, weshalb sich Mädchen aus geschlechtshomogenen Lerngruppen/ Schulen weniger von naturwissenschaftlichen Fächern distanzieren als Mädchen aus koedukativen Lerngruppen /Schulen. Schließlich ist es aufgrund der bisher vorgestellten Überlegungen und Befunde sinnvoll anzunehmen, dass das Arbeitsselbst der Mädchen in den Mädchengruppen weniger geschlechtstypisiert sein wird als in den gemischten Gruppen, und dass sich dies günstig auf ihr Engagement in einem „Jungenfach" wie Physik auswirken sollte. Denn nur wenn Mädchen in der konkreten Unterrichtssituation ihre eigene Geschlechtszugehörigkeit bewusst ist und sie sich selbst vorrangig als „Mädchen" wahrnehmen, sollten sie sich von maskulinen Domänen distanzieren. In dem Selbstkonstrukt „Ich als Mädchen" ist wahrscheinlich Selbstwissen enthalten, das mit den Anforderungen des Physikunterrichts nicht vereinbar ist, sondern im Gegenteil dazu führt, dass die Unterrichtsinhalte (demonstrativ) abgelehnt werden.

Im koedukativen naturwissenschaftlichen Unterricht ergeben sich aus der hohen Zugänglichkeit geschlechtsbezogenen Selbstwissens vor allem für die Mädchen Nachteile, da bei den Jungen durch die Salienz der eigenen Männlichkeit das Engagement in einer maskulinen Domäne auf keinen Fall behindert, sondern vielleicht sogar befördert wird. Es gibt jedoch auch Hinweise darauf, dass Jungen gute Schulleistungen zu Beginn der Pubertät insgesamt noch eher als feminin ansehen (vgl. Abschnitt 3.3.2), so dass auch sie einen Vorteil davon haben könnten, wenn ihnen in der konkreten Unterrichtssituation ihre Geschlechtsidentität weniger bewusst wäre. In Situationen, in denen den Jugendlichen andere Selbstkonstrukte als ihre Geschlechtsidentität (z.B. „ich als Schülerin" oder „ich als Schüler") zugänglicher sind und den Inhalt ihres Arbeitsselbst ausmachen, sollte geschlechtstypisiertes Verhalten weniger ausgeprägt sein. Sofern Mädchen und Jungen beispielsweise ihr Selbstwissen „ich als Schüler/in" aktiviert haben, sollten sie sich - ungeachtet der spezifischen Unterrichtsinhalte - auf gleiche Weise am Unterricht beteiligen können, so dass unter diesen Voraussetzungen niemand allein wegen seines oder ihres Geschlechts benachteiligt wäre[41].

---

41 Natürlich spielen Faktoren wie unterschiedliches Vorwissen über den Unterrichtsgegenstand weiterhin eine Rolle. Auch das Verhalten und die Einstellungen der Lehrkräfte sind unter monoedukativen Bedingungen genauso wichtig wie unter koeduaktiven.

In besonderem Maße sollten getrenntgeschlechtliche Lerngruppen in Physik in einer Phase nützlich sein, in der die eigene Geschlechtszugehörigkeit chronisch hoch zugänglich ist und besonders leicht zum Arbeitsselbst wird: während der Pubertät. Die Wahrnehmung der körperlichen Veränderungen sowie der sich verändernden Reaktionen und Erwartungen anderer auf die eigene Person tragen schließlich dazu bei, dass sich die Jugendlichen besonders häufig und intensiv mit der eigenen Geschlechtsidentität beschäftigen und diese dadurch chronisch hoch zugänglich und entsprechend leicht aktivierbar ist. In Abschnitt 3.5 wurde unter dem Stichwort der „gender intensification" dargestellt, dass geschlechtstypisiertes Verhalten in dieser Lebensphase besonders wahrscheinlich ist. In der Regel haben die Schülerinnen und Schüler mitten in der Pubertät zum ersten Mal Physikunterricht, in Berlin beginnt er beispielsweise in der achten Klasse. Das heißt, dass sich die Mädchen mit einem Fach beschäftigen sollen, das mit der Entwicklungsaufgabe, sich die eigene Geschlechterrolle anzueignen, inkompatibel ist. Eine Trennung sollte deshalb in dieser Klassenstufe besonders sinnvoll sein.

Wir erwarten also, dass sich Mädchen, die den Physikanfangsunterricht in geschlechtshomogenen Gruppen erhalten, stärker in diesem Fach engagieren und ein besseres fachbezogenes Selbstkonzept ausbilden als Mädchen, die den Anfangsunterricht in koedukativer Form erhalten. Dies soll in der vorliegenden Arbeit in einem quasiexperimentellen Design überprüft werden. Um schließlich auch unsere grundlegende Annahme, weshalb die monoedukative Unterrichtung in Physik bei Mädchen zur Ausbildung eines positiveren fachbezogenen Selbstkonzeptes führt, zu untersuchen, soll in einem Experiment geprüft werden, ob während des monoedukativen Unterrichts geschlechtsbezogenes Selbstwissen weniger zugänglich ist als im koedukativen Unterricht und ob die Zugänglichkeit geschlechtsbezogenen Selbstwissens mit dem phsyikbezogenen Selbstkonzept zusammenhängt. Die genauen Hypothesen sowie der detaillierte Ablauf des Experimentes werden im empirischen Teil im Kapitel 6 geschildert werden.

Das heißt, das in Abschnitt 3.1.6 angekündigte „undoing gender" würde in dieser Studie auf die zeitweilige Trennung der Geschlechter im Physikunterricht hinauslaufen. Hirschauer hatte aber ausdrücklich betont, dass gerade die institutionelle zeitweilige Trennung trotz der (seiner Meinung nach bloß vorgeblichen) „geschlechtlichen Entspannung dieser Situation selbst" (Hirschauer, 1994, S.679) insgesamt ein „institutional genderism" (Goffman, 1977; zitiert nach Hirschauer, 1994) darstelle und damit eben das Gegenteil von undoing gender. „Räumliche[n] Separierungen von sanitären Anlagen, Umkleidekabinen, Schulstunden, Kaufhaus- und Klinikabteilungen (....) stiften als monosexuelle Schauplätze auch Orte ‚geschlechtlicher Besinnung'" (S.687). In der vorliegenden Arbeit wird jedoch die „geschlechtliche Entspannung" in der Situation selbst für so wichtig gehalten, dass angenommen wird, dass daraus weniger geschlechtstypisiertes Verhalten resultieren sollte und sich damit auch langfristig die Unterschiede zwischen den Geschlechtern vermindern sollten. In diesem Sinne kann die Trennung im Unterricht durchaus als ein „undoing gender" angesehen werden.

5 Studie 1: Auswirkungen monoedukativer Unterrichtung im Physikanfangsunterricht

Im theoretischen Teil der vorliegenden Arbeit wurde beschreiben, inwiefern und weshalb Mädchen von getrenntgeschlechtlichem Physikunterricht profitieren könnten. Im nun folgenden empirischen Teil sollen diese Vermutungen überprüft werden. Dazu wurden zwei Studien durchgeführt: Ob die Mädchen in monoedukativen Gruppen tatsächlich ein besseres physikbezogenes Selbstkonzept entwickeln als in koedukativen Gruppen, ist Gegenstand der im folgenden Kapitel 5 beschriebenen Studie. Darauf folgt in Kapitel 6 die Darstellung einer experimentellen Studie, in der überprüft wurde, ob sich die Zugänglichkeit geschlechtsbezogenen Wissens in monoedukativen und koedukativen Gruppen unterscheidet und ob die Zugänglichkeit geschlechtsbezogenen Selbstwissens einen Einfluss auf das fachbezogene Selbstkonzept ausübt.

5.1 Überblick über die Untersuchung

Aufgrund theoretischer Überlegungen und bereits vorliegender Untersuchungen nehmen wir an, dass sich adoleszente Mädchen im Physikunterricht stärker engagieren, wenn sie monoedukativ statt koedukativ unterrichtet werden. Um unsere Vermutungen zu überprüfen, wurden in mehreren Berliner Gesamtschulen während des gesamten Anfangsunterrichts (8. Klasse) sowohl koedukative als auch monoedukative Lerngruppen eingerichtet. Dadurch können Konfundierungen, die von schulbezogenen Variablen (z.B. Schulklima, Ausstattung der Schule) oder selektiven Stichproben (z.B. sozioökonomischer Status der Schüler-Eltern, Leistungsniveau der Schüler) ausgehen, vermieden werden (vgl. Abschnitt 4.3). Die Schülerinnen und Schüler aus jeweils zwei Klassen („Kerngruppen") wurden randomisiert in drei ungefähr gleich große Lerngruppen eingeteilt: eine Jungengruppe, eine Mädchengruppe und eine koedukative Gruppe. Die Einteilung in mono- und koedukative Gruppen wurde während des achten Schuljahres durchgängig beibehalten. Von diesen Gruppen wurden weitergehend nur solche in die Auswertung einbezogen, deren Lehrkräfte mindestens eine koedukative und eine monoedukative Gruppe unterrichtet hatten, so dass dadurch eine Konfundierung mit Einflüssen der Lehrerpersönlichkeit ausgeschlossen werden kann.

Um die Effekte der Geschlechterkonstellation der Lerngruppen abschätzen zu können, wurden zum Schulhalbjahres- und zum Schuljahresende der achten Klasse Befragungen durchgeführt. Die Fragebögen erfassten motivationale Variablen (situationales Interesse) sowie Angaben zum physikbezogenen Selbstkonzept (eine detaillierte Darstellung der Messinstrumente folgt in Abschnitt 5.4.4.2). Eine Vorhermessung zu Beginn der achten Klasse war nicht möglich, weil die Schülerinnen und Schüler zu diesem Zeitpunkt noch keinerlei Erfahrung mit Physikunterricht hatten. Aufgrund der randomisierten Zuweisung kann jedoch ausgeschlossen werden, dass sich die Lerngruppen zu Beginn des achten Schuljahres systematisch voneinander unterschieden haben. Somit konnten Unterschiede, die zum Schulhalbjahresende gefunden werden, eindeutig auf die differentielle Wirkung monoedukativen bzw. koedukativen Unterrichts zurückgeführt werden. Mit der wiederholten Erhebung zum Schuljahresende wurde es zudem möglich, Auswirkungen der Geschlechterkonstellation der Lerngruppen auf die Interessen- und Leistungsentwicklung im zeitlichen Verlauf abzuschätzen.

5.2 Untersuchungshypothesen

Im Einzelnen sollten folgende Hypothesen berprüft werden:

Über beide Messzeitpunkte zusammengenommen sollten koedukativ unterrichtete Mädchen in Physik weniger motiviert sein und ein schlechteres physikbezogenes Selbstkonzept aufweisen als die Mädchen aus den Mädchengruppen und als die Jungen aus koedukativen und monoedukativen Gruppen.

Die Mädchen aus den Mädchengruppen sollten sich dagegen auf allen abhängigen Variablen nicht von den Jungen beider Gruppenformen unterscheiden.

Bei den Jungen sollte die Gruppenkonstellation weniger Einfluss haben als bei den Mädchen (Begründungen für diese Hypothese finden sich in den Abschnitten 3.3.2 und 3.3.4): Jungen aus Jungengruppen sollten sich bezüglich des physikbezogenen Selbstkonzeptes und der Interessiertheit nicht von den koedukativ unterrichteten Jungen unterscheiden.

Für den Vergleich der beiden Messzeitpunkte wurde angenommen, dass die Verschiedenheit zwischen den monoedukativ unterrichteten Mädchen und den koedukativ unterrichteten Mädchen entweder über die Zeit stabil bleibt oder sich sogar verstärkt. Eine Verstärkung der Unterscheide könnte entweder dadurch bedingt sein, dass sich Interessiertheit und Selbstkonzept in den monoedukativen Gruppen zum Schuljahresende weiter in positive Richtung verändern, oder aber dadurch, dass sich der in verschiedenen Untersuchungen gefundene Trend, nach dem sich Interessiertheit und Selbstkonzept im Verlauf des ersten Unterrichtsjahr in der Physik negativ verändern (z.B. Hoffmann et al., 1998; Rost, Sievers, Häußler, Hoffmann & Langeheine,

1999) nur in koedukativen Gruppen, nicht aber in den Mädchengruppen zeigt.

5.3 Erhebungszeitpunkte und Ablauf der Untersuchungen

Zu Beginn des achten Schuljahres wurden soziodemographische Angaben bei den beteiligten Schülerinnen und Schülern erhoben. In der Mitte und am Ende des achten Schuljahres wurden diejenigen Variablen erhoben, bezüglich derer Unterschiede zwischen den koedukativ und monoedukativ unterrichten Schülerinnen erwartet wurden. Die folgende Tabelle 1 zeigt die Erhebungszeitpunkte im Überblick.

Tabelle 1: Messzeitpunkte und erfasste Variablen

Erhebungs-zeit-punkt	Datum	Messinstrument und erfasste Variablen
1.	Sep. 98	1. Befragung (soziodemographische Variablen, pubertätsbezogene Variablen, Geschlechtstypizität von Adjektiven (zur Verwendung in Studie 2, siehe in Kapitel 6))
2.	März 99	2. Befragung (fachspezifisches Selbstkonzept für Physik, allgemeines Selbstkonzept der Begabung für Physik/ des Kompetenzgewinn durch Physik, weiterführendes Interesse an Physik, motivierende Wirkung des Physikunterrichts, eigene Aktivität im Physikunterricht, Erfolgserwartung gegenüber Physikaufgaben, Motivation gegenüber Physikaufgaben)
3.	Juni/ Juli 99	3. Befragung (Geschlechtsrollenorientierung, fachspezifisches Selbstkonzept für Physik, allgemeines Selbstkonzept der Begabung für Physik/ des Kompetenzgewinn durch Physik, weiterführendes Interesse an Physik, motivierende Wirkung des Physikunterrichts, eigene Aktivität im Physikunterricht, Erfolgserwartung gegenüber Physikaufgaben, Motivation gegenüber Physikaufgaben)

Diese Variablen wurden im Rahmen umfangreicher Fragebögen erhoben, die fast ausschließlich geschlossene Fragen enthielten. Die Befragungen fanden jeweils während einer Schulstunde im Klassenverband statt und wurden entweder von der Autorin der vorliegenden Arbeit oder anderen Mitarbeiter/innen der Universität durchgeführt. Die Teilnahme daran war freiwillig und anonym und war zuvor von den Schülereltern schriftlich genehmigt worden. Um die Bögen der drei Messzeitpunkte einander zuordnen zu können, wurden Codenummern ausgegeben. Dabei ordneten die Lehrer/innen der beteiligten Schulen die Schülerinnen und Schüler vierstelligen Codenummern zu und dokumentierten diese Zuordnungen auf einer Codeliste, die sie persönlich verwahrten. Die Projektmitarbeiter/innen hatten auf diese Listen keinen Zugriff. Direkt vor den Befragungen wurde den Schülerinnen und Schülern ihre Codenummer durch die Lehrperson mitgeteilt.

Sämtliche Datenauswertungen wurden mit dem Programmpaket SPSS 9.0 durchgeführt.

5.4 Beschreibung der Stichprobe

Es folgt eine Darstellung, wie viele Schülerinnen und Schüler bei den Befragungen insgesamt erreicht wurden sowie eine detaillierte Beschreibung derjenigen Stichprobe, die in die Analysen zur Überprüfung der Wirkung monoedukativer und koedukativer Unterrichtung einbezogen wurde.

5.4.1 Beschreibung der Stichproben zu den verschiedenen Erhebungszeitpunkten

Insgesamt wurden bei den drei Befragungen 966 Fragebögen ausgefüllt. 929 davon wiesen gültige, eindeutige Codenummern (die für die Anonymisierung der Fragebögen verwendet wurden) auf. In 37 Fällen stellte sich im Verlauf der Erhebungen heraus, dass die Codenummern bei mindestens einer der Befragungen doppelt benutzt worden oder ungültig waren. Diese Probanden wurden nur bei der Konstruktion der Skala zur Messung der situationalen Geschlechtsrollenidentität der Jugendlichen berücksichtigt (dies wird in Abschnitt 4.4.3.6 ausgeführt werden) und danach aus dem Datensatz ausgeschlossen.

In Tabelle 2 sind die bei den einzelnen Erhebungszeitpunkten erreichten Personen nach Alter und Geschlecht beschrieben. Zur leichteren Orientierung sind die Zeilen und Spalten dieser Tabelle nummeriert. Auf diese Nummerierungen wird in den folgenden Darstelllungen Bezug genommen, damit jeweils deutlich wird, von welcher Stichprobe gerade die Rede ist.

5.4.2 Das experimentelle Treatment: Unterrichtung in monoedukativen Lerngruppen

Insgesamt beteiligten sich sieben verschiedene Schulen an den Befragungen. Es handelte sich dabei ausschließlich um koedukative Gesamtschulen in Berlin.

An vier Schulen wurden alle Schülerinnen und Schüler im achten Jahrgang quasiexperimentell koedukativen und monoedukativen Physiklerngruppen zugewiesen. Dabei wurde folgendermaßen vorgegangen: Die Schülerinnen und Schüler zweier „Kerngruppen" (Gesamtschulbezeichnung für Klassen) wurden zusammengefasst und in drei ungefähr gleich große Lerngruppen eingeteilt: eine Jungengruppe, eine Mädchengruppe und eine gemischte Gruppe.

Tabelle 2: Anzahl, Geschlecht und Alter der Untersuchungsteilnehmer an den drei Hauptbefragungen

Zeile	Teilnahme an Erhebung		1*	2*	3*
1	Erh. 1	n	782	662	330
	Alter zu t1	Monate M (SD)	168.1 (7.30)	168.1 (7.26)	168.3 (7.29)
	Geschlecht in % (n)	Mädchen	50.0 (387)	49.2 (323)	54.3 (177)
		Jungen	50.0 (387)	50.8 (333)	45.7 (149)
2	Erh. 2	n	786	635	313
	Alter zu t1	Monate M (SD)	167.9 (7.21)	167.8 (7.12)	168.2 (7.32)
	Geschlecht in % (n)	Mädchen	48.9 (379)	48.0 (301)	52.8 (163)
		Jungen	51.1 (396)	52.0 (326)	47.2 (146)
3	Erh. 3	n	755	601	307
	Alter zu t1	Monate M (SD)	167.8 (6.97)	167.7 (6.85)	167.8 (6.88)
	Geschlecht in % (n)	Mädchen	49.4 (368)	49.0 (291)	53.5 (162)
		Jungen	50.6 (377)	51.0 (303)	46.5 (141)
4	NUR Erh. 1	n	31	31	14
	Alter zu t1	Monate M (SD)	171.5 (9.47)	171.5 (9.48)	171.8 (7.74)
	Geschlecht in % (n)	Mädchen	54.8 (17)	54.8 (17)	57.1 (8)
		Jungen	45.2 (14)	45.2 (14)	42.9 (6)
5	NUR Erh. 2	n	24	7	2
	Alter zu t1	Monate M (SD)	k. A.	k. A.	k. A.
	Geschlecht in % (n)	Mädchen	50.0 (11)	50.0 (3)	50.0 (3)
		Jungen	50.0 (11)	50.0 (3)	50.0 (3)
6	NUR Erh. 3	n	19	13	6
	Alter zu t1	Monate M (SD)	k. A.	k. A.	k. A.
	Geschlecht in % (n)	Mädchen	22.2 (4)	23.1 (3)	33.3 (2)
		Jungen	77.8 (14)	76.9 (10)	66.7 (4)
7	NUR Erheb. 1 und 2	n	87	87	37
	Alter zu t1	Monate M (SD)	169.0 (8.42)	169.0 (8.43)	170.6 (9.30)
	Geschlecht in % (n)	Mädchen	44.8 (39)	44.8 (39)	51.4 (19)
		Jungen	55.2 (48)	55.2 (48)	48.6 (18)
8	NUR Erh. 1 und 3	n	61	47	27
	Alter zu t1	Monate M (SD)	169.1 (6.51)	168.8 (6.78)	168.0 (6.44)
	Geschlecht in % (n)	Mädchen	57.4 (35)	61.7 (29)	63.0 (17)
		Jungen	42.6 (26)	38.3 (18)	37.0 (10)
9	NUR Erh. 2 und 3	n	72	44	22
	Alter zu t1	Monate M (SD)	k. A.	k. A.	k. A.
	Geschlecht in % (n)	Mädchen	46.5 (33)	48.8 (21)	45.5 (10)
		Jungen	53.5 (38)	51.2 (22)	54.5 (12)
10	Erh. 1,2 und 3	n	603	497	252
	Alter zu t1	Monate M (SD)	167.7 (7.01)	167.6 (6.85)	167.8 (6.93)
	Geschlecht in % (n)	Mädchen	49.7 (296)	48.5 (238)	53.6 (133)
		Jungen	50.3 (299)	51.5 (253)	46.4 (115)
11	mind. Erh. 2 und 3	n	675	541	274
	Alter zu t1	Monate M (SD)	167.7 (7.01)	167.6 (6.85)	167.8 (6.93)
	Geschlecht in % (n)	Mädchen	49.4 (329)	48.5 (259)	53.0 (143)
		Jungen	50.6 (337)	51.5 (275)	47.0 (127)

* Spaltennummerierung: 1= Gesamtstichprobe, 2= von Inkonsistenzen bereinigte Stichprobe, 3= von Inkonsistenzen bereinigte Stichprobe, deren Physiklehrkraft mind. eine ko- und eine monoed. Gruppe unterrichtete (in Abschnitt 5.4.3 ausführlich dargestellt)

An zwei Schulen wurde der Unterricht ausschließlich koedukativ, und an einer ausschließlich monoedukativ abgehalten. An einer der rein koedukativ und an einer der rein monoedukativ unterrichtenden Schulen nahmen jeweils nur zwei bzw. drei Klassen an den Befragungen teil, da diese Schulen sehr kurzfristig für die Teilnahme an der Untersuchung gewonnen wurden und nur in diesen Klassen die schriftlichen Genehmigungen der Schülereltern rechtzeitig vorlagen, um die Erhebungen durchzuführen. In Tabelle 3 sind die Einteilungen in koedukative und monoedukative Gruppen der einzelnen Schulen dargestellt.

Tabelle 3 : Verteilung der Schülerinnen und Schüler getrennt nach Schule und Gruppenkonstellation in Physik

Schule		Mädchen	Jungen	gesamt
Schule 1	koedukativ	34	48	82
	monoedukativ	40	36	76
Schule 2	koedukativ	28	34	62
	monoedukativ	59	57	116
Schule 3	koedukativ	18	20	38
	monoedukativ	18	20	38
Schule 4	koedukativ	27	27	54
	monoedukativ	56	51	107
Schule 5	koedukativ	67	87	154
	monoedukativ	0	0	0
Schule 6	koedukativ	14	19	33
	monoedukativ	0	0	0
Schule 7	koedukativ	0	0	0
	monoedukativ	25	25	50
gesamt	koedukativ	188	235	423
	monoedukativ	241	203	444
		429	438	867

Die Eltern und die Schülerinnen und Schüler mussten zwar der Teilnahme an den Befragungen zustimmen, nicht jedoch der Einteilung in koedukative oder monoedukative Physikgruppen. Das Berliner Schulgesetz ermöglicht jeder Schule, den Unterricht in Physik wahlweise koedukativ oder monoedukativ abzuhalten, ohne dies extra genehmigen zu lassen. In Berlin wird im achten Schuljahr mit dem Physikunterricht begonnen, d.h. die Intervention fand im Physikanfangsunterricht statt.

5.4.3 Bereinigung der Stichprobe

Von den Untersuchungspersonen wurden diejenigen aus den Analysen ausgeschlossen, die inkonsistent geantwortet hatten und von denen deshalb anzunehmen war, dass sie den Fragebogen unsorgfältig bearbeitet oder die

Beantwortung boykottiert hatten. Das Kriterium für den Ausschluss bildet die inkonsistente Beantwortung der Hälfte derjenigen Skalen, die Hinweise auf eine unsorgfältige Bearbeitung geben können (bei ungerader Anzahl wurde abgerundet). Derartige Hinweise ergaben sich bei der ersten Erhebung aus zwei, bei der zweiten Erhebung aus fünf und bei der dritten Erhebung aus vier Skalen. Schüler/innen, die an allen drei Erhebungen teilgenommen hatten, konnten somit bei der Beantwortung von maximal 11 Skalen inkonsistente Muster produzieren. Die Auswahl der Skalen für das Inkonsistenzkriterium erfolgte sehr restriktiv. Bei der Teilnahme an allen drei Erhebungen waren insgesamt 38 Skalen zu beantworten. 11 dieser Skalen, die im folgenden genauer beschrieben werden, ermöglichten dabei Hinweise auf inkonsistentes Antwortverhalten. Dabei wurden alle vorgelegten Skalen überprüft; aus diesem Grund werden auch solche genannt, die in den Analysen der vorliegenden Arbeit keine Rolle spielen.

Tabelle 4: Vorgehen beim Ausschluss wegen inkonsistenten Antwortverhaltens

Teilnahme des Probanden an Hauptbefragungen	Anzahl der Skalen, die inkonsistent beantwortet werden konnten	Anzahl inkonsistent beantworteter Skalen, die zum Ausschluss aus den Analysen führte
nur an erster	2	1
nur an zweiter	5	2
nur an dritter	4	2
an erster und zweiter	7	3
an erster und dritter	6	3
an zweiter und dritter	9	4
an erster, zweiter und dritter	11	5

Als inkonsistent galt, wenn bei der zum ersten Messzeitpunkt eingesetzten vierstufigen „Selbstwert-Skala" (Rosenberg, 1979; in der Übersetzung von Ferring und Filipp, 1996) alle fünf positiv formulierten Items mit „trifft überhaupt nicht zu" oder „trifft eher nicht zu" und alle fünf negativ formulierten Items mit „trifft eher zu" oder „trifft völlig zu" beantwortet wurden oder alle fünf positiv formulierten Items mit „trifft eher zu" oder „trifft völlig zu" und alle fünf negativ formulierten Items mit „trifft überhaupt nicht zu" oder „trifft eher nicht zu" beantwortet wurden. Bei der ebenfalls zum ersten Messzeitpunkt eingesetzten vierstufigen Skala zur „mathematisch-naturwissenschaftlichen Anstrengungsbereitschaft" (vier positiv formulierte Items, vier negativ formulierte Items) wurde in gleicher Weise wie bei der Selbstwert-Skala verfahren. Beim zweiten Messzeitpunkt wurde die vierstufige Skala zur Messung der „allgemeinen schulischen Selbstwirksamkeit" als Indikator für das unsorgfältige Antwortverhalten hinzugezogen: Sie galt als inkonsistent beantwortet, wenn das einzige negativ formulierte Item in gleicher Weise wie die sieben positiv formulierten Items beantwortet wurde. Innerhalb der zum zweiten und zum dritten Messzeitpunkt eingesetzten vierstufigen Skalen „Interesse an Physik (Chemie) in schulischer und beruflicher Zukunft sowie der Freizeit" gab es zwei einander direkt entgegengesetzt formulierte Items („Mein späterer Beruf soll mit Physik (Chemie) nichts zu tun haben." und „Ich hätte nichts dagegen, wenn mein späterer Beruf etwas mit Physik (Chemie) zu tun hat."), die dann als Hinweis auf unsorgfältiges Antwortverhalten gewertet wurden, wenn entweder die positiv formulierte Variante mit „trifft überhaupt nicht zu" oder „trifft eher nicht zu" und die negative mit „trifft eher zu" oder „trifft völlig zu" beantwortet wurden beziehungsweise andersherum. Ebenfalls zum zweiten und zum dritten Messzeitpunkt sowie jeweils in einer Physik- und Chemiefassung wurde die fünfstufige Skala „Unterrichtsgeschehen/-verhalten" (Subskalen „Aktivität im Unterricht" (5 Items) und „Lehrerverhalten" (3 Items)) eingesetzt. Wenn bei der Subskala „Aktivität im Unterricht" sowohl bei dem Item „Beim Experimentieren habe ich die anderen machen lassen." als auch bei dem Item „Beim Experimentieren habe ich aktiv mitgemacht." die Antworten „sehr oft" bzw. „oft" oder „selten" oder „nie" gewählt wurden oder das gleiche inkonsistente Muster bei den Items „Aus Angst etwas Falsches zu sagen, habe ich mich nicht gemeldet." und „Ich habe eigene Ideen im Unterricht geäußert." auftrat oder bei der Subskala „Lehrerverhalten" die Items „Bis ich auf eine Antwort/Lösung gekommen war, hatte der Lehrer /die Lehrer/in schon weitergemacht." und „Ich hatte genug Zeit, um über gestellte Aufgaben in Ruhe nachzudenken." in gleicher Weise inkonsistent beantwortet wurden, wurde diese Skala als inkonsistent beantwortet bewertet.

5.4.4 Beschreibung der Stichprobe, anhand derer die Wirkung des experimentellen Treatments überprüft wurde

Die Wirkung der Lernumgebung auf verschiedene Aspekte des physikbezogenen Selbstkonzeptes, auf das Interesse, die Motiviertheit und aktive Teilnahme am Unterricht wurde an folgender Teilstichprobe überprüft: Es wurden diejenigen der Befragten in die Analysen einbezogen, die mindestens an den beiden Befragungen zur Mitte und zum Ende des Schuljahres teilgenommen hatten, da die einschlägigen Skalen zu diesen beiden Zeitpunkten erhoben wurden (Tabelle 2, Zeile 11, Spalte 1). Untersuchungspersonen, denen eine besonders unsorgfältige Beantwortung der Fragebögen nachzuweisen war, wurden aus den Analysen ausgeschlossen (Tabelle 2, Zeile 11, Spalte 2; vgl. Abschnitt 5.4.3). Um eine Konfundierung der Gruppenkonstellation mit der Lehrervariablen auszuschließen, wurden des weiteren nur diejenigen Schülerinnen und Schüler berücksichtigt, deren Lehrer oder Lehrerin mindestens eine monoedukative und eine koedukative Gruppe unterrichteten (Tabelle 2., Zeile 11, Spalte 3).

Im Folgenden wird diese Teilstichprobe anhand soziodemographischer Merkmale beschrieben. Da diese Merkmale zu Beginn des Schuljahres erhoben wurden, besteht die Stichprobe für diesen deskriptiven Abschnitt aus jenen Jugendlichen, die bei allen drei Erhebungen anwesend waren (n=252; Tabelle 2, Zeile 10, Spalte 3).

5.4.4.1 Soziodemographische Ergebnisse

5.4.4.1.1 Alter

Das durchschnittliche Alter der Befragten lag zu Beginn des achten Schuljahres bei fast genau 14 Jahren (M=167.8 Monate, SD=6.93 Monate). Der jüngste Befragte war 13 Jahre (156 Monate) und der älteste 16 Jahre und 2 Monate (194 Monate) alt.

5.4.4.1.2 Nationalität und Schulort

Von den gültigen Angaben zu der Frage „Welche Nationalität hast Du?" entfielen 95.2% auf die Antwortkategorie deutsche Nationalität (n=236). Die Angaben zur Nationalität der Eltern waren von geringen Abweichungen abgesehen entsprechend (Nationalität Vater 92.2% deutsch, Nationalität Mutter 94.8% deutsch). Mehr als Zweidrittel der Befragten (71.8%) besuchen eine Schule in Ostberlin. Es nahm nur eine Westberliner Gesamtschule mit ihrem ganzen Jahrgang an dem Schulversuch teil.

5.4.4.1.3 Ausbildungsstand und berufliche Situation der Eltern

Der Ausbildungsstand der Eltern wurde durch die Frage nach dem Schulabschluss der Mutter und des Vaters erhoben, wobei die in Tabelle 5 genannten Antwortmöglichkeiten vorgegeben waren. Sehr viele der Jugendlichen wussten nicht, welchen Schulabschluss ihre Eltern haben. Bei der Frage nach dem Schulabschluss der Mutter gaben 50.2% (n=116) an, die Art desselben nicht zu kennen und beim Schulabschluss des Vaters machten sogar 55.9% (n=128) von dieser Antwortmöglichkeit Gebrauch.

Tabelle 5: Schulabschluss der Eltern

Schulabschluss	Mutter n=231		Vater n=229	
	%	n	%	n
keinen Schulabschluss	2.2	5	1.3	3
Hauptschulabschluss	1.3	3	1.7	4
Realschulabschluss	17.7	41	13.1	30
Abschluss der Polytechnischen Oberschule 10. Klasse (vor 1965: 8. Klasse)	7.8	18	6.1	14
Fachhochschulreife	1.3	3	1.7	4
allgemeine oder fachgebundene Hochschulreife/ Abitur (Gymnasium bzw. EOS)	13.0	30	13.5	31
abgeschlossenes Hochschulstudium	6.5	15	6.6	15
weiß nicht	50.2	116	55.9	128
gesamt	100.0	231	100.0	229

Da die Mehrzahl der befragten Achtklässler nicht in der Lage war, diese Frage zu beantworten, muss davon ausgegangen werden, dass auch die gemachten Angaben wenig valide sind (vgl. Blum & Stumpf, 1983; Bauer, 1983). Auch ist zu bedenken, dass die vorhandenen Angaben, selbst wenn sie tatsächlich der Wahrheit entsprechen, durch die hohe Ausfallquote möglicherweise systematisch verzerrt sind. In Tabelle 5 sind die Antworten der Jugendlichen aufgeführt. Der Beruf der Eltern wurde mittels zweier offener Fragen erhoben („Welchen Beruf übt Deine Mutter aus?" und „Welchen Beruf übt Dein Vater aus?"). Blum und Stumpf (1983) belegten bei Schülern und Schülerinnen der Sekundarstufe II, dass durch die zusätzliche Verwendung offener Fragen zuverlässigere Angaben bezüglich des sozioökonomischen Status gewonnen werden konnten.

Die Angaben der Jugendlichen unserer Stichprobe ließen jedoch in der Regel keinen Rückschluss auf den beruflichen Status des fraglichen Elternteils zu; auch wurde offenbar die Arbeitslosigkeit keinesfalls als Berufslosigkeit angesehen und trotzdem entsprechende Angaben gemacht (nur vier Jugendliche gaben „keinen Beruf" oder „arbeitslos" bei Beruf des Vaters an). Die Informationen zum Beruf der Eltern sind entsprechend wenig aussagekräftig. Sämtliche Angaben wurden gemäß der „Klassifizierung der Berufe 1992" (vgl. Macht, 1992) den in Tabelle 6 aufgeführten Berufsbereichen zugeordnet. Über den sozioökonomischen Status der Familien der Befragten ist damit aber weiterhin wenig bekannt.

Tabelle 6: Berufstätigkeit der Eltern

Berufsbereich	Mutter n=218		Vater n=215	
	%	n	%	n
Dienstleistungsberufe	79.4	173	55.3	119
Fertigungsberufe	3.2	7	28.4	61
Technische Berufe	1.4	3	5.1	11
Berufe im Gartenbau	.9	2	0.0	0
sonstige	15.1	33	11.2	24
gesamt	100.0	218	100.0	229

5.4.4.1.4 Familie: Geschwister und Wohnsituation
66.7% der Jugendlichen (n=168) lebten mit beiden Eltern zusammen, 22.2% (n=56) nur mit der Mutter, 2.0% (n=5) nur mit dem Vater und 9.1% (n=23) lebten in einer anderen Konstellation. 78.8% (n=197) der Befragten hatten Geschwister. 49.8% der Jugendlichen (n=123) hatten nur eine/n Bruder oder Schwester, 28.7% (n=71) hatten zwei oder mehr Geschwister.

5.4.4.2 Pubertärer Entwicklungsstand
Wir haben angenommen, dass die Geschlechterzusammensetzung von Lerngruppen insbesondere in der Phase der pubertären Reifung die situationale Identität und damit die schulische Entwicklung der Jugendlichen beeinflussen sollte (vgl Kapitel 3.5). Zwar ist allgemein bekannt, dass sich die Mehrzahl der Achtklässler in der Pubertät befinden, jedoch sollte der Reife-

status unserer Stichprobe genauer spezifiziert werden. Dazu wurde für jede Person mittels aus der Pubertal Developmental Scale von Petersen, Crockett, Tobin-Richards und Boxer (1988) entnommenen Items (in einer von Silbereisen und Eyferth (1983) bereits vor der Veröffentlichung der Skala verwendeten Übersetzung) der subjektive (d.h. selbsteingeschätzte) Reifestatus erfasst. Um den pubertären Reifestatus zu Beginn des achten Schuljahres zu erfassen, wurden für die Mädchen die Angaben zum Ausmaß des aktuellen Längenwachstum, zum Brustwachstum, zu Pickeln (jeweils vierstufig, 1= „hat noch nicht begonnen", 2= „hat gerade begonnen", 3= „ist mittendrin" 4= „ist beendet") und zur Menarche (dichotom) herangezogen. Entsprechende Maße für die Jungen bezogen sich auf das Längenwachstum, Pickel, Bartwuchs und Stimmbruch.

Insgesamt wird deutlich, dass die pubertäre Entwicklung der Mädchen zu Beginn der achten Klasse bereits recht weit fortgeschritten ist, ohne jedoch von der Mehrheit der Mädchen schon abgeschlossen zu sein. Die entsprechenden statistischen Kennwerte sind Tabelle 7 zu entnehmen. Die Varianz innerhalb der Stichprobe ist bis auf die bei den pubertären Hautveränderungen recht gering. Da die Entwicklung von Akne im Gegensatz zu den anderen jedoch kein obligates Pubertätsmerkmal ist (Petersen & Brooks-Gunn, 1988), scheint der Reifestatus der Stichprobe durch die Verteilungen der Angaben zum Längenwachstum, zum Brustwachstum und zur Menarche zuverlässiger abgebildet zu sein als durch die Angaben zu den Pickeln.

Tabelle 7: Reifestatus Mädchen

Reifemerkmal	M	SD	Min	Max
Längenwachstum (n=130) [1]	3.03	0.56	1	4
Pickel (n=130)[1]	2.58	0.90	1	4
Brustwachstum (n=129)[1]	2.97	0.48	2	4
Prozent Ja-Antworten				
Menarche (n=127)	91%			

[1]: Wertebereich 1-4

Tabelle 8 zeigt den pubertären Entwicklungsstand der Jungen.

Tabelle 8: Reifestatus Jungen

Reifemerkmal	M	SD	Min	Max
Längenwachstum (n=115)[1]	2.73	0.67	1	4
Pickel (n=111)[1]	2.28	0.85	1	4
Bartwachstum (n=112)[1]	1.75	0.75	1	3
Prozent Ja-Antworten				
Stimmbruch (n=110)	66%			

[1]: Wertebereich 1-4

Anhand der abgebildeten Mittelwerte wird deutlich, dass die pubertäre Entwicklung der Jungen - im Gegensatz zu der der Mädchen - zu Beginn der achten Klasse noch nicht sehr weit fortgeschritten ist, was den aus der

Literatur bekannten Entwicklungsvorsprung der Mädchen in diesem Alter illustriert (z.B. Petersen & Brooks-Gunn, 1988; Richards, Abell & Petersen, 1993).

Zusammenfassend lässt sich für die untersuchte Stichprobe festhalten, dass sie sich zum großen Teil bereits in der Pubertät befindet, wobei dies vor allem für die Gruppe der Mädchen gilt. Fast alle Mädchen hatten zu Beginn der achten Klasse ihre erste Menstruation schon hinter sich, so dass das Erleben der beginnenden pubertären Entwicklung bei ihnen fast eine Konstante darstellt. Aus diesem Grunde ist es nicht sinnvoll, den Reifestatus weiter längsschnittlich zu verfolgen oder differentielle Analysen für unterschiedlich weit entwickelte Mädchen durchzuführen.

Unter dem Stichwort der gender intensification wurde in Kapitel 3.5 beschrieben, dass Mädchen und Jungen ab Beginn der Pubertät die Rolle als Frau bzw. Mann übernehmen und sich dabei vor allem in der ersten Zeit in ganz besonderem Maße an den Geschlechterstereotypen orientieren. Da aufgrund zahlreicher Befunde (vgl. Kapitel 3.5) die gender intensification hypothesis als gut belegt angesehen werden kann, sollte sie in der vorliegenden Arbeit nicht noch einmal überprüft werden. Vielmehr wurde sie zum Ausgangspunkt weiterer Überlegungen gemacht: Eine Intervention im Physikunterricht erscheint uns deshalb in der achten Klasse besonders sinnvoll zu sein, weil in dieser Zeit des Pubertierens die Kategorie Geschlecht insgesamt hoch salient ist, was Mädchen daran hindert, sich in maskulin stereotypisierten Bereichen zu engagieren. Die Salienz der eigenen Geschlechtszugehörigkeit sollte in monoedukativen Gruppen gegenüber koedukativen Gruppen vermindert sein, weshalb sich Mädchen in monoedukativen Gruppen weni Gruppen wenignfach" Physik distanzieren sollten als in koedukativen.

5.5 Messinstrumente

Im nächsten Abschnitt wird beschrieben, welche Variablen erhoben wurden, um die Wirkung des experimentellen Treatments zu überprüfen. Die Auswahl der Skalen orientierte sich an folgenden Überlegungen: In Anschnitt 1.3 wurde die Wichtigkeit des fachspezifischen Selbstkonzeptes sowie des Interesses für nachfolgende Leistungen und schulische Wahlen dargestellt. Dabei wurde für das Interesse betont, dass gerade in der ersten Zeit der Auseinandersetzung mit einem Fach oder Gegenstandsbereich weniger das dispositionale Interesse bzw. das Sachinteresse wichtig sind, sondern vor allem die Interessiertheit im Unterricht selbst bzw. das situationale Interesse sensu Krapp (1998). Im Anfangsunterricht ist vor allem bei den in der Regel über wenig technische Vorerfahrung verfügenden Mädchen nicht zu erwarten, das sie bereits mit einer ausgeprägten „Person-Gegenstands-Beziehung", also einem dispositionalen Interesse (Krapp, 1998), das nur noch auszubauen wäre, in den Unterricht starten. Sofern durch eine schulische Intervention erreicht werden kann, dass bei den Schülerinnen und Schülern ein positiver motivationaler Zustand erzeugt wird, der sich in situationaler Interessiertheit und aktiver Beteiligung am Unterrichtsgeschehen äußert, wäre schon ein wichtiges Ziel im Anfangsunterricht erreicht. Wir gehen davon aus, dass die Unterrichtung in geschlechtshomogenen Gruppen bei Mädchen vor allem zu einer Steigerung der situationalen Interessiertheit sowie einer positiveren Ausprägung des fachspezifischen Selbstkonzeptes führen wird.

Das heißt für die vorliegende Untersuchung, dass vor allem Skalen ausgewählt und konstruiert wurden, die die Bereiche des fachspezifischen Selbstkonzeptes und der situationalen Interessiertheit abbilden. Da unsere Untersuchung auf der Studie von Hoffmann et al. (1997) aufbaut, orientierte sich die Auswahl der abhängigen Variablen zudem möglichst an ihrem Modellversuch.

Das physikbezogene Selbstkonzept wurde durch folgende drei Variablen erfasst: Das *allgemeine Selbstkonzept der Begabung für Physik* wurde mit einer im Kieler Modellversuch entwickelten Skala erhoben, die aus vier Items besteht (z.B. „Mir fällt Physik leicht", Hoffmann et al., 1997). Die einzelnen Items sind in Tabelle 9, Abschnitt 5.5.1.1 enthalten. Die Überzeugung, eine Begabung für Physik aufzuweisen, sollte jedoch auch von außerhalb des Unterrichts erlangten Überzeugungen sowie globalen Konzepten eigener Fähigkeiten beeinflusst sein. Deshalb wurde mit einem weiteren, spezifischeren Maß erfasst, wie die Schülerinnen und Schüler ihre Leistungen und Fähigkeiten in dem neuen Unterrichtsfach einschätzen. Um das *auf den Physikunterricht bezogene Selbstkonzept* der Versuchsteilnehmer zu erfassen, wurden sieben Items vorgelegt, die die subjektive Wahrnehmung der Schülerinnen und Schüler betreffen, wie gut sie mit den schulischen Anforderungen im Unterrichtsfach Physik zurechtkommen. (Skala „Fachspezifisches Selbstkonzept Unterricht", Beispielitem „Ich verstehe den Stoff in Physik..."; Hoffmann et al., 1997). Die genaue Formulierung der Items ist Tabelle 10 im Abschnitt 5.5.1.1 zu entnehmen. Eine noch weitergehende Spezifizierung der subjektiven Kompetenz wurde mit der Skala *Erfolgserwartung gegenüber Physikaufgaben* erhoben: Dazu wurden sechs (erste Messung) bzw. drei (zweite Messung) Aufgaben aus dem Curriculum des Physikunterrichts der Mittelstufe vorgegeben. Die Jugendlichen sollten die Aufgaben nicht lösen, sondern lediglich angeben, für wie wahrscheinlich sie es halten, die jeweilige Aufgabe lösen zu können.

Motivation in der Unterrichtssituation und situationales Interesse wurden durch folgende drei Variablen erhoben: Die *motivierende Wirkung des Physikunterrichts* wurde mit fünf Items gemessen, die einer umfangreicheren Skala aus dem Kieler BLK-Modellversuch (Hoffmann et al., 1997) entstammen. Die Items sollen erfassen, inwieweit die Jugendlichen den Unterricht als motivierend und interessant erlebt haben (z.B. „Ich war neugierig darauf, was wir in der nächsten Physikstunde lernen"). Die einzelnen Items stehen in Tabelle 12, Abschnitt 5.5.1.4. Zur Erfassung der *eigenen Aktivität im Unterricht* wurde von uns eine aus fünf Items bestehende Skala konstruiert. Die Jugendlichen sollten angeben, wie stark sie sich in den vergangenen Wochen im Physikunterricht beteiligt haben (z.B. „Beim Experimentieren habe ich aktiv mitgemacht"). Tabelle 13 in Abschnitt 5.5.1.5 enthält die genaue Formulierung aller Items der Skala.

Die *Motivation gegenüber Physikaufgaben* wurde durch die Vorgabe von sechs bzw. drei Physikaufgaben (s.o., Skala Erfolgserwartung gegenüber Physikaufgaben) erfasst. Die Jugendlichen sollten auch angeben, wie gerne sie die vorgegebene Aufgabe bearbeiten wollten.

Außer den Variablen zum Selbstkonzept und der Motivation wurde außerdem erfasst, für wie wichtig die im Physikunterricht erlernten Fähigkeiten oder Kenntnisse in Bezug auf das eigene Leben gehalten werden. Diese Angaben gehen über die situationale Interessiertheit hinaus und erfassen, welche Bedeutung dem Fach - über den Unterricht hinausgehend- zugemessen wird. Der *subjektive Kompetenzgewinn* durch die Beschäftigung mit Physik wurde durch drei im Kieler Modellversuch verwendeten Items erhoben (z.B. „Ich lerne in Physik etwas, das ich unmittelbar brauchen kann", Hoffmann et al., 1997). Die einzelnen Items sind in Tabelle 9, Abschnitt 5.5.1.1 enthalten.

Die *Skala weiterführendes Interesse an Physik* wurde von uns ad hoc konstruiert. Sie sollte weiterführendes physikbezogenes Interesse messen, das über situationales Interesse bzw. direkt auf den Unterricht bezogenes Interesse deutlich hinausgeht. Die Items bezogen sich auf die außerschulische Freizeit (z.B. „Ich beschäftige mich in meiner Freizeit gerne und oft mit technischen Basteleien"), die schulische Gegenwart und Zukunft (z.B. „Physik möchte ich als Wahlpflichtkurs belegen") und die berufliche Zukunft (z.B. „Mein späterer Beruf soll mit Physik nichts zu tun haben"). Der Wortlaut der Items ist Tabelle 15, Abschnitt 5.5.1.7, zu entnehmen.

Außer den beiden Skalen zur Erfolgserwartung gegenüber Physikaufgaben und Motivation gegenüber Physikaufgaben wurden alle Skalen unverändert zur Mitte und zum Ende des Schuljahres vorgegeben. Die Skalen zur Erfolgserwartung und Motivation gegenüber Physikaufgaben wurden für die nochmalige Erhebung gekürzt, so dass von den sechs Aufgaben nur die drei schwierigsten ein weiteres Mal vorgelegt wurden.

5.5.1 Skalenanalysen

Die Skalenanalysen beziehen sich auf die erste Erfassung der Skalen in der Mitte Schuljahres und wurden anhand der Angaben aller verfügbaren Untersuchungspersonen durchgeführt, denen kein Boykott der Befragung zu unterstellen war (n= 635; vgl. Tabelle 2, Zeile 2, Spalte 2).

Zur Dimensionalitätsprüfung wurden Faktorenanalysen (PCA) über die einzelnen Skalen gerechnet. Zuvor wurden innerhalb einer Skala Items, die gegensinnig formuliert waren, nachträglich gleichsinnig codiert. Als Reliabilitäsmaß wurde die interne Konsistenz (Cronbachs Alpha) der einzelnen Skalen berechnet. Cronbachs Alpha sollte möglichst hoch sein. Lienert (1989) fordert für die Beurteilung von individuellen Differenzen ein $\alpha >= .70$, für die Berechung von Gruppendifferenzen (um die es in der vorliegenden Arbeit geht) ein $\alpha >= .50$. Auf Itemebene wurden das arithmetische Mittel, die Standardabweichung und die Itemtrennnschärfe r_{it} berechnet. Die Trennschärfen sollten möglichst hoch liegen, ab einer Trennschärfe unter dem Richtwert von $r_{it} = .30$ spricht man von einer geringen Trennschärfe des Items (vgl. Lienert, 1989, S.139).

5.5.1.1 Selbstkonzept der Begabung für Physik/ Kompetenzgewinn Physik

In Anlehnung an das Vorgehen beim Kieler Modellversuch wurden bei der Fragebogenerstellung die Items zum Selbstkonzept der Begabung für Physik mit denen zum Kompetenzgewinn durch den Physikunterricht zusammengefasst. Eine Faktorenanalyse errechnete zwei Faktoren, die den von Hoffmann et al. (1997) spezifizierten Subskalen „Begabung" und „Kompetenzgewinn" entsprachen und gemeinsam 71.9 % der Gesamtvarianz erklärten. Es war somit sinnvoll, die beiden Subskalen gesondert auszuwerten. Die Reliabilitätsanalyse erfolgte getrennt für beide Skalen und ergab für „Begabung" Trennschärfen zwischen $r_{it} = .63$ („Mir macht der Physikunterricht Spaß")und $r_{it} = .73$ („Mir fällt Physik leicht") sowie eine Reliabilität von $\alpha = .85$.

Tabelle 9: Itemkennwerte Skala Selbstkonzept Physikbegabung/ Kompetenzgewinn (n=624)

	M	SD	Trenn-schärfe	Ladung Faktor 1	Ladung Faktor 2
Ich bringe in Physik gute Leistungen.	2.66	0.70	.73	.862	.073
Mir fällt Physik leicht.	2.65	0.74	.73	.861	.097
Ich bin für Physik begabt.	2.18	0.76	.71	.826	.156
Mir macht der Physikunterricht Spaß.	2.84	0.80	.63	.725	.306
Ich lerne in Physik etwas, das für mich sehr wichtig ist.	2.68	0.82	.72	.167	.867
Ich lerne in Physik etwas, das ich später sehr oft brauchen werde.	2.64	0.84	.66	.116	.838
Ich lerne in Physik etwas, das ich unmittelbar brauchen kann.	2.75	0.78	.66	.159	.831

Antwortformat: 1="trifft nicht zu" bis 4= "trifft völlig zu"

Der Skalenmittelwert lag bei 2.58 (SD=0.62). Die Trennschärfen der drei Items der Skala „Kompetenzgewinn" lagen zwischen $r_{it} = .66$ („Ich lerne in Physik etwas, was ich unmittelbar gebrauchen kann" und „Ich lerne in Physik etwas, das ich später sehr oft brauchen werde") und r_{it}=.72 („Ich lerne in Physik etwas, das für mich sehr wichtig ist"), Cronbachs α betrug .82, der Skalenmittelwert in der Gesamtstichprobe bei 2.69 (SD=0.70). Tabelle 9 können detailliertere Angaben entnommen werden.

5.5.1.2 Auf den Physikunterricht bezogenes Selbstkonzept

Die Trennschärfen der Items liegen zwischen r_{it}=.47 („Ich glaube, dass mich die anderen in meiner Klasse für... halten") und r_{it}=.74 („Ich verstehe den Stoff in Physik ..."). Die Reliabilität der Skala beträgt α=.87. Eine PCA ergab nur einen Faktor, der 55.9% der Gesamtvarianz aufklärt. Das arithmetische Mittel der Skala lag bei 2.53 (SD=0.56). Tabelle 10 zeigt die Ergebnisse der Itemanalyse.

Tabelle 10: Itemkennwerte Selbstkonzept Physikunterricht (n=598)

	M	SD	Trenn-schärfe	Ladung Faktor 1
Ich verstehe den Stoff in Physik...	2.29	0.77	.74	.831
Ich behalte den Stoff in Physik...	2.59	0.77	.66	.770
Meine Leistungen in Physik sind nach meiner eigenen Einschätzung...	2.71	0.76	.72	.816
Ich beteilige mich am Physikunterricht...	2.74	0.87	.64	.746
Ich glaube, daß mich die anderen in meiner Klasse für .... halten	2.75	0.71	.47	.578
Ich glaube, daß mein Physiklehrer/ meine Physiklehrerin meine Leistungen in Physik als .... einschätzt.	2.82	0.75	.70	.802
Ich erwarte, daß in Zukunft meine Leistungen in Physik .... sein werden.	1.82	0.63	.55	.658

Antwortformat: 1="sehr gut" bis 5= "sehr schlecht"

5.5.1.3 Erfolgserwartung gegenüber Physikaufgaben

Die PCA ergab nur einen Faktor mit $\lambda > 1$, wobei die Varianzaufklärung bei 43.8% lag. Die interne Konsistenz betrug α=.74.

Tabelle 11: Itemkennwerte Erfolgserwartung Physikaufgaben (n=617), Fassung mit sechs Aufgaben

	M	SD	Trennschärfe	Ladung Faktor 1
Erfolgserwartung Aufgabe 1	3.32	0.94	.48	.668
Erfolgserwartung Aufgabe 2	3.65	0.91	.39	.570
Erfolgserwartung Aufgabe 3	3.40	1.01	.54	.720
Erfolgserwartung Aufgabe 4	3.81	1.09	.48	.669
Erfolgserwartung Aufgabe. 5	3.53	1.03	54	.713
Erfolgserwartung Aufgabe 6	3.06	1.12	.43	.616

Antwortformat: 1="sehr unwahrscheinlich" bis 5= "sehr wahrscheinlich"

Die Trennschärfen der einzelnen Aufgaben lagen zwischen r_{it}=.39 und r_{it}=.54; der Skalenmittelwert betrug 3.46 (SD=0.68) Wurde nur die Reliabilität der drei schwersten Aufgaben (Aufgabe 1, 3 und 6), die in der dritten Hauptbefragung ein weiteres Mal vorgelegt wurden, berechnet, ergab sich

144

α= .61 (r_{it} min= .41, r_{it} max= .46) und M=3.26 (SD=0.78) (siehe auch Tabelle 11).

5.5.1.4 Motivierende Wirkung des Physikunterrichts

Eine PCA ergab einen Faktor, der 55.9% der Varianz aufklärt. Die Trennschärfen lagen zwischen r_{it}=.56 („Ich war neugierig darauf, was wir in der nächsten Physikstunde lernen" sowie „Es gab Dinge im Physikunterricht, die mich sehr interessiert haben") und r_{it}=.63 („Mit solchen Themen wie in Physik hätte ich mich auch außerhalb der Schule gern beschäftigt"). Die Skala weist eine Reliabilität von α=.80 sowie einen Mittelwert von 2.60 (SD=0.58) auf (siehe auch Tabelle 12).

Tabelle 12: Itemkennwerte motivierende Wirkung des Unterrichts (n=618)

	M	SD	Trenn-schärfe	Ladung Faktor 1
Ich war neugierig darauf, was wir in der nächsten Physikstunde lernen.	2.46	0.85	.56	.723
Es gab Dinge im Physikunterricht, die mich sehr interessiert haben.	3.00	0.74	.56	.720
Ich habe auch außerhalb des Unterrichts über manche Dinge nachgedacht, die wir in Physik gelernt hatten.	2.55	0.81	.63	.785
Ich hatte in Physik das Gefühl, für mich selbst etwas dazugelernt zu haben.	2.83	0.72	.57	.733
Mit solchen Themen wie in Physik hätte ich mich auch außerhalb der Schule gern beschäftigt.	2.14	0.73	.62	.774

Antwortformat: 1="trifft nicht zu" bis 4= "trifft völlig zu"

5.5.1.5 Aktivität im Unterricht

Eine PCA mit anschließender Varimax-Rotation ergab zwei Faktoren mit einem Eigenwert λ> 1, wobei jedoch der zweite Faktor nur ein λ= 1.07 aufwies. Diese zweifaktorielle Lösung klärte 63.3% der Gesamtvarianz auf. Wurde nur ein Faktor extrahiert, betrug die Varianzaufklärung 41.9%. Da die zweifaktorielle Lösung inhaltlich nicht zu interpretieren war und das konventionelle Kriterium von λ> 1 beim zweiten Faktor nur sehr knapp erreicht wurde, erschien eine einfaktorielle Lösung gerechtfertigt. Die niedrigste Trennschärfe weist mit r_{it}=.26 das Item „Beim Experimentieren habe ich die anderen machen lassen" auf, die höchste mit r_{it}=.51 das Item „Ich habe eigene Ideen im Unterricht geäußert" (vgl. Tabelle 13). Die Reliabilität beträgt α= .65, das arithmetische Mittel 2.85 (SD=0.69).

5.5.1.6 Motivation gegenüber Physikaufgaben

Die Faktorenanalyse ergab nur einen Faktor mit λ> 1, der 52.2% der Varianz aufklärte. Die Reliabilität beträgt α= .82. Die Trennschärfen liegen zwischen r_{it}=.55 und r_{it}=.65, der Skalenmittelwert bei 2.85 (SD=0.75).

Werden nur die drei Physikaufgaben, die zum dritten Messzeitpunkt nochmals vorgelegt wurden, in die Reliabilitätsberechnung einbezogen, beträgt α=.68 und das Skalenmittel 2.95 (SD=0.83). Tabelle 14 zeigt die genauen Ergebnisse der Itemanalyse.

Tabelle 13: Itemkennwerte Aktivität im Unterricht (n=619)

	M	SD	Trenn-schärfe	Ladung Faktor 1
Beim Experimentieren habe ich aktiv mitgemacht.	2.27	0.91	.42	.645
Beim Experimentieren habe ich die anderen machen lassen.	2.14	0.97	.26	.466
Aus Angst, etwas Falsches zu sagen, habe ich mich nicht gemeldet. (recodiert)	2.49	1.14	.44	.684
Ergebnisse aus einer Gruppenarbeit habe ich in der Klasse vorgestellt.	4.01	1.08	.39	.642
Ich habe eigene Ideen im Unterricht geäußert.	3.38	1.23	.51	.761

Antwortformat: 1="sehr oft" bis 5= "nie"

Tabelle 14: Itemkennwerte Motivation gegenüber Physikaufgaben (n=625), Fassung mit sechs Aufgaben

	M	SD	Trenn-schärfe	Ladung Faktor 1
Appetenz Aufgabe 1	3.07	1.04	.60	.737
Appetenz Aufgabe 2	2.73	0.97	.57	.715
Appetenz Aufgabe 3	2.81	1.02	.56	.704
Appetenz Aufgabe 4	2.64	1.02	.55	.695
Appetenz Aufgabe 5	2.88	1.04	.65	.779
Appetenz Aufgabe 6	2.94	1.11	.56	.703

Antwortformat: 1="sehr gerne" bis 5= "sehr ungern"

5.5.1.7 Weiterführendes Interesse an Physik (in der Freizeit, der schulischen und beruflichen Zukunft)

Es ergaben sich zwei Faktoren mit einem Eigenwert λ> 1, die jedoch nur schwer zu interpretieren sind: Auf dem ersten Faktor laden die Items „Ich hätte lieber einen Stundenplan ohne Physik (recodiert)", „Wenn es möglich wäre, würde ich Physik in der Schule schnell abwählen (recodiert)", „Mein späterer Beruf soll mit Physik nichts zu tun haben (recodiert)" sowie „Ich hätte nichts dagegen, wenn mein späterer Beruf etwas mit Physik zu tun hat", wobei das letzte Item allerdings eine recht hohe Nebenladung auf dem zweiten Faktor aufweist. Der zweite Faktor wird von den Items „Fernsehsendungen, Zeitungsartikel oder Ausstellungen über physikalische Themen sehe ich mir oft und gerne an", „Ich beschäftige mich in meiner Freizeit gerne und oft mit technischen Basteleien", „Ich würde bei Projekttagen gerne ein Thema machen, das sich mit einem physikalischen Thema beschäftigt" und „Physik möchte ich als Wahlpflichtkurs belegen" konstituiert. Da sich die Faktoren nicht den drei Bereichen Schule, Freizeit und Beruf zuordnen ließen, sondern sich eher aus der positiven oder negativen Formulierung der Items ergaben, wurde die Skala weiterhin als eindimensional betrachtet. Für die einfaktorielle Lösung spricht auch, dass die interne Konsistenz der Gesamtskala recht hoch ist (α=.82). Wird nur ein Faktor extrahiert, beträgt die Varianzaufklärung 45.3%. Die Trennschärfen der Items lagen zwischen r_{it}=.39 („Ich beschäftige mich in meiner Freizeit oft und gerne mit technischen Basteleien") und r_{it}=.65 („Ich hätte nichts dagegen, wenn mein späterer Beruf etwas mit Physik zu tun hat"). Das Skalnemittel betrug M=2.29 (SD=0.62). In Tabelle 15 sind die genaueren Kennwerte dargestellt.

Tabelle 15: Itemkennwerte Interesse an Physik in der Freizeit, der schulischen und beruflichen Zukunft (n=600)

	M	SD	Trenn-schärfe	Ladung Faktor 1	Ladung Faktor 2
Ich hätte lieber einen Stundenplan ohne Physik. (recodiert)	2.81	0.89	.62	.805	.191
Wenn es möglich wäre, würde ich Physik in der Schule schnell abwählen. (recodiert)	2.87	0.94	.64	.786	.236
Mein späterer Beruf soll mit Physik nichts zu tun haben. (recodiert)	2.27	0.98	.49	.772	.041
Ich hätte nichts dagegen, wenn mein späterer Beruf etwas mit Physik zu tun hat.	2.15	0.89	.65	.628	.434
Fernsehsendungen, Zeitungsartikel oder Ausstellungen über physikalische Themen sehe ich mir gerne und oft an.	2.04	0.85	.45	.119	.751
Ich beschäftige mich in meiner Freizeit gerne und oft mit technischen Basteleien.	2.04	0.94	.39	.051	.743
Ich würde bei Projekttagen/-wochen gerne ein Projekt machen, das sich mit einem physikalischen Thema beschäftigt.	2.24	0.88	.59	.379	.654
Physik möchte ich als Wahlpflichtkurs belegen.	1.78	0.80	.54	.428	.529

Antwortformat: 1="trifft nicht zu" bis 4= "trifft völlig zu"

5.6 Ergebnisse

Zur besseren Übersichtlichkeit wurden sämtliche Skalen in ihrer Ausrichtung so gepolt, dass ein höherer Wert eine positivere Ausprägung des entsprechenden Merkmals widerspiegelt.

Die Stichprobe für die folgenden Berechnungen besteht aus den Befragten, die beim zweiten und dritten Messzeitpunkt erreicht wurden und deren Physiklehrer oder -lehrerin mindestens eine koedukative und eine monoedukative Gruppe unterrichtet hat, um den Einfluss der Lehrervariablen auf die abhängigen Variablen konstant zu halten. Zudem ist die Stichprobe von den inkonsistent Antwortenden bereinigt (siehe Tabelle 2, Zeile 7-10, Spalte 5).

Für die abhängigen Variablen wurden dreifaktorielle Varianzanalysen mit Messwiederholungsfaktor berechnet (1.Faktor Geschlecht (männlich/-weiblich), 2.Faktor Gruppenkonstellation (koedukativ/ monoedukativ), 3. Faktor: Messung zur Schuljahresmitte und zum Schuljahresende). Um die in Abschnitt 5.2 spezifizierten Hypothesen zu überprüfen, wurden die varianzanalytischen Interaktionen zwischen den Faktoren Geschlecht und Gruppenkonstellation betrachtet und im Anschluss entsprechende Kontraste berechnet. Bei der Kontrastberechnung dienten jeweils die über beide Messzeitpunkte gemittelten Ausprägungen der Skalen als abhängige Variablen. Sie entsprechen damit den aggregierten Werten der Manovas, die bei der Berechnung der Gruppenvergleiche Verwendung finden.

Die Einrichtung monoedukativer Lerngruppen war eine auf die Förderung von Mädchen ausgerichtete Maßnahme. Entsprechend erfolgt die Berechnung der Effektstärken nur für die Gruppe der Mädchen. Mit der Effektstärke soll schließlich die praktische Bedeutsamkeit der Ergebnisse verdeutlicht werden, das heißt in diesem Falle, wie groß der Nutzen für die Mädchen war. Gemäß der Klassifizierung nach Cohen (1988) stellt d=.20 einen kleinen Effekt, d=.50 einen mittleren Effekt und d=.80 einen großen Effekt dar.

5.6.1 Selbstkonzept der Begabung für Physik

Das Selbstkonzept der fachspezifischen Begabung für Physik veränderte sich nicht vom Schulhalbjahres- zum Schuljahresende, Haupteffekt Messwiederholung F<1, zudem gab es keine Interaktionen des Messzeitpunktes mit anderen Faktoren.

Es zeigte sich ein Effekt des Geschlechts, $F(1,266)= 13.08$; $p<.001$: Jungen schätzten ihre Begabung für Physik höher ein als Mädchen (Jungen: M=2.66, SD=0.56 vs. Mädchen: M=2.44, SD=0.59). Zudem hielten sich die Schülerinnen und Schüler aus monoedukativen Gruppen tendenziell für begabter (M=2.59, SD=0.63) als jene aus gemischten Gruppen (M=2.49, SD=0.54), marginal signifikanter Haupteffekt der Gruppenkonstellation, $F(1,266)=3.09$, $p=.08$.

Diese Haupteffekte sind jedoch zu spezifizieren durch die signifikante Interaktion zwischen Gruppenkonstellation und Geschlecht, $F(1,266)= 9.99$, $p<.01$, der ein erwartungskonformes Mittelwertmuster zugrunde liegt (siehe Abbildung 2): Die Mädchen wiesen in den monoedukativen Gruppen ein besseres Selbstkonzept der eigenen Begabung auf (M=2.58, SD=0.56) als in koedukativen Gruppen (M=2.23, SD=0.57). Die Jungen hingegen hatten in koedukativen Gruppen ein nur geringfügig besseres Selbstkonzept der eigenen Begabung als in den reinen Jungengruppen. (mono: 2.61, SD=0.51; ko: 2.70, SD=0.61). Kontraste ergaben, dass sich die koedukativ unterrichteten Mädchen signifikant von der Gruppe aller Jungen, t(266)=-4.67, p<.001, und auch von den monoedukativ unterrichteten Mädchen, t(266)= -3.54; p<.001, unterschieden. Diejenigen Mädchen, die ohne Jungen unterrichtet wurden, unterschieden sich nicht signifikant von den Jungen, t(266)= - 1.03; p=.306. Ob Jungen mit oder ohne Mädchen unterrichtet wurden, hatte keine Auswirkung auf ihre Begabungsüberzeugung, t(266)= -0.98; p=. 330. Wird nur die Selbsteinschätzung der koedukativ und monoedukativ unterrichteten Mädchen unterschieden, beträgt die Effektstärke d= .62 (mittlerer Effekt).

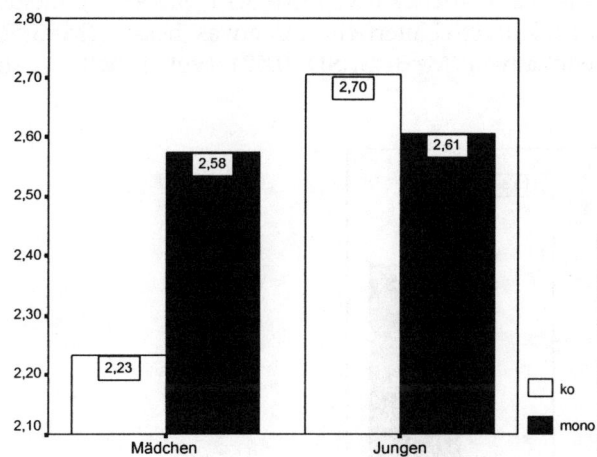

Abbildung 2: fachspezifisches Selbstkonzept Begabung, getrennt nach Geschlecht und Gruppenkonstellation

Tabelle 16: Deskriptive Statistiken der Skala „Selbstkonzept der Begabung für Physik": Werte zur Mitte des achten Schuljahres, zum Ende des achten Schuljahres und die über beide Messzeitpunkte aggregierten Werte

		t1		t2		t1/ t2	
	N	M	SD	M	SD	M	SD
Mädchen ko	87	2.24	0.61	2.23	0.63	2.23	0.57
Mädchen mono	56	2.58	0.58	2.57	0.63	2.58	0.56
Jungen ko	62	2.71	0.61	2.69	0.70	2.70	0.61
Jungen mono	65	2.63	0.54	2.58	0.59	2.61	0.51
gesamt	270	2.55	0.61	2.53	0.66	2.54	0.59

149

5.6.2 Auf den Physikunterricht bezogenes Selbstkonzept

Zum Ende des Schuljahres waren die Jugendlichen weniger von ihren Fähigkeiten in Physik überzeugt (M=3.37, SD=0.62) als zur Mitte des Schuljahres (M=3.46, SD=0.53), Haupteffekt Messwiederholungsfaktor F(1,266)=10.36; p=.001.

Weiter zeigte sich ein signifikanter Haupteffekt des Geschlechts, F(1,266)=8.72; p< .01: Die Jungen hatten gegenüber den Mädchen das bessere fachspezifische Selbstkonzept (Jungen: M=3.50, SD= 0.52 vs. Mädchen: M=3.34, SD=0.54), der aber wiederum als solcher nicht interpretierbar ist, sondern auf einer signifikanten Interaktion zwischen der Gruppenkonstellation und dem Geschlecht der Schüler/innen, F(1,266)=13.31, p< .001, beruht: Während Mädchen in den monoedukativen Gruppen ein deutlich besseres Selbstkonzept bezüglich ihrer Leistungen im Physikunterricht hatten (M=3.47, SD=0.48) als in koedukativen (M=3.14, SD=0.57), hielten sich die Jungen im koedukativen Unterricht für etwas besser (M=3.56, SD=0.55) als im monoedukativen (M=3.43, SD=0.52) (vgl. Tabelle 17 sowie Abbildung 3).

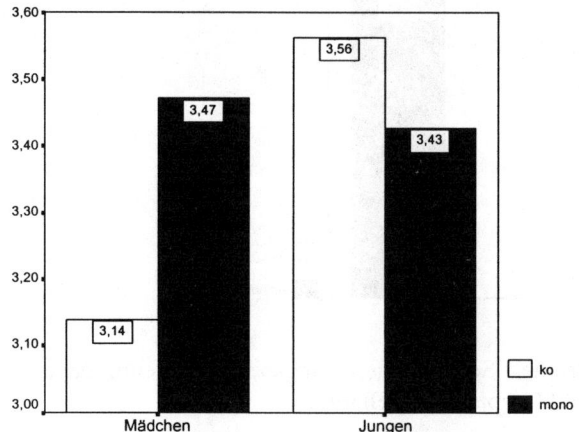

Abbildung 3: fachspezifisches Selbstkonzept Unterricht, getrennt nach Geschlecht und Gruppenkonstellation

Zur Überprüfung der Hypothesen, welche der entsprechenden Gruppen sich voneinander unterscheiden würden und welche keine signifikant unterschiedlichen Einschätzungen äußern würden, wurden Kontraste berechnet. Diese zeigten erwartungsgemäß, dass sich die koedukativ unterrichteten Mädchen sowohl von den monoedukativ unterrichteten Mädchen, t(266)=3.73; p<.001, als auch von den Jungen, t(266)= - 4.26; p<.001, unterschieden. Mädchen aus monoedukativen Lerngruppen unterschieden sich

150

in ihrem Selbstkonzept nicht von den Jungen, t(266)= - 0.32; p=.75. Jungen aus gemischten Gruppen unterschieden sich nicht signifikant von denen aus reinen Jungengruppen, t(266)= - 1.47; p= .14. Die auf die Unterschiede zwischen den koedukativ und den monoedukativ unterrichteten Mädchen bezogene Effektgröße beträgt d= .62. Dies ist nach Cohen (1988) ein Effekt mittlerer Größe.

Tabelle 17: Deskriptive Statistiken der Skala „auf den Physikunterricht bezogenes Selbstkonzept": Werte zur Mitte des achten Schuljahres, zum Ende des achten Schuljahres und die über beide Messzeitpunkte aggregierten Werte

		t1		t2		t1/ t2	
	N	M	SD	M	SD	M	SD
Mädchen ko	87	3.21	0.58	3.07	0.64	3.14	0.57
Mädchen mono	56	3.51	0.49	3.43	0.55	3.47	0.48
Jungen ko	62	3.61	0.52	3.51	0.64	3.56	0.55
Jungen mono	65	3.44	0.47	3.41	0.62	3.43	0.49
gesamt	270	3.46	0.53	3.37	0.62	3.41	0.54

5.6.3 Erfolgserwartung gegenüber Physikaufgaben

Die hier dargestellten Ergebnisse zur Erfolgserwartung gegenüber Physikaufgaben beziehen sich auf die Kurzform der Skala mit den drei schwersten Aufgaben, die bei der dritten Erhebung in der gleichen Form ein weiteres Mal vorgelegt wurden.

Es ergab sich weder ein Effekt der Zeit, Haupteffekt Messwiederholung F<1, noch eine Interaktion von Geschlecht und Gruppenkonstellation, F<1. Einzig das Geschlecht hatte auf die Erfolgserwartung einen Einfluss, $F(1,266)=20.40$; p<.001: Jungen waren zuversichtlicher, die vorgelegten Aufgaben lösen zu können (M=3.50; SD=0.65) als Mädchen (M=3.15; SD=0.66) (siehe Tabelle 18 und Abbildung 4).

Tabelle 18: Deskriptive Statistiken der Skala „Erfolgserwartungen gegenüber Physikaufgaben": Werte zur Mitte des achten Schuljahres, zum Ende des achten Schuljahres und die über beide Messzeitpunkte aggregierten Werte

		t1		t2		t1/ t2	
	N	M	SD	M	SD	M	SD
Mädchen ko	87	3.05	0.79	3.07	0.73	3.06	0.69
Mädchen mono	56	3.17	0.74	3.24	0.80	3.21	0.64
Jungen ko	62	3.51	0.71	3.39	0.84	3.45	0.64
Jungen mono	65	3.49	0.73	3.60	0.79	3.55	0.66
gesamt	270	3.30	0.77	3.32	0.81	3.31	0.68

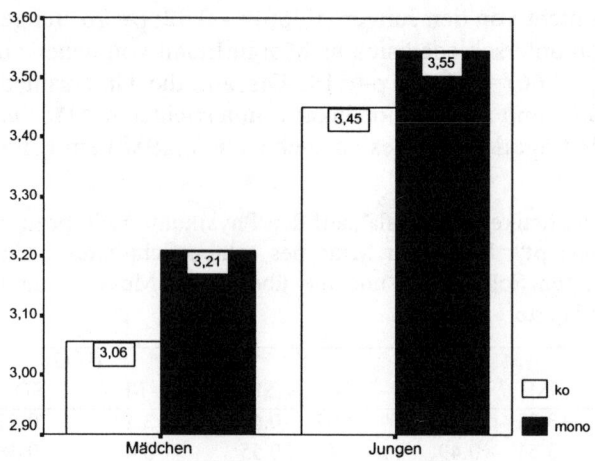

Abbildung 4: Erfolgserwartung Physikaufgaben, getrennt nach Geschlecht und Gruppenkonstellation

Auch wenn die erwartete Interaktion der Faktoren Geschelcht und Gruppenkonstellation nicht signifikant war, wurde durch die Berechung von Kontrasten überprüft, ob wenigstens das Mittelwertmuster hypothesenkonform ausgefallen ist. Dabei zeigte sich Folgendes: Die Erfolgserwartung von Mädchen aus gemischten Gruppen war niedriger als bei allen Jungen, $t(266)= -4.21$; $p<.001$, aber nicht niedriger als bei Mädchen aus monoedukativen Gruppen, $t(266)=1.37$; $p=.171$. Diese Mädchen aus reinen Mädchengruppen waren weniger erfolgszuversichtlich als die befragten Jungen, $t(266)= -3.16$; $p<.01$. Jungen waren in beiden Gruppenvarianten gleich zuversichtlich, die Aufgaben lösen zu können, $t(266)=0.81$; $p=.417$ (die Mittelwerte der einzelnen Gruppen sind in Abbildung 4 dargestellt). Die auf die Unterschiede zwischen den koedukativ und den monoedukativ unterrichteten Mädchen bezogene Effektgröße beträgt $d= .23$ (kleiner Effekt).

5.6.4 Motivierende Wirkung des Physikunterrichts

Die motivierende Wirkung des Unterrichts nahm während des Messzeitraumes ab (Schuljahresmitte: M=2.59, SD=0.59, Ende des Schuljahres: M=2.50, SD=0.62), Haupteffekt des Messwiederholungsfaktors $F(1,265)=6.88$, $p<.01$.

Die erwartete statistische Interaktion zwischen dem Geschlecht der Jugendlichen und der Gruppenkonstellation wurde nicht signifikant, $F(1,265)=1.50$, ns, sondern es ergab sich lediglich ein marginal signifikanter Haupteffekt des Faktors Gruppenkonstellation $F(1,265)=2.87$, $p=.09$, dem gemäß die Schüler/innen in den monoedukativen Gruppen den Unterricht als motivierender erlebten (M= 2.59, SD=0.54) als in den gemischten

Gruppen (M=2.49, SD=0.55). (Siehe Abbildung 5 und Tabelle 19) Kontraste zeigten allerdings erwartungskonform, dass die Mädchen aus gemischten Lerngruppen weniger motiviert waren (M=2.39, SD=0.53) als Mädchen aus reinen Mädchengruppen (M=2.58, SD=0.54), t(265)=2.11, p<.05, und als alle Jungen (M=2.59, SD=0.54), t(265)= -2.37, p<.05. Die Mädchen aus monoedukativen Gruppen unterschieden sie sich in ihrer Motiviertheit jedoch nicht von Jungen, t(265)= -0.15, p=.883. Jungen fühlten sich in beiden Gruppenkonstellationen gleichermaßen stark angesprochen (mono: M=2.61, SD=0.55; ko: M=2.58; SD=0.54), t(265)= 0.32, p=.746.

Die auf den Unterschied zwischen den koedukativ und den monoedukativ unterrichteten Mädchen bezogene Effektgröße beträgt d= .36 (kleiner Effekt).

Tabelle 19: Deskriptive Statistiken der Skala „motivierende Wirkung des Physikunterrichts": Werte zur Mitte des achten Schuljahres, zum Ende des achten Schuljahres und die über beide Messzeitpunkte aggregierten Werte

		t1		t2		t1/ t2	
	N	M	SD	M	SD	M	SD
Mädchen ko	87	2.44	0.56	2.33	0.60	2.39	0.53
Mädchen mono	56	2.60	0.59	2.56	0.60	2.58	0.54
Jungen ko	61	2.61	0.62	2.54	0.61	2.58	0.55
Jungen mono	65	2.68	0.59	2.54	0.60	2.61	0.54
gesamt	269	2.59	0.59	2.50	0.62	2.55	0.54

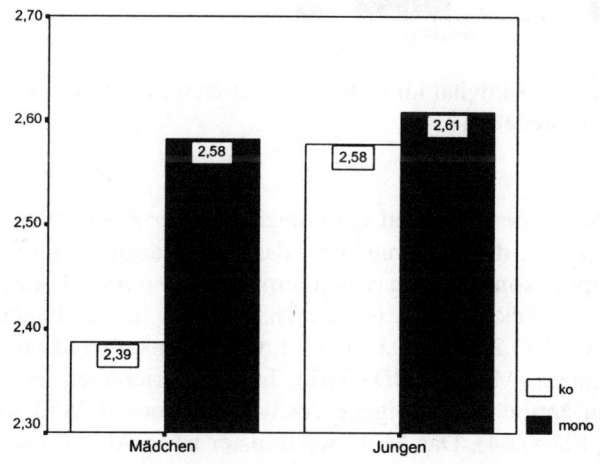

Abbildung 5: Motivierende Wirkung des Unterrichts, getrennt nach Geschlecht und Gruppenkonstellation

5.6.5 Aktivität im Physikunterricht

Die Befragten berichten am Ende des Schuljahres insgesamt eine aktivere Teilnahme am Unterricht (M=3.25; SD=0.70) als zur Schuljahresmitte (M=3.14; SD=0.71), Haupteffekt Messzeitpunkt F(1,265)=11.88, p=001.

Das Geschlecht hatte einen marginal signifikanten Einfluss auf das Ausmaß der aktiven Teilnahme am Unterricht, F(1,265)=3.50, p=.06. Die Jungen berichteten über mehr Aktivitäten (M=3.25, SD=0.63) als die Mädchen (M=3.14, SD=0.66). Marginal signifikant war auch der Einfluss der Gruppenkonstellation, F(1,265)=2.84, p=.09. Aus den monoedukativen Gruppen wurde von aktiverer Teilnahme berichtet (M= 3.25, SD=0.65) als aus den koedukativen Gruppen (M=3.12, SD=0.64).

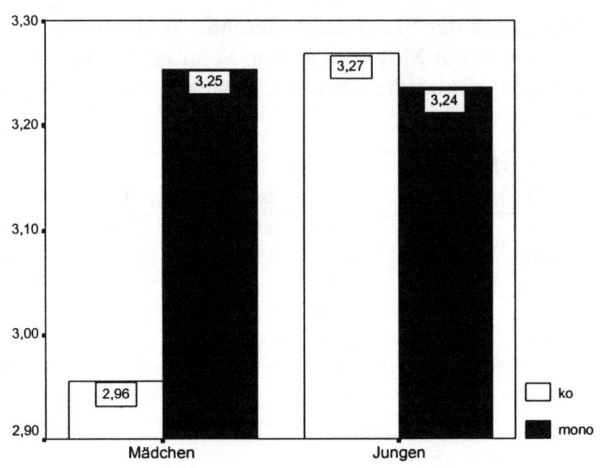

Abbildung 6: Selbstberichtete Aktivität im Unterricht, getrennt nach Geschlecht und Gruppenkonstellation

Die signifikante Interaktion der Faktoren Geschlecht und Gruppenkonstellation, F(1,265)=4.40, p<.05, deutet darauf hin, dass der marginal signifikante Haupteffekt Gruppenkonstellation vor allem auf die monoedukativ unterrichteten Mädchen zurückzuführen ist, die sich aktiver in den Unterricht eingebracht haben (M=3.25, SD=0.63) als ihre Klassenkameradinnen in den gemischten Gruppen (M=2.96, SD=0.61). Jungen berichteten dagegen in beiden Gruppen ähnlich viele eigene Aktivitäten (mono: M=3.24, SD=0.64, ko: M=3.27, SD=0.64). Das Mittelwertmuster ist in Abbildung 6 dargestellt. Kontraste belegten, dass die Mädchen aus gemischten Gruppen über signifikant weniger Aktivitäten im Unterricht berichteten die Mädchen aus monoedukativen Gruppen, t(265)=2.73, p>.01, und als alle Jungen, t(265)= -2.90; p<.01. Jungen hingegen beteiligten sich in monoedukativen und koedukativen Gruppen gleich stark, t(265)= -0.29; p=.776. Mädchen

154

aus reinen Mädchengruppen waren im Unterricht genauso aktiv wie die befragten Jungen, t(265)=0.02; p=.986. Die auf den Unterschied zwischen den koedukativ und den monoedukativ unterrichteten Mädchen bezogene Effektgröße beträgt d= .46. Dies ist ein kleiner, fast schon mittlerer Effekt.

Tabelle 20: Deskriptive Statistiken der Skala „selbstberichtete Aktivität im Physikunterricht": Werte zur Mitte des achten Schuljahres, zum Ende des achten Schuljahres und die über beide Messzeitpunkte aggregierten Werte

		t1		t2		t1/t2	
	N	M	SD	M	SD	M	SD
Mädchen ko	87	2.88	0.61	3.04	0.70	2.96	0.61
Mädchen mono	56	3.23	0.70	3.27	0.73	3.25	0.66
Jungen ko	61	3.22	0.68	3.32	0.68	3.27	0.63
Jungen mono	65	3.18	0.78	3.32	0.66	3.24	0.64
gesamt	269	3.14	0.71	3.25	0.70	3.19	0.65

5.6.6 Motivation gegenüber Physikaufgaben (Appetenz)

Die Motivation, die vorgegebenen Physikaufgaben zu lösen, veränderte sich nicht bedeutsam von der Schuljahresmitte zum Schuljahresende, Haupteffekt Messwiederholung, F(1,266)=1.69, ns.

Das Geschlecht der Befragten hatte einen Einfluss auf ihre Physikaufgaben-Appetenz, F(1,266)=7.05, p<.01. Jungen wollten die dargebotenen Aufgaben lieber lösen (M=3.11, SD=0.70) als Mädchen (M=2.89, SD=0.84).

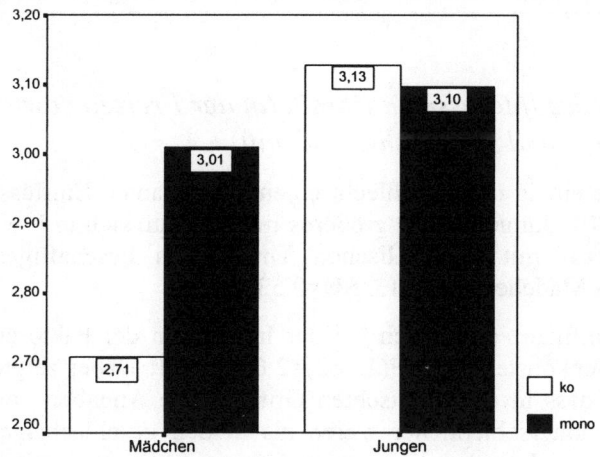

Abbildung 7: Motivation gegenüber Physikaufgaben, getrennt nach Geschlecht und Gruppenkonstellation

Die erwartete Interaktion von Geschlecht und Gruppenkonstellation war nur marginal signifikant, $F(1,266)=3.03$, p<.08 (siehe Abbildung 7), wobei jedoch das Mittelwertmuster und die Berechnung von Kontrasten erwartungskonforme Resultate zeigten: Während sich Jungen aus gemischten und getrennten Gruppen nicht unterschieden (ko: M=3.13, SD=0.73; mono: M=3.10, SD=0.68), $t(266)= -0.23$; p=.819, hatten Mädchen aus gemischten Gruppen weniger Lust, die Aufgaben zu lösen, (M=2.71, SD=0.87) als Mädchen, die in Mädchengruppen unterrichtet wurden (M=3.01, SD=0.81), $t(266)=2.27$, p<.05, und waren weniger motiviert als die gesamt Gruppe der Jungen, $t(266)= -3.25$; p=.001. Mädchen, die in reinen Mädchengruppen unterrichtet wurden, wollten dagegen die Aufgaben genauso gerne lösen wie die Jungen, $t(266)= -0.96$; p=.340. Die auf den Unterschied zwischen den koedukativ und den monoedukativ unterrichteten Mädchen bezogene Effektgröße beträgt d=.36 (kleiner Effekt).

Tabelle 21: Deskriptive Statistiken der Skala „Motivation gegenüber Physikaufgaben": Werte zur Mitte des achten Schuljahres, zum Ende des achten Schuljahres und die über beide Messzeitpunkte aggregierten Werte

		t1		t2		t1/ t2	
	N	M	SD	M	SD	M	SD
Mädchen ko	87	2.68	0.97	2.73	1.00	2.71	0.87
Mädchen mono	56	3.04	9.78	2.98	1.02	3.01	0.81
Jungen ko	62	3.22	0.77	3.04	0.94	3.13	0.73
Jungen mono	65	3.15	0.81	3.04	0.85	3.10	0.68
gesamt	270	3.03	0.84	2.96	0.96	3.00	0.79

5.6.7 Weiterführendes Interesse an Physik (in der Freizeit sowie der beruflichen und schulischen Zukunft)

Auf das Interesse hatte einzig das Geschlecht einen signifikanten Einfluss, $F(1,263)= 14.41$; p< .001: Jungen gaben größeres Interesse an, sich in Freizeit, Schule oder Beruf mit physikalischen Themen zu beschäftigen (M=2.37, SD=0.55) als Mädchen (M=2.13, SD=0.53).

Eine Tendenz zur Signifikanz ergab sich bei der Interaktion der Faktoren Geschlecht und Gruppenkonstellation, $F(1,262)=2.62$; p=.11. Dabei zeigte das Mittelwertmuster, dass in den gemischten Gruppen die Angaben von Mädchen und Jungen unterschiedlicher waren als in den geschlechtsgetrennten Gruppen. Während in den gemischten Gruppen Jungen deutlich mehr Interesse an Physik äußerten (M=2.42; SD=0.54) als die mit ihnen gemeinsam unterrichteten Mädchen (M=2.06; SD=0.50), war das Physikinteresse bei Mädchen aus reinen Mädchengruppen (M=2.18; SD=0.54)

156

ähnlich groß wie jenes der Jungen aus reinen Jungengruppen (M=2.32; SD=0.56) (siehe Abbildung 8).

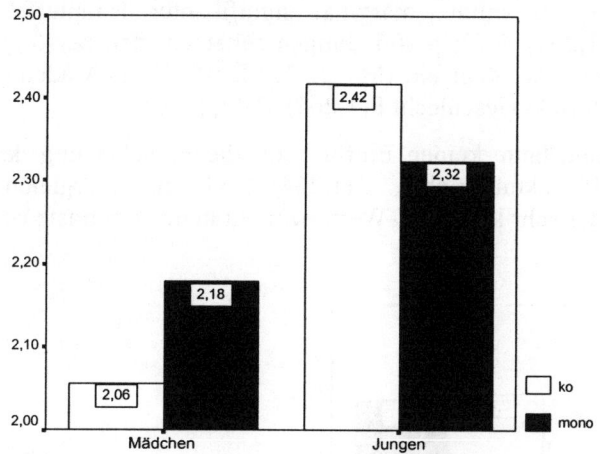

Abbildung 8: Interesse an Physik in Freizeit, schulischer und beruflicher Zukunft, getrennt nach Geschlecht und Gruppenkonstellation

Die Berechnung von Kontrasten ergab folgendes Bild: Das Interesse an Physik in der Freizeit, der beruflichen und schulischen Zukunft war bei Mädchen aus koedukativen Gruppen geringer als bei Jungen, t(263)= -3.63; p<001. Es war aber nicht geringer als bei Mädchen aus monoedukativen Gruppen, t(263)=1.33; p=.185. Jungen der beiden Gruppenkonstellationen unterschieden sich hinsichtlich ihres Interesses nicht voneinander, t(263)= -0.97, p=.335. Mädchen aus monoedukativen Gruppen hatten geringeres Interesse an Physik in der Freizeit und beruflichen wie schulischen Zukunft als alle Jungen, t(263)= -2.56; p<.05.

Tabelle 22: Deskriptive Statistiken der Skala „weiterführendes Interesse an Physik": Werte zur Mitte des achten Schuljahres, zum Ende des achten Schuljahres und die über beide Messzeitpunkte aggregierten Werte

		t1		t2		t1/ t2	
	N	M	SD	M	SD	M	SD
Mädchen ko	87	2.08	0.54	2.03	0.59	2.06	0.50
Mädchen mono	56	2.19	0.57	2.16	0.63	2.18	0.54
Jungen ko	60	2.43	0.58	2.40	0.60	2.42	0.54
Jungen mono	64	2.38	0.63	2.28	0.61	2.32	0.56
gesamt	267	2.27	0.59	2.22	0.62	2.24	0.55

5.6.8 Subjektiver Kompetenzgewinn durch den Physikunterricht

Der Physikunterricht wurde zum Ende des Schuljahres für unbedeutender gehalten als zur Schuljahresmitte, marginal signifikanter Haupteffekt Messwiederholung, $F(1,264)=3.72$; $p=.06$. Jungen schätzten den persönlichen Nutzen des Unterrichts höher ein ($M= 2.71$, $SD=0.64$) als Mädchen (2.51, $SD=0.65$), Haupteffekt Geschlecht $F(1,264)=7.48$; $p<.01$.

Die Gruppenkonstellation hatte keinen Einfluss auf die Einschätzung der Bedeutsamkeit des Physikunterrichts, $F(1,264)=0.49$, ns (vergleiche Abbildung 9). Wegen der sehr kleinen F-Werte wurden keine Kontraste berechnet.

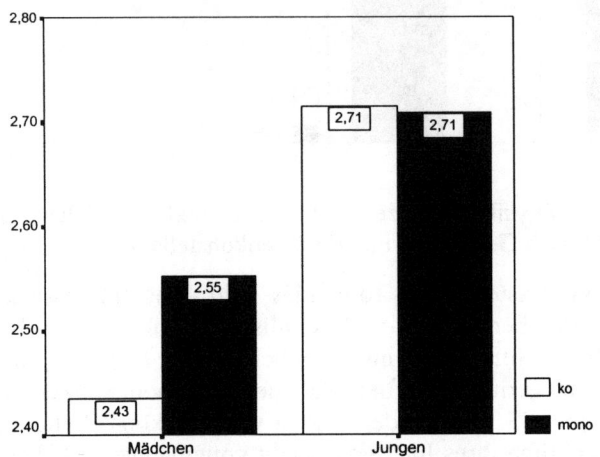

Abbildung 9: Selbstkonzept Kompetenzgewinn, getrennt nach Geschlecht und Gruppenkonstellation

Tabelle 23: Deskriptive Statistiken der Skala „subjektiver Kompetenzgewinn durch Physik": Werte zur Mitte des achten Schuljahres, zum Ende des achten Schuljahres und die über beide Messzeitpunkte aggregierten Werte

	N	t1		t2		t1/ t2	
	N	M	SD	M	SD	M	SD
Mädchen ko	86	2.46	0.69	2.41	0.82	2.43	0.67
Mädchen mono	56	2.59	0.69	2.52	0.71	2.55	0.63
Jungen ko	62	2.79	0.65	2.64	0.70	2.71	0.60
Jungen mono	64	2.73	0.84	2.68	0.79	2.71	0.68
gesamt	268	2.64	0.73	2.56	0.75	2.60	0.65

5.7 Diskussion der Studie 1

5.7.1 Zusammenfassung der Ergebnisse

Es wurde angenommen, dass vor allem Mädchen von monoedukativer Unterrichtung in Physik profitieren. Die Datenanalysen ergaben folgendes Bild:

Es zeigte sich erwartungsgemäß, dass die Überzeugung, für Physik allgemein begabt zu sein, in Abhängigkeit vom Geschlecht und der Gruppenkonstellation variierte: In koedukativen Gruppen unterschieden sich die Begabungsüberzeugungen von Jungen und Mädchen. Wurden Jungen und Mädchen dagegen getrennt unterrichtet, verschwanden diese geschlechtsspezifischen Unterschiede; Mädchen aus Mädchengruppen schätzen ihre Physikbegabung nicht anders ein als Jungen und deutlich besser als die Mädchen aus den gemischten Gruppen. Auch die Vermutung, dass gemischte oder getrennte Unterrichtung bei Jungen keine Auswirkung darauf hat, für wie begabt sie sich halten, wurde bestätigt.

Die gleichen Verhältnisse waren bei der Einschätzung der eigenen Leistungen im Physikunterricht anzutreffen: Die Leistungseinschätzung der Jungen war von der Geschlechterkonstellation ihrer Lerngruppe unabhängig. Mädchen, die in Mädchengruppen unterrichtet wurden, schätzten sich ebenso gut ein wie Jungen aus gemischten und getrennten Gruppen und deutlich besser als die Schülerinnen aus den koedukativen Gruppen. Die Mädchen jedoch, die in den koedukativen Gruppen Physik hatten, fielen deutlich heraus und beurteilten ihre gegenwärtigen und antizpierten Leistungen in Physik schlechter als alle anderen.

Entsprechendes ließ sich jedoch bei der Erwartung, drei ganz konkrete, im Fragebogen abgebildete Physikaufgaben lösen zu können, nicht replizieren: Einzig das Geschlecht der Befragten hatte einen Einfluss darauf, für wie wahrscheinlich sie es hielten, die Aufgaben erfolgreich zu bearbeiten: Jungen erwarteten eher, sie lösen zu können, als Mädchen. Ob die Jugendlichen in gemischten oder geschlechtshomogenen Gruppen unterrichtet wurden, war für ihr auf die konkreten Physikaufgaben bezogenes Selbstkonzept unerheblich.

Auf den Variablen, die verschiedene Aspekte der auf den Physikunterricht bezogenen Motivation der Jugendlichen erfassten, zeigten sich erwartungsgemäß vor allem bei den Mädchen positive Einflüsse monoedukativer Unterrichtung: Kontraste konnten zeigen, dass sich Mädchen aus Mädchengruppen durch den Unterricht motivierter fühlten als Mädchen aus koedukativen Gruppen und genauso motiviert wie die Jungen aus beiden Gruppenarten. Auf die Motiviertheit der Jungen hatte die Geschlechterkonstellation ihrer Lerngruppe keinen Einfluss. Die Mädchen aus koedukativen Gruppen waren relativ zu den anderen befragten Schülerinnen und Schülern am wenigsten motiviert: Sie kreisen mit ihren Gedanken weniger um die Inhalte des Physikunterrichts als ihre Kolleginnen aus den reinen Mädchengruppen und als die Jungen.

Die Vergleiche bezüglich der selbstberichteten Aktivität im Unterricht belegten ebenfalls, dass Mädchen, die gemeinsam mit Jungen unterrichtet wurden, weniger Eigeninitiative zeigten als alle anderen Befragten, wobei sie sich sowohl von der Gruppe der Jungen als auch von der reinen Mädchengruppe signifikant unterschieden. Mädchen aus reinen Mädchengruppen berichteten gleich viele Aktivitäten wie mono- oder koedukativ unterrichtete Jungen; die Jungen haben sich nach ihren Angaben in beiden Unterrichtsformen gleich viel beteiligt.

Wurden Mädchen in gemischten Gruppen unterrichtet, hatten sie weniger Lust, Physikaufgaben zu lösen, als ihre männlichen Klassenkameraden und als die Mädchen aus reinen Mädchengruppen. Letztere wollten die dargebotenen Aufgaben genauso gern lösen wie monoedukativ oder koedukativ unterrichtete Jungen, die sich wiederum nicht voneinander unterschieden. Allerdings war dieses Muster nur bei der Berechung von Kontrasten signifikant, wohingegen die erwartete Interaktion in der Varianzanalyse nur marginal signifikant wurde.

Der Unterschied zwischen Jungen und Mädchen hinsichtlich zwei weiterer Variablen ließ sich durch monoedukative Unterrichtung jedoch nicht oder kaum verringern: Die Gruppenkonstellation hatte weder bei Jungen noch bei Mädchen eine Auswirkung auf die Überzeugung, sich durch den Physikunterricht Kompetenzen anzueignen, die für sie persönlich nützlich sind bzw. sein werden. Mädchen, die monoedukativ unterrichtet wurden, schätzten den Kompetenzgewinn nicht höher ein als koedukativ unterrichtete Mädchen. Für Jungen hingegen waren ihrer Meinung nach die im Physikunterricht erlangten Kenntnisse oder Fähigkeiten bedeutsamer als für Mädchen koedukativer Gruppen und tendenziell auch als für Mädchen monoedukativer Lerngruppen.

Auch bei den Angaben zum weiterführenden Interesse an Physik, dass über den unmittelbaren Unterricht hinausging und sich auf die Relevanz von Physik im Freizeitbereich sowie in der beruflichen und schulischen Zukunft bezog, zeigten sich kaum Effekte, die einen Vorteil monoedukativer Unterrichtung nachlegen: Zwar bestand eine marginal signifikante Wechselwirkung der Faktoren Geschlecht und Gruppenkonstellation, der ein erwartungskonformes Mittelwertmuster zugrunde lag, jedoch ließen sich die vorausgesagten Gruppenunterschiede mittels Kontrastberechnung nicht bestätigen. Die Mädchen aus den reinen Mädchengruppen bekundeten ebenso wie die Mädchen aus den koedukativen Gruppen weniger Interesse an Physik in der Freizeit und in der beruflichen wie schulischen Zukunft als Jungen.

Für die beiden zeitlich um ein halbes Jahr versetzten Messungen war angenommen worden, dass die positiven Wirkungen monoedukativer Unterrichtung stabil sein würden oder sich sogar von der Mitte des Schuljahres zum Ende des Schuljahres hin verstärken würden. Die Ergebnisse zeigen, dass sich bei keiner der abhängigen Variablen Interaktionen des Messwiederholungsfaktors mit dem Geschlecht oder der Gruppenkonstellation ergaben, was bedeutet, dass sich die Effekte des Geschlechts oder der Gruppenkonstellation oder der Interaktion von Geschlecht und Gruppenkonstellation zwischen der Mitte und dem Ende des Schuljahres nicht veränderten. Der Vergleich zwischen den beiden Erhebungszeitpunkte ergab jedoch, dass die Überzeugung, im Physikunterricht insgesamt gute Leistungen zu bringen, insgesamt bei den Jugendlichen abnahm, der Nutzen des Unterrichts (Kompetenzgewinn) am Ende des Schuljahres für geringer gehalten wurde als in der Mitte des Schuljahres und sich die Jugendlichen am Ende des achten Schuljahres weniger durch den Physikunterricht motiviert fühlten als ein halbes Jahr zuvor. Gleichzeitig berichteten sie jedoch am Ende des Schuljahres über mehr aktive Beteiligung im Physikunterricht als in der Mitte des Schuljahres. Die Meinung über das Ausmaß der eigenen physikalischen Begabung blieb in diesem Zeitraum unverändert. Auch das über den Physikunterricht hinausgehende Interesse an Physik (in Freizeit und der persönlichen Zukunft) veränderte sich von der Mitte des achten Schuljahres zum Ende des achten Schuljahres nicht. Ebenfalls stabil blieb die Erwartung, die im Fragebogen vorgegebenen Physikaufgaben lösen zu können sowie die Motivation, diese Aufgaben zu bearbeiten.

5.7.2 Deutung und Bewertung

Die Annahme, dass monoedukative Lerngruppen im Physikanfangsunterricht bei Mädchen dazu führen, dass sie ein besseres fachbezogenes Selbstkonzept und eine höhere unterrichtsbezogene Motivation entwickeln als in koedukativen Lerngruppen und sich bezüglich dieser Variablen nicht von den Schülern des gleichen Jahrganges unterscheiden, wurde in unserer Untersuchung bestätigt. Ebenfalls wurde die Hypothese unterstützt, dass diese positiven Effekte spezifisch für Mädchen sind: Erwartungsgemäß hatte es auf die Variablen des physikbezogenen Selbstkonzeptes und der Motivation der Jungen keinen Einfluss, ob sie in der achten Klasse in reinen Jungengruppen oder in gemischten Gruppen unterrichtet wurden. Allein für das Selbstkonzept, das sich auf die im Fragebogen vorgegebenen Physikaufgaben bezog, zeigten sich die erwarteten Effekte nicht. Insgesamt kann jedoch festgestellt werden, dass die allgemein in der Literatur berichteten Geschlechtsunterschiede im fachbezogenen Selbstkonzept und dem Engagement in naturwissenschaftlichen Fächern (vgl. Kapitel 1) nur in den koedukativen Gruppen zu finden waren, wohingegen diese Unterschiede verschwanden, wenn Jungen und Mädchen getrennt unterrichtet wurden.

Dass sich keine Interaktionen der Gruppenkonstellation mit dem Messzeitpunkt ergaben, weist darauf hin, dass die positiven Effekte monoedukativer Unterrichtung bereits nach einem halben Jahr vorhanden waren und sich im Laufe des nächsten halben Jahres weder verstärkten noch verringerten.

Auf Variablen, die das weiterführende Interesse an Physik[42] und den subjektiven Nutzen des Faches für die eigene Zukunft abbilden, zeigten sich allerdings keine Hinweise auf die Nützlichkeit monoedukativer Unterrichtung, sondern nur die altbekannten Geschlechtsunterschiede. Wie lassen sich diese Ergebnisse erklären? Offenbar ist es wenig sinnvoll anzunehmen, dass sich durch ein Jahr geschlechtsgetrennten Unterricht sämtliche Überzeugungen bei Mädchen soweit verändern lassen, dass sie ganz bewusst aus den geschlechtsspezifischen Normen „ausbrechen", eine stabile auf Physik bezogene „Person-Gegenstands-Beziehung" aufbauen oder bereits aufgebaut haben und außerdem annehmen, dass Physik in ihrem Leben eine große Rolle spielen wird. Mädchen haben schließlich im Laufe ihrer Sozialisation weit weniger Kontakt mit Technik als Jungen und entsprechend weniger technische Vorerfahrung (vgl. z.B. Hannover & Bettge, 1983; Ziegler et al., 1996) und verfügen deshalb auch weniger wahrscheinlich über ein dispositionales Physikinteresse sensu Krapp (1998), wenn sie erstmals Physikunterricht bekommen. Aus den in Kapitel 1 dargestellten Befunden und Überlegungen wurde abgeleitet, dass im Anfangsunterricht bereits viel gewonnen ist, wenn auf Seite der Schülerinnen und Schüler *situationales* Interesse erzeugt und wachgehalten werden kann (Krapp, 1998). Dass dies vor allem bei der Gruppe der Mädchen offenbar häufig versäumt wird, wurde ebenfalls in Kapitel 1 geschildert. Die in Kapitel 3.5 erwähnten Befunde, dass sich Jugendliche gerade während der Pubertät und damit in der Regel auch während des Physikanfangsunterrichts in besonderem Maße an Geschlechterrollenstereotypen orientieren, boten zusammen mit den Befunden, dass Menschen Inhaltsbereiche und Tätigkeitsfelder präferieren, die zu ihrem Selbstbild passen (vgl. Kapitel 3.2.2 und 3.3) eine Erklärung für diesen Rückzug der Mädchen: Jugendliche Mädchen, so nahmen wir an, halten sich deshalb im Physikunterricht zurück, weil ein ausgeprägtes Engagement in diesem Fach mit der Rolle als Frau schlecht vereinbar ist und die Mädchen über die Ablehnung des Faches ihre weibliche Identität ausprobieren und festigen können. Wenn sie deshalb bereits im Anfangsunterricht den Anschluss verpassen und sich von dem Fach Physik abwenden, ist es sehr unwahrscheinlich, dass sie sich in späteren Schuljahren (z.B. in der Oberstufe) dort noch spezialisieren werden - obwohl sie sich nicht mehr so „ü-

---

42 Die Benennung der Skala „weiterführendes Interesse an Physik" kann möglicherweise zu Missverständnissen führen. „Weiterführend" ist das Interesse in dem Sinne, dass es über das Interesse am derzeit erlebten Physik*unterricht* hinaus geht. Es ist darauf hinzuweisen, dass damit nicht die weitere Entwicklung des Interesses im *zeitlichen* Verlauf gemeint ist, also nicht die weitere Entwicklung der Selbstkonzept- und Motivationsmaße (vgl. die Darstellung der Skala in Abschnitt 5.5.1.7).

berzogen" geschlechtsrollenkonform verhalten wie während der pubertären Reifung. Mit der monoedukativen Unterrichtung sollte nun vor allem dieser Rückzug vom direkten Unterrichtsgeschehen verhindert werden. Deshalb ist es verständlich, dass sich vor allem bei Variablen, die die Einschätzung der eigenen Fähigkeiten im Physikunterricht und die eigene auf den Unterricht bezogene Aktivität und Motiviertheit erfassen, Unterschiede zwischen Mädchen aus monoedukativen und koedukativen Gruppen zeigten, und es dagegen weniger Effekte in Bereichen gibt, die über die situationale Interessiertheit schon weit hinausgehen. Da monoedukative Gruppen bei Mädchen aber dieses situationale Interesse sowie das Zutrauen, in diesem Bereich gute Leistungen bringen, positiv beeinflussen, schaffen sie damit zumindest die Grundlage für die langfristige Entwicklung einer stabilen Person-Gegenstands-Beziehung. Die Interpretation, dass die Trennung nach Geschlecht vor allem in diesen unterrichtsbezogenen Bereichen positive Auswirkungen haben kann und soll, wird allerdings durch die Ergebnisse zum Selbstkonzept, das sich auf die ganz konkreten Physikaufgaben bezieht, nicht bekräftigt: Auf dieser Skala, von der wir annahmen, dass sie sich ganz unmittelbar auf die Situation im Physikunterricht bezieht, zeigte sich das erwartete Mittelwertmuster nicht. Dies könnte jedoch an der Qualität der Skala gelegen haben, die beispielsweise eine relativ niedrige interne Konsistenz aufweist ($\alpha=.61$). Möglicherweise erfassten diese drei Physikaufgaben die Anforderungen, die an die Schülerinnen und Schüler in ihrem Unterricht gestellt wurden, nicht. Ein Hinweis darauf ergibt sich aus dem Befund, dass sich die Erwartung, die Aufgaben lösen zu können, von der Mitte des Schuljahres zum Ende des Schuljahres nicht veränderte, was heißt, dass ein halbes Jahr Physikunterricht mehr oder weniger die subjektive Lösungswahrscheinlichkeit nicht beeinflusste. Bildeten diese Aufgaben die Unterrichtsanforderungen tatsächlich ab, wäre eigentlich zu erwarten, dass nach einem weiteren halben Jahr der Beschäftigung mit solchen Aufgaben die Zuversicht, sie lösen zu können, gestiegen sein müsste. Aus diesem Grund sollten die erwartungswidrigen Ergebnisse bei der Erfolgserwartung weniger stark gewichtet werden als die Befunde zum fachspezifischen Selbstkonzept und der Motiviertheit und Aktivität im Unterricht.

Sowohl die Überzeugung, im Physikunterricht gute Leistungen zu bringen, als auch die Motiviertheit durch den Unterricht nahmen im Laufe des Schuljahres ab. Auch der subjektive Kompetenzgewinn wurde niedriger eingeschätzt, d.h., am Ende der achten Klasse wurde dem im Physikunterricht Gelernten weniger Wert zugemessen als in der Mitte des Schuljahres. Diese Ergebnisse entsprechen bereits vorliegenden Befunden, nach denen ab Beginn des Physikunterrichts generell das Interesse am Fach abnimmt (vgl. Kapitel 1.2, z.B. Hoffmann et al., 1998; Rost et al., 1999). Dass die Jugendlichen aber gleichzeitig zum Schuljahresende über mehr eigene Aktivität im Unterricht berichten als ein halbes Jahr zuvor, könnte konkreten Curriculumsinhalten (z.B. Experimentieren), der zunehmenden Vertrautheit mit dem neuen Unterrichtsfach und/ oder den nahenden Zeugnissen geschuldet sein. Die Beobachtung, dass die Erfolgserwartung gegenüber den drei konkreten Physikaufgaben stabil blieb, wurde bereits oben kommentiert. Aber auch die Motivation, diese Aufgaben zu lösen, veränderte sich im Laufe des zweiten Schulhalbjahres nicht. Eigentlich wäre in Übereinstimmung mit der vorliegenden Literatur (vgl.Kapitel 1.2) zu erwarten gewesen, dass die Begeisterung für das Fach Physik und damit auch die Appetenz gegenüber Physikaufgaben abnimmt. Andererseits hätten größere Physikkenntnisse gleichzeitig dazu führen können, dass die wiederholt vorgelegten Aufgaben beim zweiten Messzeitpunkt als leichter empfunden werden (was sich nicht bestätigte) und entsprechend lieber bearbeitet werden. Eventuell führten diese widersprüchlichen Tendenzen zu einem stabilen Bild bei der Motivation gegenüber den Physikaufgaben. Ebenfalls ist denkbar, dass die Motivation gegenüber diesen Aufgaben ohnehin nur ein Spiegelbild der Erfolgserwartung darstellen kann und deshalb entsprechend stabil blieb. Das weiterführende Interesse an Physik blieb ebenfalls über den Untersuchungszeitraum stabil, was auf den ersten Blick erstaunlich erscheinen mag, da ja der Forschungsstand zum Abfall des Interesse an Physik während des Anfangsunterrichts recht einheitlich ist (vgl. Kapitel 1.2). Dieses Ergebnis kann in Einklang mit den obigen Überlegungen so interpretiert werden, dass diese Skala eben nicht das Interesse am Physik*unterricht* abbildet, sondern einen Bereich des physikbezogenen Interesses, der von den direkten Unterrichtserfahrungen weniger beeinflusst wird. Folglich wäre dieser Interessensaspekt auch durch schulische Interventionen weniger zu beeinflussen als das situationale Interesse und das auf den Unterricht bezogene Selbstkonzept.

Die Ergebnisse der vorliegenden Studie stützen im großen und ganzen jene Befunde, nach denen monoedukativer mathematischer und/ oder naturwissenschaftlicher Unterricht bei Mädchen zur Entwicklung eines positiveren fachbezogenen Selbstkonzeptes und/ oder zu einem stärkeren Engagement in den entsprechenden Fächern führt als der gemeinhin übliche koedukative Unterricht (vgl. Kapitel 4). Jedoch sind die Resultate vieler dieser Studien nicht eindeutig zu interpretieren, da häufig die Populationen monoedukativer und koedukativer Schulen miteinander verglichen wurden (z.B. Foon, 1988; Branson & Miller, 1979; Carpenter & Hyden, 1987; Lee & Bryk, 1986; Lee & Marks, 1990; Finn, 1980; Harvey & Stables, 1986; Stables, 1990; Gwizdala & Steinbeck, 1990; Cipriani-Sklar, 1997; Jiminez & Lockheed, 1989; Ato & Wilkinson, 1983; Banu, 1986; Erinosho, 1997; Kauermann-Walter et al., 1988; Giesen et al, 1992; Holz-Ebeling & Hansel. 1993) und die Eingangsselektivität der Stichproben nur sehr schwer zu kontrollieren ist (vgl. S. 120). Der Versuch, möglichst äquivalente Stichproben in die Untersuchungen einzubeziehen, führte oft zu der Beschränkung auf private und/ oder konfessionell gebundene Schulen und schränkte dadurch den Gültigkeitsbereich der Befunde ein. Außerdem konnte aus den vorliegenden Untersuchungen zu positiven Auswirkungen vollständiger institutioneller Trennung noch nicht geschlossen werden, dass geschlechtsgetrennter Physikunterricht in koedukativen Schulen ähnlich vorteilhaft sein würde. In der vorliegenden Arbeit wurde nun - wie in der Studie von Hoffmann et al. (1997) - ein quasiexperimentelles Design verwirklicht, durch das die methodischen Probleme der schultypvergleichenden Untersuchungen vermieden werden konnten: Durch die zufällige Einteilung von Schülerinnen und Schülern aus koedukativen Schulen in gemischte und getrennte Gruppen sind Selektionseffekte ausgeschlossen (vgl Campbell & Stanley, 1966), die Randomisierung der Stichproben ist die „geeignetste und beste Absicherung gegen anfängliche Unterschiede zwischen den Gruppen" (Schwarz, 1970, S. 510). Dadurch erübrigen sich auch Vortests, die in unserer Untersuchung ohnehin nicht möglich waren, da die Jugendlichen vor Beginn der Studie noch keinen Physikunterricht gehabt hatten und entsprechend zu den auf den Physikunterricht bezogenen Fragen keine Auskunft hätten geben können. Die Gültigkeit der Aussagen wird außerdem dadurch erhöht, dass der Einfluss der Lehrkraft weitgehend konstant gehalten wurde, da nur solche Schülerinnen und Schüler in die Auswertungen einbezogen wurden, deren Lehrer/in mindestens eine koedukative und eine monoedukative Gruppe unterrichteten. Zudem wurden in unserer Untersuchung monoedukative und koedukative Gruppen circa gleicher Größe erzeugt, so dass Effekte der Gruppenkonstellation nicht mit der Klassenstärke konfundiert sind.

Die Kieler Studie untersuchte Gymnasien, in denen die Experimentalgruppen wöchentlich wechselnd monoedukativen und koedukativen Unterricht hatten. Unsere Untersuchung konnte die Kieler Ergebnisse - soweit die erfassten Variablen korrespondieren - tendenziell replizieren und auf die Gruppe der Gesamtschülerinnen und -schüler bertragen. Außerdem scheint die Wirkung der Gruppenkonstellation stärker zu sein, wenn durchgängig, und nicht bloß alle zwei Wochen, in geschlechtshomogenen Gruppen unterrichtet wird: In der Kieler Studie wurde das Selbstkonzept der eigenen Physikbegabung erst dann positiv beeinflusst, wenn die Geschlechtertrennung mit einem auch auf die Interessen von Mädchen ausgerichteten Curriculum kombiniert wurde, während in unserer Studie die Unterrichtung in Mädchengruppen bereits zu einem besseren Begabungsselbstkonzept führte.

Im theoretischen Teil der vorliegenden Arbeit wurden ausführlich unsere Annahmen beschrieben, weshalb die monoedukative Unterrichtung in Physik bei Mädchen zu einem größeren Engagement im Unterricht und zu einem besseren physikbezogenen Selbstkonzept führen sollte: In geschlechtshomogenen Gruppen sollte die eigene Geschlechtszugehörigkeit weniger salient sein und entsprechend sollte geschlechtsbezogenes Selbstwissen weniger zugänglich sein als in geschlechtsheterogenen Gruppen. Dadurch sollten die Informationsverarbeitung und das Verhalten der Jugendlichen in geschlechtshomogenen Gruppen weniger geschlechtstypisiert sein als in gemischten Gruppen, was bei Mädchen zu einem größeren Engagement in dem „Jungenfach" Physik führen sollte.

Werden nur die Ergebnisse der Studie 1 betrachtet, böte sich zunächst auch folgende Erklärung an: Monoedukative Gruppen könnten für Schülerinnen die günstigere soziale Vergleichsituation darstellen als koedukative Gruppen, da sie sich in Mädchengruppen nicht mit den Jungen vergleichen müssen, die mit viel umfangreicheren einschlägigen Erfahrungen in den Physikunterricht starten als Mädchen (z.b. Hannover & Bettge, 1993; Hoffmann, et al., 1997; Ziegler et al., 1996). Es ist bekannt, dass das Selbstkonzept der eigenen Begabung von Schüler/innen im unteren Leistungsbereich positiver ist, wenn der Leistungsvergleich mit sehr viel besseren Schülerinnen und Schülern entfällt (z.b. Schwarzer & Jerusalem, 1982; Köller, Schnabel et. al., 2000; Marsh, 1987, 1991), was Marsh (1987, in Anlehnung an Davis (1966)) als den „big-fish-little-pond-effect" bezeichnete. Würde man nun annehmen, dass das bessere fachspezifische Selbstkonzept der monoedukativ unterrichteten Mädchen nur auf günstigeren sozialen Vergleichen beruht, würde dies den Nutzen der Geschlechtertrennung im Physikunterricht grundsätzlich nicht schmälern. Schließlich hängt die erbrachte Leistung - vermittelt über die Ausdauer und die mentale Anstrengung bei der Bearbeitung von Aufgaben - wesentlich vom Fähigkeitsselbstbild ab (z.B. Helmke & Weinert, 1997; vgl. Abschnitt 1.3). Werden unsere Befunde als Bezugsgruppeneffekte interpretiert, wäre aber auch ein durchgängiges spiegelbildliches Muster auf Seiten der Jungen zu erwarten gewesen: Die dem Argument zugrundeliegende Annahme lautete schließlich, dass Jungen wegen ihrer größeren technischen Vorerfahrung bereits im Physikanfangsunterricht besser sind als Mädchen. Also müssten Jungen in koedukativen Gruppen davon profitieren, dass quasi die Hälfte der Gruppe in Physik schlechter ist als sie und entsprechend ein deutlich besseres Selbstkonzept ausbilden als Jungen in reinen Jungengruppen, die sich mit insgesamt besseren Schülern vergleichen müssen. Unsere Analysen ergaben jedoch, dass sich die Jungen aus gemischten und getrennten Gruppen nicht signifikant voneinander unterscheiden. In Abschnitt 1.3 wurde bereits erwähnt, dass gerade in der ersten Zeit der Auseinandersetzung mit einem Gegenstandsbereich, also auf niedrigem Fähigkeitsniveau, das individuelle Interesse, das dem Gegenstand entgegengebracht wird, noch nicht so wichtig für die erbrachte Leistung ist wie auf einem hohen Fähigkeitsniveau (Hany & Nickel, 1992; Steinkamp & Maehr, 1983), was heißt, dass Jungen und Mädchen die Anforderungen, die im Anfangsunterricht an sie gestellt werden, noch ähnlich gut bewältigen sollten, so dass auch aus diesem Grund die positiven Effekte der Monoedukation nicht ausschließlich auf einer günstigeren sozialen Vergleichssituation in Mädchengruppen beruhen können.

5.7.3 Folgerungen und Ausblick

Die vorliegenden Ergebnisse sprechen dafür, dass monoedukativer Anfangsunterricht für Mädchen vorteilhaft und für Jungen nicht nachteilig ist. Bei unserer Untersuchung sind - wie bei der Kieler Studie (Hoffmann et al., 1997) - konfundierende Einflüsse anderer Faktoren soweit ausgeschlossen worden, dass anzunehmen ist, dass die Überlegenheit der Mädchengruppen bezüglich des Selbstkonzeptes und des Engagements im Physikunterricht tatsächlich auf die Geschlechtertrennung als solche zurückzuführen ist. Da sich nun durch diese quasiexperimentellen Studien die Ergebnisse zahlreicher schultypvergleichender Untersuchungen in der Tendenz bestätigen ließen, in denen Eingangsselektivität und Einflüsse der Lehrkraft weniger gut kontrolliert werden konnten, kann dies als ein Hinweis darauf gewertet werden, dass auch das größere Engagement in Naturwissenschaften von Mädchen aus Mädchenschulen zumindest zu einem gewissen Teil auf den geschlechtsgetrennten Unterricht selbst zurückzuführen ist.

Für weitere Untersuchungen getrenntgeschlechtlichen Unterrichts soll noch einmal die Wichtigkeit der Auswahl der abhängigen Variablen unterstrichen werden. Auf welchen Variablen sind sinnvollerweise Effekte zu erwarten und auf welchen nicht? In der Anlage unserer Untersuchung wurde vor allem auf physikunterrichtsbezogene Kognitionen und Verhaltensweisen fokussiert, von denen anzunehmen war, dass sie durch die - relativ zu den bisherigen Sozialisationserfahrungen u.ä. - *kleine* Veränderung der getrennten Unterrichtung berhaupt zu beeinflussen sind. Es zeigte sich in den Ergebnissen, dass auf Variablen, die deutlich über die Verarbeitung der Unterrichtserfahrungen hinaus gingen, weniger Effekte festzustellen waren. Mädchen verändern nicht gleich ihr gesamtes Freizeitverhalten oder ihre Berufswünsche, wenn sie eine gewisse Zeit geschlechtsgetrennten Physikunterricht hatten - sie sind offenbar „nur" den Unterrichtsinhalten gegenüber positiver eingestellt, wodurch weitergehende positive Veränderungen zumindest nicht gleich ausgeschlossen sind. Möglicherweise lassen sich die Ergebnisse einer aktuellen schultypvergleichenden Studie von Rost und Pruisken (2000), in der sich keine positiven Auswirkungen monoedukativer Unterrichtung feststellen ließen, u.a. auch durch deren großzügige Auswahl der abhängigen Variablen erklären: Sie erhoben beispielsweise bei den Schülerinnen und Schülern fünfter und sechster Klassen das Selbstkonzept in Mathematik, Biologie, in der ersten Fremdsprache, in Deutsch und in Religion, unterzogen diese einer multivariaten Analyse und folgerten, dass getrennter Unterricht keine Auswirkungen hat. Das einzige Fach darunter, in dem gemäß der vorliegenden Literatur Effekte der Monoedukation zu erwarten wären, ist die Mathematik. Es gibt überhaupt keinen Grund anzunehmen, dass Mädchen ein besseres Selbstkonzept in Religion oder Deutsch oder Biologie oder Englisch entwickeln, wenn sie ohne Jungen unterrichtet werden. Keines dieser Fächer ist maskulin stereotypisiert. Auch die anderen von Rost und Pruisken (2000) verwendeten abhängigen Variablen (Geschlechtsrollenorientierung (in der Terminologie der vorliegenden Arbeit die „chronische" Geschlechtsrollenorientierung), Freizeitinteressen, intrinsische und extrinsische Motivierung) sind m.E. so global gefasst, dass ein Effekt der Gruppenkonstellation theoretisch nicht zu begründen ist.

Wie schon in Kapitel 4.4 erwähnt, ergaben aktuelle repräsentative Umfragen (Forsa-Institut, 1998; Institut für Demoskopie Allensbach, 1998), dass in der BRD geschlechtsgetrennter Unterricht von der Mehrheit der Bevölkerung abgelehnt wird. Dies könnte daran liegen, dass den Befragten die Vorzüge fachspezifischer, zeitweiliger monoedukativer Unterrichtung schlicht unbekannt sind und sie die Koedukation insgesamt als Garant für das gleichberechtigte Miteinander der Geschlechter ansehen. Denn schließlich war es vor Einführung der Koedukation keineswegs so, dass sich die Mädchenschulen auf die Ausbildung von Naturwissenschaftlerinnen spezialisiert hätten - im Gegenteil erhielten die Mädchen dort eine relativ zu den Jungen minderwertige Bildung, die sie bloß auf ihre Rolle als klavierspielende, gebildete Konversation betreibende bürgerliche Ehefrau und Mutter vorbereiten sollte (Frederiksen, 1981). Im Klassenzimmer nach Geschlechtern zu trennen wird deshalb möglicherweise als rückschrittlich und vielleicht sogar als eine Gefährdung der Gleichberechtigung von Mädchen und Jungen angesehen; eventuell befürchten Eltern, Lehrkräfte und Schülerinnen, dass Mädchenkurse deshalb eingerichtet werden, um Mädchen andere und/ oder weniger Kenntnisse in Naturwissenschaften zu vermitteln als Jungen. Offenbar ist die öffentliche Meinung von aktuellen Forschungsergebnissen zu dieser Thematik weitgehend unberührt geblieben. Problematisch ist dies vor allem deshalb, weil es beispielsweise in Berlin derzeit den Schulen selbst überlassen ist, ob sie den naturwissenschaftlichen Unterricht koedukativ oder monoedukativ anbieten. Entsprechend wird es vom Votum der Schulleitung, der Lehrkräfte, der Schülerinnen und Schüler sowie deren Eltern abhängen, wie der Physikunterricht abgehalten wird. Aufgrund der repräsentativen Befragungen zu dieser Thematik ist zu erwarten, dass das Votum meistens negativ ausfallen wird. Würden diese Entscheidungen jedoch auf aktuellen Informationen und eventuell sogar auf eigenen Erfahrungen statt auf Vorurteilen beruhen, würden vermutlich mehr Schulen von dieser Möglichkeit des getrennten Unterrichts Gebrauch machen. Eine Studie von Kessels, Hannover und Janetzke (2002) zeigte, dass Mädchen, die monoedukativen Physikunterricht bereits selbst erlebt hatten, einer zeitweiligen Trennung im Physikunterricht deutlich positiver gegenüberstanden als Mädchen, die diese Erfahrung nicht hatten, und ebenfalls deutlich positiver als Jungen (mit und ohne eigene Erfahrung mit monoedukativem Physikunterricht). Interessant waren auch die Begründungen, die für eine Trennung bzw. gegen eine Trennung von den Jugendlichen genannt wurden: Argumente für eine zeitweilige Trennung bezogen sich mehrheitlich auf die besseren Lernmöglichkeiten in den reinen Mädchenkursen, Argumente gegen eine Trennung waren dagegen mehrheitlich sozialer Art.

168

Mädchenförderung durch zeitweilige Unterrichtung in monoedukativen Lerngruppen hat als schulische Intervention einen schlagenden Vorteil: Sind Schulleitung und Lehrkräfte bereit, sie durchzusetzen, ist die Durchführung denkbar einfach: Unser Schulversuch zeigte, dass diese Maßnahme ohne weiteren Stundenaufwand seitens der Lehrenden durchzuführen ist, da keine Halbklassen, sondern geschlechtshomogene Lerngruppen normaler Klassenstärke unterrichtet wurden, die durch die Zusammenlegung von Parallelklassen entstanden. Aber natürlich erschöpft sich Förderung von Mädchen im Physikunterricht nicht in der bloßen Geschlechtertrennung. Die Anpassung der Curricula an die Interessen von Mädchen *und* Jungen, wie sie beispielsweise im Kieler Modellversuch praktiziert und evaluiert wurde (Hoffmann et al., 1997), ist natürlich genauso fruchtbar und notwendig, um bei Schülerinnen ebenso wie bei Schülern situationale Interessiertheit und darauf aufbauend dispositionales Interesse wecken und wachhalten zu können.

6 Studie 2: Situational aktivierte Identität in koedukativen und monoedukativen Lerngruppen

Die Ergebnisse aus Studie 1 bestätigten die Hypothese, dass sich Mädchen mit dem Fach Physik eher beschäftigen, wenn sie den Anfangsunterricht in reinen Mädchengruppen erhalten. Dieses Ergebnis deckt sich mit denen aus zahlreichen anderen Studien (vgl. Kapitel 4.1). Weshalb jedoch im Physikunterricht die getrennte Unterrichtung zu einer positiveren Entwicklung beiträgt, ist bislang nicht untersucht worden (vgl. Kapitel 4.4). Zur Klärung dieser Frage wurde an einer der beteiligten Schulen eine entsprechende Studie durchgeführt.

Eine unserer Grundannahmen lautet, dass sich Menschen in solchen Bereichen engagieren, die zu ihrem Selbstkonzept passen (vgl. Kapitel 3.2.2 und 3.3). Deshalb sollten sich in maskulin stereotypisierten Bereichen vor allem solche Menschen gerne und erfolgreich betätigen, die sich chronisch als eher maskulin und wenig feminin empfinden und/ oder denen situational, d.h. zum Zeitpunkt des Kontaktes mit dem maskulin stereotypisierten Bereich, maskulines Selbstwissen zugänglicher ist als feminines Selbstwissen. Die situationale Zugänglichkeit von geschlechtsbezogenem Selbstwissen wird durch den aktuellen Kontext beeinflusst. Wir haben angenommen, dass Monoedukation relativ zur Koedukation ein weniger geschlechtstypisierender Kontext ist. Das Arbeitsselbst der Jugendlichen in getrennten Gruppen sollte weniger wahrscheinlich Informationen über die eigene Geschlechtszugehörigkeit enthalten als in gemischten Gruppen. Dieser Umstand sollte mit dem besseren physikbezogenen Selbstkonzept der Mädchen aus monoedukativen Lerngruppen in Zusammenhang stehen.

6.1 Überblick über die Untersuchung

Um die Geschlechtstypisierung des Arbeitsselbst in der Unterrichtssituation zu erfassen, wurde in den koedukativen und monoedukativen Physikgruppen des achten Jahrganges einer Gesamtschule untersucht, wie geschlechtstypisiert sich die Jugendlichen in der Unterrichtssituation selbst beschrieben und wie zugänglich ihnen in der Unterrichtssituation geschlechtsbezogenes Selbstwissen war. Diese Daten wurden direkt während des Physikunterrichts mit zwei PCs erhoben, an denen die Jugendlichen geschlechtstypisierte Adjektive daraufhin beurteilen sollten, ob diese im Moment auf sie zutreffen. Die Antworten und die Zeit, die sie zur Beurteilung der Adjektive benötigten, wurden vom PC aufgezeichnet.

Die chronische (globale) Geschlechtsrollenorientierung sowie die motivationalen Variablen und das fachbezogene Selbstkonzept wurden, wie in Studie 1 beschrieben, durch Fragebögen innerhalb des normalen Klassenverbandes während einer Schulstunde erhoben.

6.2 Untersuchungshypothesen

Im Einzelnen sollten folgende Hypothesen berprüft werden:

1. Die Selbstbeschreibungen der Jugendlichen sollten während des Unterrichts in koedukativen Gruppen geschlechtstypisierter ausfallen als in monoedukativen Gruppen. Dabei sollten sich Jungen während des koedukativen Unterrichts mit mehr maskulinen Adjektiven beschreiben als während des monoedukativen Unterrichts. Gleichzeitig sollten sie sich in den koedukativen Gruppen mit weniger femininen Adjektiven beschreiben als in monoedukativen. Komplementär dazu wurde erwartet, dass sich Mädchen in koedukativen Gruppen mit mehr femininen und weniger maskulinen Adjektiven beschreiben als in monoedukativen Gruppen.

2. Die Zugänglichkeit geschlechtsbezogenen Wissens sollte bei den Jugendlichen während des Unterrichts in koedukativen Gruppen insgesamt höher sein als in monoedukativen Gruppen.

3. Im koedukativen Unterricht sollte sich bei Jungen und Mädchen die Zugänglichkeit maskulinen und femininen Selbstwissens ihrem biologischen Geschlecht entsprechend differenzieren. Dabei sollte bei Jungen im koedukativen Unterricht die Zugänglichkeit maskulinen Selbstwissens höher sein als die des femininen Selbstwissens. Mädchen dagegen sollten im koedukativen Unterricht feminines Selbstwissens zugänglicher sein als maskulines Selbstwissen. Während monoedukativer Stunden sollte sich bei Jungen die Zugänglichkeit femininen und maskulinen Selbstwissens angleichen. Dasselbe sollte für die Mädchen gelten.

4. Eine geringere Geschlechtstypisierung während der Unterrichtsstunden sollte bei Mädchen mit der Ausbildung eines positiven physikbezogenen Selbstkonzeptes in Zusammenhang stehen. Das heißt, es wird folgende Annahme überprüft: Je zugänglicher den Mädchen feminines Selbstwissen während der Physikstunden ist, desto schlechter sollte ihr physikbezogenes Selbstkonzept sein, und je zugänglicher ihnen während des Unterrichts maskulines Selbstwissen ist, desto besser sollte ihr physikbezogenes Selbstkonzept sein.

5. Mädchen, die sich bei einer schriftlichen Erhebung der globalen Geschlechtsrollenorientierung (auch) mit stereotyp männlichen Attributen beschreiben, sollten ein besseres Selbstkonzept für Physik aufweisen als Mädchen, deren globale Selbstbeschreibung stereotyp feminin ausfällt.

6. Die während der Unterrichtsstunden gemessene situationale Aktivierung geschlechtsbezogner Identitätsaspekte sollte jedoch auf das physikbezogene Selbstkonzept von Mädchen einen größeren Einfluss haben als die schriftlich erhobene globale Geschlechtsrollenorientierung.

6.3 Beschreibung der Stichprobe

An der Studie nahmen die Schülerinnen und Schüler des achten Jahrganges einer Westberliner Gesamtschule teil, die im Fach Physik für die Dauer des achten Schuljahres entweder koedukativen oder monoedukativen Lerngruppen zugewiesen worden waren. Diese wurden von drei Physiklehrer/inne/n unterrichtet, die in dem Jahrgang jeweils eine Mädchengruppe, eine Jungengruppe und eine gemischte Gruppe unterrichteten. Eine der drei Jungengruppen konnte im Rahmen der PC-Studie aus terminlichen Gründen nicht untersucht werden. Die Schule war ausgewählt worden, weil dort die Lehrkräfte über alle Gruppenzusammensetzungen konstant waren und zudem der Physikunterricht in Doppelstunden abgehalten wurde. Für die Untersuchung einer ganzen Lerngruppe wurde ungefähr eine Doppelstunde benötigt.

Ein Proband wurde aus den Datenanalysen ausgeschlossen, da er die Erhebung offensichtlich boykottiert hatte. Gültige Daten liegen von 76 Mädchen und 56 Jungen vor. 27 Mädchen wurden in koedukativen und 51 in monoedukativen Lerngruppen unterrichtet. Von den Jungen erhielten 25 den Unterricht in koedukativen und 31 in monoedukativen Lerngruppen (vgl. Tabelle 24).

Tabelle 24: Stichprobe der Studie 2 nach Geschlecht und Gruppenkonstellation

	Mädchen	Jungen	gesamt
koedukativ	27	25	52
monoedukativ	51	31	82
gesamt	78	56	134

6.3.1 Soziodemographische Ergebnisse

Die soziodemographischen Daten wurden zu Beginn des achten Schuljahres im Rahmen einer schriftlichen Befragung erhoben. 111 der Teilnehmer der PC-Studie hatten an dieser Befragung teilgenommen.

6.3.1.1 Alter

Das durchschnittliche Alter der Befragten lag zu Beginn des achten Schuljahres bei genau 14 Jahren (M=168.1 Monate, SD=7.80). Der jüngste Befragte war 13 Jahre und ein Monat (157 Monate) und der älteste genau 16 Jahre (192 Monate) alt. Die PC-Studie wurde neun Monate nach der Erhebung der soziodemographischen Merkmale durchgeführt, so dass zum Zeitpunkt dieser Studie die Befragten im Mittel 14 Jahre und 9 Monate alt waren.

6.3.1.2 Nationalität und Schulort

Von den gültigen Angaben zu der Frage „Welche Nationalität hast Du?" entfielen 88.8% auf die Antwortkategorie deutsche Nationalität (n=95). Die Angaben zur Nationalität der Eltern waren von geringen Abweichungen abgesehen entsprechend (Nationalität des Vaters: 84.1% deutsch, Nationalität der Mutter: 88.0% deutsch). Die Schule der Befragten befindet sich in Westberlin.

6.4 Messinstrumente

Für die Überprüfung unserer Hypothesen (siehe Abschnitt 6.2) mussten zunächst Messinstrumente konstruiert werden, die die situationale und globale Geschlechtsrollenidentität erfassen. Die Skala zur Erfassung der situationalen Geschlechtsrollenidentität musste bei einer Erhebung am PC einsetzbar sein, die der globalen bei einer schriftlichen Erhebung.

Die physikbezogenen Skalen, die in der Auswertung in Abschnitt 6.6 Verwendung finden, entsprechen den in Studie 1 verwendeten und sind in Kapitel 5.4.4.2 ausführlich dokumentiert.

6.4.1 Entwicklung eines Messinstrumentes zur Erfassung der situationalen Geschlechtsrollenidentität

Um ein Instrument zu entwickeln, das die situationale Geschlechtsrollenidentität der Jugendlichen misst, wurden einer Stichprobe von insgesamt 782 Schülerinnen (n=387) und Schülern (n=387) achter Klassen (Durchschnittsalter genau 14 Jahre) im März 1998 insgesamt 72 Eigenschaftsbegriffe vorgegeben, die sie daraufhin beurteilen sollten, ob sie eher typisch für ein Mädchen oder eher typisch für einen Jungen seien (fünfstufige Antwortskala: 1=„sehr viel typischer für ein Mädchen", 2=„eher typisch für ein

Mädchen", 3=„kein Unterschied zwischen Jungen und Mädchen", 4=„eher typisch für einen Jungen" , 5=„sehr viel typischer für einen Jungen"). Für Begriffe, die dem betreffenden Jugendlichen nicht bekannt waren, war als zusätzliche Antwortoption „ich weiß nicht, was mit dieser Eigenschaft gemeint ist" vorgesehen. Die Eigenschaftsbegriffe waren zum größten Teil aus für die Gruppe Erwachsener bereits vorliegenden Instrumenten zur Erfassung der Geschlechtsrollenidentität entnommen, und zwar aus dem Bem-Sex-Role-Inventory (Bem, 1974, in der Übersetzung von Schneider-Düker, 1978) und aus dem Personal Attributes Questionnaire (Spence, Helmreich & Stapp, 1975, in der Übersetzung von Runge, Frey, Gollwitzer, Helmreich & Spence, 1981) und wurden von uns durch weitere Begriffe ergänzt, die für die Altersgruppe der Jugendlichen ebenfalls einschlägig erschienen. Dabei wurden negativ formulierte Items der Originalskalen in positive verwandelt, da die Vorgabe negativer Formulierungen bei der PC-Erhebung zu Verlängerungen der Latenzzeiten geführt hätte, die nicht bloß auf die Zugänglichkeit des Inhaltes dieser Adjektive zurückzuführen gewesen wären. Allerdings wurden so einige maskuline Begriffe in feminine umgewandelt und andersherum (beispielsweise wurde aus dem femininen Item des BSRI „benutzt keine barschen Worte" das maskuline „benutzt barsche Worte" und aus dem maskulinen „gibt nicht leicht auf" ein feminines „gibt leicht auf"). Auf dieser Basis wurde sowohl ein Instrument zur Erfassung der situationalen Geschlechtsrolleidentität als auch eine Skala, die die globale Geschlechtsrollenorientierung erfasst, entwickelt. Letztere wird im nächsten Abschnitt 6.4.2 dargestellt.

Für die am PC erfolgende Erhebung der situationalen Geschlechtsidentität, bei der die vorgelegten Begriffe sofort verständlich sein müssen, wurden alle Begriffe ausgeschlossen, bei denen mindestens 5% der Stichprobe angaben, nicht zu wissen, was mit dieser Eigenschaft gemeint sei. Dies traf auf die folgenden Eigenschaftswörter zu: *tritt bestimmt auf* (31% wussten die Bedeutung nicht), *wetteifernd* (14%), *selbstaufopfernd* (12%), *konsequent* (12%), *scharfsinnig*(9%), *hat Führungseigenschaften* (9%), *respekteinflößend* (9%), *sinnlich* (9%), *benutzt barsche Worte* (8%), *unabhängig* (7%), *abhängig* 7%), *kann andere kritisieren, ohne sich unbehaglich dabei zu fühlen* (7%), *sachlich* (6%), *zeigt geschäftsmäßiges Verhalten* (6%), *kann Druck gut standhalten* (5%). Ungünstig war, dass von diesen 15 schwer verständlichen Begriffen zwölf eher maskuline und nur drei eher feminine Attribute waren, wodurch sich der Anteil maskuliner Adjektive verringerte. Begriffe mit einer Standardabweichung > 1 wurden ebenfalls ausgeschlossen. Dies traf auf folgende Eigenschaftswörter zu: *verführerisch, achtet auf die äußere Erscheinung, verspielt.*

Tabelle 25 gibt die Rangfolge der Bewertungen der für die endgültige Skala verbleibenden Adjektive wieder. Die zehn bzw. zwanzig niedrigsten und die zehn bzw. zwanzig höchsten Mittelwerte sind in der Tabelle durch Linien abgeteilt. Es wurden deutlich mehr Eigenschaften der Skala für typischer für ein Mädchen gehalten: 21 Begriffe haben einen Mittelwert von kleiner als 2.5. Wirklich typische Jungeneigenschaften sind mit einem Mittelwert von größer als 3.5 nur acht der Begriffe. Sehr viele befinden sich in einem eher neutralen Bereich.

Tabelle 25: Klassifizierung von Eigenschaften nach Geschlechtstypizität, reduzierter Itemsatz

Adjektiv	Mittel-wert	SD	Adjektiv	Mittel-wert	SD
gefühlsbetont	2.08	0.84	freundlich	2.64	0.69
sanft	2.10	0.86	neugierig	2.65	0.89
ordentlich	2.17	0.83	gibt leicht auf	2.76	0.89
weichherzig	2.18	0.79	strebsam	2.84	0.78
feinfühlig	2.23	0.74	fröhlich	2.87	0.56
vorsichtig	2.24	0.75	klug	2.87	0.76
bemüht sich, verletzte Gefühle anderer zu besänftigen	2.28	0.89	intelligent	2.90	0.82
der Gefühle anderer bewusst	2.29	0.80	glücklich	2.94	0.48
verständnisvoll anderen gegenüber	2.32	0.79	kameradschaftlich	2.95	0.79
artig	2.36	0.84	selbstbewusst	2.97	0.76
kinderlieb	2.36	0.83	zielstrebig	2.97	0.88
vernünftig	2.38	0.78	ehrgeizig	3.04	0.92
herzlich in Beziehungen zu anderen	2.40	0.79	verteidigt die eigene Meinung	3.07	0.77
empfindsam	2.41	0.84	sicher	3.10	0.68
scheu	2.43	0.90	entschlossen	3.19	0.78
hilfsbereit	2.45	0.75	selbstsicher	3.20	0.88
empfänglich für Schmeicheleien	2.46	0.92	fällt leicht Entscheidungen	3.31	0.82
leidenschaftlich	2.46	0.82	stolz	3.35	0.91
rücksichtsvoll	2.46	0.78	hartnäckig	3.38	1.00
herzlich	2.47	0.76	aktiv	3.40	0.85
liebt Sicherheit	2.49	0.88	ist bereit, etwas zu riskieren	3.64	0.91
fähig auf andere einzugehen	2.51	0.89	mutig	3.66	0.78
hilfreich zu anderen	2.51	0.75	furchtlos	3.69	0.82
romantisch	2.51	0.95	unerschrocken	3.73	0.81
fleißig	2.52	0.84	mächtig	3.86	0.79
bescheiden	2.53	0.83	stark	3.86	0.83
nachgiebig	2.60	0.93	kraftvoll	3.88	0.85
leicht beeinflussbar	2.62	0.92	fühlt sich überlegen	3.90	0.97

Zur Erfassung der situationalen Geschlechtsrollenorientierung wurden alle in Tabelle 25 dargestellten 56 Adjektive eingesetzt. Viele Adjektive hatten dabei von den Jugendlichen eher neutrale Bewertungen bekommen. Da die ursprüngliche Liste der Adjektive jedoch Skalen entnommen waren, die bei Erwachsenen zur Erhebung maskuliner oder femininer Selbststereotypisierung bereits vielfach eingesetzt wurden (vgl. Sieverding & Alfermann,

1992), ist gewährleistet, dass erstens die meisten dieser Zuordnungen auch allgemein anzutreffenden Geschlechtstypisierungen entsprechen und dass zweitens die Adjektive insgesamt mit dem Thema Geschlechtsrollenidentität verknüpft sind. Es ist außerdem zu beachten, dass die Schülerinnen und Schüler diese Eigenschaften als typisch für Jungen oder Mädchen klassifizieren sollten (statt für Männer oder Frauen), da nur so ein Maß für ihre Altersgruppe gefunden werden konnte. Es wäre nicht möglich, mit Adjektiven, die in erster Linie Eigenschaften erwachsener Männer oder Frauen abbilden, Selbstbeschreibungen Jugendlicher zu erheben. Es wäre zu erwarten, dass Erhebungen bei Erwachsenen zu eindeutigeren Zuordnungen geführt hätten, da die Jugendlichen vermutlich einige Attribute (z.B. „mächtig") sehr schwer auf ihre eigene Altersgruppe anwenden konnten, obwohl sie geschlechtstypisiert wahrgenommen wurden. Gerade maskuline Attribute implizieren nicht nur Männlichkeit, sondern auch insgesamt ein größeres Maß an Kompetenz als feminine Adjektive und gelten insgesamt als sozial erwünschter (vgl. Bem, 1981a; Hannover, Scholz & Schindler, 1990; Sieverding & Alfermann, 1992). Sie korrelieren sowohl bei Männern wie bei Frauen mit einem positiven Selbstwertgefühl und beruflichem Erfolg (vgl. Kapitel 3.2). In dieser Hinsicht können sie relativ zu den femininen auch als „erwachsenere" Attribute gelten (14jährige Jungen werden von den meisten Jugendlichen vermutlich nicht als „mächtig", „selbstsicher" und „entschlossen" wahrgenommen). Die mittlere Kategorie traf in solchen Fällen sicherlich am ehesten zu: „kein Unterschied zwischen Jungen und Mädchen". Dies hat vermutlich die Eindeutigkeit der Zuordnungen zu Mädchen- und Jungeneigenschaften erschwert.

6.4.1.1 Ergebnisse der Skalen- und Itemanalysen

Nach dem Einsatz der Skala am PC (siehe Abschnitt 6.5.1) wurde über die Ja-Nein-Antworten eine Faktorenanalyse mit anschließender Varimax-Rotation durchgeführt. Dabei ergaben sich 20 Faktoren mit einem Eigenwert von $\lambda > 1$. Das Ergebnis des Scree-Tests sprach jedoch klar für eine zweifaktorielle Lösung: Während der erste Faktor einen Eigenwert von $\lambda 1 = 6.59$ und der zweite Faktor einen Eigenwert von $\lambda 2 = 5.46$ aufwiesen, waren die folgenden Eigenwerte deutlich kleiner und voneinander nur wenig verschieden ($\lambda 3 = 2.68$, $\lambda 4 = 2.30$, $\lambda 5 = 2.21$). Die beiden Faktoren erklären zusammen 21.5% der Gesamtvarianz. Tabelle 26 zeigt die Faktorladungen der zweifaktoriellen Lösung. Dabei können die beiden Faktoren sehr gut als maskuline (-instrumentell) und feminine (expressiv-) Skalen interpretiert werden. Einzig das Item „fähig, auf andere einzugehen", das dem Personal Attributes Questionnaire (Spence et al., 1975, in der Übersetzung von Runge et al., 1981) entnommen wurde und dort ein feminines Item ist, lädt positiv auf dem maskulinen Faktor.

Tabelle 26: Ergebnisse der Faktorenanalyse der Skala „Situationale Geschlechtsrollenidentität"

	Ladungen Faktor 1	Ladungen Faktor 2
herzlich	.698	-.050
hilfsbereit	.637	.044
hilfreich zu anderen	.621	.132
sanft	.588	-.070
empfindsam	.534	-.145
verständnisvoll anderen gegenüber	.522	-.039
herzlich in Beziehungen zu anderen	.518	-.024
kameradschaftlich	.517	.163
rücksichtsvoll	.502	.085
feinfühlig	.501	.014
leidenschaftlich	.495	-.022
freundlich	.484	.230
gefühlsbetont	.451	-.030
weichherzig	.418	-.348
bemüht, verletzte Gefühle anderer zu besänftigen	.417	-.018
romantisch	.408	.078
kinderlieb	.407	-.107
fleissig	.392	.216
glücklich	.382	.180
der Gefühle anderer bewusst	.379	.102
liebst Sicherheit	.349	-.036
fröhlich	.348	.305
ordentlich	.341	.014
artig	.334	-.155
vernünftig	.309	.125
neugierig	.307	.165
vorsichtig	.272	-.099
empfänglich für Schmeicheleien	.255	-.153
bescheiden	.167	-.056
selbstsicher	.029	.711
selbstbewusst	.076	.657
mutig	.041	.627
klug	.115	.526
intelligent	.026	.515
verteidigst die eigene Meinung	.090	.509
entschlossen	.139	.474
zielstrebig	.189	.465
bereit, etwas zu riskieren	.017	.462
aktiv	.200	.457
furchtlos	.086	.457
sicher	.261	.438
scheu	.141	-.433
strebsam	.077	.423
fähig auf andere einzugehen	.129	.415
unerschrocken	-.001	.405
stolz	-.009	.401
stark	-.087	.387
gibst leicht auf	.169	-.382
kraftvoll	-.080	.370
leicht beeinflussbar	.158	-.363
hartnäckig	-.143	.362
nachgiebig	.256	-.289
mächtig	-.056	.255
ehrgeizig	-.022	.222
fällst leicht Entscheidungen	-.102	.215
fühlst Dich überlegen	.029	.120

Dies könnte daran liegen, dass bei der PC-Erhebung, die schnelle Entscheidungen von den Probanden forderte, allein der Ausdruck „fähig" schon dazu führte, den Begriff ähnlich wie die maskulinen Items zu bewerten. Aufgrund dieser Unklarheit wird es für die Skalenbildung nicht weiter berücksichtigt. Vier feminine Items („scheu", „gibst leicht auf", „leicht beeinflussbar" und „nachgiebig") laden negativ auf dem maskulinen Faktor. Für die Analyse der Zustimmungen zu den maskulinen oder femininen Items wäre es zwar leicht möglich, diese Items entsprechend umzupolen und in dieser umgepolten Fassung in der Maskulinitäts-Skala zu belassen, aber bei der Analyse der Latenzen (als abhängiger Variable) könnte die in Millisekunden gemessene Beurteilungszeit nicht in analoger Weise „umgepolt" werden. Deshalb werden diese Items nicht umgepolt, sondern stattdessen bei der Femininitäts-Skala verwendet (dorthin gehören sie auch gemäß der anfänglichen Beurteilung durch die Jugendlichen). Zwei Attribute, die gemäß der Skala von Bem (1974) als maskulin zu beurteilen sind, laden auch bei unserer Fassung eindeutig auf dem maskulinen Faktor: intelligent und klug. Um jedoch zu verhindern, dass ein Zusammenhang zwischen der Selbstbeschreibung mit maskulinen Attributen und beispielsweise dem Selbstkonzept der eigenen Begabung für Physik schlicht der positiven Einschätzung der eigenen intellektuellen Fähigkeiten geschuldet wäre, werden diese beiden Items aus der Skala ausgeschlossen.

Tabelle 27: Itemkennwerte der Skala zur Erfassung der situationalen Maskulinität

	M	SD	Trennschärfe
selbstsicher	.81	.39	.60
mutig	.72	.45	.55
selbstbewusst	.80	.40	.54
zielstrebig	.80	.40	.44
furchtlos	.49	.50	.40
verteidigst die eigene Meinung	.91	.29	.38
bereit, etwas zu riskieren	.88	.32	.37
aktiv	.86	.35	.37
entschlossen	.90	.30	.36
kraftvoll	.70	.46	.36
strebsam	.56	.50	.35
stark	.67	.47	.34
hartnäckig	.77	.42	.33
unerschrocken	.50	.50	.32
sicher	.80	.40	.30
stolz	.74	.44	.30
mächtig	.25	.44	.23
ehrgeizig	.59	.49	.18
fällst leicht Entscheidungen	.57	.50	.16
fühlst Dich überlegen	.30	.46	.15

Antwortformat: 0="nein" und 1= "ja"

Damit verblieben 20 Items für die M- (Maskulinitäts-) Skala und 33 Items für die F- (Femininitäts-) Skala.

Tabelle 28: Itemkennwerte der Skala zur Erfassung der situationalen Femininität

	M	SD	Trennschärfe
herzlich	.86	.35	.57
sanft	.85	.36	.48
hilfsbereit	.93	.24	.46
hilfreich zu anderen	.91	.28	.45
empfindsam	.81	.39	.45
herzlich in Beziehungen zu anderen	.88	.32	.44
feinfühlig	.80	.40	.44
verständnisvoll anderen gegenüber	.95	.22	.41
weichherzig	.70	.46	.41
kameradschaftlich	.94	.23	.40
rücksichtsvoll	.92	.27	.40
leidenschaftlich	.80	.40	.38
freundlich	.94	.23	.38
artig	.51	.50	.36
gefühlsbetont	.79	.41	.35
kinderlieb	.89	.31	.35
bemüht, verletzte Gefühle anderer zu besänftigen	.86	.35	.34
fleissig	.66	.48	.33
ordentlich	.52	.50	.32
romantisch	.83	.37	.31
der Gefühle anderer bewusst	.86	.35	.31
liebst Sicherheit	.92	.27	.31
glücklich	.80	.40	.30
vernünftig	.80	.40	.27
empfänglich für Schmeicheleien	.73	.44	.27
vorsichtig	.79	.41	.26
nachgiebig	.64	.48	.26
fröhlich	.90	.29	.24
neugierig	.92	.27	.22
gibst leicht auf	.24	.43	.21
scheu	.28	.45	.20
leicht beeinflussbar	.41	.49	.19
bescheiden	.67	.47	.16

Antwortformat: 0="nein" und 1= "ja"

Reliabilitätsanalysen der Skalen zeigten Folgendes (vgl Tabelle 27 und Tabelle 28): In jeder der beiden Skalen hatten drei Items eine Trennschärfe <.20. In der F-Skala waren dies die Adjektive „bescheiden", „scheu" und „leicht beeinflussbar", in der M-Skala „fühlst Dich überlegen", „fällst leicht Entscheidungen" und „ehrgeizig". Diese wurden für die Skalenbildung nicht verwendet. Dadurch reduzierte sich die Anzahl der Items bei der M-Skala auf letztlich 17 Items und auf 30 Items bei der F-Skala. Die Mittelwerte der Items belegen, dass die Items zum größten Teil sehr leicht sind.

Dichotome Antwortkategorien tragen offensichtlich auch der Differenziertheit situationaler Selbstbeschreibung nicht angemessen Rechnung - die Jugendlichen ähneln einander stark darin, welche Begriffe sie als selbstbeschreibend ansehen. Mit einer fünfstufigen Skalierung, wie sie bei der Skala zur Erfassung der globalen Maskulinität und Femininität verwendet wurde (vgl. Abschnitt 6.4.2), kann der inhaltliche Aspekt der Selbstbeschreibung sicherlich adäquater erfasst werden. Da es bei der Erhebung am PC jedoch auch darum ging, über die Latenzzeiten die Zugänglichkeit der entsprechenden Selbstkonstrukte zu messen, sind nur dichotome Antwortskalen verwendbar und diese Einschränkung in inhaltlicher Hinsicht somit hinzunehmen.

In Tabelle 29 sind die Skalenkennwerte der endgültigen Skalen dargestellt. Dabei fällt auf, dass zwar beide Skalen im Durchschnitt sehr leicht sind, die M-Skala jedoch etwas schwerer ist (im Mittel wurden 72% der Items bejaht) als die F-Skala (81% der Items wurden im Mittel bejaht). Dies deckt sich mit den obigen Überlegungen, dass feminine Items eher auf Kinder/Jugendliche zutreffen als maskuline.

Tabelle 29: Skalenkennwerte der Skalen zur Erfassung der situationalen Femininität und Maskulinität

	situationale Femininität (30 Items)	situationale Maskulinität (17 Items)
arithmetisches Mittel	24.15	12.26
Median	25.0	13.0
Modalwert	25.0	15.0
Standardabweichung	4.22	3.29
Minimum	11.00	1.00
Maximum	30.00	17.00
Alpha	.83	.79
geringste Trennschärfe	.15	.23
höchste Trennschärfe	.60	.61

Antwortformat: 0="nein" und 1= "ja"

6.4.1.2 Resultierende Variablen
Nach dem Einsatz dieser Adjektivliste bei der PC-Erhebung ergaben sich pro Untersuchungsperson folgende Maße:

Die Anzahl der Zustimmungen zu femininen und maskulinen Adjektiven erfasst den inhaltlichen Aspekt der Selbstbeschreibungen. Dafür wurden die Ja-Antworten der maskulinen und der femininen Skala jeweils aufsummiert. Somit lässt sich feststellen, ob sich die Jugendlichen während der Experimentalsituation (gleichgeschlechtliche Lerngruppen) weniger geschlechtsrollenkonform beschreiben als in der Kontrollsituation (gemischte Lerngruppen).

Die Zeit, die zur Beurteilung der femininen und der maskulinen Adjektive benötigt wird, erfasst, wie zugänglich die entsprechenden Selbstkonzepte während der Erhebungssituation sind. Damit lässt sich feststellen, ob den Jugendlichen in der Experimentalsituation (gleichgeschlechtliche Gruppen) auf Geschlecht bezogene Identitätsaspekte weniger zugänglich sind als in der Kontrollsituation (gemischte Gruppen). Des weiteren lässt sich darüber feststellen, ob Attribute, die dem eigenen Geschlecht zugeordnet werden, leichter zugänglich sind als Attribute, die als eher dem anderen Geschlecht zugehörig empfunden werden. Diese unterschiedliche Zugänglichkeit der maskulinen und femininen Adjektive wäre nur in gemischten Gruppen zu erwarten. In geschlechtshomogenen Gruppen sollte sich die Zugänglichkeit maskuliner und weiblicher Attribute nicht unterscheiden.

Die in Millisekunden gemessenen Latenzzeiten wurden nicht als Rohwerte analysiert, sondern zuvor logarithmiert. Dieses Vorgehen empfiehlt sich, da im Bereich der Latenzmessungen einige wenige außergewöhnlich lange Reaktionszeiten, die z.B. einer Ablenkung geschuldet sind, oder außergewöhnlich langsam antwortende Untersuchungspersonen zu einer solch starken Veränderung der Mittelwerte führen würde, dass dadurch sämtliche Effekte unterschiedlicher Zugänglichkeit überdeckt würden (Fazio, 1990). Diese logarithmierten Latenzzeiten wurden separat für die maskulinen und die femininen Adjektive zu Mittelwerten zusammengefasst. Um das Ausmaß relativer Zugänglichkeit femininer und maskuliner Adjektive darzustellen, wurden die gemittelten Latenzen der beiden Skalen zuerst z-standardisiert, um sie vergleichbar zu machen, und voneinander subtrahiert. Dabei wurde von der Zugänglichkeit der femininen Items die der maskulinen Items abgezogen (weiteres dazu bei den Ergebnissen, Abschnitt 6.6.1.2).

6.4.2 Entwicklung einer Skala zur Erfassung der globalen Geschlechtsrollenorientierung

Zur Erfassung der chronischen maskulinen Geschlechtsrollenidentität wurden aus den bei der Befragung im März 1998 (n=782 Jugendlichen; vgl. Abschnitt 5.4.1; Tabelle 2, Spalte 1, Zeile 1) vorgelegten 72 Adjektiven diejenigen 15 identifiziert, die am stärksten für „typisch für einen Jungen" gehalten wurden, und zur Bildung einer Skala zur Messung der chronischen Femininität jene 15 Adjektive, die in vergleichbarer Weise für „typisch für ein Mädchen" gehalten wurden. Diese Vorgehensweise empfahl sich, da die Adjektive häufiger und eindeutiger als mädchentypisch denn als jungentypisch eingestuft wurden und die Vergleichbarkeit der Maskulinitäts- und Femininitätsskala angestrebt wurde. Durch die Gegenüberstellung der 15 männlichsten mit den 15 weiblichsten wäre dies nicht gewährleistet, da die dann verwendeten weiblichen Adjektive stärker weiblich gewesen wären als die verwendeten männlichen Adjektive männlich gewesen wären. Diese

30 Adjektive wurden zusammen mit fünf neutralen Fülleritems („gesund",
„niedergeschlagen", „gesellig", „nervös", „unpraktisch"), die bei den Auswertungen nicht berücksichtigt wurden, im Juni 1999 n=587 Schüler/innen
(286 Mädchen und 294 Jungen) achter Klassen vorgelegt. Da es bei dieser
Erhebungsform im Gegensatz zu der PC-Studie weniger auf die sofortige
Erfassung des gemeinten Inhalts der Adjektive ankam, wurden auch solche
maskulinen Adjektive in die Skala der globalen Geschlechtsrollenorientierung aufgenommen, von denen mehr als 5% (maximal aber 9%) der Befragten zum ersten Messzeitpunkt angaben, dass sie nicht wüssten, was mit
dieser Eigenschaft gemeint sei. Damit war gewährleistet, dass genügend
maskuline Adjektive zur Bildung einer Skala verfügbar waren.

Während bei der Erhebung am PC in der Instruktion deutlich betont worden
war, dass sich die Antworten nur auf den aktuellen Moment, in dem die Befragung stattfand, beziehen sollten (situationale Geschlechtsidentität), wurde durch die Formulierung der Antwortvorgaben bei der schriftlichen Befragung ausdrücklich die chronische und globale Art der Selbstbeschreibung erhoben; die Instruktion lautete bei dieser Befragung folgendermaßen:
„Hier siehst du eine Reihe von Eigenschaften. Du sollst dich mit Hilfe dieser Eigenschaften selbst beschreiben. Gib bitte bei jeder Eigenschaft anhand
der folgenden 5-Punkte-Skala an, wie sehr die jeweilige Eigenschaft auf
dich zutrifft. Schreib in das Kästchen hinter der Eigenschaft die Ziffer

....1 wenn die Eigenschaft auf dich nie oder fast nie zutrifft.

....2 wenn die Eigenschaft auf dich manchmal, aber selten zutrifft.

....3 wenn die Eigenschaft auf dich gelegentlich zutrifft.

....4 wenn die Eigenschaft auf dich oft oder meistens zutrifft.

....5 wenn die Eigenschaft auf dich immer oder fast immer zutrifft."

6.4.2.1   Ergebnisse der Skalen- und Itemanalysen

Eine PCA mit Varimaxrotation ergab 7 Faktoren mit einem Eigenwert $\lambda > 1$.
Nach dem Scree-Test ließen sich entweder drei oder zwei Faktoren extra-
hieren. Wurden nur zwei Faktoren extrahiert, die jeweils Eigenwerte zwischen $\lambda=4.4$ und $\lambda=4.7$ aufwiesen, klärten sie zusammen 30.4% der Gesamtvarianz auf. Der dritte Faktor wies einen Eigenwert von $\lambda=1.9$ auf.
Wurde als Kriterium für eine Extraktion ein $\lambda>2$ festgesetzt, ergaben sich
folglich nur zwei Faktoren. Diese Faktoren entsprachen inhaltlich der theoretischen Konzeption der Skala. Einzig ein feminines Adjektiv lud auf dem
maskulinen Faktor („scheu"), dies jedoch erwartungsgemäß negativ. Die
ursprüngliche Bewertung der Adjektive durch die befragten Jugendlichen
als jungen- bzw. mädchentypisch wird deshalb beibehalten.

Tabelle 30: Itemkennwerte der Skalen zur globalen Geschlechtsrollen-orientierung

	M	SD	Trennschärfe der Items auf den separaten Skalen	Ladung Faktor 1	Ladung Faktor 2
rücksichtsvoll	3.70	0.98	.60	.706	-.088
sanft	3.52	1.00	.58	.702	.035
hilfsbereit	4.01	0.95	.56	.699	.058
verständnisvoll	3.81	0.98	.55	.690	-.004
gefühlsbetont	3.39	1.02	.50	.635	.114
weichherzig	3.21	1.08	.50	.602	-.067
romantisch	3.66	1.19	.42	.574	.119
kinderlieb	3.86	1.22	.41	.530	-.081
vernünftig	3.53	1.04	.43	.520	.017
artig	2.89	1.06	.38	.437	-.036
vorsichtig	3.47	1.09	.37	.432	-.130
bescheiden	3.12	0.98	.33	.402	.035
ordentlich	3.08	1.25	.31	.391	.090
nachgiebig	2.86	1.03	.27	.315	-.219
kraftvoll	3.36	0.89	.59	.084	.708
mutig	3.42	0.88	.56	.047	.686
stark	3.40	0.94	.54	-.069	.662
furchtlos	3.04	0.91	.49	-.063	.597
hat Führungseigenschaften	3.01	1.00	.50	.020	.590
kann Druck gut standhalten	3.37	1.07	.47	-.001	.565
mächtig	2.61	1.06	.47	-.145	.558
bereit etwas zu riskieren	3.58	1.05	.43	.073	.541
stolz	3.23	1.10	.41	-.044	.492
hartnäckig	3.49	1.03	.37	-.058	.456
unerschrocken	2.86	0.97	.37	-.059	.445
fühlt sich überlegen	2.56	1.08	.37	-.152	.442
fällt leicht Entscheidungen	3.13	1.01	.33	.097	.420
aktiv	3.90	0.94	.32	.128	.419
scheu	2.21	1.19	.22	.243	-.308
zeigt geschäftsmäßiges Verhalten	3.01	1.07	.25	.134	.294

Antwortformat: 1="nie oder fast nie" bis 5= "immer oder fast immer"

Die Reliabilitäten der beiden getrennten Skalen sind angemessen hoch: Cronbachs α beträgt sowohl bei der Femininitätsskala als auch bei der Maskulinitätsskala .81. Die geringste Trennschärfe der Femininitätsskala hat das Adjektiv „scheu" (rit=.22), die höchste „rücksichtsvoll" (rit=.60). Innerhalb der Maskulinitässkala beträgt die geringste Trennschärfe rit=.25 („zeigt geschäftsmäßiges Verhalten"), die höchste rit=.59 („kraftvoll").

Tabelle 31: Skalenkennwerte der Skalen zur globalen Geschlechtsrollenorientierung (n=588)

	chronische Femininität	chronische Maskulinität
arithmetisches Mittel	3.35	3.19
Median	3.3	3.13
Modalwert	3.53	3.00
Standardabweichung	0.56	0.53
Minimum	1.53	1.60
Maximum	4.93	4.67
Alpha	.81	.81
geringste Trennschärfe	.22	.25
höchste Trennschärfe	.60	.59

Für jede Untersuchungsperson wurde das arithmetische Mittel der Items der
F- (Femininitäts-) Skala und der M- (Maskulinitäts-) Skala berechnet. Damit erhielten wir jeweils ein Maß, wie sehr sich die Jugendlichen global als
maskulin und wie sehr sie sich global als feminin beschrieben.

Jungen und Mädchen der befragten Stichprobe unterschieden sich hinsichtlich der Werte auf diesen beiden Skalen signifikant voneinander: Jungen
hatten im Mittel höhere Werte auf der M-Skala (M=3.32, SD=0.51) als
Mädchen (M=3.06; SD=0.52), t(578)= -6.18, p<.001, Mädchen hingegen
höhere Werte auf der F-Skala (M=3.55; SD=0.52) als Jungen (M=3.17,
SD=0.54), t(579)= 8.73, p<.001. Dass sich die Geschlechter auf beiden
Skalen in erwartungskonformer Richtung voneinander unterscheiden,
könnte - vorsichtig - als ein Beleg für die Validität der beiden Skalen gewertet werden.

Eine zweifaktorielle Varianzanalyse mit Messwiederholungsfaktor (1. Fak-
tor Geschlecht (männlich/weiblich), 2. Faktor: Messung der globalen Mas-
kulinität/Femininität) zeigte, dass Mädchen signifikant unterschiedlichere
Werte auf den beiden verschiedenen Skalen hatten als Jungen, Wechselwir-
kung der Faktoren Geschlecht und dem Messwiederholungsfaktor,
F(587)=118.40, p<.001: Während Jungen auf der M-Skala nur etwas höhere
Werte hatten als auf der F-Skala, waren die Werte der Mädchen auf der F-
Skala erheblich höher als auf der M-Skala.

Mädchen weisen also auf den beiden Skalen - im Gegensatz zu den Jungen
- deutlich voneinander verschiedene Mittelwert auf. Dies könnte den Entwicklungsvorsprung der Mädchen in diesem Alter reflektieren: Sie beschreiben sich schon stärker stereotyp als die Jungen, sind also in der Übernahme der eigenen Geschlechtsrolle schon weiter vorangeschritten.

Die beiden Skalen sind nicht miteinander korreliert. Dies gilt sowohl für die
Gesamtsstichprobe als auch für die Gruppe der Mädchen bzw. Jungen. Die

entsprechenden Korrelationskoeffizienten und p-Werte sind Tabelle 32 zu entnehmen.

Tabelle 32: Korrelationen der globalen M-Skala mit der globalen F-Skala

	Gesamt-stichprobe	Mädchen	Jungen
Produkt-Moment-Korrelation der globalen M- und F-Skala	-.03	.08	.04
p	.43	.15	.55
n	587	286	294

6.4.2.2 Resultierende Variablen

In der Studie 2 wurden für die Untersuchung der Frage, wie die chronische Geschlechtsrollenorientierung von Mädchen (und Jungen) mit ihrem physikbezogenen Selbstkonzept zusammenhängt, folgende Maße der globalen Geschlechtsrollenorientierung in die Berechnungen aufgenommen: Zunächst wurden die Mittelwerte verwendet, die die jeweilige Versuchsperson auf der M- und auf der F-Skala erzielt hat. So lässt sich der Einfluss beider Dimensionen separat feststellen. Analog zum Vorgehen bei der situationalen Geschlechtsrollenidentität wurde in einem nächsten Schritt berechnet, wie groß die Differenz zwischen der Maskulinität und der Femininität einer Person ist. Dazu wurden die entsprechenden Skalenmittelwerte zuvor z-standardisiert. Ein hoher positiver Wert beinhaltet, dass sich eine Person mit deutlich mehr maskulinen als femininen Attributen beschreibt, wohingegen Personen, die deutlich mehr feminine als maskuline Eigenschaften für selbstbeschreibend halten, einen hohen negativen Wert aufweisen. Diejenigen, die beide Dimensionen gleichermaßen für selbstbeschreibend halten, erhalten dabei einen Wert von Null.

Dieses Vorgehen bildet die Angaben der Versuchspersonen differenzierter ab als es durch die Aufteilung der Untersuchungspersonen in drei (gemäß Bem, 1974: „sex-typed", „cross-sextyped" oder „androgyn) oder vier verschiedenen Gruppen (gemäß Spence et al., 1975: „maskulin", „feminin", „undifferenziert" und „androgyn) möglich wäre (vgl. Deaux, 1984; Taylor & Hall, 1982; siehe Abschnitt 3.2.1).

6.5 Messzeitpunkte und Ablauf der Untersuchungen

Im Folgenden wird beschrieben, wie die Daten erhoben wurden, die die Überprüfung der oben genannten Hypothesen ermöglichen. Dabei wird zuerst das Kernstück der Studie, die PC-Erhebung, dargestellt. Anschließend daran werden die schriftlichen Befragungen kurz vorgestellt. In Tabelle 33 sind die einzelnen Erhebungszeitpunkte abgebildet.

Tabelle 33: Messzeitpunkte und erfasste Variablen Studie 2

Erhe-bungs-zeitpunkt	Datum	Messinstrument und erfasste Variablen
1.	Sep. 98	Schriftliche Befragung für die Konstruktion zweier Skalen zur Erfassung der situationalen und globalen Geschlechtsrollen-identität
		Erhebung soziodemographischer Angaben
2.	März 99	Schriftliche Befragung zur Erhebung physikbezogener Variablen: fachspezifisches Selbstkonzept für Physik, allgemeines Selbstkonzept der Begabung für Physik/ des Kompetenzgewinn durch Physik, weiterführendes Interesse an Physik, motivierende Wirkung des Physikunterrichts, eigene Aktivität im Physikunterricht, Erfolgserwartung gegenüber Physikaufgaben, Motivation gegenüber Physikaufgaben
3.	Mai 99	Erhebung am PC: Erfassung der situationalen Geschlechtsrollenidentität
4.	Juni/ Juli 99	Schriftliche Befragung zur Erhebung physikbezogener Variablen (Verwendung der gleichen Skalen wie im März 99) sowie der globalen Geschlechtsrollenorientierung

6.5.1 Erhebungen am PC

Die Hypothesen der vorliegenden Studie beziehen sich auf den Inhalt des „Arbeitsselbst" der Untersuchungspersonen, der je nach Kontext systematisch variieren sollte. Genauer sollte geprüft werden, ob das Arbeitsselbst der Jugendlichen geschlechtsbezogenes Wissen enthält. Deshalb musste ein Erhebungsinstrument gewählt werden, das in der Lage ist, Daten zu liefern, denen entnommen werden kann, ob geschlechtsbezogene Identitätsaspekte der Befragten gerade aktiviert sind. Erhebungsinstrument war deshalb eine Selbstbeschreibung am PC. Dabei mussten die Probanden so schnell wie möglich und so genau wie möglich darüber entscheiden, ob die 56 geschlechtstypischen Adjektive, die ihnen auf dem Computermonitor dargeboten wurden, in dem Augenblick der Erhebung gerade auf sie zutreffen (Ja-Nein-Entscheidungen). Die dabei resultierenden Variablen (inhaltliche Selbstbeschreibungen und Latenzen) wurden bereits in Abschnitt 6.4.1 beschrieben. Das eingesetzte Programm wurde in der Programmiersprache Turbo-Pascal Version 4.0 erstellt.

6.5.1.1 Ablauf der Untersuchung am PC

Die Erhebung fand im Mai 1999 statt (siehe Tabelle 33). Sie wurde während der Physikstunden durchgeführt. Es handelte sich dabei jeweils um eine Doppelstunde. Während dieser Stunden lief ganz normaler Unterricht in koedukativen und monoedukativen Lerngruppen. Die Physikunterrichtsräume befanden sich direkt neben einem Raum, der dem Aufbewahren von

Experimentierzubehör und Geräten diente und von den Physiklehrer/innen zum Aufbauen und Vorbereiten der Experimente sowie auch als Pausenraum genutzt wurde. In diesem Vorbereitungsraum wurden an einem länglichen Tisch nebeneinander zwei Laptops aufgestellt, auf denen das oben beschriebene Programm lief. Die Schülerinnen und Schüler wurden zu Beginn der Unterrichtsstunde von der Versuchsleiterin über den Ablauf der Untersuchung informiert. Jeweils zwei Schülerinnen oder Schüler verließen gemeinsam das Klassenzimmer, kamen in den Vorbereitungsraum nebenan und wurden von der Versuchsleiterin an die Laptops geführt. Dort erhielten sie eine kurze mündliche Instruktion: „Hier sind zwei Laptops aufgebaut. Bitte, nehmt hier Platz. Ich habe hier ein Liste mit euren Codenummern. Bitte seht nach, welche davon eure ist und gebt sie auf dem Computer ein. Wenn ich danach das Programm starte, wird auf dem Bildschirm zu lesen sein, was ihr danach machen sollt. Alles wird sehr gründlich erklärt." Ein Durchgang dauerte - inklusive der Erläuterungen und Übungsbefragung, während derer der Umgang mit der „Ja"- und der „Nein"-Taste geübt wurde, sowie der eigentlichen Messung- einige Minuten. Wenn die beiden Schüler/inne/n mit der Befragung fertig waren, gingen sie zurück in ihr Klassenzimmer und nahmen wieder am Unterricht teil. Dort erhoben sich die nächsten beiden von ihren Plätzen und gingen in den Vorbereitungsraum. Durch dieses Vorgehen war es möglich, innerhalb einer Doppelstunde eine ganze Lerngruppe zu befragen. Insgesamt wurde die Erhebung an acht verschiedenen Tagen mit insgesamt acht Lerngruppen durchgeführt. Da immer alle Gruppen einer Lehrkraft in der gleichen Woche befragt wurden, sind die Unterrichtsinhalte dieser Stunden jeweils die gleichen gewesen. Da alle Lehrer dieser Schule sowohl eine gemischte als auch eine Mädchen- und eine Jungengruppe unterrichteten, hatten die monoedukativen und die koedukativen jeweils gleichen Stoff behandelt. Systematische Verzerrungen der Art, dass die Mädchen aus Mädchengruppen beispielsweise alle experimentiert hätten und die Mädchen aus koedukativen Gruppen nur Frontalunterricht ausgesetzt worden wären, sind deshalb ausgeschlossen.

Während die Jugendlichen dieses Programm bedienten, wurde pro Untersuchungsperson jeweils eine Datei angelegt, die die Entscheidungen, ob eine Eigenschaft momentan zutrifft sowie die für diese Entscheidung benötigte Zeit (in Millisekunden) enthielt.

6.5.2 Schriftliche Befragungen

Während des achten Schuljahres wurden drei schriftliche Befragungen durchgeführt, bei denen folgende für die Überprüfung der in Abschnitt 6.2 spezifizierten Hypothesen einschlägige Variablen erhoben wurden (siehe Tabelle 33):

Im September 1998 erfolgte die Messung soziodemographischer Variablen zur Beschreibung der Stichprobe. Außerdem wurden insgesamt 72 Eigenschaftsbegriffe, die stereotyp feminine und stereotyp maskuline Attribute darstellen sollten, auf ihre Geschlechtstypizität hin beurteilt. Dieses Rating war Ausgangspunkt für die Entwicklung zweier Skalen zur Erfassung Geschlechtsrollenidentität. Eine davon diente der Messung der situationalen Geschlechtsrollenidentität bei der PC-Studie im Mai 1999, die andere erfasst globale Geschlechtsrollenorientierung der Jugendlichen und wurde im Juni/ Juli 1999 vorgelegt. Das genaue Vorgehen dabei wurde in Abschnitt 6.4.1 und 6.4.2 dargestellt.

Anfang März 1999 (Mitte des Schuljahres) und im Juli 1999 (Ende des Schuljahres) wurden Skalen vorgelegt, die folgende Merkmale erfassten: Das auf den Physikunterricht bezogene Selbstkonzept der Untersuchungsteilnehmer (Skala („auf den Physikunterricht bezogenes Selbstkonzept"), die subjektive Einschätzung der eigenen Begabung für Physik sowie des Kompetenzgewinn durch die Beschäftigung mit diesen Fach (Skala „Selbstkonzept Begabung/ Kompetenzgewinn"), das Interesse an Physik in der Freizeit, der beruflichen wie schulischen Zukunft (Skala „weiterführendes Interesse an Physik"), die Motiviertheit durch den Unterricht (Skala zur „motivierenden Wirkung des Unterrichts"), das Ausmaß der selbstberichteten aktiven Teilnahme am Unterricht (Skala „Aktivität im Unterricht") sowie die Erfolgszuversichtlichkeit und Motivation gegenüber konkreten Physikaufgaben (Skalen „Erfolgserwartung" und „Motivation Physikaufgaben (Appetenz)"). Diese Skalen wurden auch in Studie 1 verwendet. Entsprechend wurde der Inhalt dieser Skalen ausführlich in Abschnitt 5.4.4.2 dargestellt. Ebenfalls wurden dort die Skalenanalysen dokumentiert, weshalb dies an dieser Stelle nicht wiederholt wird.

6.5.2.1 Ablauf der schriftlichen Befragungen
Die Befragungen fanden jeweils im Klassenverband während einer Schulstunde statt. Dabei waren externe Untersuchungsleiter/innen anwesend.

6.6 Ergebnisse

6.6.1 Situational aktivierte Identität in koedukativen und monoedukativen Lerngruppen

Im Folgenden werden zunächst die Ergebnisse bezüglich der Zustimmungen zu maskulinen und femininen Adjektiven berichtet. Danach folgt die Darstellung der Latenzen.

6.6.1.1 Inhalt der Selbstbeschreibungen

Um zu überprüfen, ob die Zustimmungen zu den maskulinen und femininen Adjektiven in Abhängigkeit von Geschlecht und Gruppenkonstellation variieren, wurden dreifaktorielle Varianzanalysen mit Messwiederholungsfaktor berechnet (1.Faktor Geschlecht (männlich/weiblich), 2.Faktor Gruppenkonstellation (koedukativ/ monoedukativ), 3. Faktor: Prozent Zustimmungen zu den maskulinen/ femininen Items). Dabei ging nicht die Anzahl der Zustimmungen in die Berechnungen ein, sondern der Prozentsatz, wie viele der maskulinen oder femininen Items bejaht wurden[43].

Der Haupteffekt des Messwiederholungsfaktors beinhaltet, dass von den femininen Adjektiven ein größerer Anteil bejaht wurde als von den maskulinen, $F(1,130)=10.77$; $p=.001$. Es wurden insgesamt 72% aller dargebotenen maskulinen (SD=.20) und 81% (SD=.14) aller femininen Adjektive bejaht. Auf den Deckeneffekt dieser Skala wurde bereits in Abschnitt 6.4.1 hingewiesen.

Die Wechselwirkung des Messwiederholungsfaktors mit dem Geschlecht der Befragten, $F(1,130)=44.85$, $p<.001$, beinhaltet Folgendes: Die femininen Items wurden von Mädchen häufiger bejaht (M=.86; SD=.09) als von Jungen (M=.73; SD=.16). Bei den maskulinen Items ist es andersherum: Jungen bejahten diese häufiger (M=.79; SD=.17) als Mädchen (M=.67, SD=.20).

Es besteht außerdem eine Interaktion des Messwiederholungsfaktors mit der Gruppenkonstellation, $F(1,130)= 5.19$, $p<.05$. In den monoedukativen Gruppen wurden weniger maskuline Items (70%; SD=.20) und mehr feminine Items (82%; SD=.13) bejaht als in den koedukativen Gruppen. In letzteren wurden insgesamt 75% (SD=.19) aller maskulinen und 78% (SD=.15) aller femininen Items bejaht.

Die Tripelinteraktion des Messwiederholungsfaktors mit dem Geschlecht der Befragten und der Gruppenkonstellation, $F(1,130)= 8.72$, $p<.01$, zeigt, dass die Interaktion mit der Gruppenkonstellation in erster Linie auf die unterschiedlichen Reaktionen der Jungen zurückzuführen ist (vgl. Abbildung 10): Sie stimmten im koedukativen Unterricht mehr männlichen Adjektiven zu (M=85%; SD=.11) als im monoedukativen (M=73%, SD=.19). Außerdem stimmten sie auch weniger femininen Adjektiven zu (M=69%; SD=.15) als in den reinen Jungengruppen (M=77%; SD=.16). Aber auch die Mädchen reagierten in erwartungskonformer Richtung, wenn auch deutlich weniger ausgeprägt: Mädchen im koedukativen Unterricht stimmten nur etwas weniger maskulinen Adjektiven zu (M=66%; SD=.20)

---

43 Die MANOVA ergibt natürlich für beide Varianten die selben Ergebnisse. Wegen der unterschiedlichen Anzahl der maskulinen und femininen Adjektive sind jedoch Abbildungen anschaulicher, in denen der Prozentsatz der Zustimmungen dargestellt wird.

als Mädchen in monoedukativen Gruppen (M=68%; SD=.20). Ebenso bejahten Mädchen in gemischten Gruppen nur wenig mehr feminine Adjektive (M=87%; SD=.09) als Mädchen in monoedukativen Gruppen (M=85%, SD=.09).

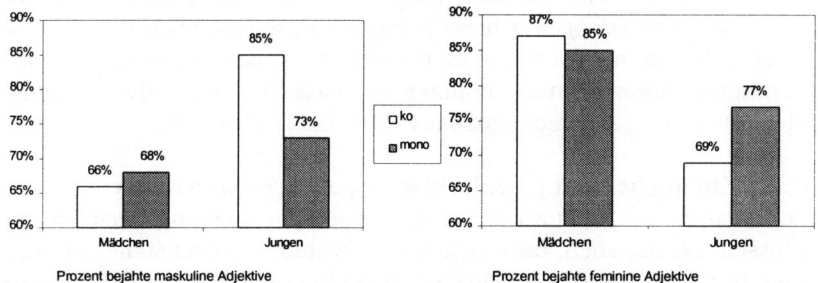

Abbildung 10: Prozent Zustimmungen zu maskulinen und femininen Items, getrennt nach Geschlecht und Gruppenkonstellation

Wird der unterschiedlichen Schwierigkeit der beiden Skalen über eine z-Standardisierung Rechnung getragen, und vom Anteil der Zustimmungen zu maskulinen Items der der Zustimmungen zu femininen abgezogen, ergeben sich in einer 2 (Geschlecht) x 2 (Gruppenkonstellation)- faktoriellen Varianzanalyse folgende Effekte: Während in den koedukativen Gruppen maskuline Adjektive relativ zu femininen eher bejaht wurden (M=0.32; SD=1.46), ist dies in den monoedukativen Gruppen andersherum (M= -0.23; SD=1.29); Haupteffekt Gruppenkonstellation F(1,130)=49.97, p<.001. Mädchen stimmten relativ mehr femininen Adjektiven zu als maskulinen (M=-0.59; SD=1.09), Jungen dagegen relativ mehr maskulinen als femininen (M=0.79; SD=1.34), Haupteffekt Geschlecht F(1,130)=5.42, p<.05.

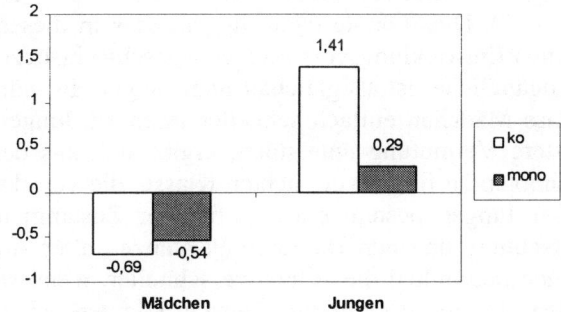

Abbildung 11: Differenzwert Zustimmungen zu maskulinen/ femininen Adjektiven (z-standardisiert)

Die Interaktion zwischen den Faktoren Geschlecht und Gruppenkonstellation, $F(1,130)=9.23$, $p<.01$, ist in Abbildung 11 dargestellt: Es ist deutlich, dass die Jungen im Inhalt ihrer Selbstbeschreibungen je nach Gruppenzusammensetzung stärker differierten als die Mädchen. Während sie im gemischten Unterricht deutlich mehr maskuline Adjektive bejahten als feminine ($M=1.41$; $SD=0.92$), war diese Differenz in monoedukativen Gruppen nur noch sehr gering ($M=0.29$; $SD=1.43$). Mädchen bejahten in beiden Gruppenkonstellationen mehr feminine als maskuline Adjektive (koedukativ: $M= -0.69$; $SD=1.10$; monoedukativ: $M= -0.54$; $SD=1.10$).

6.6.1.2 Zugänglichkeit geschlechtsbezogenen Selbstwissens

Bei der Analyse der Latenzzeiten wurden alle Untersuchungspersonen ausgeschlossen, die angaben, dass Deutsch nicht ihre Muttersprache sei, da zu erwarten war, dass bei diesen Jugendlichen über die Messung der Latenzen nicht die Zugänglichkeit der mit den vorgelegten Adjektiven verbundenen Selbstkonzepte erfasst werden kann, sondern vielmehr die sprachliche Vertrautheit mit den jeweiligen Wörtern. Damit verblieben für die nachfolgenden Analysen noch 120 Personen. 51 davon sind Jungen, von denen 22 in koedukativen Gruppen und 29 in monoedukativen Gruppen unterrichtet wurden. Von den 69 Mädchen befanden sich 23 in einer koedukativen und 46 in einer monoedukativen Gruppe.

Um zu überprüfen, ob die Latenzen gegenüber femininen und maskulinen Adjektiven in Abhängigkeit von Geschlecht und Gruppenkonstellation variieren, wurden dreifaktorielle Varianzanalysen mit Messwiederholungsfaktor berechnet (1.Faktor Geschlecht (männlich/weiblich), 2.Faktor Gruppenkonstellation (koedukativ/ monoedukativ), 3. Faktor: logarithmierte Latenzen der maskulinen/ femininen Items).

Ein Haupteffekt des Geschlechts, $F(1,116)=4.46$, $p<.05$, beinhaltet, dass Mädchen die Adjektive insgesamt schneller beurteilten ($M=0.58$; $SD=0.19$) als Jungen ($M=0.67$; $SD=0.27$). Dies könnte daran liegen, dass in diesem Alter Mädchen - wegen ihres Entwicklungsvorsprunges - geschlechtsbezogenes Wissen insgesamt zugänglicher ist als gleichaltrigen Jungen. Es wäre aber ebenfalls denkbar, dass Mädchen einfach schneller lesen als Jungen. Ein Hinweis, der die letztere Vermutung unterstützt, ergibt sich aus den (selbstberichteten) Deutschnoten zu Beginn der achten Klasse, die von den Jugendlichen vorlagen: Bei Jungen besteht ein signifikanter Zusammenhang zwischen ihrer Deutschnote und den Beurteilungslatenzen aller Adjektive, $r=.43$, $p<.01$. Jungen beurteilten die Adjektive schneller, wenn sie ein gute Deutschnote hatten, d.h. die Beurteilungslatenzen könnten bei ihnen mit der Lesegeschwindigkeit in Zusammenhang stehen. Bei Mädchen besteht kein solcher Zusammenhang, $r=.05$, ns, woraus sich möglicherweise schließen lässt, dass alle Mädchen so schnell lesen, dass die Lesegeschwindigkeit keinen Einfluss auf die Beurteilungsgeschwindigkeit hat.

Außerdem zeigte sich ein Haupteffekt der Gruppenkonstellation, F(1,116)=-6.01, p<.05: In den koedukativen Gruppen wurden die Adjektive insgesamt schneller beurteilt (M=0.56; SD=0.23) als in den monoedukativen Gruppen (M=0.65; SD=0.23).

Maskuline Items werden insgesamt schneller beurteilt (M=.60; SD=0.26) als feminine (0.63; 0.24), Haupteffekt der Messwiederholung F(1,116)=-7.81, p<.01. Dies könnte daran liegen, dass die maskulinen Items deutlich kürzer sind als die femininen: Während die maskulinen Adjektive im Schnitt 10.3 Buchstaben haben, sind die femininen durchschnittlich 14.2 Buchstaben lang.

Während Mädchen beide Arten von Adjektiven gleich schnell beurteilten (maskuline: M=0.58; SD=0.19; feminine: M=0.58, SD=0.20), brauchten Jungen zur Beurteilung der femininen Adjektive länger (M=0.70; SD=0.27) als zur Beurteilung der maskulinen (M=0.62; SD=0.31), Interaktion des Messwiederholungsfaktors mit dem Geschlecht, F(1,116)=9.83:, p< .01.

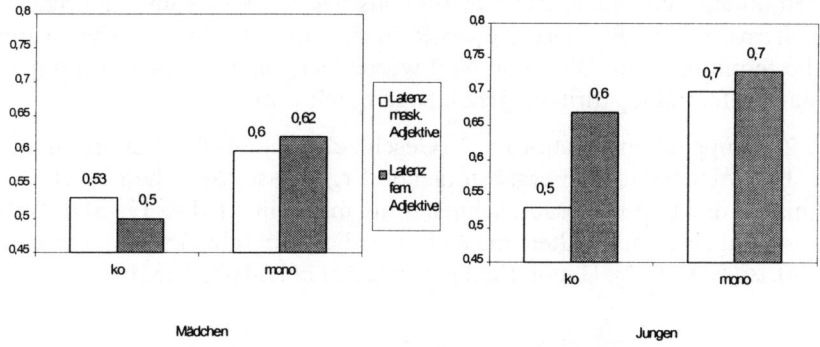

Abbildung 12: Latenzen (logarithmiert) maskuliner und femininer Adjektive getrennt nach Geschlecht und Gruppenkonstellation

Das der Tripelinteraktion von Geschlecht, Gruppenkonstellation und Messwiederholungsfaktor, F(1,116)=7.35, p<.01, zugrundeliegende Mittelwertmuster ist in Abbildung 12 dargestellt. Während Mädchen in koedukativen Gruppen maskuline Items langsamer (M=0.53; SD=0.23) als feminine beurteilten (M=0.50; SD=0.18), war es bei Jungen andersherum: Jungen in koedukativen Gruppen benötigten bei den femininen Items mehr Zeit (M=0.67; SD=0.27) als bei den maskulinen (M=0.53; SD=0.28). Das heißt, Jungen und Mädchen entwickeln sich in den gemischten Gruppen entsprechend ihrem biologischen Geschlecht auseinander: Die jeweils zum eigenen Geschlecht gehörenden Attribute sind ihnen zugänglicher als die des anderen Geschlechts. In den monoedukativen Gruppen unterschieden sich die Latenzen der beiden Adjektivsorten bei Jungen und Mädchen nicht mehr voneinander: Sowohl Jungen als auch Mädchen brauchten etwas länger, um die femininen Items zu beurteilen (Mädchen: maskuline: M=0.60; SD=0.19; feminine: M=0.62; SD=0.20; Jungen: maskuline: M=0.70; SD=0.32; feminine: M=0.73; SD=0.27). In dieser Abbildung ist auch der Haupteffekt der Gruppenkonstellation gut zu erkennen: In den monoedukativen Gruppen werden die Adjektive langsamer beurteilt.

Um unabhängig von der unterschiedlichen Schwierigkeit der maskulinen und femininen Items die je nach Gruppenkonstellation unterschiedliche relative Zugänglichkeit der beiden Adjektivarten bei Jungen und Mädchen erfassen zu können, wurde folgendes Maß berechnet: Das Differenzmaß der jeweils z-standardisierten Latenzen. Dafür wurde von der z-standardisierten Beurteilungsdauer der maskulinen Items die z-standardisierte Beurteilungsdauer der femininen Items abgezogen. Somit bedeutet ein positiver Wert, dass zur Beurteilung der maskulinen Items mehr Zeit benötigt wurde als zur Beurteilung der femininen, das hieße unter unseren Prämissen, dass die femininen Attribute zum Urteilszeitpunkt zugänglicher waren als die maskulinen. Analog dazu bedeutet ein negativer Wert, dass bei der Beurteilung der femininen Items mehr Zeit verstrich als bei der Beurteilung der maskulinen Items, das hieße, dass die maskulinen Attribute zugänglicher waren als die femininen. Ein Wert von Null würde sich dann ergeben, wenn maskuline und feminine Attribute gleich zugänglich waren.

Eine 2 (Gruppenkonstellation) x 2 (Geschlecht)-faktorielle Varianzanalyse über dieses Differenzmaß ergab folgende Ergebnisse: Mädchen beurteilten feminine Adjektive insgesamt schneller als maskuline (M=0.17; SD=0.63), Jungen hingegen beurteilten maskuline Adjektive schneller als feminine (M= -0.16; SD=0.67), Haupteffekt Geschlecht, F(1,116)=7.83, p<.01.

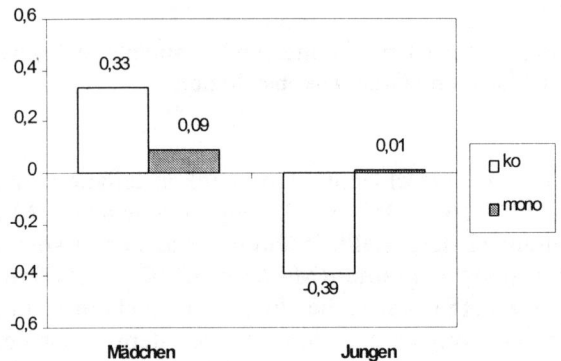

Abbildung 13: Differentielle Zugänglichkeit maskuliner/ femininer Items getrennt nach Geschlecht und Gruppenkonstellation

In Abbildung 13 ist die Wechselwirkung der Faktoren Geschlecht und Gruppenkonstellation dargestellt, F(1,116)=7.37, p<.01. Erwartungsgemäß beurteilten die Jungen und Mädchen in gemischten Gruppen die Adjektive ihrem biologischen Geschlecht entsprechend schnell: Mädchen beurteilten dort die femininen schneller als die maskulinen (M=0.33; SD=0.59), Jungen die maskulinen schneller als die femininen (M= - 0.39; SD=0.53). In den geschlechtshomogenen Gruppen sind sowohl Jungen wie auch Mädchen maskuline und feminine Attribute ähnlich zugänglich: Bei Jungen unterscheidet sich die Zugänglichkeit maskuliner und femininer Items gar nicht mehr (M=0.01; SD=0.71), bei Mädchen hat sich die Differenz stark verringert (0.09; SD=0.63). In monoedukativen Gruppen sind Jungen und Mädchen Attribute beider Geschlechter ähnlich stark zugänglich.

6.6.1.2.1 Kontrollberechnung 1: Latenzen der Zustimmungen

In der vorliegenden Arbeit wird nicht zwischen den Latenzen der Zustimmungen und der Ablehnungen unterschieden; folglich werden die Latenzen über Zustimmungen und Ablehnungen aggregiert. McGuire (1984) sowie Cota und Dion (1986) unterscheiden zwar zwischen dem „affirmierenden" („tell me what you are") und dem „negierenden" („tell me what you are not") Selbstkonzept, in unserer Untersuchung wurde jedoch nur affirmierendes Selbstwissen vorgegeben („Bist Du...?"), so dass darüber die Zugänglichkeit des vorhandenen Selbstwissens erfasst werden kann. Auch die Schnelligkeit der Beurteilung, dass ein Adjektiv nicht zutrifft, hängt von der Zugänglichkeit des entsprechenden Selbstwissens ab. Dieses Vorgehen entspricht der Arbeit von Hannover (1994), die annimmt, dass negierende und affirmierende selbstbezogene Informationen typischerweise nicht separat repräsentiert sind.

Fazio (1990) betont jedoch, dass die Interpretation von Latenzen problematisch ist, wenn in der Experimental- und Kontrollgruppe unterschiedliche Antworten gegeben werden. Er plädiert dafür, die Untersuchung so zu konzipieren, das ein solcher Fall nicht auftritt. In der vorliegenden Studie ist jedoch ein Effekt der Gruppenkonstellation sowohl auf die Latenzen als auch auf die Ja-Nein-Entscheidungen explizit erwartet worden. Auf die Empfehlung von Fazio (1990) hin, im Falle qualitativ unterschiedlicher Antworten beispielsweise nur die „Ja"-Antworten in die Analysen einzubeziehen, wurden Kontrollberechnungen durchgeführt, ob das erwartete Mittelwertmuster auch dann besteht, wenn nur die Zustimmungslatenzen berücksichtigt werden. Es zeigten sich in diesen Analysen tendenziell die gleichen Ergebnisse wie in den Analysen der aggregierten Latenzen; alle erwarteten Interaktionen und Haupteffekte aus den Varianzanalysen waren wiederum signifikant. Die entsprechenden Tabellen (Tabelle 37 und Tabelle 38) befinden sich im Anhang, die Mittelwerte sind untenstehender Tabelle 34 zu entnehmen. Diese Ergebnisse bestätigen die Annahme Hannovers (1994), dass die Zusammenfassung der Zustimmungs- und Ablehnungslatenzen sinnvoll ist, so dass in den weiteren Berechnungen dieser aggregierte Wert berücksichtigt werden wird.

Tabelle 34: Deskriptive Statistiken der Zustimmungslatenzen

	N	Latenz der Zustimmungen zu maskulinen Items		Latenz der Zustimmungen zu femininen Items		Differenzmaß der Latenzen der Zustimmungen zu mask./ fem. Adjektiven	
		M	SD	M	SD	M	SD
Mädchen ko	23	.51	.26	.47	.17	.35	.67
Mädchen mono	46	.57	.24	.59	.19	.07	.67
Jungen ko	22	.51	.30	.66	.28	-.38	.59
Jungen mono	29	.69	.34	.72	.27	-.03	.74
gesamt	120	.58	.29	.61	.24	.02	.70

6.6.1.2.2 Kontrollberechnung 2: Kontrolle der Zustimmungshäufigkeit

Um zu überprüfen, ob die Ergebnisse zu den Zugänglichkeiten tatsächlich unabhängig von den Zustimmungshäufigkeiten sind, wurde noch eine weitere Kontrollberechung durchgeführt: Die Zustimmungshäufigkeit wurde als Kovariate in die Varianzanalyse einbezogen, die den Einfluss der Faktoren Geschlecht und Gruppenkonstellation auf die relative Zugänglichkeit maskulinen Selbstwissens (das „Differenzmaß der Zugänglichkeit") überprüft. Es zeigte sich wiederum das erwartete Mittelwertmuster mit der signifikanten Interaktion der Faktoren Geschlecht und Gruppenkonstellation. Die dazu gehörige Tabelle befindet sich im Anhang (Tabelle 39). Dies bedeutet, dass sich die Hypothese, dass in gemischten Gruppen geschlechtseigenes Wissen zugänglicher ist als nicht zum eigenen Geschlecht gehörendes Wissen, und sich diese Differenz in getrennten Gruppen verliert, auch dann bestätigen lässt, wenn die Häufigkeiten der Zustimmungen konstant gehalten werden. Auch dieses Resultat spricht dafür, die Zustimmungs- und Ablehnungslatenzen zu einem Maß zusammenzufassen.

6.6.2 Der Zusammenhang der situational aktivierten Geschlechtsidentität mit dem physikbezogenen Selbstkonzept von Mädchen

Um zu überprüfen, ob zwischen der situationalen Selbstbeschreibung sowie der Zugänglichkeit geschlechtsbezogenen Wissens und dem physikbezogenen Selbstkonzept der Mädchen ein Zusammenhang besteht, wurden die entsprechenden Korrelationskoeffizienten nach Pearson berechnet.

Die physikbezogenen Skalen entsprechen dabei jenen, deren Inhalt und Skalenqualitäten in Abschnitt 5.5.1 beschrieben sind. Die Erhebungen erfolgten schriftlich im Rahmen einer Schulstunde im Klassenverband. Die Stichprobe umfasst bei dieser Zusammenhangsüberprüfung diejenigen, die sowohl an der PC-Studie als auch an den Messungen des physikbezogenen Selbstkonzepts im März sowie Juli 1999 teilnahmen und nicht durch einen

Boykott dieser Erhebungen auffielen (vgl. Abschnitt 5.4.3). Dabei werden zunächst die Korrelationen zwischen den Maßen der situational aktivierten Identität mit der Messung des physikbezogenen Selbstkonzeptes zum Ende des Schuljahres dargestellt. Diese Erhebung fand 2 Monate nach der PC-Erhebung statt. Der Vorteil dieser Berechnung liegt darin, dass die Messung der situational aktivierten Identität vor der Messung des physikbezogenen Selbstkonzeptes erfolgte. Zwar ist so auch nicht beweisbar, dass die situational aktivierte Identität das später gemessene physikbezogenen Selbstkonzept beeinflusste, aber - unabhängig von theoretischen Überlegungen - durchaus plausibler, als wenn die Messungen in anderer Reihenfolge erfolgt wären (vgl. Bortz und Döring, 1997). In einem zweiten Schritt wurde der Zusammenhang der situational aktivierten Identität mit den gemittelten Werten der physikbezogenen Merkmale berechnet, die zum Halbjahreswechsel und zum Ende des Schuljahres erhoben worden waren. Dabei war die erste Messung zwei Monate vor der PC-Erhebung und die zweite Messung zwei Monate nach der PC-Erhebung durchgeführt worden. Obwohl diese Art von Korrelation den Nachteil aufweist, dass jeder post hoc ergo propter hoc-Schluss ins Schleudern gerät, weist sie den Vorzug auf, dass die Reliabilität durch wiederholte Messungen erhöht wurde (vgl. Bortz & Döring, 1997).

6.6.2.1   Inhalt der Selbstbeschreibungen

Die Ergebnisse zeigen für die befragten Mädchen folgende Zusammenhänge des Inhaltes der Selbstbeschreibungen mit den physikbezogenen Merkmalen: Je größer der Anteil der Zustimmungen zu maskulinen Adjektiven war, desto stärker waren sie (n=50) zu einem späteren Messzeitpunkt davon überzeugt, im Physikunterricht gute Leistungen zu zeigen (r=.32; p<.05), für Physik begabt zu sein (r=.28; p<.05) und sich aktiv am Physikunterricht beteiligt zu haben (r= .33; p<.05). Bei den Zustimmungen zu femininen Adjektiven zeigte sich kein Zusammenhang zu den physikbezogenen Variablen. Der Differenzwert der z-standardisierten Zustimmungen zu beiden Adjektivklassen hängt mit den gleichen physikbezogenen Variablen zusammen wie die separate Zustimmung zu maskulinen Items: Je relativ männlicher sich die Mädchen beschrieben, für desto besser hielten sie ihre Leistungen in Physik (r=.30; p<.05), desto höher schätzten sie tendenziell ihre Begabung für Physik ein (r=.24; p=.09) und desto aktiver beteiligten sie sich am Unterricht (r=.31; p<.05).

Wird der Anteil der Zustimmungen zu maskulinen oder femininen selbstbeschreibenden Adjektiven mit den über zwei Messzeitpunkte aggregierten physikbezogenen Variablen korreliert, ergibt sich folgendes Bild: Je mehr maskuline Adjektiven die Mädchen (n=42) für selbstbeschreibend hielten, desto positiver schätzten sie ihre Leistungen im Physikunterricht (r=.35; p<.05) und ihre Begabung für Physik ein (r=.33; p<.05), desto mehr eigene Aktivitäten während des Unterrichts berichteten sie (r=.39; p<.05) und desto stärker waren sie tendenziell durch den Physikunterricht motiviert (r=.28; p=.08). Je weniger feminine Items sie als selbstbeschreibend bejahten, desto stärker waren sie tendenziell davon überzeugt, im Physikunterricht gute Leistungen zu erbringen (r= -.27; p=.09) und desto aktiver beteiligten sie sich nach ihren Angaben am Unterricht (r= -.41; p<.01). Eine nur marginal signifikante Korrelation in erwartungswidriger Richtung ergab sich mit der Einschätzung des Kompetenzgewinns durch den Physikunterricht (r=.26; p=.10). Der Differenzwert der z-standardisierten Zustimmungen zu beiden Adjektivklassen ergab folgende Zusammenhänge: Je relativ männlicher sich die Mädchen beschrieben, desto höher schätzten sie ihre Leistungen im Physikunterricht (r=.41; p<.01) und ihre Begabung für Physik (r=.37; p<.05) ein und desto mehr eigene Aktivitäten im Unterricht berichteten sie (r=.50; p=.001).

6.6.2.2 Zugänglichkeit geschlechtsbezogenen Selbstwissens

Wie lange die Schülerinnen brauchten, um die maskulinen Adjektive dahingehend zu beurteilen, ob diese im Moment der Erhebung auf sie zutreffen oder nicht, hatte allein keinen Einfluss darauf, wie positiv zu einem späteren Zeitpunkt ihr physikbezogenes Selbstkonzept ist. Einzig der eingeschätzte persönliche Nutzen des Unterrichts war tendenziell um so höher, je mehr Zeit zur Beurteilung der Adjektive benötigt wurde (Selbstkonzept Kompetenzgewinn; r=.29; p=.05). Die Hypothese allerdings, dass eine hohe Zugänglichkeit des femininen Selbstkonzeptes dem Engagement von Mädchen im Physikunterricht abträglich sei, wird über die Betrachtung der Latenzen der femininen Adjektive bestätigt: Je länger sie zur Beurteilung der femininen Adjektive brauchten, desto bessere Werte hatten sie auf zahlreichen, zu einem späteren Zeitpunkt gemessenen, physikbezogenen Skalen. Je größer die Latenzen waren, für desto begabter für Physik hielten sie sich (r=.34, p<.05), desto höher schätzten sie den Kompetenzgewinn ein (r=.37; p<.05), desto mehr Interesse äußerten sie tendenziell an Physik in der Freizeit sowie der schulischen und beruflichen Zukunft (r=.29; p=.06), desto aktiver beteiligten sie sich am Unterricht (r=.34; p<.05), desto stärker waren sie durch den Unterricht motiviert (r=.37; p<.05) und desto lieber wollten sie im Fragebogen beschriebene Physikaufgaben lösen (r=.37; p<.05).

Der Zusammenhang zwischen den separaten Beurteilungszeiten der maskulinen und femininen Items und den über zwei Messzeitpunkte aggregierten physikbezogenen Variablen ist ähnlich wie die Korrelationen mit der einzelnen Messung zum Ende des Schuljahres: Die Latenzen bei der Beurteilung der maskulinen Items waren mit der Einschätzung der eigenen Fähigkeiten für Physik, das Engagement im Unterricht usw. unkorreliert. Die Latenzen der femininen Adjektive waren jedoch mit zahlreichen Indikatoren des physikbezogenen Selbstkonzeptes korreliert: Je länger Mädchen zur Beurteilung der femininen Adjektive brauchten, desto überzeugter waren sie davon, für Physik begabt zu sein (r=.36; p<.05), desto stärker waren sie überzeugt, Nutzen aus dem Unterricht zu ziehen (r=.41; p=.01), desto aktiver brachten sie sich in den Unterricht ein (r=.39; p<.05), desto stärker waren sie durch den Unterricht motiviert (r=.36; p<.05) und desto lieber wollten sie Physikaufgaben lösen (r=.36; p<.05).

Das Maß, das unabhängig von der unterschiedlichen Schwierigkeit der maskulinen und femininen Items die relative Zugänglichkeit der beiden Adjektivarten erfasst (Differenzwert der z-standardisierten Latenzen maskuliner und femininer Adjektive), bildet das Ausmaß der Geschlechtstypisierung am differenziertesten ab. Es wird damit erfasst, ob unabhängig vom Ausmaß der generellen Geschlechtstypisierung einer Situation eher geschlechtseigenes Selbstwissen oder aber geschlechtsfremdes Selbstwissen aktiviert ist. Ein positiver Wert bedeutet, dass feminine Adjektive zugänglicher waren als maskuline, (das heißt, dass Attribute, die zur weiblichen Geschlechtsrolle gehören, eher Inhalt ihres Arbeitsselbst waren als die Eigenschaften, die dem männlichen Geschlecht zugeschrieben werden) ein negativer, dass maskuline zugänglicher waren als feminine und ein Wert von Null, dass beide gleich zugänglich waren.

Wird die Korrelation dieses Wertes mit den zum späteren Zeitpunkt erhobenen physikbezogenen Merkmalen berechnet, ergeben sich folgende Zusammenhänge: Je zugänglicher den Mädchen während des Physikunterrichts die femininen relativ zu den maskulinen Adjektiven waren, desto schlechter war ihr zu einem späteren Zeitpunkt gemessenes Selbstkonzept ihrer Leistungen im Unterricht (r= -.47; p=.001), desto geringer schätzten sie ihre Begabung für Physik ein (r= -.43; p<.01), desto kleiner war die Rolle, die Physik in ihren Freizeitinteressen sowie der beruflichen wie schulischen Zukunft spielte (r= -.33; p<.05), desto seltener brachten sie sich aktiv in den Unterricht ein (r= -.46; p<.01), desto weniger waren sie tendenziell durch den Unterricht zu motivieren (r= -.26; p=.08) und desto weniger Lust äußerten sie, Physikaufgaben zu lösen (r= -.39; p<.01). Wurde dieselbe Korrelation mit den über zwei Messungen aggregierten Physikvariablen berechnet, verstärkten sich diese Zusammenhänge: Je zugänglicher ihnen die femininen Adjektive relativ zu den maskulinen waren, desto geringer schätzten sie ihre Leistungen im Physikunterricht (r= -.57; p<.001) und ihre Begabung für Physik ein (r= -.50; p=.001), desto weniger Interesse äußerten sie an Physik in Bereichen außerhalb des Unterrichts (r= -.34; p<.05), desto weniger beteiligten sie sich am Unterricht (r= -.56; p<.001), desto weniger waren sie durch den Unterricht motiviert (r= -.46; p<.01) und desto weniger gern wollten sie Physikaufgaben lösen (r=-.36; p<.05). Außerdem waren sie tendenziell weniger erfolgzuversichtlich, die Aufgaben richtig lösen zu können (r= -.27; p=.11).

6.6.3 Der Zusammenhang der situational aktivierten Geschlechtsidentität mit dem physikbezogenen Selbstkonzept von Jungen

Im Folgenden werden auch die Daten der Jungen analysiert, obwohl keine eindeutigen Hypothesen über den Zusammenhang ihrer situational aktivierten Geschlechtsidentität und ihrem physikbezogenen Selbstkonzept sowie ihrer auf Physik bezogenen Motivation bestehen. Die Darstellung erfolgt eher „der Vollständigkeit halber".

6.6.3.1 Inhalt der Selbstbeschreibungen

Bei den Jungen zeigten sich folgende Zusammenhänge zwischen den physikbezogenen Variablen zum Ende des achten Schuljahres und der zuvor erfolgten Selbstbeschreibung am PC: Je mehr maskuline Begriffe die Jungen während der Physikunterrichtsstunde für selbstbeschreibend hielten, desto höher schätzen sie später - tendenziell - ihre Physikbegabung ein, (r=.33; p=.074). Je mehr femininen Adjektiven sie dagegen zustimmten, desto motivierender wirkte - tendenziell - der Physikunterricht auf sie (r= .31; p=.092) und desto zuversichtlicher waren sie, Physikaufgaben lösen zu können (r= .36; p=.052).

Wurden die auf Physik bezogenen Maße beider Messzeitpunkte zusammengefasst und mit den Selbstbeschreibungen korreliert, ergab sich folgendes Bild: Je mehr maskulinen Begriffen die Jungen zustimmten, umso höher schätzen sie - tendenziell- ihre Begabung für Physik ein (r= .35; p=.083). Die Häufigkeit der Zustimmung zu femininen Adjektiven korrelierte dagegen positiv mit der motivierenden Wirkung des Unterrichts (r= .48; p<.05), mit dem subjektiven Kompetenzgewinn durch den Physikunterricht (r= .46; p<.05) sowie mit dem weiterführenden Interesse an Physik in der Freizeit, der schulischen und beruflichen Zukunft (r= .40; p<.05).

6.6.3.2 Zugänglichkeit geschlechtsbezogenen Selbstwissens

Wurden die Latenzen mit den physikbezogenen Selbstkonzeptmaßen korreliert, zeigte sich Folgendes: Je schneller die Jungen während des Physikunterrichts maskuline Begriffe beurteilten, desto besser war ihr zu einem späteren Zeitpunkt erhobenes Selbstkonzept der Begabung für Physik (r= - .40; p<.05). Auch wenn sie maskuline Begriffe relativ zu femininen Begriffen schneller beurteilten, war ihr später erhobenes Begabungsselbstkonzept besser (r= -.40; p<.05). Die über zwei Messzeitpunkte aggregierten physikbezogenen Skalen hingen folgendermaßen mit den Beurteilungslatenzen zusammen: Je schneller die Jungen die maskulinen Begriffe beurteilten (r= -.51; p<.05) und je schneller sie die femininen Begriffe beurteilten (r= -.42; p<.05) und je schneller sie die maskulinen relativ zu den femininen Begriffen beurteilten (r= -.36; p=.087), desto stärker waren sie (tendenziell) von ihrer Begabung für Physik überzeugt. Weitere Zusammenhänge ergaben sich nicht.

6.6.4 Der Zusammenhang der globalen Geschlechtsrollen-identität mit physikbezogenen Maßen bei Mädchen

Die Korrelationen zwischen der globalen Geschlechtsrollenorientierung, die zum Ende des achten Schuljahres schriftlich erfasst wurde, und den Maßen des physikbezogenen Selbstkonzeptes, die einmal zur Mitte und einmal am Ende des Schuljahres erfasst wurden, werden im Folgenden dargestellt. Die zu überprüfende Hypothese lautet dabei, dass bei Mädchen die Einschätzung der eigenen Begabung für Physik mit einer höheren Maskulinität und niedrigeren Femininität in Zusammenhang stehen sollte.

Wird der Zusammenhang der globalen Geschlechtsrollenorientierung mit den zum Ende des Schuljahres erhobenen physikbezogenen Maßen berechnet, zeigen sich nur sehr wenige signifikante Zusammenhänge: Je maskuliner sich Mädchen beschrieben, desto besser war ihre Überzeugung, im Physikunterricht gute Leistungen zu bringen ($r=.28$; $p<.05$) und desto mehr eigene Aktivität während der Physikstunden berichteten sie ($r=.33$, $p<.05$).

Wird der Zusammenhang der globalen Geschlechtsrollenorientierung mit den aggregierten Werten der Messungen physikbezogener Variablen zur Mitte und zum Ende des Schuljahres berechnet, verändert sich das eben beschriebene Bild kaum: Je maskuliner sich die Mädchen beschrieben, desto besser war ihr Selbstkonzept bezüglich eigener Leistungen im Unterricht ($r=.30$; $p<.05$) und desto stärker hatten sie sich nach eigenen Angaben am Unterricht beteiligt ($r=.33$; $p<.05$). Die Aktivität im Unterricht war des weiteren tendenziell umso höher, je weniger feminin sich die Mädchen beschrieben ($r=-.30$; $p=.07$). Und je relativ männlicher sich die Mädchen beschrieben (verwendete Variable: Differenzwert der globalen Maskulinität und Femininität), desto besser war das Selbstkonzept eigener Leistungen im Physikunterricht ($r=.32$; $p<.05$), desto aktiver hatten sie sich am Unterricht beteiligt ($r=.42$; $p<.01$) und desto höher schätzten sie tendenziell ihre Begabung für Physik ein ($r=.27$; $p=.08$).

6.6.5 Der Zusammenhang der globalen Geschlechtsrollen-identität mit physikbezogenen Maßen bei Jungen

Gemäß der Befundlage für Mathematik (vgl. Abschnitt 3.3) wären für Mädchen und Jungen unterschiedliche Zusammenhänge der Geschlechtsrollen-orientierung mit physikbezogenen Maßen zu erwarten. Während beispielsweise in der Meta-Analyse von Signorella & Jamison (1986) Maskulinität bei Mädchen mit ihren Mathematikleistungen korreliert war, war es bei Jungen eher die Femininität. Um zu überprüfen, ob sich dies auch in der vorliegenden Stichprobe nachweisen lässt, wurden die Korrelationsberechnungen auch für die untersuchten Jungen durchgeführt.

Bei den Jungen ergaben sich keine Zusammenhänge zwischen globaler Maskulinität und dem über zwei Messzeitpunkte aggregierten physikbezogenen Selbstkonzept. Vielmehr bestand bei ihnen eher ein Zusammenhang zwischen höherer globaler Femininität und zwei physikbezogenen Variablen: Je stärker sie feminine Attribute für selbstbeschreibend hielten, desto stärker waren sie tendenziell durch den Unterricht motiviert (r=.26; p=10) und desto lieber wollten sie vorgegebene Physikaufgaben lösen (r=.31; p<.05). Marginal signifikante Zusammenhänge ergaben sich entsprechend zwischen der Motivation gegenüber Physikaufgaben (r= -.30, p=.06) sowie der motivierenden Wirkung des Unterrichts (r= -.28; p=.08) mit dem Differenzwert globaler Geschlechtsrollenorientierung: Je relativ weiblicher sich die Jungen beschrieben, desto lieber wollten sie Physikaufgaben lösen und desto stärker waren sie durch den Unterricht motiviert.

Wird nur der Zusammenhang zwischen den physikbezogenen Messungen zum Ende des Schuljahres mit der globalen Geschlechtsrollenorientierung überprüft, zeigen sich die gleichen positiven Zusammenhänge zwischen der globalen Femininität und der Motivation gegenüber Physikaufgaben (r=46; p=.001) und der Motivierung durch den Unterricht (r=.30; p<.05). Diese schlagen sich auch in entsprechenden negativen Korrelationen mit dem globalen Differenzwert nieder (Motivation gegenüber Physikaufgaben: r= -.35; p<.05; Motivierung durch Unterricht: r= -.25, p=.09). Einzig die Überzeugung, für Physik begabt zu sein, korrelierte mit einer Tendenz zur Signifikanz positiv mit diesem Differenzwert (r=.25; p=.10): Das heißt, je relativ maskuliner sich die Jungen beschrieben, desto stärker waren sie von ihrer Begabung für Physik berzeugt.

6.6.6 Der Einfluss situationaler Geschlechtsidentität und globaler Geschlechtsrollenidentität auf das physikbezogene Selbstkonzept von Mädchen

Im folgenden Abschnitt wird der relative Einfluss der globalen Geschlechtsrollenorientierung einerseits und der situational aktivierten Geschlechtsidentität andererseits auf das physikbezogene Selbstkonzept beschrieben. Es wurde angenommen (vgl. Abschnitt 6.2), dass die situationale Aktivierung der Geschlechtsidentität einen größeren Einfluss hat als die globale Geschlechtsrollenorientierung. Diese Berechungen werden nur für die Mädchen durchgeführt, da nur für die Gruppe der Mädchen deutliche Hypothesen zur Art des Einflusses der situationalen und globalen Geschlechtstypisierung formuliert werden konnten, während bei Jungen einerseits ein positiver Einfluss der Maskulinität auf ihr Engagement in einem maskulin stereotypisierten Bereich wie Physik denkbar wäre, andererseits aber auch ein positiver Einfluss der Femininität auf ihr Engagement im

Unterricht generell (vgl. Abschnitt 3.3.2). Außerdem zielte die Maßnahme der Unterrichtung in geschlechtshomogenen Gruppen auf die Verbesserung des Selbstkonzeptes und Engagements von Mädchen und war auch nur bei diesen erfolgreich, so dass es sinnvoll ist, mögliche Zusammenhänge ausschließlich bei der Gruppe der Mädchen weiter zu analysieren.

Als Prädiktoren wurden zunächst folgende vier Variablen verwendet: Die globale Maskulinität (Mittelwert auf der globalen Maskulinitätsskala), die globale Femininität (Mittelwert auf der globalen Femininitätsskala), die situationale Maskulinität (gemittelte Latenzen bei der Beurteilung maskuliner Adjektive) und die situationale Femininität (gemittelte Latenzen bei der Beurteilung femininer Adjektive). Die Entscheidung, als Maß für die situationale Aktivierung der Geschlechtsidentität nicht die Ja-Nein-Antworten, sondern die Latenzen zu verwenden, gründet - außer in der Berücksichtigung der schlechten Skalenqualität der Ja-Nein-Skalen (vgl. Abschnitt 6.4.1.1) - darin, dass die Latenzen ein viel genaueres Maß als Ja-Nein-Antworten darstellen. Die Berechnung einer Gleichung mit diesen vier Prädiktoren ermöglicht es, den Einfluss der maskulinen und der femininen Dimension separat zu erfassen.

In einem zweiten Schritt wurden Regressionsgleichungen mit zwei Prädiktoren berechnet: Das Differenzmaß der Latenzen sowie das Differenzmaß der globalen Geschlechtsrollenorientierung. Nur durch die Verwendung des Differenzmaßes ist die relative situationale Maskulinität oder Femininität sinnvoll zu erfassen. Denn obwohl eine hohe Zugänglichkeit maskulinen Wissens theoretisch vorteilhaft sein sollte für die Zuwendung zu maskulin stereotypisierten Inhalten wie beispielsweise Physik, gilt dies nur, wenn sie nicht von einer sogar noch höheren Zugänglichkeit femininen Selbstwissens begleitet ist. Schließlich wäre in einem insgesamt geschlechtstypisierten Kontext nicht nur Wissen über das eigene, sondern auch über das andere Geschlecht aktiviert. Wenn hingegen Geschlecht in der aktuellen Situation keine relevante Kategorie darstellt, wäre weder maskulines noch feminines Selbstwissen Inhalt des Arbeitsselbst und entsprechend schwer zugänglich. Das Differenzmaß bildet ab, ob unabhängig vom Ausmaß der generellen Geschlechtstypisierung einer Situation eher geschlechtseigenes Selbstwissen oder aber geschlechtsfremdes Selbstwissen aktiviert ist.

6.6.6.1 Modell mit vier Prädiktoren

Zunächst werden die Regressionen mit vier Prädiktoren vorgestellt. Zuerst werden dabei die Ergebnisse der *über beide Messzeitpunkte aggregierten physikbezogenen Maße* berichtet.

Bei der simultanen Regressionsanalyse zur Vorhersage des *auf den Physikunterricht bezogenen Selbstkonzeptes* sagten die vier Prädiktoren zusammen folgenden Varianzanteil voraus: adj R^2= .27, $F_{(4,33)}$=4.06, p=.01. Im einzelnen wiesen die Prädiktorvariablen folgende Zusammenhänge mit der

Überzeugung, im Physikunterricht gute Leistungen zu erbringen, auf: Je schneller die maskulinen Adjektive beurteilt wurden, desto besser war das auf den Physikunterricht bezogene Selbstkonzept, Latenz maskuliner Adjektive β= -.56, t= -2.13, p<.05. Je schneller hingegen die femininen Adjektive beurteilt wurden, desto schlechter waren nach eigener Einschätzung die Leistungen in Physik, Latenz femininer Adjektive, β= .62, t= 2.48, p<.05. Die globale Maskulinität und die globale Femininität wiesen nur schwache, nicht signifikante Zusammenhänge mit der Kriteriumsvariablen auf.

Bei der Vorhersage der selbst eingeschätzten *Begabung für Physik* zeigte sich ein ähnliches Bild: Die Prädiktoren sagten zusammen adjR2 = .25 voraus, F(4,33)=3.75, p<.05. Die Prädiktorvariablen wiesen folgende Zusammenhänge mit der Überzeugung, für Physik begabt zu sein, auf: Je schneller die maskulinen Adjektive beurteilt wurden, desto höher wurde die eigenen Begabung eingeschätzt, Latenz maskuliner Adjektive β= -.52, t= -1.98, p=.06. Je schneller hingegen die femininen Adjektive beurteilt wurden, für desto niedriger wurde die eigene Begabung in Physik gehalten, Latenz femininer Adjektive, β= .75, t= 2.94, p<.01. Die globale Maskulinität und die globale Femininität wiesen wiederum keine signifikanten Zusammenhänge mit der Kriteriumsvariablen auf.

Die *Überzeugung, durch den Physikunterricht wichtige Kompetenzen zu erlangen*, wird durch die Prädiktoren zwar zu 10% vorhergesagt, allerdings verpasst der Test die Signifikanzgrenze, adjR2 =.10, F(4,33)=1.94, p=.13. Obwohl die Vorhersage insgesamt nicht signifikant ist, soll doch das zugrundeliegende Muster berichtet werden: Einzig die durchschnittliche Latenz der Beurteilung der femininen Adjektive erweist sich als signifikanter Prädiktor, β= .64, t= 2.31, p<.05. Je langsamer die Adjektive beurteilt wurden, desto höher wurde der Kompetenzgewinn eingeschätzt. Weder die Latenzen der maskulinen Adjektive noch die globale Maskulinität oder Femininität waren signifikante Prädiktoren.

Das *Interesse an Physik in der Freizeit, der schulischen und beruflichen Zukunft* konnte durch die verwendeten Prädiktoren nicht vorhergesagt werden, adjR2 =.06, F(4,33)=1.48, p=.23. Auch hier zeigte sich aber in der Tendenz, dass vor allem die Beurteilungsdauer der femininen Adjektive einen Einfluss auf das weiterführende Interesse an Physik hatte, β= .54, t= 1.91, p=.07.

Das Ausmaß an *selbstberichteter Aktivität im Physikunterricht* konnte zu einem recht großen Anteil vorhergesagt werden, adjR2 =.30, F(4,33)=4.59, p<.01. Während die globale Geschlechtsrollenorientierung keinen signifikanten Einfluss hatte, sagten die Latenzen die Aktivität im Unterricht in erwartungskonformer Richtung vorher: Je schneller die maskulinen Items beurteilt wurden und je langsamer die weiblichen Items beurteilt wurden, desto stärker beteiligten sich die Mädchen am Unterricht (Latenzen maskuliner Adjektive: β= -.52, t= -2.04, p=.05, Latenzen femininer Adjektive, β= .73, t= 2.99, p<.01).

Auch bei der Vorhersage des Ausmaßes der *Motiviertheit durch den Unterricht*, adjR2 =.18, F(4,33)=2.82, p<.05, erwiesen sich ausschließlich die die situationale Aktivierung von Geschlechtsidentität abbildenden Variablen als nützliche Prädiktoren. Die Schülerinnen waren um so motivierter durch den Unterricht, je schneller die maskulinen Adjektive beurteilt wurden, β= -.57, t= -2.06, p<.05, und je langsamer sie die femininen Adjektive beurteilten, β= .78, t= 2.95, p<.01.

Die *Appetenz, konkrete Physikaufgabe zu lösen*, konnte durch die vier Prädiktoren vorhergesagt werden, adjR2 =.20, F(4,33)=3.05, p<.05. Unter ihnen war jedoch einzig die Latenz femininer Adjektive in der Lage, einen signifikanten Beitrag zur Vorhersage zu leisten, β= .54, t= 2.04, p=.05.

Die *auf die Lösung von Physikaufgaben bezogene Erfolgserwartung* konnte durch die Prädiktoren nicht vorhergesagt werden, adjR2 = .03, F(4,33)=1.25, p=.31.

Im Folgenden werden durch die Prädiktoren ausschließlich jene physikbezogenen Variablen vorhergesagt, die *zum Ende des Schuljahres* gemessen wurden. Die globale Geschlechtsrollenorientierung war zum gleichen Zeitpunkt wie die Kriteriumsvariablen erfasst worden und die situationale Geschlechtsidentität war circa zwei Monate vor den Kriteriumsvariablen erfasst worden.

Bei der Regressionsanalyse zur Vorhersage des *auf den Physikunterricht bezogenen Selbstkonzeptes* sagten die vier Prädiktoren zusammen folgenden Varianzanteil voraus: adj R2= .21, F(4,42)=3.75, p=.01. Im einzelnen wiesen die Prädiktorvariablen folgende Zusammenhänge mit der Überzeugung, im Physikunterricht gute Leistungen zu erbringen, auf: Je schneller die maskulinen Adjektive beurteilt wurden, desto besser war das auf den Physikunterricht bezogene Selbstkonzept der Mädchen, Latenz maskuliner Adjektive β= -.52, t= -2.08, p<.05. Je schneller hingegen die femininen Adjektive beurteilt wurden, desto schlechter waren nach eigener Einschätzung die Leistungen in Physik, Latenz femininer Adjektive, β= .58, t= 2.56, p<.05. Die globale Maskulinität und die globale Femininität wiesen nur schwache, nicht signifikante Zusammenhänge mit der Kriteriumsvariablen auf.

Bei der Vorhersage der selbst eingeschätzten *Begabung für Physik* zeigte sich ein ähnliches Bild: Die Prädiktoren sagten zusammen adjR2 = .20 voraus, F(4,42)=3.57, p<.05. Dabei erwies sich einzig die Beurteilungsdauer femininer Adjektive als signifikanter Prädiktor: Je langsamer die femininen Adjektive beurteilt wurden, für desto höher wurde die eigene Begabung in Physik gehalten, Latenz femininer Adjektive, β= .58, t= 2.54, p<.05. Die globale Maskulinität und die globale Femininität wiesen wiederum keine signifikanten Zusammenhänge mit der Kriteriumsvariablen auf.

Die *Überzeugung, durch den Physikunterricht wichtige Kompetenzen zu erlangen*, wird durch die Prädiktoren nicht vorhergesagt, adjR2 =.07, $F(4,42)=1.84$, p=.14. Werden jedoch trotz des insgesamt nicht signifikanten Ergebnisses die Beiträge der einzelnen Prädiktoren betrachtet, erwies sich die durchschnittliche Latenz der Beurteilung der femininen Adjektive als marginal signifikanter Prädiktor, β= .44, t= 1.79, p=.08. Je langsamer die Adjektive beurteilt wurden, desto höher wurde der Kompetenzgewinn eingeschätzt. Weder die Latenzen der maskulinen Adjektive noch die globale Maskulinität oder Femininität waren signifikante Prädiktoren.

Das *Interesse an Physik in der Freizeit, der schulischen und beruflichen Zukunft* konnte durch die verwendeten Prädiktoren nicht vorhergesagt werden, adjR2 =.07, $F(4,42)=1.79$, p=.15. Betrachtet man trotzdem die einzelnen Koeffizienten, so hatte auch hier allein die Beurteilungsdauer der femininen Adjektive einen signifikanten Einfluss β= .52, t= 2.13, p<.05.

Das Ausmaß an *selbstberichteter Aktivität im Physikunterricht* konnte zu einem recht großen Anteil vorhergesagt werden, adjR2 =.24, $F(4,42)=4.31$, p<.01. Während die globale Geschlechtsrollenorientierung und auch die Latenzen der maskulinen Items keinen signifikanten Einfluss hatten, sagten die Latenzen der femininen Items die Aktivität im Unterricht in erwartungskonformer Richtung vorher: Je langsamer die weiblichen Items beurteilt wurden, desto stärker beteiligten sich die Mädchen am Unterricht, β= .60, t= 2.69, p=.01. Tendenziell sagten die Latenzen der maskulinen Items die Aktivität im Unterricht ebenfalls in erwartungskonformer Richtung vorher (je schneller, desto mehr Aktivität), allerdings betrug der p-Wert .14.

Auch bei der Vorhersage des Ausmaßes der *Motiviertheit durch den Unterricht*, adjR2 =.11, $F(4,42)=2.32$, p=.08, erwies sich ausschließlich die Latenz femininer Adjektive als nützlicher Prädiktor. Die Schülerinnen waren um so motivierter durch den Unterricht, je langsamer sie die femininen Adjektive beurteilten, β= .49, t= 2.06, p<.05.

Die *Motivation, konkrete Physikaufgaben zu lösen*, konnte durch die vier Prädiktoren vorhergesagt werden, adjR2 =.24, $F(4,42)=4.34$, p<.01. Einen signifikanten Beitrag zur Vorhersage leistete die Beurteilungsdauer der femininen Adjektive, β= .56, t= 2.53, p<.05. Die globale Maskulinität konnte die geäußerte Appetenz marginal signifikant vorhersagen, β= .29, t= 1.81, p=.08: Je maskuliner sich die Mädchen beschrieben, desto lieber wollten sie die Aufgaben lösen.

Die *auf die Lösung von Physikaufgaben bezogene Erfolgserwartung* konnte durch die Prädiktoren nicht vorhergesagt werden, adjR2 = .05, $F(4,42)=1.51$, p=.22.

Insgesamt war bei der Vorhersage verschiedener Aspekte des physikbezogenen Selbstkonzeptes die Zugänglichkeit femininer Adjektive der nützlichste Prädiktor, wohingegen die Zugänglichkeit maskuliner Adjektive eine geringere Rolle zu spielen schien. Allerdings waren die Zusammenhänge zwischen der Zugänglichkeit der maskulinen Attribute und der Kriteriumsvariablen immerhin sämtlich in erwartungskonformer Richtung: Je zugänglicher die maskulinen Adjektive waren, desto besser war das Physikselbstkonzept. Auch die (in den meisten Fällen mindestens auf dem 5%-Niveau signifikanten) Zusammenhänge zwischen den physikbezogenen Variablen und den Beurteilungslatenzen bei den femininen Adjektiven entsprachen den Erwartungen: Je weniger zugänglich diese femininen Adjektive zum Zeitpunkt der Erhebung waren, desto besser war das physikbezogene Selbstkonzept. Diese Ergebnisse gehen jedoch noch nicht über die der im Abschnitt 6.6.2.2 geschilderten Korrelationen hinaus. Die wesentliche aus diesen Regressionsgleichungen gewonnene Erkenntnis besteht darin, dass der Beitrag, den die Maße der globalen Geschlechtsrollenorientierung zur Vorhersage des physikbezogenen Selbstkonzeptes leisten, hinter dem der Maße der situationalen Aktivierung geschlechtsbezogenen Wissens zurückbleibt.

6.6.6.2 Modell mit zwei Prädiktoren

Um die Hypothese zu überprüfen, ob die situationale Aktivierung von Geschlechtsidentität einen größeren Einfluss auf das physikbezogene Selbstkonzept hat als die globale Geschlechtsrollenorientierung, wurden in einem weiteren Analyseschritt die beiden Differenzmaße der situationalen und globalen Geschlechtsidentität als Prädiktoren verwendet.

In die Regressionsgleichungen gingen ein:

- Der Differenzwert der z-standardisierten Latenz maskuliner und femininer Adjektive (ein positiver Wert bedeutet, dass feminine Adjektive zugänglicher waren als maskuline, ein negativer, dass maskuline zugänglicher waren als feminine und ein Wert von Null, dass beide gleich zugänglich waren) und

- der Differenzwert der z-standardisierten Mittelwerte auf den Skalen der globalen Maskulinität und Femininität (ein positiver Wert bedeutet, dass maskuline Eigenschaften stärker für selbstschreibend gehalten wurden als feminine, ein negativer, dass feminine Eigenschaften stärker für selbstbeschreibend gehalten wurden als maskuline).

Die Entscheidung, als Maß für die situationale Aktivierung der Geschlechtsidentität nicht die Ja-Nein-Antworten, sondern die Latenzen zu verwenden, gründet in der schlechten Skalenqualität der Ja-Nein-Skalen (vgl. Abschnitt 6.4.1.1) und darin, dass die Latenzen ein sehr viel genaueres Maß als die Ja-Nein-Antworten darstellen. Als Maß der chronischen Geschlechtsidentität stehen allerdings nur Mittelwerte der M- und F-Skalen zur Verfügung, so dass für die situationale und die chronische Identität zwei unterschiedliche Maße verwendet wurden.

Es wird erwartet, dass dieser Differenzwert der Latenzen einen negativen Zusammenhang zu den Maßen des physikbezogenen Selbstkonzeptes aufweist und dass dieser Zusammenhang stärker ist als der zu erwartende positive Zusammenhang des globalen Maßes.

Zunächst werden die Ergebnisse der Regressionsgleichungen dargestellt, bei denen die beiden Prädiktoren *die aggregierten Werte der physikbezogenen Maße zur Mitte und zum Ende des Schuljahres* vorhersagten.

Das *auf den Physikunterricht bezogene Fähigkeitsselbstkonzept* konnte durch die beiden Prädiktoren vorhergesagt werden, adjR2=.31, F(2,33)=-8.42, p=.001. Es zeigte sich, dass aber nur die situationale Zugänglichkeit geschlechtsbezogenen Wissens einen signifikanten Einfluss hatte: Je zugänglicher den Mädchen während des Physikunterrichts maskulines Selbstwissen relativ zu femininem Selbstwissen war, desto stärker waren sie davon überzeugt, im Physikunterricht gute Leistungen zu erbringen, β= -.48, t= -2.79, p<.01. Der positive Einfluss einer eher maskulinen Geschlechtsrollenorientierung war deutlich kleiner und wurde nicht signifikant, β=.18, t= 1.07, ns.

Ein ähnliches Bild zeigte sich bei der Überzeugung, eine *Begabung für Physik* aufzuweisen, adjR2=.23, F(2,33)=5.94, p<.01: Je zugänglicher den Mädchen in der Unterrichtssituation maskuline Eigenschaften relativ zu femininen waren, desto höher schätzten sie ihre Begabung ein, β= -.45, t= -2.49, p<.05. Der Einfluss der relativen globalen Maskulinität blieb weit dahinter zurück, β=.12, t= 0.69, ns.

Die *Einschätzung, durch den Physikunterricht nützliche Kompetenzen zu erlangen*, konnte durch die situationale und globale Geschlechtsrollenorientierung nicht vorhergesagt werden, adjR2=.-.01, F(2,33)=0.90, ns.

Ebenso verhält es sich mit dem geäußerten *Interesse an Physik in der Freizeit, sowie in der schulischen und beruflichen Zukunft*, adjR2=.08, F(2,33)=2.40, p=11. Auch wenn der Einfluss der situationalen Zugänglichkeit geschlechtsbezogenen Wissens größer schien (β= -.31, t= -1.58, ns) als der der globalen Geschlechtsrollenorientierung (β=.08, t=0.44, ns), waren die entsprechenden t-Werte nicht signifikant.

Die *selbstberichtete aktive Teilnahme am Unterricht* konnte durch die Prädiktoren vorhergesagt werden, adjR2=.30, F(2,33)=7.91, p<.01. Dabei sagte jedoch nur die relativ höhere Zugänglichkeit maskuliner Items die Aktivität im Unterricht voraus, β= -.48, t= -2.76, p=.01. Da heißt, je zugänglicher die maskulinen Attribute relativ zu den femininen waren, desto aktiver beteiligten sich die Mädchen am Unterricht. Der schwächere Zusammenhang der globalen Maskulinität mit der Unterrichtsteilnahme wurde nicht signifikant, $\beta=.17$, t= 0.96, ns.

Wie sehr die Mädchen *durch den Physikunterricht motiviert* wurden, konnte ebenfalls vorhergesagt werden, adjR2=.18, F(2,33)=4.66, p<.05. Auch hier war der Einfluss der situationalen Geschlechtstypisierung größer als der der globalen Geschlechtsrollenorientierung. Je zugänglicher den Mädchen feminine Adjektive relativ zu den maskulinen Adjektiven waren, desto weniger waren sie durch den Unterricht motiviert, $\beta=-.53$, t= -2.86, p<.01. Ob sich die Mädchen global als stärker maskulin oder als stärker feminin beschrieben, hatte keinen Einfluss auf ihre Motiviertheit durch den Unterricht, $\beta=-.11$, t= -0.61, ns.

Die *Motivation, konkrete dargebotene Physikaufgaben zu lösen*, konnte durch die Prädiktoren vorhergesagt werden, adjR2=.18, F(2,33)=4.51, p<.05. Marginal signifikant war der Einfluss der situationalen Geschlechtstypisierung: Je zugänglicher den Mädchen die maskulinen Eigenschaften relativ zu den femininen waren, desto lieber wollten sie die Aufgaben lösen, $\beta=-.35$, t= -1.87, p=.07. Die globale Geschlechtsrollenorientierung hatte keinen Einfluss, $\beta=.19$, t= 0.99, ns.

Die Prädiktoren sagten *die Erwartung, die dargebotenen Physikaufgaben erfolgreich zu lösen*, nur tendenziell voraus, adjR2=.09, F(2,33)=2.53, p=.10. Dabei war der Einfluss der situationalen Aktivierung von Geschlechtsidentität ein wichtigerer, wenn auch kaum marginal signifikanter Prädiktor, $\beta=-.32$, t= -1.65, p=.11, als die globale Geschlechtsrollenorientierung, $\beta=.08$, t= 0.42, ns.

Zunächst werden die Ergebnisse der Regressionsgleichungen dargestellt, bei denen die Maße der situationalen und globalen Geschlechtsrollenorientierung die physikbezogenen Maße *zum Ende des Schuljahres* vorhersagen. Bei diesen Berechungen wurde die situationale Geschlechtsrollenorientierung vor den Physikskalen erhoben und die globale Geschlechtsrollenorientierung gleichzeitig mit den Physikskalen.

Die Prädiktoren sagten voraus, *für wie gut die Schülerinnen ihre Leistungen am Ende des Schuljahres hielten*, adjR2=.19, F(2,42)=5.81, p<.01. Allerdings hatte nur die situationale Zugänglichkeit geschlechtsbezogenen Selbstwissens einen signifikanten Einfluss auf das physikbezogene Selbstkonzept, $\beta=-.49$, t= -3.19, p<.01. Je zugänglicher den Mädchen maskuline Adjektive relativ zu femininen waren, desto höher schätzten sie ihre Leistungen ein. Der Einfluss der globalen Geschlechtsrollenidentität war dagegen irrelevant, $\beta=-.04$, t= -0.28, ns.

Die Höhe der *selbsteingeschätzten eigenen Begabung für Physik* konnte durch die Prädiktoren ebenfalls vorhergesagt werden, adjR2=.19, F(2,42)=4.58, p<.05. Wieder spielte die situationale Zugänglichkeit geschlechtstypisierter Adjektive eine entscheidende Rolle, $\beta=-.44$, t= -2.82, p<.01, nicht aber die globale Geschlechtsrollenorientierung, β= -.03, t= -0.20, ns.

Der *wahrgenommene Kompetenzgewinn* konnte durch die Prädiktoren nicht vorhergesagt werden, adjR2=.04, F(2,42)=0.90, ns.

Das *Interesse an Physik in der Freizeit, der schulischen wie beruflichen Zukunft* konnte durch die Prädiktoren tendenziell vorhergesagt werden, adjR2=.07, F(2,42)=2.65, p=.08. Auch hierbei hatte nur die relativ zu femininen Adjektiven höhere Zugänglichkeit der maskulinen Adjektive einen signifikanten Einfluss in erwartungsgetreuer Richtung, β= -.36, t= -2.16, p<.05, nicht aber die globale Selbstbeschreibung als eher maskulin, β= -.03, t= -0.21, ns.

Das *Ausmaß an selbstberichteter aktiver Teilnahme am Unterricht* konnte durch die Prädiktoren ebenfalls vorhergesagt werden, adjR2=.18, F(2,42)=5.46, p<.01, allerdings zeigte sich auch hier, dass zwar die relativ höhere situationale Zugänglichkeit maskuliner Eigenschaften die Unterrichtsaktivität vorhersagen konnte, β= -.48, t= -3.08, p<.05, aber die Ausrichtung der globalen Geschlechtsrollenorientierung keinen signifikanten Einfluss auf die Teilnahme am Physikunterricht hatte, β= -.036, t= -0.22, ns.

Wie sehr die Schülerinnen *durch den Unterricht motiviert* wurden, konnte durch die Prädiktoren insgesamt nicht signifikant vorhergesagt werden, adjR2=.06, F(2,42)=2.31, p=.11. Trotzdem zeigte sich im Ergebnismuster erwartungsgemäß, dass die Mädchen stärker motiviert waren, wenn ihnen im Unterricht maskuline Eigenschaften zugänglicher waren als feminine, β= -.35, t= -2.11, p<.05. Die globale Geschlechtsrollenorientierung hatte dagegen keinen Einfluss, β= -.21, t= -1.25, ns.

Die Prädiktoren sagten voraus, wie *gerne die Mädchen konkrete, in der Untersuchung vorgelegte Aufgaben bearbeiten würden*, adjR2=.17, F(2,42)=5.24, p=.01. Auch hier konnte ausschließlich die situationale Aktivierung der Geschlechtsidentität einen Beitrag zur Vorhersage leisten, β= -.43, t= -2.78, p<.01 (globale Geschlechtsrollenidentität: β= -.05, t= -0.33, ns).

Die *Zuversicht, die dargeboten Aufgaben lösen zu können*, konnte durch die Prädiktoren nicht vorhergesagt werden, adjR2=.06, F(2,42)=2.31, p=.11.

6.6.7 Kontrollberechnungen: Rolle des Selbstwertes

In den vorangegangen Abschnitten zeigte sich, dass Mädchen umso stärker von ihren Fähigkeiten in Physik überzeugt sind, je zugänglicher ihnen in der Unterrichtssituation maskulines Selbstwissen ist.

Es ist bekannt, dass psychologische Maskulinität positiv mit hohem Selbstwert korreliert ist (vgl. Kapitel 3.2.1). Entsprechend ließe sich einwenden, dass die relative Zugänglichkeit maskulinen Selbstwissens möglicherweise nur ein Maß des Selbstwertes der Person darstellt. Dies könnte bedeuten, dass die oben geschilderten Effekte des situational zugänglicheren maskulinen Selbstwissens auf physikbezogene Selbstkonzept- und Motivationsmaße eigentlich dem damit verbundenen besseren Selbstwertgefühl geschuldet sind. Es könnte somit argumentiert werden, dass bei Mädchen für ein gutes physikbezogenes Selbstkonzept nicht die geringere Geschlechtstypisierung während des Unterrichts entscheidend ist, sondern ein gutes Selbstwertgefühl.

Im Folgenden soll deshalb überprüft werden, ob a) das Differenzmaß der Zugänglichkeit maskuliner und femininer Adjektive auch dann noch signifikant in Abhängigkeit von Geschlecht und Gruppenkonstellation variiert, wenn der Selbstwert konstant gehalten wird, und b) ob die Effekte des Differenzmaßes auf physikbezogene Variablen auch dann bestehen bleiben, wenn der Einfluss des Selbstwertes in den Analysen ebenfalls berücksichtigt wird.

Dabei wurden zwei Selbstwertmaße verwendet: Das eine ist die self-esteem scale von Rosenberg (1979, in der Übersetzung von Ferring & Filipp, 1996), die zu Beginn der achten Klasse erhoben wurde. Diese aus 10 Items bestehende Skala erfasst den in dieser Arbeit als „global" bezeichneten Selbstwert. Sie wird als bekannt vorausgesetzt und deshalb nicht näher beschrieben. Das andere Selbstwertmaß ist eine von uns ins Deutsche übertragene und an Jugendliche angepasste Fassung der state-self-esteem scale von Heatherton und Polivy (1991), die den „situationalen Selbstwert" erfasst. Dabei wurden die Originalitems, in denen akademische Leistungen erwähnt wurden, von uns dahingehend verändert, dass sie direkter auf den schulischen Kontext der Jugendlichen bezogen waren. Die 20 Items dieser Skala befinden sich im Anhang (Tabelle 40). Die Jugendlichen bearbeiteten diese Skala am Ende der Schulstunde, in der die PC-Studie stattgefunden hatte. Sie bildet also ab, wie hoch ihr Selbstwert während der PC-Studie war.

Die gleichen Varianzanalysen, die bereits in Abschnitt 6.6.1.2 dargestellt sind, wurden nochmals berechnet, und dabei der globale Selbstwert (Tabelle 35) bzw. der situationale Selbstwert (Tabelle 36) konstant gehalten. Es zeigte sich, dass die erwartete Interaktion der Faktoren Geschlecht und Gruppenkonstellation (vgl. Abbildung 13 aus Abschnitt 6.6.1.2) auch dann noch signifikant ist, wenn die Selbstwertmaße als Kovariaten in die Analysen einbezogen werden.

Tabelle 35: Kovarianzanalyse über das Differenzmaß der Zugänglichkeit maskuliner und femininer Adjektive, getrennt nach Geschlecht und Gruppenkonstellation, mit Kovariate globaler Selbstwert

Quelle der Varianz	ss	df	ms	F	Sig of F
Kovariate globaler Selbstwert	2.94	1	2.94	7.45	.008
Gruppenkonstellation	0.13	1	0.13	0.33	.565
Geschlecht	1.92	1	1.92	4.86	.030
Geschlecht x Gruppenkonstellation	2.18	1	2.18	5.54	.021
Fehler	35.90	91	.40		
Total	44.12	95	.46		

Tabelle 36: Kovarianzanalyse über das Differenzmaß der Zugänglichkeit maskuliner und femininer Adjektive, getrennt nach Geschlecht und Gruppenkonstellation, mit Kovariate situationaler Selbstwert

Quelle der Varianz	ss	df	ms	F	Sig of F
Kovariate situationaler Selbstwert	6.96	1	6.96	20.51	.000
Gruppenkonstellation	0.04	1	0.04	0.14	.714
Geschlecht	1.50	1	1.50	4.42	.038
Geschlecht x Gruppenkonstellation	1.36	1	1.36	4.00	.048
Fehler	36.30	107	0.34		
Total	49.59	111	0.45		

Außerdem wurden Regressionsgleichungen berechnet, bei denen außer der relativen Zugänglichkeit maskulinen Selbstwissens auch der situationale bzw. globale Selbstwert als Prädiktoren dienten. Die Kriteriumsvariablen waren, wie in Abschnitt 6.6.6, die physikbezogenen Selbstkonzept- und Motivationsmaße. Diese Kontrollanalysen erfolgten nur für die Stichprobe der Mädchen, da nur bei diesen die Regressionsgleichungen zum Einfluss der globalen und situationalen relativen Maskulinität auf physikbezogene Variablen berechnet worden waren (da nur für die Gruppe der Mädchen konkrete Hypothesen über die Art der Zusammenhänge formuliert worden waren). Es zeigte sich, dass die situationale relative Zugänglichkeit maskulinen Selbstwissens auch dann einen signifikanten Einfluss auf die physikbezogenen Maße hat, wenn der Einfluss des situationalen oder des globalen Selbstwertes ebenfalls berücksichtigt wird. Die entsprechenden Tabellen befinden sich im Anhang (Tabelle 41 und Tabelle 42). Damit kann ausgeschlossen werden, dass die Zugänglichkeitsmaße nichts anderes als das Selbstwertgefühl der Mädchen abbilden.

6.7 Diskussion der Studie 2

6.7.1 Zusammenfassung der Ergebnisse

Wir nahmen an, dass sich die Geschlechterkonstellation der Lerngruppe auf das Ausmaß der situationalen Geschlechtstypisierung der anwesenden Schülerinnen und Schüler auswirkt; in gemischten Gruppen sollten sich die Jugendlichen stärker geschlechtstypisiert beschreiben als in geschlechtshomogenen Gruppen (Hypothese 1, vgl. Abschnitt 6.2) und geschlechtsbezogenes Wissen sollte ihnen in gemischten Gruppen insgesamt zugänglicher sein als in geschlechtshomogenen Gruppen (Hypothese 2). In gemischten Gruppen sollte ihnen geschlechtseigenes Wissen zugänglicher sein als geschlechtsfremdes Wissen (was für Jungen heisst, dass ihnen maskulines Selbstwissen zugänglicher ist als feminines Selbstwissen und für Mädchen, dass ihnen feminines Selbstwissen zugänglicher ist als maskulines), und diese Differenz sollte in geschlechtshomogenen Gruppen geringer sein (Hypothese 3).

Für die Gruppe der Mädchen wurden folgende Zusammenhänge zwischen der Geschlechtstypisierung und physikbezogenen Selbstkonzept- und Motivationsvariabeln erwartet. Je weniger feminin und je stärker maskulin die Mädchen sind, desto größeres Engagement in Physik wäre zu erwarten. Dabei wurde zwischen der chronischen, „globalen" und der situationalen Geschlechtstypisierung unterschieden (Hypothese 4 und Hypothese 5): Es wurde vermutet, dass sich die positiven Auswirkungen monoedukativer Unterrichtung bei Mädchen darauf zurückführen lassen, dass während des Unterrichts in monoedukativen Gruppen die eigene Geschlechtsidentität weniger salient ist. Entsprechend sollte der entscheidende Faktor bei der Ausbildung des physikbezogenen Selbstkonzeptes sowie der auf den Physikunterricht bezogenen Motivation auch die situationale Aktivierung der Geschlechtsidentität sein, und die Relevanz einer chronisch stärkeren Femininität oder Maskulinität dagegen in den Hintergrund treten (Hypothese 6).

Im Einzelnen ergaben die Datenanalysen Folgendes:

Erwartungsgemäß zeigte sich, dass die Häufigkeit, mit der den maskulinen und femininen Adjektiven zugestimmt wurde, in Abhängigkeit der Faktoren Geschlecht, Gruppenkonstellation und der Geschlechtstypizität der Adjektive variierte. Dabei reagierten vor allem die Jungen stark, die im koedukativen Unterricht mehr maskulinen und weniger femininen Begriffen zustimmten als im monoedukativen Unterricht. Bei Mädchen waren diese Unterschiede geringer, in der Tendenz aber ebenfalls in erwartungskonformer Richtung. Wurde der unterschiedlichen Schwierigkeit der maskulinen und femininen Adjektive Rechnung getragen und ein z-standardisiertes Differenzmaß gebildet, ergab sich wiederum die erwartete Interaktion zwischen Geschlecht und Gruppenkonstellation. Diese Interaktion war abermals vor allem den Antworten der Jungen geschuldet, die sich im koedukativen Unterricht deutlich stärker maskulin als feminin beschrieben, im monoedukativen Unterricht dagegen ähnlich feminin wie maskulin beschrieben. Die Selbstbeschreibungen der Mädchen hatten zwar im koedukativen Unterricht eine noch ausgeprägtere feminine Färbung als im monoedukativen, aber der Unterschied war klein, da sich die Mädchen auch in den Mädchengruppen mit deutlich mehr femininen als maskulinen Adjektiven beschrieben.

Außerdem zeigten sich folgende Effekte bei den Zustimmungen: Feminine Adjektive wurden häufiger bejaht als maskuline (Haupteffekt der Geschlechtstypizität der Adjektive). Insgesamt hielten Mädchen mehr feminine Adjektive für selbstbeschreibend als Jungen, und Jungen hielten mehr maskuline Adjektive für selbstbeschreibend als Mädchen (Interaktion der Geschlechtstypizität der Adjektive mit dem Geschlecht der Befragten). Schließlich wurden in den monoedukativen weniger maskuline und mehr feminine Adjektive bejaht als in den koedukativen Gruppen (Interaktion der Geschlechtstypizität der Adjektive mit der Gruppenkonstellation).

Die Analysen zu den Latenzen ergaben erwartungsgemäß einen Haupteffekt der Gruppenkonstellation, der beinhaltet, dass in den koedukativen Gruppen die geschlechtstypisierten Adjektive insgesamt schneller beurteilt wurden als in den monoedukativen. Ebenfalls zeigte sich die hypothesenkonforme Tripelinteraktion der Faktoren Geschlecht, Gruppenkonstellation und der Geschlechtstypizität der Adjektive: In den koedukativen Gruppen beurteilten Mädchen die femininen Items schneller als maskuline Adjektive. Bei den Jungen in koedukativen Gruppen war es genau andersherum, sie benötigten dort zur Beurteilung der femininen Adjektive mehr Zeit als zur Beurteilung der maskulinen Adjektive. In den monoedukativen Gruppen war dieses geschlechtstypisierte Latenzmuster nicht anzutreffen, beide Geschlechter brauchten dort etwas länger zur Beurteilung der femininen Adjektive. Wurden auch bei den Latenzen die maskuline und die feminine Skala z-standardisiert und so ein Differenzmaß gebildet, das die relative Maskulinität/ Femininität abbildete, zeigte sich in der Interaktion von Gruppenkonstellation und Geschlecht das erwartete Muster genauso deutlich: In den koedukativen Gruppen beurteilten Mädchen feminine Attribute schneller als maskuline und Jungen maskuline schneller als feminine. In monoedukativen Gruppen schrumpfte diese Differenz, beide Geschlechter beurteilten dort geschlechtseigenes und geschlechtsfremdes Selbstwissen fast gleich schnell. Außerdem zeigten sich folgende signifikante Effekte bei den Latenzen: Mädchen beurteilten die Adjektive insgesamt schneller als Jungen (Haupteffekt des Geschlechts der Befragten) und maskuline Items wurden insgesamt schneller beurteilt als feminine (Haupteffekt der Geschlechtstypizität der Adjektive).

Bei den Mädchen ergaben sich folgende Zusammenhänge zwischen der situational aktivierten Identität während des Unterrichts und Maßen des physikbezogenen Selbstkonzepts und der Motivation: Je mehr maskulinen Items sie zustimmten, desto stärker waren sie zu einem späteren Zeitpunkt davon überzeugt, im Physikunterricht gute Leistungen zu zeigen, für Physik begabt zu sein und sich am Physikunterricht aktiv beteiligt zu haben. Bei dem Differenzmaß der Zustimmungen zeigte sich genau das gleiche Bild, je häufiger die Mädchen maskuline (relativ zu femininen) Adjektive für selbstbeschreibend hielten, desto bessere Werte hatten sie auf den gerade genannten drei Skalen. Die Zustimmungshäufigkeit zu femininen Adjektiven war nicht mit den physikbezogenen Maßen korreliert. Wurden die Messungen zur Mitte und zum Ende des Schuljahres berücksichtigt, so veränderten sich die Zusammenhänge der physikbezogenen Skalen mit der Zustimmungsrate zu maskulinen Adjektiven kaum (es ergab sich tendenziell ein Zusammenhang mit der Motivierung durch den Unterricht), und die Zusammenhänge der physikbezogenen Skalen mit dem Differenzwert der maskulinen und femininen Adjektive veränderten sich gar nicht. Allerdings zeigten sich bei diesen Analysen auch erwartungsgemäße Zusammenhänge mit der Zustimmungsrate zu femininen Adjektiven: Je weniger feminine Attribute die Mädchen für selbstbeschreibend hielten, desto aktiver beteiligten sie sich nach eigenen Angaben am Unterricht und desto stärker waren sie tendenziell davon überzeugt, in Physik gute Leistungen zu zeigen. Marginal signifikant war eine Korrelation in erwartungswidriger Richtung: Je femininer die Selbstbeschreibung war, desto größer wurde der Kompetenzgewinn durch Physik eingeschätzt.

Die Betrachtung der Zusammenhänge zwischen den physikbezogenen Skalen und den Latenzen erbrachte Folgendes. Wie lange die Mädchen brauchten, um die maskulinen Items zu beurteilen, hing nicht mit ihren zu einem späteren Zeitpunkt bzw. mit dem zur Mitte und zum Ende des Schuljahres berichteten physikbezogenen Selbstkonzept- und Motivationsmaßen zusammen. Als zentral erwies sich vielmehr, wie viel Zeit sie für die Beurteilung der femininen Adjektive benötigten; und diese Zusammenhänge zeigten sich sowohl bei den Korrelationen mit den Messungen physikbezogener Skalen zum Ende des Schuljahres wie auch bei den Korrelationen mit den über beide Messzeitpunkte aggregierten Messungen: Je länger die Mädchen brauchten, um die femininen Adjektive zu beurteilen, desto überzeugter waren sie, für Physik begabt zu sein, Nutzen aus dem Unterricht zu ziehen, sich aktiv am Unterricht beteiligt zu haben, und desto stärker waren sie durch den Unterricht insgesamt und durch die konkreten Physikaufgaben motiviert. Wurde die unterschiedliche Schwierigkeit der maskulinen und femininen Items durch die Bildung eines z-standardisierten Differenzwertes berücksichtigt, ergaben sich folgende erwartungskonforme Zusammenhänge mit den physikbezogenen Maßen zum Ende bzw. zur Mitte und zum Ende des Schuljahres: Je zugänglicher den Mädchen während des Unterrichts die femininen relativ zu den maskulinen Items waren, desto geringer schätzten sie ihre Physikbegabung und ihre Leistungen im Physikunterricht ein, desto weniger waren sie durch den Unterricht motiviert und desto weniger aktive Beteiligung berichteten sie, desto weniger Interesse an Physik in der Freizeit, schulischen und beruflichen Zukunft äußerten sie und desto weniger gern wollten sie konkrete Physikaufgaben lösen und waren tendenziell weniger erfolgszuversichtlich.

Für die Gruppe der Mädchen ergaben sich zudem folgende Zusammenhänge der physikbezogenen Variablen mit ihrer chronischen, „globalen" Geschlechtsrollenidentität: Je stärker die Mädchen maskuline Eigenschaften für selbstbeschreibend hielten, desto besser war ihr auf den Physikunterricht bezogenes Selbstkonzept und desto mehr aktive Beteiligung berichteten sie. Je weniger die Mädchen feminine Eigenschaften für selbstbeschreibend hielten, desto aktiver hatten sie sich tendenziell am Unterricht beteiligt. Das Differenzmaß der z-standardisierten Skalen korrelierte wie folgt: Je relativ maskuliner sich die Mädchen beschrieben, desto besser war ihr auf den Unterricht bezogenes Selbstkonzept und tendenziell auch das Selbstkonzept ihrer Begabung, und desto aktiver hatten sie sich am Unterricht beteiligt (dies galt sowohl für die Korrelationen mit den Skalen, die zum Ende des Schuljahres erhoben wurden, als auch für die Korrelationen mit den über beide Messzeitpunkte aggregierten Maßen des physikbezogenen Selbstkonzepts).

Um den relativen Einfluss der chronischen Geschlechtsrollenorientierung und der situationalen Zugänglichkeit geschlechtsbezogenen Selbstwissens auf die physikbezogenen Variablen abzuschätzen, wurden für die Gruppe der Mädchen Regressionen berechnet. Bei separater Betrachtung der maskulinen und femininen Skalen zeigte sich, dass vor allem die Zugänglichkeit femininer Adjektive einen erwartungskonformen Vorhersagewert hatte (beim auf den Physikunterricht bezogenen Selbstkonzept, dem Selbstkonzept der eigenen Begabung für Physik, der selbstberichteten Aktivität im Physikunterricht, der Motivierung durch den Unterricht, der Appetenz Physikaufgaben gegenüber und marginal auch beim subjektiven Kompetenzgewinn durch Physik und beim weiterführenden Interesse an Physik in der Freizeit und persönlichen Zukunft): je langsamer die femininen Adjektive beurteilt wurden, desto bessere Ausprägungen waren auf den Physikskalen zu erwarten. Dies gilt in ähnlicher Weise, wenn nur die Messung zum Schuljahresende oder auch die zur Mitte des Schuljahres betrachtet werden. Und auch die Latenzen der maskulinen Adjektive konnten zur Vorhersage einiger physikbezogenen Variablen einen Beitrag leisten; erwartungskonform in entgegengesetzter Richtung wie die Latenzen der femininen Adjektive: Je schneller die maskulinen Adjektive beurteilt wurden, desto besser war das Selbstkonzept der Leistungen im Physikunterricht und der eigenen Begabung für Physik, desto mehr Aktivitäten und Motivation durch den Unterricht wurden berichtet. Wie stark sich die Mädchen jedoch maskuline oder feminine Attribute im Sinne einer chronischen Geschlechtsrollenorientierung zuschrieben, hatte insgesamt keinen Einfluss auf die Ausprägungen des physikbezogenen Selbstkonzeptes und der Motivation; ausschließlich die Appetenz gegenüber Physikaufgaben konnte durch die chronische Maskulinität marginal signifikant, in erwartungskonformer Richtung, vorhergesagt werden. In den Berechnungen, in die nur die Differenzwerte der Zugänglichkeit der maskulinen und femininen Adjektive sowie der chronischen maskulinen und femininen Geschlechtsrollenorientierung einflossen, ergab sich entsprechend, dass die Latenzen bei allen physikbezogenen Variablen außer dem subjektiven Nutzen des Physikunterrichts einen signifikanten Beitrag zur Vorhersage leisteten, die chronische Geschlechtsrollenorientierung jedoch für die Ausprägung der Selbstkonzept- und Motivationsmaße irrelevant war. Dabei war das Muster stets erwartungskonform: Je zugänglicher den Mädchen die maskulinen relativ zu den femininen Adjektiven waren, desto positivere Ausprägungen hatten sie auf den physikbezogenen Skalen. Bei der Vorhersage der aggregierten physikbezogenen Messungen zur Mitte und zum Ende des Schuljahres wurden durch die Prädiktoren in den meisten Fällen (in fünf von acht Gleichungen) über 18%, bei dem auf den Physikunterricht bezogenen Selbstkonzept sogar 31% der Varianz aufgeklärt.

Auch die Korrelationen der situational aktivierten sowie der chronischen Geschlechtsidentität der Jungen mit ihren physikbezogenen Selbstkonzepten und Motivationen wurden dargestellt, obwohl für die Gruppe der Jungen keine gezielten Hypothesen formuliert worden waren. Die Daten ergaben einen positiven Zusammenhang zwischen der Zustimmungshäufigkeit zu maskulinen Attributen und der später erhoben Überzeugung, für Physik begabt zu sein. Gleichzeitig galt aber auch: Je mehr femininen Adjektiven die Jungen zustimmten, desto motivierender hatte der Unterricht auf sie gewirkt, desto eher meinten sie, sich durch den Physikunterricht wichtige Kompetenzen anzueignen und desto mehr weiterführendes Interesse an Physik äußerten sie (aggregierte Werte von der Mitte und dem Ende des Schuljahres). Außerdem hingen die Zustimmungen zu femininen Adjektiven positiv mit der Erfolgserwartung gegenüber Physikaufgaben zusammen (Wert am Ende des Schuljahres). Wie schnell die Adjektive beurteilt wurden, korrelierte ausschließlich mit dem - über zwei Messzeitpunkte aggregierten - Selbstkonzept der Begabung für Physik: Je schneller die maskulinen und je schneller auch die femininen Adjektive beurteilt wurden, desto stärker waren die Jungen von ihrer Physikbegabung überzeugt. Andere Zusammenhänge mit der situational aktivierten Geschlechtsidentität zeigten sich nicht. Betrachtete man die Angaben der Jungen zur chronischen Geschlechtsrollenorientierung, zeigten keinerlei signifikante Zusammenhänge zwischen dem Ausmaß der Maskulinität der Selbstbeschreibungen und physikbezogenen Maßen. Vielmehr bestand bei den Jungen eher ein Zusammenhang zwischen höherer globaler Femininität und einigen physikbezogenen Variablen: Je femininer sich die Jungen beschrieben, desto stärker waren sie durch den Unterricht motiviert und desto lieber wollten sie Physikaufgaben lösen. Diese Zusammenhänge ergaben sich sowohl mit den Angaben zum Ende des Schuljahres als auch mit den aggregierten Maßen von der Schuljahresmitte und dem Schuljahresende. Regressionsgleichungen wurden für die Gruppe der Jungen nicht berechnet.

6.7.2 Deutung und Bewertung

Die Hypothese, die sich auf die Auswirkungen der getrennten Unterrichtung auf den Inhalt der Selbstbeschreibungen bezog (Hypothese 1), konnte nur teilweise bestätigt werden: Einzig die Jungen beschrieben sich in den monoedukativen Gruppen mit mehr femininen und mit mehr maskulinen Adjektiven als in den koedukativen Gruppen. Bezogen auf die Jungen kann also festgehalten werden, dass sie sich in gemischten Gruppen geschlechtstypisierter beschrieben als in monoedukativen Gruppen. Bei den Mädchen bestand zwar tendenziell ein spiegelbildliches Muster, jedoch war dieses nur schwach ausgeprägt. Eine Erklärung dafür, dass dieser Effekt bei den Mädchen nur andeutungsweise zu finden war, liegt vermutlich in der Qualität der Skalen: Vor allem die Skala mit den femininen Attributen zeigte einen deutlichen Deckeneffekt, insgesamt wurden 81% der femininen Adjektive für selbstbeschreibend gehalten, und bei den Mädchen beträgt der Anteil der Zustimmungen sogar 86%. Somit stellt die Zustimmung zu diesen femininen, sozial erwünschten Eigenschaften bei den Mädchen schon fast eine Konstante dar. Aus diesem Grund können über die Analyse der Zustimmungsrate auch keine Unterschiede zwischen den beiden Mädchengruppen gefunden werden. Offenbar sind Mädchen auch während monoedukativer Unterrichtung noch immer „freundlich", „hilfreich zu anderen", „verständnisvoll", „vernünftig", „kameradschaftlich", „herzlich" etc. Da diese Adjektive zweistufig erhoben wurden, hätte eine nicht den Geschlechterrollen entsprechende Antwort von den Mädchen verlangt, diese Attribute gänzlich zu verneinen. Möglicherweise wäre durch eine mehrstufige Erhebung ein hypothesenkonformes Ergebnis zustande gekommen; allerdings wären bei einer solch komplizierten Abfrage die Latenzen nicht mehr interpretierbar gewesen. Einschränkend muss bemerkt werden, dass die maskuline Skala zwar keinen Deckeneffekt aufwies, Mädchen in koedukativen und monoedukativen Gruppen aber auch auf dieser Skala kein wirklich unterschiedliches Antwortverhalten zeigten. Trotzdem sollte auch hier bedacht werden, dass die Beurteilung der Attribute ein klares „Ja, so bin ich" bzw. „Nein, so bin ich nicht" erforderten, und Mädchen offenbar auch in monoedukativen Gruppen nicht gleich den „schwereren" maskulinen Adjektiven zustimmen konnten (z.B. „unerschrocken", „furchtlos", „mächtig", „stark" etc.) - wohingegen Jungen weniger Hemmungen hatten, diese Eigenschaften für zweifelsfrei selbstbeschreibend zu halten und dies vor allem in den koedukativen Gruppen. Dass Mädchen insgesamt mehr feminine Adjektive bejahten als Jungen und Jungen mehr maskuline Adjektive bejahten als Mädchen, kann als eine externe Validierung der Skalen betrachtet werden. Allerdings wurden auch die typischerweise eher dem anderen Geschlecht zuzuordnenden Adjektive mehrheitlich als selbstbeschreibend angesehen.

Bei der Analyse der Latenzen bestätigte sich unsere Annahme, dass die Koedukation ein im Vergleich zur Monoedukation geschlechtstypisierender Kontext ist (Hypothese 2): Geschlechtstypisierte Adjektive werden von Jugendlichen in gemischten Gruppen schneller beurteilt als in geschlechtshomogenen Gruppen. Erwartungsgemäß wurden außerdem in den gemischten Gruppen Attribute, die typischerweise der eigenen Geschlechtsgruppe zugeschrieben werden, schneller beurteilt als Attribute, die typischerweise dem anderen Geschlecht zugeschrieben werden, wohingegen in geschlechtshomogenen Gruppen beide Arten Adjektive ähnlich schnell beurteilt werden (Hypothese 3). Aufgrund unserer Annahme, dass sich in den Latenzen die Zugänglichkeit des jeweiligen Selbstwissens abbildet, schließen wir, dass a) in koedukativen Gruppen geschlechtsbezogenes Wissen insgesamt zugänglicher ist als in monoedukativen und b) dass in koedukativen Gruppen zur eigenen Geschlechtsgruppe gehörendes Wissen zugänglicher ist als das dem anderen Geschlecht zugeschriebene Wissen, während in monoedukativen Gruppen Jungen wie Mädchen maskulines und feminines Selbstwissen jeweils ähnlich zugänglich ist. Es ist zu betonen, dass dies natürlich eine voraussetzungsvolle Interpretation der Daten ist. Fazio formulierte treffend, „there may be nothing scientifically less meaningful than the simple observation that subjects responded in x milliseconds" (Fazio, 1990, S.89). Wir interpretieren die Latenzzeiten als ein Maß der Zugänglichkeit des entsprechenden Selbstwissens.

Es wurde erwartet und bestätigt, dass sich bei Jungen und Mädchen die Geschlechterkonstellation einer Gruppe auf ihre situational aktivierte Identität auswirkt; sowohl bei Jungen wie auch bei Mädchen war die Geschlechtstypisierung in den koedukativen Gruppen stärker als in den monoedukativen Gruppen. Dagegen wurden ausschließlich für die Gruppe der Mädchen klare Zusammenhänge zwischen dem Ausmaß der Geschlechtstypisierung und ihrem physikbezogenen Selbstkonzept sowie ihrer physikbezogenen Motivation erwartet. Dabei bestätigte sich die Annahme, dass eine relativ maskulinere chronische Geschlechtsrollenorientierung - für sich betrachtet - mit einem größeren Engagement und einem besseren Selbstkonzept in Physik einhergeht (Hypothese 5). Diese Ergebnisse stimmen mit den bereits bekannten Studien überein, nach denen „psychologisch" maskulinere Mädchen/ Frauen sich in maskulinen Bereichen wie mathematisch-naturwissenschaftlichen Fächern stärker und erfolgreicher engagieren (z.B. Kelly, 1998; Signorella & Jamison, 1986; vgl. Kapitel 3.3.1). Allerdings sind solche Befunde wenig aussagekräftig, wenn z.B. der Kritik von Taylor und Hall (1982, vgl. Abschnitt 3.2.1) gefolgt wird, nach der solche Berechnungen bloße Konstruktvalidierungen der Maskulinitäts- oder Femininitätsskalen seien, da sie lediglich die Frage beantworten, ob beispielsweise Maskulinität gemäß BSRI- oder PAQ-Skalen mit (anders erhobener) Maskulinität einhergehe. Sofern nun Physikbegeisterung auch bloß als ein - weiterer - maskuliner Trait aufgefasst wird, durch den sich maskulinere bzw. weniger feminine Mädchen auszeichnen, stellt sich auch die Frage nach der plausibelsten Wirkrichtung, wenn Zusammenhänge zwischen der chronischen Geschlechtsrollenorientierung und physikbezogenen Variablen festgestellt werden. In Abschnitt 3.3.3 wurde zu den Befunden von Keller (1998) zur Stereotypisierung des Faches Mathematik bereits angemerkt, dass nicht notwendigerweise die Wahrnehmung, dass Mathematik (auch) ein Mädchenfach sei, einem guten mathematischen Selbstkonzept bei Mädchen vorausgehen müsse, sondern dass es auch denkbar ist, dass ein Mädchen aus der Erfahrung, dass es Mathematik gut kann, folgert, dass dieses Fach (auch) zum eigenen Geschlecht passt (obwohl diesem Mädchen das gesellschaftliche Stereotyp über Mathematik auch bekannt sein wird). In analoger Weise ist vorstellbar, dass, wenn ein Mädchen bei sich selbst eine Vorliebe für ein maskulin stereotypisiertes Fach wie Physik feststellt, dieses Mädchen schließen wird, selbst nicht ganz dem typischen Frauenbild zu entsprechen, sondern (auch) über maskuline Eigenschaften zu verfügen.

Die Regressionsgleichungen bestätigten die Annahme, dass die situationale Aktivierung von Identität während des Unterrichts einen größeren Beitrag zur Erklärung physikunterrichtsbezogener Maße leistet als die chronische Geschlechtsrollenorientierung (Hypothese 6). Offensichtlich speist sich das Gefühl, gut in Physik zu sein, eher daraus, wie sich eine Schülerin während des Unterrichts erlebte und weniger aus einer (auch) maskulinen chronischen Geschlechtsrollenorientierung. Bei der Betrachtung der Maße der situational aktivierten Geschlechtsidentität erscheint zudem auch die Wirkrichtung einleuchtender: Die in der Unterrichtssituation aktivierte Identität sollte einen Einfluss darauf haben, wie stark sich Mädchen in Physik engagieren. Denn, so wurde in Kapitel 2 und Kapitel 3.4 ausgeführt, die im gegebenen Moment aktivierten Aspekte des Selbstwissens steuern die Informationsverarbeitung und das Verhalten der betreffenden Person. Sofern einem Mädchen das Wissen „Ich bin ein Mädchen" hoch zugänglich ist, sollte es sich von dem Jungenfach Physik distanzieren. In der vorliegenden Arbeit konnte die Hypothese bestätigt werden, dass eine hohe Zugänglichkeit femininen Selbstwissens und eine niedrige Zugänglichkeit maskulinen Selbstwissens mit negativen Ausprägungen auf physikbezogenen Selbstkonzept- und Motivationsmaßen zusammenhängen (Hypothese 4). Diese korrelativen Zusammenhänge können plausibel dadurch erklärt werden, dass eine hohe Zugänglichkeit femininen Selbstwissens und eine niedrige Zugänglichkeit maskulinen Selbstwissens während der Unterrichtssituation dazu führen, dass sich Mädchen von den Unterrichtsinhalten distanzieren.

Bei der separaten Betrachtung der Zugänglichkeit femininer und maskuliner Adjektive zeigte sich, dass ein besonders starker, negativer Zusammenhang zwischen der Beurteilungsgeschwindigkeit der femininen Traits und den physikbezogenen Maßen bestand, was ein Hinweis darauf ist, dass vor allem eine hohe Zugänglichkeit femininen Selbstwissens während des Physikunterrichts von Schaden ist; wohingegen eine hohe Zugänglichkeit maskulinen Selbstwissens nicht im gleichen Ausmaß von Vorteil ist. Dagegen fanden sich aber weniger Zusammenhänge zwischen der Zustimmungshäufigkeit zu den typisch femininen Adjektiven und den physikbezogenen Maßen als zwischen der Zustimmungshäufigkeit zu den typisch maskulinen Adjektiven und den physikbezogenen Maßen; allerdings stellte ja, wie oben bereits betont, die Ja-Nein-Skala der femininen Adjektive fast eine Konstante dar, so dass dort auch keine korrelativen Zusammenhänge zu erwarten waren.

Jedoch wäre bezüglich der Richtung des Zusammenhanges zwischen der Zugänglichkeit geschlechtsbezogenen Selbstwissens und physikbezogenen Selbstkonzept- und Motivationsmaßen auch Folgendes denkbar: Angenommen, Mädchen in den monoedukativen Gruppen beschäftigen sich tatsächlich mehr mit dem Unterrichtsgegenstand, experimentieren mehr selbst und beteiligen sich stärker am Unterricht, und Mädchen in koedukativen Gruppen üben sich dagegen - aus welchen Gründen auch immer - während des Physikunterrichts in weiblicher Rollenübernahme, indem sie sich im Unterricht zurücknehmen, kein Interesse an den dort behandelten Gegenständen zeigen und bei Schülerexperimenten das Protokollschreiben übernehmen. Dies würde bedeuten, dass Mädchen in monoedukativen Gruppen eigentlich maskulin stereotypisierte Tätigkeiten verrichten, und Mädchen in koedukativen Gruppen feminin stereotypisierte Tätigkeiten. Möglich wäre, dass diese Unterschiede im Verhalten der beiden Gruppen dazu führen, dass es zu einer unterschiedlichen Zugänglichkeit der geschlechtstypisierten Adjektive kommt. Ein Experiment von Hannover (1997c) zeigte schließlich, dass Schülerinnen und Schülern nach einer maskulinen Tätigkeit (Nägeleinschlagen) maskulines Selbstwissen zugänglicher war als nach einer femininen Tätigkeit (Wickeln einer Babypuppe). Der These, dass getrenntgeschlechtliche Unterrichtung in Physik für Mädchen vorteilhaft ist, würde diese Sichtweise nicht widersprechen, allein über den Wirkungszusammenhang etwas andere Annahmen machen. Da aber auch Befunde vorliegen, nach denen in geschlechtshomogenen Gruppen die Kategorie Geschlecht weniger salient ist als in geschlechtsheterogenen Gruppen (z.B. Cota & Dion, 1986; McGuire & Padawer-Singer, 1976), wird die ursprüngliche Annahme, dass die Geschlechtshomogenität einer Lerngruppe dazu führt, dass weniger geschlechtstypisiertes Selbstwissen aktiviert ist und dass daraus eine weniger geschlechtstypisierte Informationsverarbeitung und ein weniger geschlechtstypisiertes Verhalten resultieren, beibehalten.

Die korrelativen Ergebnisse für die Gruppe der Jungen belegen, dass bei ihnen der Zusammenhang zwischen maskuliner und femininer Geschlechtsrollenorientierung einerseits und dem Engagement im Fach Physik andererseits nicht so klar ist wie bei den Mädchen. Am ehesten sind die physikbezogenen Motivationsmaße mit hoher situationaler und chronischer Femininität korreliert. Insgesamt sind die Zusammenhänge aber weniger eindeutig als bei den Mädchen. Diese Ergebnisse stimmen mit vorliegenden Studien überein (Kelly, 1998; Signorella & Jamison, 1986; vgl. Abschnitt 3.3.2), nach denen bei Jungen in der Adoleszenz gute Leistungen im mathematisch-naturwissenschaftlichen Bereich eher mit hoher Femininität denn mit hoher Maskulinität einhergehen, häufig aber auch mit ihrer Geschlechtsrollenorientierung gar nicht korreliert sind. Signorella und Jamison (1986) vermuteten, dass sich v.a. femininere Jungen während der Adoleszenz insgesamt um gute Schulleistungen bemühen und sich deshalb auch in eigentlich maskulin stereotypisierten Schulfächern stärker engagieren als maskulinere Jungen. Schließlich wecken die femininen Adjektive auch eher Assoziationen, die an „brave" Schüler denken lassen (z.B. „ordentlich", „artig", „fleissig", „vernünftig")[44]. Es bestätigte sich die Annahme von Worell (1978), dass die Beziehungen zwischen der Geschlechtsrollenorientierung und anderen persönlichen Merkmalen bei männlichen und weiblichen Personen verschieden sind und beispielsweise hohe Femininität für Frauen und Männer ganz unterschiedliche Konsequenzen hat. Deshalb, so Worell weiter, seien bei solchen Fragestellungen auch stets die beiden Geschlechter gesondert zu betrachten. Das wichtigste Ergebnis der auf Jungen bezogenen Analysen ist jedoch Folgendes: Die Unterrichtung in monoedukativen Gruppen ist für Jungen nicht nachteilig; da sie - im Gegensatz zu den Mädchen - nicht von einer möglichst ausgeprägten maskulinen respektive wenig femininen Identität während der Unterrichtssituation profitieren. Möglicherweise könnte die geringere Geschlechtstypisierung in den monoedukativen Gruppen auch dazu beitragen, dass Jungen eher versuchen, dem Unterricht zu folgen und gute Leistungen zu zeigen[45]. Gleichzeitig fallen in den monoedukativen Gruppen aber auch die Gelegenheiten weg, Mädchen durch die Demonstration von technischen Kenntnissen zu beeindrucken o.ä. Aus den Ergebnissen der Studie 1 wurde deutlich, dass sich die Jungen in den gemischten und getrennten Gruppen nicht unterscheiden; dies könnte auch an solchen gegeneinander wirkenden Einflüssen liegen.

---

44 Es ist denkbar, dass sich die marginal signifikante erwartungswidrige Korrelation bei den Mädchen zwischen hoher chronischer Femininität und hohem subjektiven Kompetenzgewinn durch den Physikunterricht auf einen ähnlichen vermittelnden Mechanismus zurückführen lässt: Je "braver" die Mädchen sind, desto eher werden sie der Aussage zustimmen, dass das in der Schule Gelernte wichtig ist.

45 Gespräche mit einigen am Schulversuch beteiligten Lehrkräften ergaben jedoch, dass sie Jungengruppen oft unruhiger und "wilder" fanden als gemischte Gruppen.

Zusammenfassend kann festgehalten werden, dass sich unsere Annahmen, dass monoedukativer Unterricht im Vergleich zum koedukativen Unterricht weniger geschlechtstypisierend ist, bestätigten. Ebenfalls bestätigte sich, dass Mädchen von dieser geringeren Geschlechtstypisierung profitieren.

6.7.3 Folgerungen und Ausblick sowie abschließende Betrachtung der Ergebnisse aus Studie 1 und Studie 2

In Studie 2 wurde die Auswirkung der Gruppenkonstellation von Lerngruppen auf die situational aktivierte Identität von Jugendlichen untersucht und das Ausmaß der situationalen Geschlechtstypisierung mit physikbezogenen Selbstkonzept- und Motivationsmaßen in Beziehung gesetzt. Die sich aus dieser Untersuchung ergebenen Folgerungen werden nun auch vor dem Hintergrund der Ergebnisse aus Studie 1 diskutiert. Es sei jedoch an dieser Stelle auch auf die ausführliche Diskussion der Studie 1 in Abschnitt 5.7 (S. 159ff) verwiesen.

Der Ausgangspunkt unserer Untersuchungen war der Befund, dass in den naturwissenschaftlichen Fächern, v.a. in Physik, krasse Unterschiede zwischen den Geschlechtern bestehen: Mädchen interessieren sich weniger für diese Fächer, spezialisieren sich dort seltener, zeigen schlechtere Leistungen und ergreifen seltener eine Ausbildung in diesem Bereich. Zudem haben sie ein unverhältnismäßig schlechtes Selbstkonzept der eigenen Fähigkeiten. Physik gilt als ein maskuliner Bereich, weshalb Engagement und Erfolg darin schlecht mit der weiblichen Geschlechterrolle zu vereinbaren sind. Es wurde angenommen, dass Geschlechterdifferenzen vor allem in Situationen auftreten, in denen das Geschlecht der beteiligten Personen gerade salient ist. Die Annahme, dass die Salienz von Geschlecht situational variabel ist, wurde bereits mehrfach untersucht. Es zeigte sich, dass Menschen je nach den Gegebenheiten des aktuellen Kontextes die Kategorie Geschlecht mehr oder weniger bewusst ist und dass sie sich entsprechend mehr oder weniger geschlechtsrollenkonform verhalten (zusammenfassend siehe z.B. Deaux & LaFrance, 1998). Wenn in einer Situation die Kategorie Geschlecht salient ist, werden sich die beteiligten Personen geschlechtstypisierter verhalten als in einer Situation, in der das Geschlecht der Personen nicht wahrgenommen wird und statt dessen andere Identitätsaspekte der Personen ins Arbeitsselbst gelangen und die Basis für Informationsverarbeitung und Verhalten bilden.

In der vorliegenden Untersuchung wurde diese Annahme auf die Situation im Physikunterricht übertragen. Um den Rückzug der Mädchen während des Physikunterrichts zu verringern, wurde der Unterricht in monoedukativen Gruppen abgehalten, also in einem Kontext, von dem anzunehmen war, dass dort Geschlecht weniger salient ist als in den üblichen koedukativen Gruppen. In Studie 1 bestätigte sich die Annahme, dass sich Jungen und Mädchen in den monoedukativen Gruppen bezüglich ihres Physikengagements weniger unterschieden als in den koedukativen Gruppen: In den koedukativen Gruppen verhielten sich die Mädchen nach eigenen Angaben deutlich geschlechtstypisierter, in dem sie sich von dem „Jungenfach" Physik distanzierten, ihre Fähigkeiten für gering hielten und wenig motiviert waren. Auf das physikbezogene Selbstkonzept und die Motivation der Jungen hatte die Gruppenkonstellation dagegen keine Auswirkung, was ein Hinweis darauf ist, dass die stärkere Geschlechtstypisierung im koedukativen Physikunterricht für Jungen nicht vorteilhafter ist als die geringere Geschlechtstypisierung im monoedukativen Physikunterricht. Schließlich ist auch dann, wenn das Arbeitsselbst der Jungen einen anderen Inhalt als ihre Identität „ich als Junge/Mann" hat, nicht davon auszugehen, dass ihr Arbeitsselbst dann gleich Inhalte aufweist, die mit der interessierten Teilnahme am Physikunterricht inkompatibel sind. Den Mädchen hingegen steht die Aktivierung ihrer Identität „ich als Mädchen/Frau" im Wege, wenn sie sich einem maskulin konnotierten Bereich zuwenden sollen. Das heißt, die Trennung im Physikunterricht nützt dem Engagement von Mädchen und schadet dem der Jungen nicht. In der experimentellen Studie 2 konnte die Annahme bestätigt werden, dass die Zugänglichkeit von generell geschlechtsbezogenem Selbstwissen in den koedukativen Gruppen tatsächlich höher ist als in monoedukativen Gruppen und dass die Zugänglichkeit von maskulinem und femininen Selbstwissen in den koedukativen Gruppen mit dem biologischen Geschlecht der Jugendlichen variiert, wohingegen diese Polarisierung in den monoedukativen Gruppen nicht mehr besteht. Und es bestätigte sich auch die Annahme, dass eine relativ geringere Zugänglichkeit der eigenen Geschlechtsidentität bei Mädchen mit der Ausbildung eines besseren physikbezogenen Selbstkonzeptes zusammenhängt.

Es muss betont werden, dass diese Arbeit nicht zu dem Schluss führen kann, dass es sinnvoll wäre, wieder monoedukative Schulen zu etablieren. Nach Geschlechtern getrennter Unterricht ist ausschließlich in Fächern zu erwägen, die eindeutig maskulin[46] stereotypisiert sind, da sich nur in diesen die Mädchen vom Unterrichtsgeschehen distanzieren werden, wenn ihnen während der Stunden die eigene Geschlechtszugehörigkeit bewusst ist. Und diese Trennung ist vor allem während der Pubertät sinnvoll: In dieser Phase ist geschlechtsbezogenes Selbstwissen chronisch hoch zugänglich und gerät deshalb besonders leicht ins Arbeitsselbst, wo es in dieser Phase zudem be-

---

46 Warum nur in den maskulin stereotypisierten Fächern? Stellt sich das gleiche Problem nicht auch in den "Mädchenfächern", in denen die Jungen dann benachteiligt wären? Rein "theoretisch" natürlich schon. Allerdings sind die Erkenntnisse zum Physikunterricht nicht 1:1 auf "Mädchenfächer" übertragbar: Es wurde bereits dargestellt, dass erstens Fächer wie Deutsch oder Fremdsprachen längst nicht so eindeutig feminin stereotypisiert sind wie Physik maskulin stereotypisiert ist (vgl. Abschnitt 3.3) und dass zweitens die feminine Stereotypisierung von Aufgaben das Zutrauen männlicher Personen, diese bewältigen zu können, kaum beeinträchtigt. Allerdings trauen sich Frauen maskulin stereotypisierte Aufgaben deutlich weniger zu (vgl. Abschnitt 3.3.4).

sonders „stark wirkt", da die aktive Aneignung der neuen Rolle als Mann oder Frau auch zu Verhaltensweisen führt, die überzogen geschlechtstypisiert erscheinen. Eine Untersuchung wie die bereits zitierte von Rost und Pruisken (2000), die moniert, dass Mädchen auf Mädchenschulen gar kein besseres Selbstkonzept in Religion und Deutsch aufweisen als Mädchen auf koedukativen Schulen, erscheint vor dem Hintergrund oben genannter Überlegungen wenig geeignet, einen sinnvollen Beitrag zu der Diskussion um den Nutzen getrenntgeschlechtlicher Unterrichtung zu leisten.

Aus unseren Ergebnissen lässt sich folgern, dass die zeitweilige Trennung im Fach Physik, während der aktiven Rollensuche und -übernahme in der Pubertät, eine Möglichkeit darstellt, den Rückzug der Mädchen aus diesem Fach zu vermindern, so dass es für sie nicht von vornherein ausgeschlossen ist, eine Ausbildung im technisch-naturwissenschaftlichen Bereich anzuvisieren. Die Ergebnisse der vorliegenden Arbeit beschränken sich nicht allein darauf, einen weiteren zu den bereits bekannten Befunden beizusteuern, dass in monoedukativen Schulen/ Klassen Mädchen in maskulin stereotypisierten Fächern stärker engagiert sind. Darüber hinausgehend konnten Hinweise darauf geliefert werden, auf welchen Mechanismus sich die vorteilhafte Entwicklung der Mädchen in monoedukativen Gruppen zurückführen lässt.

Während des monoedukativen Unterrichts ist offenbar eine Situation gegeben, in der von der Kategorie Geschlecht eher abgesehen wird, in der sie also eher „ruht", um die Formulierung Hirschauers (1994) zu verwenden. Aus diesem Grund stellt die Geschlechtertrennung im Physikunterricht m.E. eine Art von „undoing gender" dar - obwohl Hirschauer bei der Einführung dieses Begriffes eine andere Intention verfolgte (vgl. Abschnitt 3.1.6).

Allerdings, und darin ist Hirschauer (1994) und Goffman (1977/ 1994) zuzustimmen, wird mit der Maßnahme der getrennten Unterrichtung von Jungen und Mädchen Geschlecht gleichzeitig auch besonders betont: Auch wenn in der Unterrichtssituation Geschlecht weniger bewusst oder verhaltenssteuernd ist, so wird doch durch die Einteilung der Jugendlichen in geschlechtsgetrennte Gruppen betont, dass sie verschiedenen Geschlechts sind, dass ihr Geschlecht außerdem eine Bedeutung hat, die über die Beschaffenheit ihres Körpers hinausgeht, und dass speziell das Fach Physik etwas damit zu hat, welchem Geschlecht man angehört. In dieser Hinsicht ist die monoedukative Unterrichtung auch ein „doing gender", und zwar weniger im Sinne von West und Zimmerman (1991), die sich eher auf die direkte Interaktion der beteiligten Personen bezogen (vgl. Abschnitt 3.1.4), sondern vor allem im Sinne eines institutionellen „Genderismus" gemäß Goffman (1977/1994), bei dem es weniger die alltäglichen Handlungen, sondern die Institutionen, die Ordnungen oder Rituale, sind, durch die Geschlecht betont wird. Als ein Beispiel nennt Goffman die Trennung der Toiletten für Männer und Frauen. Durch diese zeitweilige räumliche Separierung werde die Unterschiedlichkeit von Männern und Frauen - trotz der häufigen Kontakte miteinander - immer wieder betont; der Unterschied zwischen Männern und Frauen werde durch diese Trennung immer wieder anerkannt, wenn nicht gar erschaffen.

Es ist davon auszugehen, dass den Schülerinnen und Schülern die Einteilung in Jungen- und Mädchengruppen auffällt und dass sie sich Gedanken über den Grund der Trennung machen. Möglicherweise sehen sie - auf der bewussten Ebene - Physik nun in besonderem Maße als ein Fach an, das maskulin konnotiert ist, als ein Fach, in dem Mädchen getrennt von Jungen unterrichtet werden sollen, weil die Mädchen eine Art „Förderkurs" benötigen. Möglicherweise empfinden sie die Trennung als diskriminierend. Dass dies der Fall sein kann, ergaben auch Interviews, die Gillibrand et al. (1999) mit Mädchen darüber führten, weshalb sie sich für die Unterrichtung in monoedukativen oder koedukativen Physikgruppen entschieden hatten. Diejenigen, die gemischte Gruppen bevorzugten, waren im Durchschnitt sehr selbstbewusst und betonten u.a., dass sie gut in gemischten Gruppen zurecht kommen und dass eine Sonderbehandlung erniedrigend sei. Wetterer (1986, zitiert nach Gildemeister und Wetterer, 1992) stellte in ihrer Untersuchung über besonders erfolgreiche Frauen fest, dass diese häufig sehr aggressiv auf Themen wie Quotierung und Frauenförderpläne reagierten, vermutlich weil dadurch eine Grenze neu thematisiert und bestätigt werde, die sie für sich längst überwunden glaubten. „Sie antizipieren neue Stigmatisierungen und Diskriminierungen, weil die Tatsache, dem weiblichen Geschlecht anzugehören, die sie für sich (...) gewissermaßen in die Latenz verschieben konnten, erneut zum Stein des Anstoßes wird", wodurch sie wieder „herabgesetzt und zu etwas Besonderem gemacht" werden (Gildemeister & Wetterer, 1992, S.248).

Das heißt, die Trennung von Mädchen und Jungen im Physikunterricht könnte durch die damit verbundene Betonung von Geschlecht eventuell kontraproduktiv sein und Mädchen wie Jungen das Gefühl vermitteln, dass Mädchen als solche mit dem Fach Physik Probleme haben. Um so wichtiger erscheint das Ergebnis der vorliegenden Arbeit, dass die positiven Auswirkungen der Trennung offenbar überwiegen: Mädchen zeigen ein weniger geschlechtsstereotypes Selbstbild eigener Fähigkeiten, nachdem sie im Physikunterricht nach Geschlecht getrennt worden waren. Und während der Unterrichtsstunden in geschlechtshomogenen Gruppen war das situational aktivierte Selbstwissen der Jugendlichen weniger von ihrer eigenen Geschlechtsidentität dominiert als in den gemischten Gruppen. Das hieße, um die Worte Hirschauers (1994) zu verwenden, die „geschlechtliche Entspannung dieser [geschlechtshomogenen] Situation selbst" (S.679) ist nicht bloß, wie von ihm angenommen, vordergründig, sondern führt tatsächlich zu einer weniger geschlechtsrollenkonformen Entwicklung. Eine Möglichkeit, um eine Situation zu schaffen, in der Geschlecht nicht salient ist, um einen Raum zur Verfügung zu stellen, der weder rosa noch hellblau getüncht ist (vgl. Gildemeister & Wetterer, 1992), ist also die Separierung der Geschlechter. Langfristig könnte dies aber zu Problemen führen. Immer nur mit dem gleichen Geschlecht im Physikunterricht zu sitzen, könnte bei den Jugendlichen beispielsweise Phantasien über die physikbezogenen Qualitäten des jeweils anderen Geschlechts nähren, die der Realität nicht angemessen sind und durch selbige auch nie geradegerückt werden. Dies ist ein weiterer Grund, die Trennung nur zeitweilig, während der Pubertät, vorzuschlagen.

Wie können wir uns nun eine längerfristige Entwicklung des Abbaus von geschlechtsrollenkonformen Verhaltens vorstellen, wie sie durch die Maßnahme des geschlechtsgetrennten Anfangsunterrichts angestoßen wird? Einerseits wäre es - vereinfachend - denkbar, dass das Fach Physik langfristig als weniger maskulin gelten wird als zuvor, da sich Mädchen aufgrund ihrer Erfahrungen im geschlechtshomogenen Anfangsunterricht für Physik ähnlich stark interessieren wie Jungen. Das hieße, auch wenn Geschlecht in späteren Jahren im Unterricht wieder salient wäre, wäre dies weniger kompliziert für Mädchen, die annehmen, dass das Fach für sie ebenso geeignet ist wie für Jungen. Es wäre aber andererseits - ebenfalls vereinfachend - denkbar, dass Physik zwar weiterhin als eine männliche Domäne angesehen wird, es aber mehr physikbegeisterte Mädchen gibt, die sich selbst wegen dieser Offenheit gegenüber maskulinen Domänen nicht als typisch feminin ansehen, sondern eher als androgyn. Folglich würde ihnen bei einem Engagement in maskulinen Bereichen die Salienz der eigenen Geschlechtsidentität auch weniger im Wege stehen. Verfolgt man diesen Gedanken weiter, müsste es jedoch gleichzeitig wiederum zu einem Abbau der maskulinen Stereotypisierung des Faches Physik kommen, da diese kaum aufrecht erhalten werden könnte, wenn sich viele Mädchen/Frauen in dieser Domäne engagierten. Ein Abbau der maskulinen Stereotypisierung wäre aber auch dadurch möglich, dass sich mehr Menschen als androgyn ansehen, und dadurch die Kategorien maskulin und feminin ohnehin an Unterscheidungskraft und Wichtigkeit einbüßen würden. Allerdings erscheinen diese Überlegungen zur Entwicklung im zeitlichen Verlauf als widersprüchlich und artifiziell. Auch kann nicht angenommen werden, dass eine einjährige schulische Interventionsmaßenahme die gesamten bisherigen Sozialisationserfahrungen der Jugendlichen auch nur annähernd aufwiegen kann. In Abschnitt 3.3.4 wurde bereits betont, dass kurzfristig keine Effekte bei den einzelnen Mädchen hinsichtlich ihrer chronischen Geschlechtsrollenorientierung zu erwarten sind und dass Interventionen, die an diesem chronischen Identitätsaspekt ansetzen, nicht praktikabel erscheinen. Jedoch, so können die Ergebnisse der vorliegenden Arbeit belegen, ist durch die Intervention des getrennten Physikunterrichts zumindest ein Anfang gemacht, da sich Mädchen stärker dem Fach Physik zuwenden, wenn sie in monoedukativen Gruppen unterrichtet werden. Diese stärkere Hinwendung zur maskulin konnotierten Physik ist der „situationalen Androgynität" in den monoedukativen Gruppen geschuldet.

Insgesamt bleibt die Maßnahme der Trennung nach Geschlecht[47] Teil eines widersprüchlichen Prozesses, im gleichen Paradoxon gefangen wie andere Maßnahmen der Frauenförderung: „Um die hierarchische Struktur des Geschlechterverhältnisses abzubauen, beschreiten sie (notgedrungen) einen Weg, der immer auch als Reifizierung und Neu-Dramatisierung der Differenz und damit des binären Grundmusters zu verstehen ist und der eben damit das Koordinatensystem von Gleichheit und Differenz, von ‚männlich' und ‚weiblich' nicht verschiebt." (Gildemeister und Wetterer, 1992, S.248). Auf der handlungspraktischen Ebene, so Gildemeister und Wetterer weiter, sei ein Ausweg nicht absehbar. Auch wenn letztlich Strategien zu suchen seien, die zum Ziele haben, dass „das Geschlecht (...) seine Funktion als sozial relevantes Klassifikationskriterium verlöre" (S.249), so sei „mittelfristig die Gleichzeitigkeit einander auch widersprechender Zielsetzungen notwendig (...), das Insistieren auf Gleichheit, Differenz und Dekonstruktion" (S.249).

---

47 wie auch die nach Geschlechtern trennende Datenanalyse und das Benennen einer
   bestimmten Traitkombination als psychologische „Maskulinität" oder „Femininität"

7 Literaturverzeichnis

Abelson, R. P. (1976). Script processing in attitude formation and decision making. In J. S. Carroll & J. W. Payne (Hrsg.), Cognition and social behavior. Hillsdale, N.J.: Erlbaum.

Alsaker, F. D. (1992). Pubertal timing, overweight, and psychological adjustment. Journal of Early Adolescence, 12, 396-419.

Alt-Stutterheim, W. (1980). Die Kollegstufe im Urteil von Kollegiaten. München: Ehrenwirth.

Antill, J. K. & Cunningham, J. D. (1982). Sex differences in performance on ability tests as a function of masculinity, femininity, and androgyny. Journal of Personality and Social Psychology, 42(4) 718-728.

Ashmore, R. D. & Del Boca, F. K. (1981). Conceptual approaches to stereotypes and stereotyping. In D. L. Hamilton (Hrsg.), Cognitive processes in stereotyping and intergroup behavior (S. 1-36). Hillsdale, N.J.: Erlbaum.

Ato, T. & Wilkinson, W. J. (1983). Factors related to secondary school students' attitudes to science in Benue State of Nigeria. Research in Science and Technological Education, 1(2) 209-220.

Baker, D. R. (1987). The influence of role-specific self-concept and sex-role identity on career choices in science. Journal of Research in Science Teaching, 24(8) 739-756.

Banu, D. P. (1986). Secondary school students' attitudes towards science. Research in Science and Technological Education, 4(2) 195-202.

Bardwick, J. M. & Douvan, E. (1971). Ambivalence: The socialization of women. In V. Gornick & B. K. Moran (Hrsg.), Women in sexist society: Studies in power and powerlessness. New York: Basic Books.

Bargh, J. A., Chen, M. & Burrows, L. (1996). Automaticity of social behavior: Direct effects of trait construct and stereotype activation on action. Journal of Personality and Social Psychology, 71, 230-244.

Bargh, J. A., Lombardi, W. J. & Higgins, E. T. (1988). Automaticity of chronically accessible constructs in person situation effects on person perception: It's just a matter of time. Journal of Personality and Social Psychology, 55, 599-605.

Bartlett, F. C. (1932). Remembering: a study in experimental and social psychology. Cambridge: Cambridge University Press.

Baumert, J. (1992). Koedukation oder Geschlechtertrennung. Zeitschrift für Pädagogik, 38, 83-109.

Baumert, J., Bos, W. & Waterman, R. (1998). TIMSS/III. Schülerleistungen in Mathematik und den Naturwissenschaften am Ende der Sekundarstufe II im internationalen Vergleich. Zusammenfassung deskriptiver Ergebnisse. In Studien und Berichte (Bd. 64). Berlin: Max-Planck-Institut für Bildungsforschung. Zugleich http://www.mpib-berlin.mpg.de/TIMSS_III/Zusammenfassung.htm

Beck, U. & Beck-Gernsheim, E. (1990). Das ganz normale Chaos der Liebe. Frankfurt am Main: Fischer.

Becker, B. J. (1986). Influence again: Another look at gender differences in social influence. In J. S. Hyde & M. C. Linn (Hrsg.), The psychology of gender: Advances through meta-analysis (S. 178-209). Baltimore: John Hopkins University Press.

Beerman, L. & Heller, K. A. (1990). Technik, Mathematik und Naturwissenschaften: Erweiterung der Berufsperspektiven für begabte und interessierte Mädchen?. Bonn: Abschlussbericht an das Bundesministerium für Bildung undWissenschaft.

Beerman, L., Heller, K. A. & Menacher, P. (1992). Mathe: nichts für Mädchen?. Bern: Huber.

Bem, S. L. (1974). The measurement of psychological androgyny. Journal of Consulting and Clinical Psychology, 42, 155-162.

Bem, S. L. (1977). On the utility of alternative procedures for assessing psychological androgyny. Journal of Consulting and Clinical Psychology, 45, 196-205.

Bem, S. L. (1981a). Gender schema theory: A cognitive account of sex typing. Psychological Review, 88, 354-364.

Bem, S. L. (1981b). The BSRI and gender schema theory: A reply to Spence and Helmreich. Psychological Review, 88(4) 369-371.

Bem, S. L. (1982). Gender schema theory and self-schema theory compared: A comment on Markus, Crane, Bernstein, and Siladi's "self-schemas and gender". Journal of Personality and Social Psychology, 43, 1192-1194.

Bem, S. L. (1985). Androgyny and gender schema theory: A conceptual and empirical integration. In T. B. Sonderegger (Hrsg.), Psychology and gender. Nebrasca Symposium on Motivation, 1984 (Bd. 32, S. 179-269). Lincoln: University of Nebrasca Press.

Bem, S. L. & Lenney, E. (1976). Sex typing and the avoidance of cross-sex behavior. Journal of Personality and Social Psychology, 33, 48-54.

Berliner Morgenpost. (1998, 25.2.). Berliner Schulen dürfen unbefristet getrennte Klassen einrichten.

Bettge, S. (1992). Geschlechtsunterschiede in Erfolgserwartungen in Abhängigkeit von der Formulierung von Mathematik-Textaufgaben. Zeitschrift für Sozialpsychologie, 23, 47-53.

Beyer, S. (1990). Gender differences in the accuracy of self-evaluations of performance. Journal of Personality and Social Psychology, 59, 960-970.

Beyer, S. & Bowden, E. M. (1997). Gender differences in self-perceptions: Convergent evidence from three measures of accuracy and bias. Personality and Social Psychology Bulletin, 23, 157-172.

Bierhoff-Alfermann, D. (1989). Androgynie - Möglichkeiten und Grenzen der Geschlechterrollen. Opladen: Westdeutscher Verlag.

Bilous, F. R. & Krauss, R. M. (1988). Dominance and accomodation in the conversational behavior of same- and mixed-sex dyads. Journal of Language and Communication, 8, 183-194.

Bless, H., Bohner, G., Chassein, B., Kittel, Ch., Kohlhoff, A., Nathusius, K., Schüssler, G. & Schwarz, N. (1992). Hausmann und Abteilungsleiterin: Die Auswirkungen von Geschlechtsrollenerwartungen und rollendiskrepantem

Verhalten auf die Zuschreibung von Persönlichkeitseigenschaften. Zeitschrift für Sozialpsychologie, 23, 16-24.

Block, J, Gjerde, P. F. & Block, J. H. (1991). Personality antecedents of depressive tendencies in 18-year-olds: A prospective study. Journal of Personality and Social Psychology, 60, 726-738.

Bloom, B. S. (1976). Human characteristics and school learning. New York: McGraw-Hill.

Blum, F. & Stumpf, H. (1983). Zur Zuverlässigkeit von Fragebogenangaben zu edukativen und soziodemographischen Merkmalen. Psychologie in Erziehung und Unterricht, 30(2) 135-143.

Bortz, J. & Döring, N. (1997). Forschungsmethoden und Evaluation für Sozialwissenschaftlicher (3. Aufl.). Berlin: Springer.

Bower, G. H. (1981). Emotional mood and memory. American Psychologist, 36, 129-148.

Bower, G. H., & Gilligan, S. G. (1979). Remembering information related to one's self. Journal of Research in Personality, 13, 420-461.

Bridges, J. S. (1988). Sex differences in occupational performance expectations. Psychology of Women Quarterly, 12(1) 75-90.

Brooks-Gunn, J. & Matthews, W. S. (1979). He and she: How children develop their sex-role identity. Eaglewood Cliffs, N.J.: Prentice-Hall.

Bruch, M. A., Kaflowitz, N. G. & Berger, P. (1988). Self-schema for assertiveness: Extending the validity of the self-schema construct. Journal of Research in Personality, 22, 424-444.

Bruner, J. S. (1951). Personality dynamics and the process of perceiving. In R. R. Blake & G. V. Ramsey (Hrsg.), Perception: an approach to personality. New York: Ronald.

Bruner, J. S. (1957). On perceptual readiness. Psychological Review, 64, 123-152.

Brunner, O. (1980). Das "Ganze Haus" und die alteuropäische Ökonomik. In O. Brunner (Hrsg.), Neue Wege der Verfassungs- und Sozialgeschichte (S. 103-127). Göttingen: Vandenhoek & Ruprecht.

Burgner, D. & Hewstone, M. (1993). Young childern's causal attributions for success and failure: "self-enhancing" boys and "self-derogating" girls. British Journal of Developmental Psychology, 11, 125-129.

Butler, J. (1991). Das Unbehagen der Geschlechter. Frankfurt am Main: Suhrkamp.

Byrne, B. M. (1984). The general/ academic self-concept nomological network: A review of construct validation research. Review of Educational Research, 54, 427-456.

Cairns, E., McWirther, L., Duffy, U. & Barry, R. (1990). The stability of self-concept in late adolescence: Gender and situational effects. Personality and Individual Differences, 11, 937-944.

Campbell. D. T. & Stanley, J. C. (1966). Experimental and quasi-experimental designs for research. Chicago: RandMcNally.

Canada, K. & Pringle, R. (1995). The role of gender in college classroom interactions: A social context approach. Sociology of Education, 68(3) 161-186.

Cantor, N., Markus, H., Niedenthal, P. & Nurius, P. (1986). On motivation and the self-concept. In R. M. Sorrentino & E. T. Higgins (Hrsg.), Handbook of motivation and social cognition: Foundations of social behavior (S. 96-121). New York: Guilford.

Cantor, N. & Mischel, W. (1977). Traits as prototypes: effects on recognition memory. Journal of Personality and Social Psychology, 35, 38-48.

Carli, L. L. (1990). Gender, language and influence. Journal of Personality and Social Psychology, 59, 941-951.

Carlston, D. E. & Smith, E. R. (1996). Principles of mental representation. In E. T. Higgins & A. W. Kruglanski (Hrsg.), Social psychology. Handbook of basic principles (S. 184-210). New York: Guilford Press.

Carpenter, P. W. & Hayden, M. (1987). Girls' academic achievement: Single-sex versus coeducational schools in Australia. Sociology of Education, 60(3) 156-167.

Cejka, M. A. & Eagly, A. H. (1999). Gender-stereotypic images of occupations correspond to the sex segregation of employment. Personality and Social Psychology Bulletin, 25, 413-423.

Chadwick, B. A., Bahr, H. M. & Strauss, J. (1977). Indian Education in the city: Correlates of academic performance. Journal of Educational Research, 70, 135-141.

Cipriani-Sklar, R. (1997). A quantitative and qualitative examination of the influence of the normative and perceived school environments of a coeducational public school vs. a single-sex Catholic school on ninth-grade girls' science self-concept and anxiety in the area of science education. Dissertation Abstracts International Section A: Humanities and Social Sciences, 57(10-A) 4312.

Clark, M. S. & Isen, A. M. (1982). Toward understanding the relationship between feeling states and social behavior. In A. Hastorf & A. Isen (Hrsg.), Cognitive social psychology (S. 73-108). New York: Elsevier.

Cleveland, G. A & Bosworth, D. L. (1967). A study of certain psychological and sociological characteristics as related to arithmentic achievement. Arithmetic Teacher, 14, 383-387.

Clifford, P. I. & Hemsley, D. R. (1987). The influence of depression on the processing of personal attributes. British Journal of Psychiatry, 150, 98-103.

Cohen, J. (1988). Statistical power analysis for the behavioral sciences (2. Aufl.). Hillsdale: Erlbaum.

Coleman, J. S. (1961). The adolescent society. Glencoe, Ill.: The Free Press.

Constantinople, A. (1973). Masculinity-femininity: An exception to a famous dictum? Psychological Bulletin, 80, 389-407.

Conway. K. E. (1997). Differential effects of single-sex versus coed education on the mathematical reasoning ability, verbal reasoning ability, and self-concept of high school girls. Dissertation Abstracts International Section A: Humanities and Social Sciences, Vol 57(12-A) 5047.

Conway, M., Pizzamiglio, M. T. & Mount, L. (1996). Status, communality, and agency: Implications for stereotypes of gender and other groups. Journal of Personality and Social Psychology, 71, 25-38.

Cooley, C. H. (1902). Human nature and the social order. New York: Scribners.

Cooper, H. M. (1979). Statistically combining independent studies: A meta-analysis of sex differences in conformity research. Journal of Personality and Social Psychology, 37, 131-146.

Costanzo, P. (1992). External socialization and the development of adaptive individuation and social connection. In D. Ruble, P. Costanzo & M. Oliveri (Hrsg.), The social psychology of mental health (S. 55-80). New York: Guilford Press.

Cota, A. A. & Dion, K. L. (1986). Salience of gender and sex composition of ad hoc groups: An experimental test of distinctiveness theory. Journal of Personality and Social Psychology, 50, 770-776.

Craik, F. I. & Tulving, E. (1975). Depth of processing and the retention of words in episodic memory. Journal of Experimental Psychology: General, 104, 268-294.

Cramer, P. & Westergren, H. (1999). Gender identity: Affected by social change? Journal of Personality Assessment., 73(1) 19-30.

Crane, M. & Markus, H. (1982). Gender identity: The benefits of a self-schema approach. Journal of Personality and Social Psychology, 43, 1195-1197.

Crouter, A., C., Manke, B. A. & McHale, S. M. (1995). The familiy context of gender intensification in early adolescene. Child Development, 66, 317-329.

Culbertson, F. M. (1997). Depression and gender. An internatonal review. American Psychologist, 52(1) 25-31.

Davies, D. R. (1986). Children's performance as a function of sex-typed labels. British Journal of Social Psycholgy, 25(2) 173-175.

Davies, D. R. (1989). The effects of gender-typed labels on children's performance. Current Psychology: Research and Reviews, 8(4) 267-272.

Davis, J. A. (1966). The campus as a frog pond: A application of the theory of relative deprivation to career decisions of college men. American Journal of Sociology, 72, 17-31.

Deaux, K. (1984). From individual differences to social categories: Analysis of a decade's research on gender. American Psychologist, 39(2) 105-116.

Deaux, K. & LaFrance, M. (1998). Gender. In D. T. Gilbert, S. Fiske, & G. Lindzey (Hrsg.), The handbook of social psychology (4th ed., S. 788-827). New York: McGraw Hill.

Deaux, K. & Lewis, L. L. (1984). Structure of gender stereotypes: Interrelationships among components and gender label. Journal of Personality and Social Psychology, 46, 991-1004.

Deaux, K. & Major, B. (1977). Sex-related patterns in the unit of perception. Personality and Social Psychology Bulletin, 3, 297-300.

Dodge, K. A. & Tomlin, A. M. (1987). Utilization of self-schemas as a mechanism of interpetational bias in aggressive children. Social Cognition, 5, 280-300.

Douglas, M. (1991). Wie Institutionen denken. Frankfurt a.M: Suhrkamp.

Duckett, E., Raffaelli, M. & Richards, M. H. (1989). "Taking care": Maintaining the self and the home in early adolescence. Journal of Youth and Adolescence, 18(6) 549-565.

Duit, R. & Häußler, P. (1997). Physik und andere naturwissenschaftliche Lernbereiche. In F. E. Weinert (Hrsg.), Psychologie des Unterrichts und der Schule, Themengebiert D, Serie I, Band 3 (S. 427-460). Göttingen: Hogrefe.

Dweck, C. S. (1989). Motivation. In A. Lesgold & R. Glaser (Hrsg.), Foundations for a psychology of education (S. 85-136). Hillsdale, NJ: Erlbaum.

Dweck, C. S & Repucci, N. D. (1973). Learned helplessness and reinforcement responsibility in children. Journal of Personality and Social Psychology, 38, 441-452.

Eagly, A. H. (1973). Sex differences in influenceability. Psychological Bulletin, 85, 86-116.

Eagly, A. H. (1987). Sex differences in social behavior: A social-role interpretation. Hillsdale, NJ: Erlbaum.

Eagly, A,H. & Carli, L. L. (1981). Sex of researchers and sex-typed communications as determinants of sex differences in influenceability: A meta-analysis of social influence studies. Psychological Bulletin, 90, 1-20.

Eagly, A. H. & Chrvala, C. (1986). Sex differences in conformity: Status and gender role interpretations. Psychology of Women Quarterly, 10, 203-220.

Eagly, A. H. & Crowley, M. (1986). Gender and helping behavior: A meta-analytic review of the social psychological literature. Psychological Bulletin, 100, 283-308.

Eagly, A. H. & Johnson, B. T. (1990). Gender and leadership style: A meta-analysis. Psychological Bulletin, 108, 233-256.

Eagly, A. H., Karau, S. J., Miner, J. B. & Johnson, B. T. (1994). Gender and motivation to manage in hierarchic organizations: A meta-analysis. Leadership Quarterly, 5, 135-159.

Eagly, A. H., Makhijani, M. G. & Klonsky, B. G. (1992). Gender and the evaluation of leaders: A meta-analysis. Psychological Bulletin, 111, 3-22.

Eagly, A. H. & Steffen, V. J. (1984). Gender stereotypes stem from the distribution of women and men into social roles. Journal of Personality and Social Psychology, 46, 735-754.

Eagly, A. H. & Wood, W. (1982). Inferred sex differences in status as a determinant of gender stereotypes about social influence. Journal of Personality and Social Psychology, 43, 915-928.

Eccles, J. S. (1987). Adolescence: Gateway to gender role transcendence. In D. B. Carter (Hrsg.), Current conceptions of sex roles and sex typing (S. 225-241). New York: Praeger.

Eccles [Parsons], J. (1983). Expectancies, values, and academic behavior. In J. T. Spence (Hrsg.), Achievement and achievement motives (S. 75-146). San Francisco: W.H. Freeman.

Eccles [Parsons], J. (1984). Sex differences in mathematics participation. In M. Steinkamp & M. Maehr (Hrsg.), Women in science (S. 93-137). Greenwich, CT: JAI Press.

Eisenberg, N., Martin, C. L. & Fabes, R. A. (1996). Gender development and gender effects. In D. C. Berliner & R. C. Calfee (Hrsg.), The handbook of educational psychology (S. 358-396). New York: Simon & Schuster.

Enders-Dragässer, U. & Fuchs, C. (1989). Interaktionen der Geschlechter. Sexismus in der Schule. Weinheim: Juventa.

Erinisho, S. Y. (1997). The making of Nigerian women scientists and technologists. Journal of Career Development, 24(1) 71-80.

Faber, G. (1992). Bereichspezifische Beziehungen zwischen leistungsthematischen Schülerselbstkonzepten und Schulleistungen. Zeitschrift für Entwicklungspsychologie undPädagogische Psychologie, 24, 66-82.

Faulstich-Wieland, H. (1993). Bilanz der Koedukationsdebatte. Zeitschrift für Frauenforschung, 1(3) 33-58.

Fazio, R. H. (1990). A practical guide to the use of response latency in social psychological research. In C. Hendrick & M. S. Clark (Hrsg.), Research methods in personality and social psychology (Bd. 11, S. 74-97). London: Sage.

Feingold, A. (1988). Cognitive gender differnces are disappearing. American Psychologist, 43, 95-103.

Fennema, E. & Sherman, J. A. (1977). Sex-related differences in mathematics achievement, spatial visualization, and sociocultural factors. Journal of Educational Research, 14, 51-71.

Ferring, D. & Fillipp, S.-H. (1996). Messung des Selbstwertgefühls: Befundezu Reliabilität, Validität und Stabilität der Rosenberg-Skala. Diagnostica,, 42, 284-292.

Finch, A., Saylor, C. & Edwards, G. (1985). Children's Depression Inventory: Sex and grade norm to normal children. Journal of Consulting and Clinical Psychology, 53, 424-425.

Fink, M. (1962). Self-concept as it relates to academic underachievement. California Journal of Educational Research, 13, 57-61.

Finn, J. D. (1980). Sex differences in educational outcome: A cross national study. Sex Roles, 6(1) 9-26.

Fiske, S. T. & Taylor, S. E. (1993). Social cognition. New York: McGraw-Hill.

Fong, G. T. & Markus, H. (1982). Self-schemas and judgments about others. Social Cognition, 1, 191-204.

Foon, A. E. (1988). The relationship between school type and adolescent self esteem, attribution styles, and affilation needs: Implications für educational outcome. British Journal of Educational Psychology, 58(1) 44-54.

Forgas, J. P. (1994). Sad and guilty? Affective influences on the explanation of conflict in close relationships. Journal of Personality and Social Psychology, 66, 56-68.

Forgas, J. P. & Bower, G. H. (1987). Mood effects on person-perception judgments. Journal of Personality and Social Psychology, 53, 53-60.

forsa. Gesellschaft für Sozialforschung und statistische Analysen mbH. (1998). Getrennter Schulunterricht für Jungen und Mädchen?. Berlin: forsa.

Forsyth, D., Schlenker, B. R., Leary, M. R. & McCown, N. E. (1985). Self-presentational determinants of sex-differences in leadership behavior. Small Group Behavior, 16, 197-210.

Fox, L. H., Brody, L. & Tobin, D. (1985). The impact of early intervention programs upon course taking and attitudes in high school. In S. F. Chipman, L. R. Brush & D. M. Wilson (Hrsg.), Women and mathematics: Balancing the equation (S. 249-274). Hillsdale, NJ: Erlbaum.

Frasch. H. & Wagner, A. (1982). "Auf Jungen achtet man einfach mehr.". In I. Brehmer (Hrsg.), Seximus in der Schule (S. 260-278). Weinheim:

Frederiksen, E. (Hrsg.) (1981). Die Frauenfrage in Deutschland 1865-1915. Texte und Dokumente. Stuttgart: Phillip Reclam jun.

Frevert, U. (1990). Bürgerliche Familie und Geschlechterrollen: Modell und Wirklichkeit. In L. Niethammer u. (Hrsg.), Bürgerliche Gesellschaft in Deutschland. Historische Einblicke, Fragen, Perspektiven (S. 90-98). Frankfurt a. M.: Fischer.

Frey, D. (1997). Kognitive Theorien. In D. Frey & S. Greif (Hrsg.), Sozialpsychologie. Ein Handbuch in Schlüsselbegriffen (4. Aufl., S. 50-67). Weinheim: Psychologie Verlags Union.

Friedman, M. P., Catalano, J. F. & Lombardo, J. P. (1985). Relationship between sex-role and acquisition of motor skill. Perceptual and Motor Skills, 61(2) 659-668.

Frost, L. A., Hyde, J. S. & Fennema, E. (1994). Gender, mathematics performance, and mathematics related attitudes and affect: A meta-analytical synthesis. International Journal of Educational Research, 59.

Galambos, N. L., Almeida, D. M. & Petersen, A. C. (1990). Masculinity, femininity, and sex role attitudes in early adolescence: exploring gender intensification. Child Development, 61(6) 1905-1914.

Gardner, P. L. (1985). Student's interest in sciences and technology: An international overview (Interests in science and technology eduation. 12th IPN Symposion. Kurzberichte des INP). Kiel: Institut für die Pädagogik der Naturwissenschaften.

Garfinkel, H. (1967). Studies in Ethnomethodology. Englewood Cliffs, N.J.: Prentice-Hall.

Ge, X., Lorenz, F. O., Conger, R. D., Elder, G. H. Jr. & Simmons, R. L. (1994). Trajectories of stressful life events and depressive symptoms during adolescence. Developmental Psychology, 30, 467-483.

Giesen, H., Gold, A., Hummer, A. & Weck, M. (1992). Die Bedeutung der Koedukation für die Genese der Studienfachwahl. Zeitschrift für Pädagogik, 38, 66-81.

Gildemeister, R. & Wetterer, A. (1992). Wie Geschlechter gemacht werden. Die soziale Konstruktion der Zweigeschlechtlichkeit und ihre Reifizierung in der Forschung. In G.- A. Knapp & A. Wetterer (Hrsg.), TraditionenBrüche. Entwicklungen feministischer Theorie (S. 201-254). Freiburg (Breisgau): Kore.

Gillibrand, E., Robinson, P., Brawn, R. & Osborn, A. (1999). Girls' participation in physics in single sex classes in mixed schools in relation to confidence and achievement. International journal of science education, 21(4) 349-362.

Gloger-Tippelt, G. (1996). Konstrukte im Bereich der Geschlechtertypisierung. In M. Amelang (Hrsg.), Temperaments- und Persönlichkeitsunterschiede (S. 223-255). Göttingen: Hogrefe.

Goffman, E. (1959). The presentation of self in everyday life. New York: Doubleday.

Goffman, E. (1994). Das Arrangement der Geschlechter. In E. Goffman (Hrsg.), Interaktion und Geschlecht (S. 105-158). Frankfurt/Main: Campus. (Original erschienen 1977: The arrangement between the sexes. Theory and society, 4, 301-331)

Gove, W. R. (1972). The relationship between sex roles, marital status, and mental illness. Social Forces, 51(1) 34-44.

Gwizdala, J. & Steinbeck, M. (1990). High school females' mathematics attitudes: An interim report. School Science and Mathematics, 90, 215-222.

Häußler, P. (1987). Measuring students´ interest in physics - design and result of a cross-sectional study in the Federal Reupublic of Germany. International Journal of Science Education, 9, 79-92.

Hall, J. A. (1984). Nonverbal sex differences: Communication accuracy and expressive style. Baltimore: The Johns Hopkins University Press.

Halpern, D. F. (1986). Sex differences in cognitive abilities. Hillsdale, NJ: Erlbaum.

Hamilton, C. J. (1995). Beyond sex differences in visuo-spatial processing: The impact of gender trait possession. British Journal of Psychology, 86(1) 1-20.

Hannover, B. (1991). Zur Unterrepräsentanz von Mädchen in Naturwissenschaften und Technik: Psychologische Prädiktoren der Fach- und Berufswahl. Zeitschrift für Pädagogische Psychologie, 5, 169-186.

Hannover, B. (1994). Das multiple und flexible Selbst. Auswirkungen situationaler und chronischer Zugänglichkeit selbstbezogener Konstrukte (Unveröffentlichte Habilitationsschrift). Berlin: Technische Universität.

Hannover, B. (1997a). Das dynamische Selbst. Zur Kontextabhängigkeit selbstbezogenen Wissens. Bern: Huber.

Hannover, B. (1997b). Die Bedeutung des pubertären Reifestatus für die Herausbildung informeller Interaktionsgruppen in koedukativen Klassen und in Mädchenschulklassen. Zeitschrift für Pädagogische Psychologie, 11, 3-13.

Hannover, B. (1997c). Zur Entwicklung des geschlechtsrollenbezogenen Selbstkonzepts. Der Einfluß "maskuliner" und "femininer Tätigkeiten" auf die Selbstbeschreibung mit instrumentellen und expressiven Personeigenschaften. Zeitschrift für Sozialpsychologie, 28, 60-75.

Hannover, B. (2000). Vom biologischen zum psychologischen Geschlecht: Die Entwicklung von Geschlechtsunterschieden. In A. Renkl (Hrsg.), Pädagogische Psychologie. Bern: Huber.

Hannover, B. & Bettge, S. (1993). Mädchen und Technik. Göttingen: Hogrefe.

Hannover, B. & Kessels, U. (im Druck). Challenge the science-stereotype! Der Einfluss von Technik-Freizeitkursen auf das Naturwissenschaften-Stereotyp von Schülerinnen und Schülern. Zeitschrift für Pädagogik.

Hannover, B., Scholz, P. & Laabs, H. J. (1992). Technikerfahrung und mathematisch-naturwissenschaftliche Interessen bei Mädchen und Jungen. Ein Vergleich zwischen Jugendlichen aus den alten und den neuen Bundesländern. Zeitschrift für Entwicklungspsychologie und Pädagogische Psychologie, 24, 115-128.

Hannover, B., Scholz, P. & Schindler, A. (1990). Mehr Mädchen in Naturwissenschaften und Technik (Forschungsbericht des Instituts für Psychologie 90/4). Berlin: Technische Universität.

Hansford, B. C. & Hattie, J. A. (1982). The relationship between self and achievement/performances measures. Review of Educational Research, 52, 123-142.

Hany, E. A. & Nickel, H. (Hrsg.). (1992). Begabung und Hochbegabung. Bern/ Göttingen: Huber.

Hargreaves, D. J., Bates, H. M. & Foot, J. M. (1985). Sex-typed labelling affects task performance. British Journal of Social Psychology, 24(2) 153-155.

Harter, S. (1993). Self and identity development. In S. S. Feldman & G. R. Elliott (Hrsg.), At the threshold. The developing adolescent (S. 352-387). Cambridge, Massachusetts: Harvard University Press.

Harvey, T. J. (1985). Science in single-sex and mixed teaching groups. Educational Research, 27(3) 179-182.

Harvey, T. J. & Stables, A. (1986). Gender differences in attitudes to science for third year pupils: An argument for single-sex teaching groups in mixed schools. Research in Science and Technological Education, 4(2) 163-170.

Harvey, T. J. & Wareham, M. (1984). An investigation into sex differences in certain aspects of science practical work with first-year secondary school pupils in single sex and mixed teaching groups. Research in Science and Technological Education, 2(2) 187-195.

Hausen, K. (1988). Die Polarisierung der "Geschlechtscharaktere". In K. Rosenbaum (Hrsg.), Seminar: Familie und Gesellschaftsstruktur (S. 161-191). Frankfurt a. M.: Suhrkamp.

Heatherton, T. F. & Polivy, J. (1991). Development and validation of a scale for measuring state self-esteem. Journal of Personality and Social Psychology, 60, 895-910.

Heinrichs, U. & Schulz, Th. (1990). Mädchen und Naturwissenschaften in der Schule. Konsens. Informationen des Deutschen Akademikerbundes e.V., 1, 13-15.

Heintz, B. & Honegger, C. (1984). Zum Strukturwandel weiblicher Widerstandsformen im 19. Jahrhundert. In B. Heintz & C. Honegger (Hrsg.), Listen der Ohnmacht. Zur Sozialgeschichte weiblicher Widerstandsformen (S. 7-68). Frankfurt a. M.: Europäische Verlagsanstalt.

Heller, K. A. (1998). Gender differences in performance and in attributional styles among the gifted. In R. Zorman & N. Krongold (Hrsg.), Nurturing gifted girls in the natural sciences (S. 9-37). Jerusalem: The Henrietta Szold Institute.

Helmke, A. (1992). Selbstvertrauen und schulische Leistungen. Göttingen: Hogrefe.

Helmke, A. & van Aken, M. (1995). The causal ordering of academic achievement and self concept of ability during elementary school. A longitudinal study. Journal of Educational Psychology, 87, 624-637.

Helmke, A. & Weinert, F. E. (1997). Bedingungsfaktoren schulischer Leistungen. In Weinert, F. E. (Hrsg.), Psychologie des Unterrichts und der Schule. Enzyklopädie der Psychologie, Serie Pädagogische Psychologie (Bd. 3, S. 71-176). Göttingen: Hogrefe.

Heritage, J. (1984). Garfinkel and Ethnomethodology. New York: Polity Press.

Herrmann, D. J., Crawford, M. & Holdsworth, M. (1992). Gender-linked differences in everyday memory performance. British Journal of Psychology, 83(2) 221-231.

Herzog, E. W., Enright, M. Luria, Z. & Rubin, J. Z. (1982). Do gender labels yield sex differences in performance, or is label a fable? Developmental Psychology, 18(3) 424-430.

Herzog, W., Labudde, P., Neuenschwander, M. P., Violi, E.,& Gerber, C. (1997). Koedukation im Physikunterricht. Schlußbericht zuhanden des Schweizerischen Nationalfonds. Bern: Universität Bern, Abteilung für Pädagogische Psychologie und Höheres Lehramt.

Heubrock, D. (1979). Die reformierte gymnasiale Oberstufe im Schülerurteil: Hintergründe, Analysen und Folgerungen einer empirischen Erkundungsstudie. Würzburg: Königshausen & Neumann.

Higgins, E. T., King, G. A., & Mavin, G. H. (1982). Individual construct accessibility and subjective impressions and recall. Journal of Personality and Social Psychology, 43, 35-47.

Higgins, E. T., Rholes, W. S., & Jones, C. R. (1977). Category accessibility and impression formation. Journal of Experimental Social Psychology, 13, 141-154.

Hill, J. & Lynch, M. (1983). The intensification of gender-related role expectations during early adolescence. In J. Brooks-Gunn & A. Petersen (Hrsg.), Girls at puberty: biological and psychosocial perspectives (S. 201-228). New York: Plenum.

Hirschauer, S. (1989). Die interaktive Konstruktion von Geschlechtszugehörigkeit. Zeitschrift für Soziologie, 18, 100-118.

Hirschauer, S. (1993). Die soziale Konstruktion der Transsexualität. Frankfurt am Main: Suhrkamp.

Hirschauer, S. (1994). Die soziale Fortpflanzung der Zweigeschlechtlichkeit. Kölner Zeitschrift für Soziologie und Sozialpsychologie, 46(4) 668-692.

Hodapp, V. & Mißler, B. (1996). Determinanten der Wahl von Mathematik als Leistungs- bzw. Grundkurs in der 11. Jahrgangsstufe. In R. Schumann-Hengsteler & H. M. Trautner (Hrsg.), Entwicklung im Jugendalter (S. 143-164). Göttingen: Hogrefe.

Hoffmann, L., Häußler, P. & Lehrke, M. (1998). Die IPN-Interessenstudie Physik. Kiel: Institut für die Pädagogik der Naturwissenschaften an der Universität Kiel.

Hoffmann, L., Häußler, P. & Peters-Haft, S. (1997). An den Interessen von Mädchen und Jungen orientierter Physikunterricht. Ergebnisse eines BLK-Modellversuchs. Kiel: Institut für die Pädagogik der Naturwissenschaften an der Universität Kiel.

Hoffmann, L. & Lehrke, M. (1986). Eine Untersuchung über Schülerinteressen an Physik und Technik. Zeitschrift für Pädagogik, 32, 189-204.

Hogg, M. A. & Turner, J. C. (1987). Intergroup behaviour, self-stereotyping and the salience of social categories. British Journal of Social Psychology, 26, 325-340.

Holz-Ebeling, F. & Hansel, S. (1993). Gibt es Unterschiede zwischen Schülerinnen in Mädchenschulen und koedukativen Schulen? Psychologie in Erziehung und Unterricht, 40, 21-33.

Horstkemper, M. (1987). Schule, Geschlecht und Selbstvertrauen. Eine Längsschnittstudie ber Mädchensozialisation in der Schule. Weinheim: Juventa.

Hughes, D., Lauder, H. & Strathdee, R. (1996). First-year university performance as a function of type of secondary school attended and gender. New Zealand Journal of Educational Studies, 31, 13-38.

Hummer, A. (1986). Auswirkungen der neugestalteten gymnasialen Oberstufe auf Schüler und Studenten. Eine Längsschnittstudie. Baden-Baden: Nomos.

Husemeyer, A. (1988). Bedeutsamkeit der Geschlechtsvariable im Jugendalter. Unveröffentlichte Diplomarbeit, Unversität Münster.

Huston, A. C. (1983). Sex-typing. In E. M. Hetherington (Hrsg.), Handbook of child psychology: Socialization, personality, and social development (4. Aufl., Bd. 4, S. 387-468). New York: Wiley.

Hyde, J. S. (1981). How large are cognitive gender differences? Anerican Psychologist, 36, 892-901.

Hyde, J. S., Fennema, E. & Lamon, S. J. (1990). Gender differences in mathematics performance: A meta-analysis. Psychological Bulletin, 107, 139-155.

Institut für Demoskopie Allensbach. (1998). "Die Koedukation soll.". allensbacher bericht, 5.

Jagacinski, C. (1987). Androgyny in a male dominated field: The relationship of sex-typed traits to performance and satisfaction in engineering. Sex Roles, 17(9/10) 529-547.

James, W. (1890). The principles of psychology. New York: Holt, Rinehard & Winston.

James, W. (1892). Psychology: Briefer course. In F. H. Burkhardt, F. Bowers & I. K. Skrupskelis (1984), The works of William James. Cambridge: Harvard University Press.

Jamison, W. & Signorella, M. L. (1987). Relations of masculinity and femininity in self-concept to spatial performance in adolescents. Journal of Genetic Psychology, 3'48(2) 249-251.

Jiminez, E. & Lockheed, M. E. (1989). Enhancing girls' learning through single-sex education: Evidence and a policy conundrum. Educational Evaluation and Policy Analysis, 11(2) 117-142.

Johnson, R. A. & Schulman, G. I. (1989). Gender-role composition and role entrapment in decision making groups. Gender and Society, 3, 355-372.

Josephs, R. A., Markus, H. & Tafarodi, R. W. (1992). Gender and self-esteem. Journal of Personality and Social Psychology, 63, 391-402.

Kashani, J. H., Cantwell, D. P., Shekim, W. O. & Reid, J. C. (1982). Major Depressive Disorder in children admitted to an inpatient community health center. American Journal of Psychiatry, 139, 671-672.

Kauermann-Walter, J., Kreienbaum, M. A. & Metz-Göckel, S. (1988). Formale Gleichheit und diskrete Diskriminierung: Forschungsergebnisse zur Koedukation. In H. G. Rolff, K. Klemm, H. Pfeifer & E. Rösner (Hrsg.), Jahrbuch für Schulentwicklung (Bd. 5, S. 157-188). München: Juventa.

Keisler, E. R. (1955). Peer group ratings of high school pupils with high and low school marks. Journal of Experimental Education, 23, 385-378.

Keller, C. (1998). Geschlechterdifferenzen in der Mathematik: Prüfung von Erklärungsansätzen. Eine mehrebenenanalytische Untersuchung im Rahmen der 'Third International Mathematics and Science Study' (Unveröffentlichte Doktorarbeit). Zürich: Philosophische Fakultät I der Universität Zürich.

Kelly, A. (1978). Girls and science: An international study of sex differences in school science achievement. Stockholm: Almqvist & Wiksell.

Kelly, A. (1985). The development of girls' and boys' attitudes to science: A longitudinal study. In M. Lehrke, L. Hoffmann & P. L. Gardner (Hrsg.), Interests in science and technology education (S. 269-280). Kiel: Institut für die Pädagogik der Naturwissenschaften.

Kelly, A. (1987). Die Entwicklung naturwissenschaftlicher Interessen und Einstellungen bei Mädchen und Jungen. In M. Lehrke & L. Hoffmann (Hrsg.), Schülerinteressen am naturwissenschaftlichen Unterricht. Köln: Aulis-Verlag Deubner.

Kelly, A. (1998). Sex stereotypes and school science: A three year follow-up. Educational Studies, 14(2) 151-163.

Kelly, J. A., Furman, W. & Young, V. (1978). Problems associated with the typological measurement of sex roles and androgyny. Journal of Consulting and Clinical Psychology, 46, 1574-1576.

Kelly, J. A. & Worell, J. (1977). New formulations of sex roles and androgyny: A critical review. Journal of Consulting and Clinical Psychology, 45, 1101-1115.

Kendzierski, D. (1990). Exercise self-schemata: Cognitive and behavioral correlates. Health Psychology, 9, 69-82.

Kessels, U., Hannover, B. & Janetzke, H. (2002). Einstellungen von Schülerinnen und Schülern zur Monoedukation im naturwissenschaftlichen Anfangsunterricht. Psychologie in Erziehung und Unterricht, 49(1) 17-30.

Kessler, R. C., McGonagle, K. A. & Zhao, S. (o. Jahr). Lifetime and 12-month prevalence of DSM-III-R psychiatric disorders in theUnited States: Report from the National Comorbidity Study. Archives of General Psychiatry, 51, 8-19.

Kessler, S. J. & McKenna, W. (1978). Gender. An Ethnomethodological Approach. New York: Wiley.

Kifer, E. (1975). Relationship between academic achievement and personality characteristics. American Educational Research Journal, 12, 191-210.

Kihlstrom, J. F. & Cantor, N. (1984). Mental representations of the self. In L. Berkowitz (Hrsg.), Advances in experimental social psychology (Bd. 17, S. 1-47). New York: Academic Press.

Köller, O., Daniels, Z. Schnabel, K. U. & Baumert, J. (2000). Kurswahlen von Mädchen und Jungen im Fach Mathematik: Zur Rolle von fachspezifischem Selbstkonzept und Interesse. Zeitschrift für Pädagogische Psychologie, 1, 26-37.

Köller, O., Schabel, K. U. & Baumert, J. (2000). Der Einfluß der Leistungsstärke von Schulen auf das fachspezifische Selbstkonzept der Begabung und das Interesse. Zeitschrift für Entwicklungspsychologie und Pädadogische Psychologie, 32(2) 70-80.

Kogan, N. & Marcuse, Y. (1981). [Review of Sex-related differences in cognitive functioning]. Sex Roles, 7, 463-469.

Kohlberg, L. (1966). A cognitive-developmental analysis of children´s sex-role concepts and attitudes. In E. Maccoby (Hrsg.), The development of sex differences (S. 82-172). Stanford, CA: Stanford University Press.

Krapp, A. (1998). Entwicklung und Förderung von Interessen im Unterricht. Psychologie in Erziehung und Unterricht, 44, 185-201.

Kraul, M. & Wirrer, R. (1993). Die Einführung der Koedukation: pädagogische oder pragmatische Begründung? Die deutsche Schule, (1) 84-97.

Kriegel, A. R. (1996 Sep). Everyday creativity, androgyny and the ability to reconcile paradox. Dissertation Abstracts International: Section B: The Sciences and Engineering, 57(3-B) 2205.

Labudde, P. (1999). Mädchen und Jungen auf dem Weg zur Physik. Reflexive Koedukation im Physikunterricht. Naturwissenschaften im Unterricht, Physik 10, 49, 4-10.

Lakoff, R. (1973). Language and women's place. Language in Society, 2, 45-80.

Landesschulamt Berlin. (1999). Statistik der Grund- und Leistungskurse Schuljahr 1999/2000. Berlin: Landesschulamt Berlin.

Ledwith, S. & Colgan, F. (Hrsg.) (1996). Women in organisations. Houndmills: Macmillan.

Lee, V. E. & Bryk, A. S. (1986). Effects of single-sex secondary schools on student achievement and attitudes. Journal of Educational Psychology, 78, 381-395.

Lee, V. E. & Marks, H. M. (1990). Sustained effects of the single sex secondary school experience on attitudes, behaviors, and values in college. Journal of Educational Psychology, 82(3) 578-592.

Lee, V. E. & Marks, H. M. (1992). Who goes where? Choice of single-sex and coeducational independent secondary schools. Sociology of Education, 65(3) 226-253.

Leet-Pellegrini, H. M. (1980). Conversational dominance as a function of gender and expertise. In H. Giles, W. P. Robinson & P. M. Smith (Hrsg.), Language: Social psychological perspectives (S. 97-104). New York: Pergamon Press.

LePore, P. C. & Warren, J. R. (1997). A comparison of single-sex and coeducational Catholic secondary schooling: Evidence from the National Educational Longitudinal Study of 1988. American Educational Research Journal, Vol 34(3) 485-511.

Liben, L. S. & Golbeck, S. L. (1984). Performance and Piagetian horizontality and verticality tasks: Sex-related differences in knowledge of relevant physical phenomena. Developmental Psychology, 30, 595-606.

Lienert, G. A. (1989). Testaufbau undTestanalyse. München: Psychologie Verlags Union.

Linn, M. C. & Petersen, A. C. (1985). Emergence and characterization of sex differences in spatial ability: A meta-analysis. Child Development, 56, 1479-1498.

Linville, P. W. & Carlston, D. E. (1994). Social cognition of the self. In P. G. Devine, D. L. Hamilton & T. M. Ostrom (Hrsg.), Social cognition: Impact on social psychology (S. 144-193). San Diego: Academic Press.

Lippa, R. (1998). Gender-related individual differences and National Merit Test performance: Girls who are "masculine" and boys who are "feminine" tend to do better. In L. Ellis & Ebertz, L. (Hrsg.), Males, females, and behavior: Toward biological understanding (S. 177-193). Westport, CT: Praeger Publishers/ Greenwood Publishing Group.

Lippa, R. & Beauvais, C. (1983). Gender jeopardy: The effects of gender, assessed femininity and masculinity, and false success/ failure feedback on performance in an experimental quiz game. Journal of Personality and Social Psychology, 44, 344-353.

Lips, H. M. (1991). Women, men, and power. Mountain View, CA: Mayfield.

Locksley, A., Borgida, E., Brekke, N & Hepburn, C. (1980). Sex stereotypes and social judgement. Journal of Personality and Social Psychology, 39, 821-831.

Locksley, A. & Douvan, E. (1979). Problem behavior in adolescence. In E. S. Gomberg & V. Franks (Hrsg.), Gender and disordered behavior: Sex differences in psychopathology (S. 71-100). New York: Bruner/ Mazel.

Lörcher, G. A. & Maier, P. H. (2000). Was erreichen Schüler und Lehrer im Fach Mathematik? Eine empirische Analyse der Realschulabschlussprüfung in Baden-Württemberg. Freiburg: Pädagogische Hochschule Freiburg, Institut für Mathematik und Informatik und ihre Didaktiken.

Lorber, J. (1991). Dismantling Noahs Arch. In J. Lorber & S. A. Farell (Hrsg.), The Social Construction of Gender (S. 355-369). Newbury Park: Sage Publications.

Maccoby, E. E. & Jacklin, C. N. (1974). The psychology of sex differences. Stanford CA: Stanford University Press.

Macht, A. (1992). Klassifizierung der Berufe 1992. Wirtschaft und Statistik, 12, 855-863.

Mael, F. A. (1998). Single-sex and coeducational schooling: Relationships to socioemotional and academic development. Review of Educational Research, 68, 102-129.

Maihofer, A. (1994). Geschlecht als hegemonialer Diskurs. Ansätze zu einer kritischen Theorie des "Geschlechts". In T. Wobbe & G. Lindemann (Hrsg.), Denkachsen (S. 236-263). Frankfurt/Main: Suhrkamp.

Maihofer, A. (1995). Geschlecht als Existenzweise. Frankfurt am Main: Ulrike Helmer Verlag.

Markus, H. (1977). Self-schemata and processing information about the self. Journal of Personality and Social Psychology, 35, 63-78.

Markus, H., Crane, M., Bernstein, S. & Siladi, M. (1982). Self-schemas and gender. Journal of Personality and Social Psychology, 42, 38-50.

Markus, H., Hamill, R. & Sentis, K. P. (1987). Thinking fat: Self-schemas for body weight and the processing of weight relevant information. Journal of Applied Social Psychology, 17, 50-71.

Markus, H. & Kunda, Z. (1986). Stability and malleability of the self-concept. Journal of Personality and Social Psychology, 51, 858-866.

Markus, H. & Zajonc, R. B. (1985). The cognitive perspective in social psychology. In G. Lindzey & E. Aronson (Hrsg.), The handbook of social psychology (3rd ed., Bd. 1, S. 137-230). New York: Random House.

Marsh, H. W. (1986). Verbal and math self concepts: An internal/ external frame of reference model.

Marsh, H. W. (1987). The big-fish-little-pond-effect on academic self-concept. Journal of Educational Psychology, 79, 280-295.

Marsh, H. W. (1989a). Effects of attending single-sex and coeducational high schools on achievement, attitudes, behaviors, and sex differences. Journal of Educational Psychology, 81, 70-85.

Marsh, H. W. (1989b). Effects of single-sex and coeducational schools: A response to Lee and Bryk. Journal of Educational Psychology, 81, 651-653.

Marsh, H. W. (1989c). Sex differences in development of verbal and mathematical constructs: The high school and beyond study. American Educational Research Journal, 26, 191-225.

Marsh, H. W. (1990). A multidimensional, hierarchical self-concept: Theoretical and empirical justification. Educational Psychology Review, 2, 77-172.

Marsh. H. W. (1991). The failure of high-ability high schools to deliver academic benefits: The importance of academic self-concet and aspirations. American Educational Research Juornal, 28, 445-480.

Marsh, H. W. (1992). Content specifity of relations between academic achievement and academic self concept. Journal of Educational Psychology, 84, 35-42.

Marsh, H. W., Owens, L., Myers, M. R. & Smith, I. D. (1989). The transition from single-sex to coeducational high schools: Teacher perceptions, academic achievement, and self-concept. British Journal of Educational Psychology, 59, 155-173.

Marsh, H.W., Smith, I., Marsh, M. & Owens, L. (1988). The transition from single-sex to coeducational high schools: Effects on multiple dimensions of self-concept and on academic achievement. American Educational Research Journal, 25, 237-269.

Marsh, H. W. & Yeung, A. S. (1997). Coursework selection: Relations to academic self-concept and achievement. American Educational Research Journal, 34, 691-720.

Martial, I. von. (1998). Koedukation und getrennte Erziehung. In Pädagogik und Freie Schule, Heft 51. Köln: Adamas Verlag.

Martin, C. L., Eisenbud, L. & Rose, H. (1995). Children's gender-based reasoning about toys. Child Development, 66, 1453 - 1471.

Martin, C. L. & Halverson, C. F. (1981). Schematic processing model of sex typing and stereotyping in children. Child Development, 52, 1119-1134.

Martin, C. L. & Halverson, C. F. (1987). The roles of cognition in sex role acquisition. In D. B. Carter (Hrsg.), Current conceptions of sex roles and sex typing: Theory and research (S. 123 - 137). New York: Praeger.

McEwen, A., Knipe, D. & Gallagher,T. (1997). The impact of single-sex and coeducational schooling on participation and achievement in science: A 10-year perspective. Research in Science and Technological Education, 15(2) 223-233.

McGrath, E., Keita, G. P. Strickland, B. & Russo, N. F. (1990). Women and depression: Risk factors and treatment issues. Washington, DC: American Psychological Association.

McGuire, W. J. (1984). Search for the self: Going beyond self-esteem and the reactive self. In R. A. Zucker, J. Aronoff & A. I. Rabin (Hrsg.), Personality and the prediction of behavior (S. 73-120). Orlando: Academic Press.

McGuire, W. J., McGuire, C. V. & Winton, W. (1979). Effects of household sex composition on the salience of one's gender in the spontaneous self-concept. Journal of Experimental and Social Psychology, 15, 77-90.

McGuire, W. J. & Padawer-Singer, A. (1976). Trait salience in the spontaneous self-concept. Journal of Personality and Social Psychology, 33, 743-754.

McMahan, I. D. (1976). Sex role stereotypes of cognitive tasks performance. JSAS: Catalog of Selected Documents in Psychology, 6, 39 (Ms. No. 1238).

Mead, G. H. (1934). Mind, self and society form the standpoint of a social behaviorist. Chicago: University of Chicago Press.

Megargee, E. (1969). Influence of sex roles on the manisfestation of leadership. Journal of Applied Psychology, 52, 377-382.

Metz-Göckel, S. (1987). Licht und Schatten der Koedukation. Zeitschrift für Pädagogik, 33, 455-474.

Mintz, R. & Muller, D. (1977). Academic achievement as a function of specific and global measures of self-concept. Journal of Psychology, 97, 53-57.

Möller, J. & Köller, O. (1998). Leistungs- und geschlechtsbezogene Vergleiche in der Schule. Empirische Pädagogik, 12, 119-131.

Montemayor, R. (1974). Children's performance in a game and their attraction to it as a function of sex-typed labels. Child Development, 45(1) 152-156.

244

Morgado, I. A., Cangemi, J. P., Miller, R. & O'Connor, J. (1993). Accuracy of decoding facial expressions in those engaged in people-oriented acticities vs. those engaged in non-people oriented activities. Studia Psychologica, 35, 73-80.

Moskowitz, D. S., Sush, E. J. & Desaulniers, J. (1994). Situational influences on gender differences in agency and communion. Journal of Personality and Social Psychology, 66, 753-761.

Nash, S. C. (1979). Sex role as a mediator of intellectual functioning. In M. A. Wittig & A. C. Petersen (Hrsg.), Sex-related differences in cognitive functioning (S. 263-302). New York: Academic Press.

Neisser, U. (1976). Cognition and reality: principles and implications of cognitive psychology. San Francisco: Freeman.

Newcombe, N. (1982). Sex-related differences in spatial ability: Problems and gaps in current approaches. In M. Potegal (Hrsg.), Spatial abilities: Development and physiological foundations (S. 223-250). New York: Academic Press.

Newcombe, N. & Dubas, J. S. (1992). A longitudinal study of predictors of spatial ability in adolescent females. Child Development, 63(1) 37-46.

Nicholls, J. G. (1975). Causal attributions and other achievement-related cognitions: Sex effects of task outcome, attainment value, and sex. Journal of Personality and Sopcial Psychology, 31, 379-389.

Niemi, P. (1985). The role of gender-related self-schemata in the attributions of social interaction. Scandinavian Journal of Psychology, 26, 170-180.

Nipperdey, T. (1991). Deutsche Geschichte 1800-1866. München: Beck.

Nolen-Hoeksema, S. (1990). Sex differences in depression. Stanford, CA: Stannford University Press.

Nolen-Hoeksema, S. (1994). An interactive model for the emergence of gender differences in depression in adolscence. Journal of Reseach on Adolescence, 4(4) 519-534.

Nolen-Hoeksema, S., Girgus, J. S. & Seligman, M. E. P. (1992). Predictors and consequences of childhood depressive symptoms. Journal of Abnormal Psychology, 101, 405-422.

Nyquist, L. V. & Spence, J. T. (1986). Effects of dispositional dominance and sex-role expectations on leadership behavior. Journal of Personality and Social Psychology, 50, 87-93.

Nyssen, E. (1996). Mädchenförderung in der Schule. Ergebnisse und Erfahrungen aus einem Modellversuch. Weinheim: Juventa.

Oakes, P. (1987). The salience of social categories. In J. Turner, M. Hogg, P. Oakes, S. Reicher & M. Wetherell (Hrsg.), Rediscovering the social group: A self-categorization theory. Oxford: Basil Blackwell.

Obeidallah, D. A., McHale, S. M. & Silbereisen, R. K. (1996). Gender role socialization and adolescents' report of depression: Why some girls and not others? Journal of Youth and Adolescence, 25(6) 775-785.

Olian, J. D., Schwab, D. P. & Haberfeld, Y. (1988). The impact of applicant gender compared to qualifications on hiring recommendations: A meta-analysis of experimental studies. Organizational Behavior and Human Decision, 41, 180-195.

Ormerod, M. B. (1975). Subject preference and choice in co-educational and single-sex secondary schools. British Journal of Educational Psychology, 45(3) 257-267.

Parsons, T. (1964). The American Familiy: Its relations to personality and to the social structure. In T. Parsons & R. F. Bales (Hrsg.), Familiy, socialization and interaction process (S. 3-33). Glencoe: Free Press.

Petersen, A. C. (1985). Pubertal development as a cause of disturbance: Myths, realities, and unanswered questions. Genetic, Social, and General Psychology Monographs, 111, 205-232.

Petersen, A. C. & Brooks-Gunn, J. (1988). Puberty and adolescence. In E. A. Blechman & k. D. Brownell (Hrsg.), Handbook of Behavioral Medicine for Women (S. 12-27). New York: Pergamon Press.

Petersen, A. C., Crockett, L. J., Tobin-Richards, M. & Boxer, A. M. (1988). A self-report measure of pubertal status: Reliability, validity, and initial norms. Journal of Youth and Adolescence, 17, 117-133.

Petersen, A. C, Leffert, N. & Graham, B. L. (1995). Adolescent development and the emergence of sexuality. Suicide and Life Threatening Behavior, 25(Suppl) 4-17.

Petersen, A. C., Sarigiani, P. A. & Kennedy, R. E. (1991). Adolescent depression: Why more girls? Journal of Youth and Adolescence, 20(2) 247-271.

Pichevin, M. F. & Hurtig, M. C. (1996). Describing men, describing women: Sex membership salience and numerical distinctiveness. European Journal of Social Psychology, 26, 513-522.

Piers, E. V. & Harris, D. B. (1964). Age and other correlates of self-concept in children. Journal of Educational Psychology, 55, 91-92.

Primavera, L. H., Simon, W. E. & Primavera, A. M. (1974). The relationship between self-esteem and achievement: An investigation of sex differences. Psychology in the Schools, 11, 213-216.

Raffaelli, M. & Duckett, E. (1989). "We were just talking.": Conversations in early adolescence. Journal of Youth and Adolescence, 18(6) 567-582.

Rhoodie, E. M. (1989). Discrimination against women: A global survey. Jefferson, NC: McFarland.

Richards, M. H., Abell, S. & Petersen, A. C. (1993). Biological Development. In P. H. Tolan & B. J. Cohler (Hrsg.), Handbook of Clinical Research and Practice with Adolescents (S. 21-44). New York: John Wiley & Sons.

Richards, M. H. & Larson, R. (1989). The life-space and socialisation of the self: Sex differences in the young adolescent. Journal of Youth and Adolescence, 18(6) 617-626.

Robert. M. (1990). Sex-typing of the water-level task: There is more than meets the eye. International Journal of Psychology, 25(4) 475-490.

Roberts, L. R., Sarigiani, P. A., Petersen, A. C. & Newman, J. L. (1990). Gender differences in the relationship between achievement and self-image during early adolscence. Journal of Early Adolescence, 10(2) 159-175.

Roeder, P. M. & Gruehn, S. (1997). Geschlecht und Kurswahlverhalten. Zeitschrift für Pädagogik, 42, 497-518.

Rohr, S. & Rollett, B. (1992). Die Koedukationsdebatte und das Bildungsrecht der Mädchen. Grundlagen und empirische Befunde. Bildung und Erziehung, 45, 63-81.

Roloff, C., Metz-Göckel, S., Koch, C. & Holzrichter, E. (1987). Nicht nur ein gutes Examen. Forschungsergebnisse aus dem Projekt "Studienverlauf und Berufseinstieg von Frauen in Naturwissenschaft und Technik - Die Chemikerinnen und Informatikerinnen" (Dortmunder Beiträge zur Hochschuldidaktik, Bd. 11).

Rosenberg, M. (1979). Conceiving the self. New York: Basic Books.

Rosenkrantz, P. S., Vogel, S. R., Bee, H., Broverman, I. & Broverman, D. (1968). Sex-role stereotypes and self-concepts in college students. Journal of Consulting and Clinical Psychology, 32, 287-295.

Rost, D. H. & Pruisken, C. (2000). Vereint schwach? Getrennt stark? Mädchen und Koeduaktion. Zeitschrift für Pädagogische Psychologie/ German Journal of Educational Psychology, 14(4) 177-193.

Rost, J., Sievers, K., Häußler, P., Hoffmann, L. & Langeheine, R. (1999). Struktur und Veränderung des Interesses an Physik bei Schülern der 6. bis 10. Klassenstufe. Zeitschrift fuer Entwicklungspsychologie und Paedagogische Psychologie, 31, 18-31.

Rowe, K. J. (1988). Single-sex and mixed-sex classes: The effects of class type on student achievement, confidence and participation in mathematics. Australian Journal of Education, 32, 180-202.

Rubin, D. A. (1978). Stability of self-esteem ratings and their relation to academic achievement. A longitidinal study. Psychology in the Schools, 15, 430-433.

Rubin, G. (1975). The Traffic in Women: Notes on the 'Political Economy' of Sex. In R. R. Reiter (Hrsg.), Toward an Anthropology of Women (S. 157-210). New York: Monthly Review Presss.

Rubin, R. A., Dorle, J. & Sandidge, S. (1977). Self-esteem and school performance. Psychology in the Schools, 14, 503-507.

Ruble, D. N. & Higgins, E. T. (1976). Effect of group sex composition on self-presentation and sex-typing. Journal of Social Issues, 32, 125-132.

Ruble, D. N. & Martin, C. L. (1998). Gender development. In W. Damon (Hrsg.), Handbook of child psychology (Bd. 3, S. 933-1016). New York: Wiley.

Ruble, D. N. & Ruble, T. L. (1982). Sex stereotypes. In A. G. Miller (Hrsg.), In the eye of the beholder: Contemporary issues in stereotyping (S. 188-252). New York: Praeger.

Ruble, T. L. (1983). Sex stereotypes: Issues of change in the 1970s. Sex Roles, 9, 397-402.

Runge, T. E., Frey, D., Gollwitzer, P. M., Helmreich, R. L. & Spence, J. T. (1981). Masculine (instrumental) and feminine (expressive) traits. A comparison between students in the United States and West Germany. Journal of Cross Cultural Psychology, 12, 142-162.

Rustemeyer, R. (1988). Geschlechtsstereotype und ihre Auswirkungen auf das Sozial- und Leistungsverhalten. Zeitschrift für Sozialisationsforschung und Erziehungssoziologie, 8, 115-129.

Rustemeyer, R. & Jubel, A. (1996). Geschlechtsspezifische Unterschiede im Unterrichtsfach Mathematik hinsichtlich der Fähigkeitseinschätzung, Leistungserwartung, Attributionen sowie im Lernaufwand und im Interesse. Zeitschrift für Pädagogische Psychologie, 10, 13-25.

Sappington, J., Martin, J., Smith, E. & Marshall, C. (1996). Gender, gender role, and drawing skill. Perceptual and Motor Skills, 82(1) 283-288.

Schiefele, U., Krapp, A. & Schreyer, I. (1993). Metaanalyse des Zusammenhangs von Interesse und schulischer Leistung. Zeitschrift für Entwicklungspsycholgie und Pädagogische Psychologie, 25(2) 120-148.

Schnabel, K. (2000). Leistungskurswahlen und Studienfachinteresse. Vortrag auf der 59.Tagung der Arbeitsgruppe für Empirische Pädagogische Forschung (AEPF), Bremen.

Schneider, D. J. (1991). Social cognition. In M. R. Rosenzweig & L. W. Porter (Hrsg.), Annual review of psychology (Bd. 42, S. 527-561). Palo Alto, CA: Annual Reviews.

Schneider, F. W. & Coutts, L. M. (1982). The high school environment: A comparison of coeducational and single-sex schools. Journal of Educational Psychology, 74(6) 898-906.

Schneider-Düker, M. (1978). Deutsche Neukonstruktion des Bem-Sex-Role-Inventory (Arbeiten der Fachrichtung Psychologie, Bd. 51). Saarbrücken: Universität des Saarlandes.

Schütt, I. & Lewin, K. (1998). HIS-Bildungswege von Frauen: Vom Abitur zum Beruf. Hannover: Hochschul-Informations-System GmbH.

Schwarz. E. (1970). Experimentelle und quasiexperimentelle Anordnungen in der Unterrichtsforschung. In K. Ingenkamp & E. Parey (Hrsg.), Handbuch der Unterrichtsforschung, Bd. 1. Weinheim: Beltz.

Schwarzer, R. & Jerusalem, M. (1982). Soziale Vergleichsprozesse im Bildungswesen. In F. Rheinberg (Hrsg.), Bezugsnormen von Schulleistungsbewertung: Analyse und Intervention (S. 39-63). Düsseldorf: SchwannBerlin: Freie Universität Berlin.

Shavelson, R. J., Hubner, J. J. & Stanton, G. C. (1976). Self-concept: Validation of construct interpretations. Review of Educational Research, 46, 407-441.

Sieverding, M. & Alfermann, D. (1992). Instrumentelles (maskulines) und expressives (feminines) Selbstkonzept: Ihre Bedeutung für die Geschlechtsrollenforschung. Zeitschrift für Sozialpsychologie, 23, 6-15.

Signorella, M. L., Frieze, I. H. & Hershey, S. W. (1996). Single-sex verus mixed-sex classes and gender schemata in children ans adolescents. Psychology of Women Quarterly, 20(4) 599-607.

Signorella, M. L. & Jamison, W. (1986). Masculinity, Femininity, Androgyny, and Cognitive Performance: A Meta-Analysis. Psychological Bulletin, 100(2) 297-228.

Signorella, M. L., Jamison, W. & Krupa, M. H. (1989). Predicting spatial performance from gender stereotyping in activity preferences and in self-concept. Developmental Psychology, 25(1) 89-95.

Signorella, M. L. & Vegega, M. E. (1984). A note on gender stereotypes in research topics. Personality and Social Psychology Bulletin, 10, 107-109.

Silbereisen, R. K. & Eyferth, K. (1983). Jugendentwicklung und Drogen - Zweiter Fortsetzungsantrag an die DFG (Berichte aus der Arbeitsgruppe TUdrop Jugendforschung). Berlin: Technische Universität.

Simmons, R. G. & Blyth, D. A. (1987). Moving into adolescence: The impact of pubertal change and school context. New York: Aldine de Gruyter.

Skaalvik, E. M. & Rankin, R. J. (1990). Math, verbal, and general academic self-concept: The internal/ external frame of reference model and gender differences in self-concept structure. Journal of Educational Psychology, 82, 546-554.

Skrypnek, B. J. & Snyder, M. (1982). On the self-perpetuating nature of sterotypes about women and men. Journal of Experimental Social Psychology, 18, 277-291.

Smith, E. E. & Lewis, R. (1985). Race as a self-schema affecting recall in Black children. Journal of Black Psychology, 12, 15-29.

Smith-Lovin, L. & Brodi, C. (1989). Interruptions in group discussions: The effects of gender and group composition. American Sociological Review, 54, 424-435.

Snodgrass, S. E. (1985). Women's intuition: The effect of subordinate role on interpersonal sensitivity. Journal of Personality and Social Psychology, 49, 146-155.

Snodgrass, S. E. (1992). Further effects of role versus gender on interpersonal sensititvity. Journal of Personality and Social Psychology, 62, 154-158.

Spence, J. T., Deaux, K. & Helmreich, R. L. (1985). Sex roles in contemporary American society. In G. Lindzey & E. Aronson (Hrsg.), Handbook of social psychology (Bd. 3rd ed., Vol. 2, S. 149-178). New York: Random House.

Spence, J. T. & Helmreich, R. L. (1981). Androgyny versus gender schema: A comment on Bem's gender schema theory. Psychological Review, 88(4) 365-368.

Spence, J. T., Helmreich, R. & Stapp, J. (1975). Ratings of self and peers on sex role attributes and their relation to self-esteem and conceptions of masculinity and femininity. Journal of Personality and Social Psychology, 32, 29-39.

Spencer, S. J., Steele, C. M. & Quinn, D. M. (1999). Stereotype threat and women's math performance. Journal of Experimental Social Psychology, 35, 4-28.

Spender, D. (1985). Frauen kommen nicht vor: Sexismus im Bildungswesen. Frankfurt/ Main: Lang.

Srull, T. K. & Wyer, R. S. (1989). Person memory and judgment. Psychological Review, 96, 58-83.

Stables, A. (1990). Differences between pupils from mixed and single-sex schools in their enjoyment of school subjects and in their attitudes to sciences and to school. Educational Review, 42(3)221-230.

Stamp, P. (1979). Girls and mathematics: Parental variables. British Journal of Educational Psychology, 49(1) 39-50.

Steedman, J. (1985). Examination Results in Mixed and Single-Sex Secondary Schools. In D. Reynolds (Hrsg.), Studying School Effectiveness (S. 87-101). Philadelphia: The Falmer Press.

Steele, C. M. (1997). A threat in the air: How stereotypes shape intellectual identity and performance. American Psychologist, 52, 613-629.

Stein, A. H. (1976). Sex role development. In J. F. Adams (Hrsg.), Understanding adolescence (S. 233-257). Boston: Allyn and Bacon.

Steinbrügge, L. (1987). Das moralische Geschlecht. Theorien und literarische Entwürfe über die Natur der Frau in der französischen Aufklärung. Weinheim, Basel: Beltz.

Steinkamp, M. W. & Maehr, M. L. (1983). Affect, ability and science achievement: A quantitaive synthesis of correlational research. Review of Educational Research, 53, 369-396.

Stipek, D. J. & Gralinski, J. H. (1991). Gender differences in children's achievement-related beleifs and emotional responses to success and failure in mathematics. Journal of Educational Psychology, 83, 361-371.

Stoller, R. G. (1968). Sex and Gender. On the Development on Masculinity and Feminity. New York: Science House.

Strack, F. (1988). Social Cognition: Sozialpsychologie innerhalb des Paradigmas der Informationsverarbeitung. Psychologische Rundschau, 39, 72-82.

Strack, F. (1997). Soziale Informationsverarbeitung. In D. Frey & S. Greif (Hrsg.), Sozialpsychologie. Ein Handbuch in Schlüsselbegriffen (4. Aufl., S. 306-311). Weinheim: Psychologie Verlags Union.

Strauss, B., Köller, O. & Möller, J. (1996). Geschlechtsrollentypologien - eine empirische Prüfung des additiven und des balancierten Modells. Zeitschrift für Differentielle und Diagnostische Psychologie, 17(2) 67-83.

Strauss, B. & Möller, J. (1999). Androgynie: Typ oder Trait? Zur Struktur und Messung des psychologischen Geschlechts. In D. Alfermann & U. Bock (Hrsg.), Androgynie: Vielfalt der Möglichkeiten. Stuttgart: Metzler.

Striegel-Moore, R. H. Silberstein, L. R. & Rodin, J. (1986). Toward an understanding of risk factors of bulimia. American Psychologist, 41, 246-263.

Stumpf, H. & Klieme, E. (1989). Geschlechtsspezifische Unterschiede im Räumlichen Vorstellungsvermögen: Eine Meta-Analyse. Vortrag auf der 2. Arbeitstagung sder Fachgruppe Pädagogische Psychologie der DGPs, München, im September 1989.

Sutton, L. J., Teasdale, J. D. & Broadbent, D. E. (1988). Negative self-schema: The effects of induced depressed mood. British Journal of Clinical Psychology, 27, 188-190.

Swan, S. & Wyer, R. S. (1997). Gender stereotypes and social identity: How being in the minority affects judgments of self and others. Personality and Social Psychology Bulletin, 23, 1265-1276.

Swim, J., Borgida, E., Maruyama, G. & Myers, D. G. (1989). Joan McKay versus John McKay: Do gender stereotypes bias evaluations? Psychological Bulletin, 105, 409-429.

Swim, J. K. & Sanna, L. J. (1996). He's skilled, she' lucky: A meta-analysis of observers' attributions for women's and men's successes and failures. Personality and Social Psychology Bulletin, 22, 507-519.

Taylor, J. & Boggiano, A. K. (1987). The effects of task-specific self-schemata on attributions for success and failure. Journal of Research in Personality, 21, 375-388.

Taylor, M. C & Hall, J. A. (1982). Psychological Androgyny: Theories, methods, and conclusions. Psychological Bulletin, 92(2) 347-366.

Taylor, S. E. & Falcone, H. (1982). Cognitive bases of stereotyping: The relationship between categorization and prejudice. Personality and Social Psychology Bulletin, 8(3) 426-432.

Terman, L. M. & Miles, C. C. (1936). Sex and personality: Studies in masculinity and femininity. New York: McGraw Hill.

Teubner, U. (1989). Neue Berufe für Frauen. Modelle zur Überwindung der Geschlechterhierarchie. Frankfurt a.M./ New York: Campus-Verlag.

Tiedemann, J. & Faber, G. (1995). Mädchen im Mathematikunterricht: Selbst-konzept und Kausalattribution im Grundschulalter. Zeitschrift für Entwick-lungspsychologie und Pädagogische Psychologie, 27, 61-71.

Trautner, H. M. (1996). Die Bedeutung der Geschlechtskategorien im Jugend-alter. In R. Schumann-Hengsteler & H. M. Trautner (Hrsg.), Entwicklung im Jugendalter (S. 165-187). Göttingen: Hogrefe.

Trautner, H. M. (1997). Entwicklung der Geschlechtstypisierung. In H. M. Trautner (Hrsg.), Lehrbuch der Entwicklungspsychologie (2. Aufl., Bd. Bd. 2, S. 322-410). Göttingen: Hogrefe.

Trautner, H. M. (1997). Lehrbuch der Entwicklungspsychologie (2. Auflage) (Bd. Bd. 1 u. 2). Göttingen: Hogrefe.

Trautner, H. M., Helbing, N., Sahm, W. B. & Lohaus, A. (1988). Unkenntnis - Rigidität - Flexibilität: Ein Entwicklungsmodell der Geschlechtsrollen-Stereotypisierung. Zeitschrift für Entwicklungspsychologie und Pädagogi-sche Psychologie, 19, 105-120.

Trickett, E. J., Trickett, P. K., Castro, J. J. & Schaffner, P. (1982). The inde-pendent school experience: Aspects of the normative environments of sin-gle-sex and coed secondary schools. Journal of Educational Psychology, 74(3) 374-381.

Turner, J. C. (1985). Social categorization and the self-concept: A social cogni-tive theory of group behavior. In E. J. Lawler (Hrsg.), Advances in group processes (Bd. 2, S. 77-121). Greenwich, CT.: JAI Press.

Turner, J. C. (1987). Rediscovering the social group. A self-categorization the-ory. Oxford: Basil Blackwell.

Turner, J. C., Oakes, P. J., Haslam, S. A. & McGarty, C. (1994). Self and col-lective: Cognition and social context. Personality and Social Psychology Bulletin, 20, 454-463.

Volmerg, B., Creutz, A., Reinhardt, M. & Eiselen, T. (1996). Ohne Jungs ganz anders? Geschlechterdifferenz und Lehrerrolle am Beispiel eines Schulver-suchs. Bielefeld: Kleine.

Weedon, C. (1991). Wissen und Erfahrung. Feministische Praxis und post-strukturalistische Theorie (2. Aufl.). Zürich: eFeF-Verlag.

Weiner, B. (1975). Wirkung von Erfolg und Mißerfolg auf die Leistung. Bern: Huber.

West, C. & Zimmerman, D. H. (1991). Doing gender. In J. Lorber & S. A. Far-rell (Hrsg.), The Social Construction of Gender (S. 13-37). Newbury Park: Sage Publications.

Wichstrom, L. (1999). The emerge of gender difference in depressed mood du-ring adolescence: The role of intensified gender socialization. Developmen-tal Psychology, 35(1) 232-245.

Wilson, V. L. (1983). A meta-analysis of the relationship between science a-chievement and science attitude: Kindergarten through college. Journal of Research in Science Teaching, 20, 839-850.

Wood, W. & Karten, J. (1986). Sex differences in interaction style as a product of inferred sex differences in competence. Journal of Personality and Social Psychology, 50, 341-347.

Worell, J. (1978). Sex roles and psychological well-being: Perspectives on methodology. Journal of Consulting and Clinical Psycholgy, 46, 175-184.

Wyer, R. S. & Srull, T. K. (1981). Category accessibility: Some theoretical and empirical issues concerning the processing of social stimulus information. In E. T. Higgins, C. P. Herman & M. P. Zanna (Hrsg.), Social cognition: The Ontario Symposium (Bd. 1, S. 161-198). Hillsdale, NJ: Erlbaum.

Wyer, R. S. & Srull, T. K. (Hrsg.) (1984). Handbook of Social Cognition (Bde. 1-3). Hillsdale, NJ: Erlbaum.

Yamada, E. M., Tjosvold, D. & Draguns, J. G. (1983). Effects of sex-linked situations and sex composition of groups on cooperation and styles of interaction. Sex Roles, 9, 541-553.

Ziegler, A., Broome, P., Dresel, M. & Heller, K. A. (1996). Physikalisch-technische Vorerfahrungen von Mädchen. Physik in der Schule, 34, 163-166.

Ziegler, A., Broome, P. & Heller, K. A. (1998). Pygmalion im Mädchenkopf. Erwartungs- und Erfahrungseffekte koedukativen vs. geschlechtshomogenen Physikanfangsunterrichts. Psychologie in Erziehung und Unterricht, 45, 2-18.

Ziegler, A. & Heller, K. A. (1998). Motivationsförderung mit Hilfe eines Reattributionstrainings. Psychologie in Erziehung und Unterricht, 45, 216-229.

Zimmermann, H. (1987). Die Überformung von Orientierungen und Verhaltensweisen in der Schulzeit und Adoleszenz. In D. Jansen & H. Rudolph (Hrsg.), Ingenieurinnen. Frauen für die Zukunft (S. 85-128). Berlin: de Gruyter.

Zinnecker, J. (1973). Sozialgeschichte der Mädchenbildung. Zur Kritik der Schulerziehung von Mädchen im bürgerlichen Patriarchalismus. Weinheim: Beltz.

8 Tabellenanhang

Tabelle 37: MANOVA über die Zustimmungslatenzen der maskulinen und femininen Items, getrennt nach Geschlecht und Gruppenkonstellation

Quelle der Varianz	ss	df	ms	F	Sig of F
Gruppenvergleiche					
innerhalb der Gruppen	13.14	115	0.11		
Geschlecht	0.66	1	0.66	5.79	.018
Gruppenkonstellation	0.55	1	0.55	4.82	.030
Geschlecht x Gruppenkonstellation	0.01	1	0.01	0.05	.820
Messwiederholungsvergleiche					
innerhalb der Gruppen	1.91	115	0.02		
Latenz mask./ fem. Items	0.09	1	0.09	5.43	.022
Geschlecht x Latenz mask./ fem. Items	0.12	1	0.12	7.20	.008
Gruppenkonstellation x Latenz mask./ fem. Items	0.01	1	0.01	0.40	.531
Geschlecht x Gruppenkonstellation x Latenz mask./ fem. Items	0.09	1	0.09	5.64	.019

Tabelle 38: Varianzanalyse über das Differenzmaß der Zugänglichkeit maskuliner und femininer Adjektive (nur Zustimmungen), getrennt nach Geschlecht und Gruppenkonstellation

Quelle der Varianz	ss	df	ms	F	Sig of F
Gruppenkonstellation	0.03	1	0.03	0.07	.796
Geschlecht	3.27	1	3.27	7.12	.009
Geschlecht x Gruppenkonstellation	2.70	1	2.70	5.91	.017
Fehler	52.51	115	0.46		
Total	58.51	118	0.50		

Tabelle 39: Varianzanalyse über das Differenzmaß der Zugänglichkeit maskuliner und femininer Adjektive, getrennt nach Geschlecht und
Gruppenkonstellation mit Kovariate Zustimmungshäufigkeit

Quelle der Varianz	ss	df	ms	F	Sig of F
Kovariate Zustimmungshäufigkeit	.82	1	.82	2.10	.151
Gruppenkonstellation	.20	1	.20	.51	.478
Geschlecht	5.00	1	5.00	12.69	.001
Geschlecht x Gruppenkonstellation	2.95	1	2.95	7.55	.007
Fehler	44.92	115	.39		
Total	51.91	119	.44		

Tabelle 40 : Items der Skala "situationaler Selbstwert"

Ich bin mir meiner Fähigkeiten sicher.

Ich mache mir Sorgen darüber, ob ich als erfolgreich oder als Versager gelte. (-)

Ich bin zufrieden damit, wie ich momentan aussehe.

Ich bin frustriert und verunsichert wegen meiner Leistungen. (-)

Ich habe Schwierigkeiten, Dinge, die wir durchnehmen, zu verstehen. (-)

Ich merke, dass ich respektiert und geschätzt werde.

Ich bin mit meinem Körpergewicht unzufrieden. (-) (aus endgültiger Skala ausgeschlossen)1

Ich fühle mich selbstsicher.

Ich halte mich für ebenso klug wie die anderen.

Ich bin unzufrieden mit mir. (-)

Ich habe ein gutes Gefühl mir selbst gegenüber.

Ich mag meine momentane äußere Erscheinung.

Ich mache mir Gedanken darüber, was andere von mir denken. (-) (aus endgültiger
Skala ausgeschlossen)2

Ich bin sicher, Dinge, die ich aufnehmen soll, verstehen zu können.

Ich fühle mich im Moment anderen unterlegen. (-)

Ich denke, dass ich nicht gut aussehe. (-)

Mich beschäftigt der Eindruck, den ich auf andere mache. (-)

Ich glaube gerade, dass ich in der Schule nicht so gut sein kann wie andere. (-)

Ich habe das Gefühl, meine Sache nicht besonders gut zu machen. (-)

Ich habe Angst davor, albern zu wirken. (-)

Antwortformat: 1="trifft berhaupt nicht zu" bis 5= "trifft völlig zu"
1= Wies eine Trennschärfe von .13 auf und wurde deshalb aus der Skala ausgeschlossen.
2= Wies eine Trennschärfe von -.40 auf und wurde deshalb aus der Skala ausgeschlossen.
Cronbachs Alpha der endgültigen 18-Item-Skala: .87

Tabelle 41: Zusammenfassungen der simultanen Regressionsanalysen zur Vorhersage physikbezogener Selbstkonzepte (Mitte/Ende des Schuljahres) (Prädiktoren: Zugänglichkeit geschlechtsbezogenen Selbstwissens und situationaler Selbstwert) (n=34 Mädchen)

Kriteriumsvariable	Prädiktoren	B	SE B	β	T	Sig of T	adR2
auf Physikunterricht bez. Selbstkonzept	Differenzwert der Latenz mask. u. fem. Adjektive	-0.274	.116	-.350	-2.348	.025	
	situationaler Selbstwert	0.385	.132	.435	2.916	.006	
	adjR2						.43
Selbstkonzept Physikbegabung	Differenzwert der Latenz mask. u. fem. Adjektive	-0.340	.162	-.336	-2.097	.044	
	situationaler Selbstwert	0.435	.184	.379	2.371	.024	
	adjR2						.34
subjektiver Kompetenzgewinn	Differenzwert der Latenz mask. u. fem. Adjektive	-0.231	.187	-.244	-1.235	.226	
	situationaler Selbstwert	-0.01.	.212	-.010	-.053	.958	
	adjR2						-.002
weiterführendes Interesse an Physik	Differenzwert der Latenz mask. u. fem. Adjektive	-0.267	.176	-.279	-1.521	.138	
	situationaler Selbstwert	0.241	.199	.222	1.211	.235	
	adjR2						.14
Aktivität im Unterricht	Differenzwert der Latenz mask. u. fem. Adjektive	-0.400	.168	-.383	-2.386	.023	
	situationaler Selbstwert	0.387	.190	.327	2.038	.050	
	adjR2						.34
Motivierung durch Unterricht	Differenzwert der Latenz mask. u. fem. Adjektive	-0.389	.155	-.448	-2.510	.017	
	situationaler Selbstwert	0.058	.175	.059	.329	.744	
	adjR2						.18
Motivation gegenüber Physikaufgaben	Differenzwert der Latenz mask. u. fem. Adjektive	-0.544	.246	-.413	-2.208	.035	
	situationaler Selbstwert	-0.050	.279	-.034	-.180	.858	
	adjR2						.11
Erfolgserwartung Aufgaben	Differenzwert der Latenz mask. u. fem. Adjektive	-0.282	.205	-.268	-1.373	.179	
	situationaler Selbstwert	0.044	.232	.037	.188	.852	
	adjR2						.03

Tabelle 42: Zusammenfassungen der simultanen Regressionsanalysen zur Vorhersage physikbezogener Selbstkonzepte (Mitte/Ende des Schuljahres) (Prädiktoren: Zugänglichkeit geschlechtsbezogenen Selbstwissens und globaler Selbstwert) (n=32 Mädchen)

Kriteriumsva-riable	Prädiktoren	B	SE B	β	T	Sig of T	adR2
auf Physik-unterricht bez. Selbst-konzept	Differenzwert der Latenz mask. u. fem. Adjektive	-0.361	.124	-.466	-2.920	.007	
	globaler Selbstwert	0.383	.235	.260	1.631	.113	
	adjR2						.35
Selbst-konzept Physikbega-bung	Differenzwert der Latenz mask. u. fem. Adjektive	-0.431	.167	-.441	-2.585	.015	
	globaler Selbstwert	0.352	.317	.190	1.113	.275	
	adjR2						.26
subjektiver Kompetenz-gewinn	Differenzwert der Latenz mask. u. fem. Adjektive	-0.199	.175	-.228	-1.142	.263	
	globaler Selbstwert	0.190	.332	.011	.057	.955	
	adjR2						-.009
weiterfüh-rendes Inte-resse an Physik	Differenzwert der Latenz mask. u. fem. Adjektive	-0.335	.181	-.353	-1.848	.074	
	globaler Selbstwert	0.033	.344	.018	.095	.925	
	adjR2						.07
Aktivität im Unterricht	Differenzwert der Latenz mask. u. fem. Adjektive	-0.588	.167	-.582	-3.514	.001	
	globaler Selbstwert	0.030	.318	.016	.096	.924	
	adjR2						.30
Motivierung durch Unter-richt	Differenzwert der Latenz mask. u. fem. Adjektive	-0.401	.147	-.489	-2.734	.010	
	globaler Selbstwert	0.005	.278	.003	.019	.985	
	adjR2						.19
Motivation gegenüber Physikauf-gaben	Differenzwert der Latenz mask. u. fem. Adjektive	-0.505	.237	-.399	-2.132	.041	
	globaler Selbstwert	0.043	.450	.018	.096	.925	
	adjR2						.11
Erfolgs-erwartung Aufgaben	Differenzwert der Latenz mask. u. fem. Adjektive	-0.327	.197	-.322	-1.658	.108	
	globaler Selbstwert	-0.013	.374	-.007	-.036	.972	
	adjR2						.04